高等学校出版学专业系列教材

出版物市场管理概论

Introduction on the Regulation of Publishing Market

（第三版）

黄先蓉　编著

WUHAN UNIVERSITY PRESS

武汉大学出版社

图书在版编目(CIP)数据

出版物市场管理概论/黄先蓉编著.—3版.—武汉：武汉大学出版社，
2023.7
高等学校出版学专业系列教材
ISBN 978-7-307-23776-6

Ⅰ.出…　Ⅱ.黄…　Ⅲ.出版物—市场管理—高等学校—教材
Ⅳ.G235

中国国家版本馆 CIP 数据核字(2023)第 095406 号

责任编辑:黄河清　　　责任校对:汪欣怡　　　版式设计:韩闻锦

出版发行:**武汉大学出版社**　（430072　武昌　珞珈山）
　　　　（电子邮箱：cbs22@whu.edu.cn　网址：www.wdp.com.cn）
印刷:武汉中远印务有限公司
开本:787×1092　1/16　印张:16.5　字数:402 千字　插页:2
版次:2005 年 2 月第 1 版　　2016 年 4 月第 2 版
　　　2023 年 7 月第 3 版　　2023 年 7 月第 3 版第 1 次印刷
ISBN 978-7-307-23776-6　　　定价:58.00 元

黄先蓉，武汉大学信息管理学院教授、博士生导师。武汉大学出版发行研究所所长、《出版科学》副主编。兼任中国编辑学会编辑出版教育专业委员会主任，湖北省编辑学会副会长，湖北省出版工作者协会常务理事，湖北省出版物发行业协会常务理事。入选教育部"新世纪优秀人才计划"、全国新闻出版行业领军人才等高层次人才培养计划。主持国家社科基金项目、教育部人文社会科学重点研究基地重大项目及其他项目10余项；出版著作10余部；发表论文180余篇；获中国出版政府奖、中华优秀出版物奖、国家科学技术奖二等奖、湖北省科学技术进步奖二等奖、湖北省社会科学优秀成果奖、湖北省高等学校教学成果奖、湖北省优秀期刊工作者等多项奖励。

第 一 版 序

出版物市场管理管什么？一是要管出版物，二是要管市场。但是仅这样说还不完整全面。市场中有买方、供方，有生产者、经营者、消费者，这是市场主体。买方、供方都要经营商品即出版物，也就是市场客体。市场主体经营出版物要发生一系列市场行为，市场行为要健康有序，为此必须对市场进行监管。所有这些构成出版物市场管理的基本要素。可见，出版物市场管理不仅要管出版物、管市场，还要管出版主体。

在计划经济时期，我国出版业是一个封闭运行的体系，谈不上完整意义的市场管理。出版单位绝大多数是国有单位，出版物发行基本上是计划发行，出版物市场管理主要是针对集体、个体经营者，是"扫黄、打非"，构成要素是残缺不全的。在由计划经济向社会主义市场经济转变的过程中，出版物市场主体呈现多元化局面，出版业作为产业发展的特征越来越明显，出版物载体扩大且品种越来越丰富多样，市场行为和市场秩序的规范越来越必要，完整意义的出版物市场管理显得十分重要和迫切。

社会主义市场经济体制在我国刚刚建立，完善有待时日。相比之下，出版业的市场经济步伐显得滞后，全国统一、健康有序的出版物市场还未形成，而出版业正在加紧改制步伐，面向市场，这就使得市场管理不可避免地出现了许多新问题。出版业改制呼唤广阔、畅通的市场，呼唤良好的市场环境、公平的竞争和严格的市场监督，但我国出版物市场管理还是一个未被全面认识的领域，无论宏观管理还是微观管理，都需要探索、实践。国外市场管理的经验不能照搬，我国古代的经验也难以借鉴。要在一个全新领域探索建立社会主义出版物市场管理之路，任务之艰巨是可以想见的。

我欣喜地阅读了黄先蓉教授的《出版物市场管理概论》。以前我曾留心这方面著作的出版情况，最多的是有一些讨论出版行政管理和市场营销的论著，对出版物市场管理未更多涉及。事实证明，出版物市场管理是一个难度很大的课题。正是在这个意义上，我认为黄先蓉教授的这部论著具有开拓意义，作者的勇气和努力是值得肯定的。

作者没有称这部著作为"学"，是因为社会主义市场经济条件下的出版物市场管理，是一个实践的过程，当前市场管理法制、机制、制度很不健全，在建立中如何使之具有中国特色需要探索研究，如何处理好管理和发展、管理和繁荣的关系，是一直未能妥善解决的老问题，而如何适应世贸组织规则健全出版物市场管理，则是面临的新问题。如此等等，说明现在论"学"还为时过早。然而，作者并没有因此放弃对出版物市场管理的理论探讨。本书借鉴市场管理的一般理论，对出版物市场管理的概念、特征、原则、方法、手段，以及市场主体、市场客体、市场行为、市场监管等，作了比较全面的介绍。作者的一个新探索是，把出版物市场管理同出版行政管理结合起来加以论述。出版物市场客体是出版物，出版物市场主体既包括发行单位，也包括生产单位——从事出版物精神生产和物质生产的单位，因此，出版物的市场管理就不能停留在发行即流通领域，而必须上溯到生产领域，即同时对出版物生产单位进行管理。我们习惯上称前者为市场管理，称后者为出版行政管理。这两方面是什么关系？何者是属概念？何者是种概念？本书没有给出回答，但是可以看出，作者主张在社会主义市场经济条件下，出版物市场管理既包括对市场客体的管理，也包括对市场主体的管理，不从生产环节管起，是管不好出版物市场的。

过去人们把出版物市场管理只看成"扫黄、打非"，或者反盗版，可事实上，出版物市场管理的外延要比这大得多。随着社会主义市场经济体制的完善，市场管理的任务越来越繁重，出版越繁荣，产业越发展，市场越开放，管理越重要。原来的管理体制要完善，管理制度、方法、手段要改革。要学会掌握社会主义市场经济的规律，用市场这只看不见的手来管理市场，而不能总是依靠行政命令。党的十六届四中全会提出要提高党的执政能力，其中首要的是提高驾驭社会主义市场经济的能力。加强出版物市场管理，对出版行政主管部门来说，就是要提高驾驭社会主义市场经济的能力。这是一项刻不容缓的任务，我们必须为此努力。

蔡学俭

2004 年 10 月 25 日

目　　录

第一章　出版物市场管理概述

研究出版物市场管理，必须研究出版物，研究出版物市场。出版物既是精神文化产品，同时又是商品；出版物市场是出版物商品交换关系的总和。由于出版物市场是由市场主体、市场客体、市场行为和市场秩序等内容组成的有机整体，它总是按其自身内在规律的要求在具体的经济环境下运行，因此，出版物市场管理既是一般商品经济条件下市场运行秩序的要求，又是国家新闻出版管理职能的客观要求。在社会主义市场经济条件下，规范和维护出版物市场经济秩序，强化政府对出版物市场监督管理，是建立全国统一开放、竞争有序的出版物市场体系的要求，也是发展社会主义出版产业的重要保证。

第一节　出版物的概念和种类

出版物是出版过程的产物，是出版物市场交换的对象，了解出版物的概念及其具体类型，对于把握出版物市场、加强出版物市场管理具有重要意义。

一、出版物的概念

对于出版物的概念，国内外一些重要的出版专业工具书和一些学者都从不同的角度表述了不尽相同的定义。有的认为："出版物是以存储和传播知识、信息为目的，通过一定生产方式将其复制在特定载体上的著作物。"① 有的认为："出版物是指以传播为目的存储知识信息并具有一定物质形态的出版产品。"② 有的认为："出版物是出版工作的成果和产品，是积累文化的重要工具，又是传播思想、知识、信息的重要媒介。"③ 还有的认为："出版物是以纸张或其他材料印制成某种形式而出版发行的印刷品。出版物随着时代的前进而日益发展，广义包括报纸、杂志等定期出版物、书籍、小册子、地图及其他图画等印刷品。狭义不包括报纸，专指书籍、杂志，这已成惯例。"④

不论从什么角度进行界定，他们对出版物的特征、内涵和外延的表述大体上是一致的，即出版物是经过编辑、复制，具有精神内容，能够传播的作品。可以说，出版物既是精神生产的成果，又是物质生产的成品，是精神生产和物质生产的统一体。

---

①　彭建炎. 出版学概论 ［M］. 长春：吉林大学出版社，1991：8.

②　罗紫初. 出版学原理 ［M］. 武汉：武汉大学出版社，1999：8.

③　中国大百科全书编委会. 中国大百科全书·新闻出版 ［M］. 北京：中国大百科全书出版社，1990：63.

④　［日］布川角左卫门. 简明出版百科辞典 ［M］. 申非，等，译. 北京：中国书籍出版社，1990：98.

互联网和科技的发展，大大拓展了出版物的内容和载体。出版物可以图文声像为符号，以纸张、磁、光、电等为载体。出版物的构成要素可概括为四个：精神内容、编辑加工、物质形式和社会传播。由于本书的重点是出版物市场管理，因此，我们根据1997年1月2日国务院发布，1997年2月1日施行，2001年12月25日、2011年3月19日、2016年2月6日和2020年11月29日分别修订的行政法规《出版管理条例》的规定，以及2016年6月1日起施行的《出版物市场管理规定》，按照出版物的载体和制作方式给出版物一个界定，即出版物是指已经出版的作品，包括报纸、期刊、图书、音像制品、电子出版物等。①

二、出版物的种类

出版物作为已经出版的作品及其载体，按照其制作方式不同可以分为印刷出版物、音像出版物、电子出版物和网络出版物等。按照其他标准，出版物还可分为不同类型，如按出版价值划分，可分为正式出版物、非正式出版物；按流通范围划分，可分为公开出版物、内部出版物；按出版性质划分，可分为合法出版物、非法出版物等。② 本书在《出版管理条例》规定的基础上，按照其制作方式的不同将出版物归为以下四类：

（一）印刷出版物

印刷出版物是指以印刷方式复制，以纸介质为载体，可以重印的非连续或者连续出版物，包括图书、报纸、期刊。

1. 图书

图书主要是指不定期的非连续出版物，它是用文字、图像、声音或其他符号，按一定的主题和结构组成的一个独立的整体，是复制在可供携带的载体上向公众传播的作品。联合国教科文组织规定，图书是指由出版社（商）出版的，49页以上（含49页）的印刷品，具有特定的书名和著者名，编有国际标准书号（ISBN），有定价并取得版权保护的出版物；5页以上48页以下的称为小册子（pamphlet）。

图书由封面、正文、辅文构成。封面在狭义上仅指封皮（封一），但在广义上封面是护封、封一、封二（又称封里）、封三（又称封底里）、封四（又称封底）、书脊的总称。辅文是正文的辅助文字，包括书名页、前言、目次页、序跋、注释、参考文献、索引、附录等部分。

2. 报纸

报纸是指以刊载新闻和评论为主的定期公开连续出版的散页出版物。英文称为newspaper，意即新闻纸。我国新闻出版总署于2005年9月30日公布的《报纸出版管理规定》中明确规定："报纸是指有固定名称、刊期、开版，以新闻与时事评论为主要内容，每周至少出版一期的散页连续出版物。"③

报纸按不同标准可划分为不同类型。如按出版周期可分为每天出版的日报、晨报、午

---

① 《出版管理条例》第2条。

② 张志强. 现代出版学［M］. 苏州：苏州大学出版社，2003：168-170.

③ 《报纸出版管理规定》第2条。

报、晚报，每周出版一次的周报，每周出版 2~3 期的周二报和周三报，每 10 天出版一期的旬报；按读者对象可分为少年儿童报、青年报、老年报、妇女报等；按办报方针，可分为机关报、商业报等；按区域划分，可分为全国性报纸、地方性报纸等。

3. 期刊

期刊也称"杂志"，是指有固定名称，用卷、期或者年月顺序编号，以印刷方式复制的、以纸介质为载体的、成册的连续出版物。联合国教科文组织于 1964 年 11 月 19 日在巴黎举行的大会上，为期刊通过专门的决议，指出："凡是同一标题连续不断（无限期）定期与不定期出版，每年至少出一期（次）以上，每期均有期次编号或注明日期的称为期刊。"①

我国新闻出版总署于 2005 年 9 月 30 日公布的《期刊出版管理规定》中对期刊是这样界定的："本规定所称期刊又称杂志，是指有固定名称，用卷、期或者年、季、月顺序编号，按照一定周期出版的成册连续出版物。"② 这个定义的主要精神既符合国际通用标准，也符合我国期刊发展的实际。

期刊一般包括封面、目次页、正文、封底。其中，在封面或者目次页上应刊载版本记录，包括主管单位、主办单位、出版者、印刷者、发行者、出版日期、主编姓名、发行范围、定价或工本费、广告经营许可证编号、电子邮箱等。中国标准连续出版物号或准印证编号必须刊载在封底下方。

(二) 音像出版物

音像出版物是以磁、光、电等介质为载体，用数字或模拟信号，将图、文、声、像经编辑加工后记录下来，通过视听设备播放使用的出版物。音像出版物根据所记录信号的不同，一般分为录音制品和录像制品两大类别。

《现代汉语词典》对"音像"一词解释为："录音和录像的合称。"③ 国务院于 2001 年 12 月 25 日颁布、2002 年 2 月 1 日施行、2011 年 3 月 19 日修订、2020 年 11 月 29 日根据《国务院关于修改和废止部分行政法规的决定》修订的《音像制品管理条例》第 2 条规定了音像制品的范围："本条例适用于录有内容的录音带、录像带、唱片、激光唱盘和激光视盘等音像制品的出版、制作、复制、进口、批发、零售、出租等活动。"④ 可见，音像出版物是指录有内容的录音带、录像带、唱片、激光唱盘、激光视盘等音像制品。

1. 录音制品

录音制品包括录音带、唱片、激光唱盘。根据 1996 年 12 月 20 日关于版权和邻接权若干问题外交会议在日内瓦通过的《世界知识产权组织表演和录音制品条约》规定，"录音制品"系指除以电影作品或其他音像作品所含的录制形式之外，对表演的声音，或其他声音，或声音表现物所进行的录制；而"录制"系指对声音或声音表现物的体现，从中通

---

① 中国大百科全书编委会. 中国大百科全书·新闻出版 [M]. 北京：中国大百科全书出版社，1990.

② 《期刊出版管理规定》第 2 条。

③ 中国社会科学院语言研究所词典编辑室. 现代汉语词典（第 6 版）[M]. 北京：商务印书馆，2012：1551.

④ 《音像制品管理条例》第 2 条。

过某种装置可感觉、复制或传播该声音。根据 2002 年 8 月 2 日国务院颁布、2002 年 9 月 15 日施行、2011 年 1 月 8 日和 2013 年 1 月 30 日修订的《中华人民共和国著作权法实施条例》的规定，录音制品是指任何对表演的声音和其他声音的录制品。

2. 录像制品

录像制品包括录像带、激光视盘。根据《中华人民共和国著作权法实施条例》的规定，录像制品是指电影作品和以类似摄制电影的方式创作的作品以外的任何有伴音或者无伴音的连续相关形象、图像的录制品。

音像制品与一般印刷出版物相比，具有十分鲜明的特点。它以声音、图像和文本相结合，更为形象、生动、直观，可以运用各种艺术手段、技术手段，多方位调动读者的感官，使读者印象更加深刻。

(三) 电子出版物

电子出版物是指以数字代码方式，将图、文、声、像等信息编辑加工后存储在磁、光、电介质上，通过计算机或具有类似功能的设备读取使用，并可复制发行的出版物。媒体形态包括只读光盘（CD-ROM、DVD-ROM 等）、一次写入光盘（CD-R、DVD-R 等）、可擦写光盘（CD-RW、DVD-RW 等）、软磁盘、硬磁盘、集成电路卡等，以及国家新闻出版署认定的其他媒体形态。电子出版物的类型主要有多媒体出版物、电子图书（e-book）、电子连续出版物、电子版书目数据和部分计算机软件等。

新闻出版总署于 2008 年 2 月 21 日公布的，根据 2015 年 8 月 28 日国家新闻出版广电总局令第 3 号《关于修改部分规章和规范性文件的决定》修订的《电子出版物出版管理规定》指出："本规定所称电子出版物，是指以数字代码方式，将有知识性、思想性内容的信息编辑加工后存储在固定物理形态的磁、光、电等介质上，通过电子阅读、显示、播放设备读取使用的大众传播媒体，包括只读光盘（CD-ROM、DVD-ROM 等）、一次写入光盘（CD-R、DVD-R 等）、可擦写光盘（CD-RW、DVD-RW 等）、软磁盘、硬磁盘、集成电路卡等，以及新闻出版总署认定的其他媒体形态。"[1] 由此可见，电子出版物应包含存储方式与介质、读取设备、可复制发行几项要素。

与传统的出版物相比，电子出版物具有不同的特点。以它的主要介质 CD-ROM 为例，CD-ROM 具有体积小、容量大、存储数据方便、制作价格低廉的特点，且数据具有不可更改性。采用这种介质制作的电子出版物，在内容和功能方面具有许多明显的优势：可获得性好、信息集成度高、表现力强和方便易用。

可获得性好，是指这种出版物复制容易，可工业化生产和大量发行，有利于拉近书与人的距离。内容集成度高，是指电子出版物能把大量不同类型和不同来源的信息集成在一起，像个小图书馆一样，方便人们利用。表现力强，是指电子出版物能够综合利用图、文、声、像等各种表现手段来表现作品的主题内容，便于人们理解作品的内涵。方便易用，是指携带方便，保存方便，查阅方便，检索方便。[2]

---

① 《电子出版物出版管理规定》第 2 条。
② 赖茂生. 从电子到数字出版 [J]. 电子出版，2002 (6).

（四）网络出版物

我国新闻出版广电总局、工业和信息化部于 2016 年 2 月 4 日发布的《网络出版服务管理规定》第 2 条规定，网络出版物，是指通过信息网络向公众提供的，具有编辑、制作、加工等出版特征的数字化作品。[①]

根据这一规定，我们可以说，网络出版物是指经过选择和编辑加工，登载在互联网上或者通过互联网发到客户端，供公众浏览、阅读、使用或者下载的作品，主要包括：文学、艺术、科学等领域内具有知识性、思想性的文字、图片、地图、游戏、动漫、音视频读物等原创数字化作品；与已出版的图书、报纸、期刊、音像制品、电子出版物等内容相一致的数字化作品；将上述作品通过选择、编排、汇集等方式形成的网络文献数据库等数字化作品；国家新闻出版广电总局认定的其他类型的数字化作品。

网络出版服务，是指通过信息网络向公众提供网络出版物。从事网络出版服务的单位，必须依法经过出版行政主管部门批准，取得《网络出版服务许可证》。网络出版服务单位不得转借、出租、出卖《网络出版服务许可证》或以任何形式转让网络出版服务许可。

第二节　出版物市场的概念和构成要素

出版物是精神文化产品，同时又是商品，商品的经营离不开市场。出版物的生产要按照市场要求来组织，流通要在市场中进行，产品价值的实现也离不开市场。出版产业各个环节的运作都离不开市场，都要遵循市场规律的要求。因此，研究出版物市场，把握出版物市场的规律，是做好出版发行工作，搞好出版物市场管理的基本条件。

一、出版物市场的概念

市场的概念是随着商品交换的发展而发展起来的。最初，由于人类社会的生产力水平低，商品交换也不够发达，当时的市场主要是指商品交换的具体场所，是进行商品交换的地方，是一个纯粹的空间上的地理位置概念。我们之所以将出现于西汉末年的"槐市"称为我国最早的图书贸易市场，就是从这种空间意义上来说的。[②] 后来，随着社会生产和分工的进一步发展，商品交换日益频繁，人们的生产和生活对商品交换的依赖程度日益加深，这时，市场的概念也因而有了更为深刻的经济内涵。它不再仅是一个单纯的空间上的地理位置概念，而是一个包括商品交换中的各种经济关系及经济活动在内的综合概念了。

由此看来，现代意义上的出版物市场包含了狭义和广义两层含义，从狭义上讲，是指具有一定的场地和设施的出版物交易场所，是一个地理位置的概念；从广义上讲，是指出版物商品交换关系的总和。由于本书所探讨的是出版物市场管理，因此，本书所指的出版物市场既包括狭义上的对具有一定的场地和设施的出版物交易场所的管理，也包括广义上

---

① 《网络出版服务管理规定》第 2 条。

② 全国出版专业职业资格考试办公室．出版专业理论与实务（初级）［M］．武汉：崇文书局，2003：250.

的对出版物商品交换关系的管理。

出版物市场与其他商品市场一样，可以从各种不同的角度进行分类。例如，按地域范围可以分为国际市场、国内市场及某一地区市场等；按出版物的种类，可分为图书市场、音像市场等；按购销业务可分为批发市场、零售市场等。我国的出版物市场是社会主义性质的全国统一的市场。它以国营书店为主体，以集体、个体、中外合资、中外合作等经济成分为补充，采取包销、经销、寄销等多种形式，统一服务于社会主义物质文明和精神文明建设。

在出版物出版发行过程中，出版物的发行，在本质上是一种物质产品的交换活动。在现阶段，主要是作为商品销售，因而是一项商品性的经营活动,[①] 存在着商品交换关系，出版物商品要通过商品交换的形式走入千家万户。因此，围绕着出版物的商品交换，出版发行单位必然要组织图书的批发与零售，通过图书的批发与零售来满足读者的购买要求。在开展这些活动的过程中，必然会产生各种经济关系，如产销关系、批零关系、发行者相互之间的关系、发行者与读者的关系，以及服务与管理的关系、成本与效益的关系，等等。所以，只要出版物是以商品交换的形式流通，出版物市场就必然存在；同样，只要出版物市场存在，对出版物市场进行管理就势在必行。

二、出版物市场的构成要素

出版物市场作为出版物商品交换关系的总和，包含了非常丰富的内容。其构成主要有出版物市场主体、市场客体、市场行为和出版物市场监管组织等要素。

（一）出版物市场主体

出版物市场主体是指出版物商品交换活动的主体，即出版物的经营者，是出版发行活动的具体组织者。出版物市场主体包括出版物的生产者、批发者、零售者三大基本类型，各自以不同的方式参与出版物市场的商品交换活动。这三类主体共同组成出版物市场关系中的"供"方，它们决定着出版物市场上什么时候、以多大数量、以什么价格、供应什么样的出版物商品；决定着市场供应能在何种程度上适应需求。所以，出版物市场主体是构成出版物市场的首要因素。

（二）出版物市场客体

出版物市场客体是指作为出版物市场交换对象的出版物商品和服务。

一种商品或者服务要成为市场交换的客体，必须具备下列条件：第一，它必须能够满足人们的某种需要，即它必须具有使用价值或者某种效用。没有使用价值的物品或者没有任何效用的服务，不具备交换的能力，不能用于交换，不能成为市场客体。第二，相互交换的商品或者服务必须具有不同的使用价值，能够分别满足交换双方的需要。第三，成为市场客体的商品或服务既要具备有用性，又要具备稀缺性。第四，市场客体之间的交换比例，通过市场主体之间的讨价还价形成。[②]

①　边春光．编辑实用百科全书［M］．北京：中国书籍出版社，1994：467.

②　阎应福，郝玉柱．市场管理概论［M］．北京：中国物价出版社，2002：7.

　　商品经济发展到今天，用于交换的市场客体成千上万，不胜枚举，并随着生产的发展和交换范围的扩大而不断地扩大。但我们可以按不同的标准对其进行分类。比如，按市场客体的最终用途划分，可分为用于生产消费的市场客体和用于生活消费的市场客体；按其形态划分，可分为有形的市场客体和无形的市场客体。[①]

　　就出版物市场而言，出版物商品是出版物市场活动的劳动对象，是形成出版物市场的物质基础。没有出版物，便没有出版物市场。对于读者而言，出版物是需求的对象，是能够满足自己某种精神文化需求的使用价值；对于经营者而言，出版物是其所耗费劳动的凝结物，是用于与别的劳动者进行交换的劳动价值的实现者。从出版物市场管理的角度来看，出版物必须符合国家法律法规的规定，其内容、形式都必须合法。只有合法的出版物才能上市流通；对于非法的出版物，法律不仅不会给予保护，其生产者、经营者还会受到法律的制裁。

（三）市场行为

　　出版物市场主体在获得合法的资格后，要进行相应的市场行为来实现自己的目标。这些行为，包括市场价格行为、市场交易行为、合同行为、竞争行为等，通过这些行为，出版物市场主体可以获取一定的利润或者提高出版物市场产品占有率。如果出版物市场主体的行为不合法，不仅会引起出版物市场的混乱，影响出版物市场各项功能的正常发挥，还会影响到整个社会经济利益的充分实现。因此，要加强对出版物市场主体的市场行为的管理，保证出版物市场主体合法经营，维护出版物市场秩序。

（四）出版物市场监管组织

　　出版物市场经济运行中出版物市场主体的活动是多方面的。为了保证出版物市场主体经济行为的规范化和整个出版物市场运行的秩序，对出版物市场活动进行管理的组织机构也必然是多样化和多方面的。它们共同构成了对出版物市场进行监督、管理和调节的组织系统。只有通过这些市场监督管理组织的共同努力、相互协作和配合，才能形成对出版物市场运行状态的有效和严密管理，从而保障出版物市场的统一、开放和有序化。出版物市场监督管理组织包括市场宏观管理组织、市场微观管理组织和民间监督组织。

　　1. 市场宏观管理组织

　　市场宏观管理组织是指国家设置的专门性的市场交易活动监督管理组织，主要包括政府的有关职能管理部门，如经济综合管理部门、经济监督检查机构和公安司法部门。其中，经济综合管理部门包括银行、税务机关、财政机关、统计机关以及劳动机关等。出版物市场牵涉社会的各个方面，维持出版物市场的秩序仅靠业务主管部门通过一定的行政手段显然是不够的，还必须通过一些经济手段加以调节。这就需要经济综合管理部门的协助。例如，银行可以通过提供贷款，税务机关可以通过减免税收，财政机关则可以通过书价政策对出版经济活动进行调控。经济监督检查机构包括标准局、计量局、审计局、海关和市场监督管理局等。出版物市场管理行政机关虽然拥有一定的准立法权和准司法权，这是它区别于其他行政管理机关的一个显著特点，但它毕竟不同于立法机关和司法机关，其

[①]　阎应福，郝玉柱. 市场管理概论［M］. 北京：中国物价出版社，2002：7.

准司法裁决的法律效力并不及于法院的司法裁决效力，这一点更突出地反映在打击非法出版活动上。因此，在处理出版物市场活动中的违法事件时，如果该当事人触犯了刑事法律，出版物市场管理行政机关就必须移交公安司法部门处理。

2. 市场微观管理组织

市场微观管理组织是指业务主管部门，主要包括出版行政主管部门（版权管理部门）、文化行政管理部门、互联网行业主管部门等。出版行政主管部门的职责之一就是管理出版物市场，负责出版物市场结构的调整，规划整体布局和发展，指导各省的出版物市场管理工作。文化行政管理部门的职责之一是管理互联网文化活动和网络游戏，负责制定互联网文化发展与管理的方针、政策和规划，监督管理全国互联网文化活动。《出版管理条例》第6条规定："国务院出版行政主管部门负责全国的出版活动的监督管理工作。国务院其他有关部门按照国务院规定的职责分工，负责有关的出版活动的监督管理工作。县级以上地方各级人民政府负责出版管理的部门（以下简称出版行政主管部门）负责本行政区域内出版活动的监督管理工作。县级以上地方各级人民政府其他有关部门在各自的职责范围内，负责有关的出版活动的监督管理工作。"① 《音像制品管理条例》第4条规定："国务院出版行政主管部门负责全国音像制品的出版、制作、复制、进口、批发、零售和出租的监督管理工作；国务院其他有关行政部门按照国务院规定的职责分工，负责有关的音像制品经营活动的监督管理工作。县级以上地方人民政府负责出版管理的行政主管部门（以下简称出版行政主管部门）负责本行政区域内音像制品的出版、制作、复制、进口、批发、零售和出租的监督管理工作；县级以上地方人民政府其他有关行政部门在各自的职责范围内负责有关的音像制品经营活动的监督管理工作。"② 2011年2月11日文化部部务会议审议通过，自2011年4月1日起施行的《互联网文化管理暂行规定》第6条规定："文化部负责制定互联网文化发展与管理的方针、政策和规划，监督管理全国互联网文化活动。省、自治区、直辖市人民政府文化行政部门对申请从事经营性互联网文化活动的单位进行审批，对从事非经营性互联网文化活动的单位进行备案。县级以上人民政府文化行政部门负责本行政区域内互联网文化活动的监督管理工作。县级以上人民政府文化行政部门或者文化市场综合执法机构对从事互联网文化活动违反国家有关法规的行为实施处罚。"③

3. 民间监督组织

民间监督组织，包括消费者协会、出版工作者协会、印刷协会以及书刊发行业协会等。这些行业组织和行业协会对出版物市场管理起到了协调引导和自我约束的作用。

成立于1991年3月的中国书刊发行业协会在树立优秀出版社的社会形象、活跃和规范图书市场方面发挥了一定的作用，它通过开展发行理论研究、举办优秀图书联合展销、收集与交流图书经营信息、组织发行人才的培训和提高、协调行业内部的矛盾纠纷、组织会员间经营管理经验交流、规范图书交易活动、组织与国外同行的业务交流等方面，日益显示出行业协会的整体优势。

中国书刊发行业协会颁布的如《全国书刊发行业公约》《书刊出口公约》等在协调会

---

① 《出版管理条例》第6条。
② 《音像制品管理条例》第4条。
③ 《互联网文化管理暂行规定》第6条。

员之间的关系、规范发行者的经营行为、通过自我约束建立起良好的图书流通秩序等方面收效显著。

第三节　出版物市场管理的概念和特征

一般来说，市场管理主要指国家对市场的监督管理。出版物市场管理也就是国家对出版物市场的监督管理。明确这一点，对于界定出版物市场管理的概念及其特征具有非常重要的意义。

一、出版物市场管理的概念

我国现代的出版物市场是改革开放以后逐步兴起并发展起来的新兴文化市场，它指出版物从生产领域包括出版社、报社、期刊社等转移到消费者、读者、受众手中的全部过程，是进行出版物生产、流通和交换的场所，是整个出版物商品交换关系的总和。因此，出版物市场管理是指国家为规范出版物出版发行活动及其监督管理，建立全国统一开放、竞争有序的出版物市场体系，满足人民群众精神文化需求，推进社会主义文化强国建设，通过特设的管理机构对出版物市场主体、市场客体及其市场行为依法进行的管理和监督。

由此，我们知道，出版物市场管理的概念中包含以下几个基本要素：

（一）出版物市场管理的主体

一般来说，管理是为了达到某一目标，并保证这一目标顺利实现而进行的有组织的活动。任何管理活动都必须有管理主体，出版物市场管理活动也不例外。我国出版物市场管理的主体是国家，国家通过立法，通过制定行政法规、方针、政策、目标、计划，并授权行政管理机关来贯彻执行，以保证国家利益的实现。在出版行业，代表国家行使出版行政管理权力的特定的主管部门，主要是党的宣传部门、国家新闻出版管理部门（版权管理部门）、文化主管部门、互联网行业主管部门以及市场监督管理部门等，它们秉承国家授权，依靠国家的法律、法规、方针、政策、目标、计划，对出版物市场主体及其市场行为进行行政监督管理和行政执法。

（二）出版物市场管理的客体

管理是一种行为，一种活动，因此，管理必然要涉及被管理系统，这个被管理系统就是出版物市场主体及其行为，这也是出版物市场管理的客体。

出版物市场主体有广义、狭义之分。广义的出版物市场主体包括出版物市场的管理者、出版物市场经营活动的参加者（出版发行企业、读者）。人们一般将他们分别称为市场管理主体、市场经营主体和市场消费主体。狭义的出版物市场主体仅指从事出版物商品经营活动，以营利为目的的出版物商品经营者。本书探讨的被管理的出版物市场主体，是从狭义上讲的，是指经国家批准进入出版物市场，以营利为目的的出版物商品经营者。

这里我们还有必要区分一下出版物市场管理的客体和出版物市场客体。出版物市场管理的客体是被管理主体即出版物市场主体及其市场行为，而出版物市场客体是出版物市场主体经营管理的对象，主要指出版物商品。

　　我国的出版物市场是具有中国特色的社会主义的统一市场，是多种经济成分参与的市场。在出版环节，由于出版物对舆论、对人们的思想意识有重要的引导作用，因此，国家规定出版单位的设立采取审批制，实行主管主办单位负责制和属地管理制度。在出版物流通环节，为了建立统一、开放、竞争、有序的出版物市场体系，满足人民群众精神文化需求，推进社会主义文化强国建设，国家允许并提倡多种经济成分参与出版物的批发、零售等活动。因此，在我国出版物市场上，有全民所有制的国有经济、集体所有制的集体经济和私人所有的个体经济等经济成分。2001年我国在加入世界贸易组织时，承诺开放出版物零售市场和批发市场，即在加入世贸组织一年内开放北京、上海、天津、广州、大连、青岛和5个特区的书、报刊零售市场；第二年，开放重庆、宁波及所有省会城市书、报刊零售市场；入世第三年，开放所有城市的书、报刊批发和零售市场，并取消对外资分销企业在数量、地域、股权方面的限制。《出版物市场管理规定》第14条规定，国家允许外商投资企业从事出版物发行业务。这就意味着现在我国出版物市场上还有中外合资经济、中外合作经济及外商独资经济等经济成分。这些经济成分或者说这些出版物商品的经营者就是出版物市场的主体。作为出版物市场的主体，必然要进行出版物市场交易行为、市场价格行为、市场合同行为、市场竞争行为以及市场信息行为等，要在出版物市场上从事出版物的出版发行活动，其中发行活动包括出版物的批发、零售及出版物的出租、展销等行为，这些行为是出版物市场管理的对象。因此，出版物市场管理的客体，或者说管理的对象既包括市场主体，同时也包括这些市场主体所从事的各种市场行为及出版物。

　　（三）出版物市场管理的目标

　　国家加强对出版物市场进行管理的目标是为了规范出版物出版发行活动，建立全国统一开放、竞争有序的出版物市场体系，满足人民群众精神文化需求，推进社会主义文化强国建设。

　　规范出版物出版发行活动，维护出版物市场秩序是出版物市场管理最基本、最直接的目标。出版物出版发行活动是出版物市场构成要素按照市场规则所实施的行为。市场秩序是市场运行的保障，是出版业发展和市场秩序更新的前提。建立统一的出版物市场秩序是指按照出版物商品经济的内在规律，实行市场主体平等竞争，包括在国内实行不同经济成分、不同经济区域的政策统一、规则统一；在国际市场上按照国际贸易惯例和统一的国际经济法规进行平等竞争，严禁贸易歧视和非关税壁垒等不正当竞争手段。

　　满足人民群众精神文化需求，推进社会主义文化强国建设是出版物市场管理的最终目标。文化既是凝聚人心的精神纽带，又是增进民生福祉的关键因素。进入新时代，随着我国社会主要矛盾发生新变化，人们对美好生活的向往越来越强烈，对精神文化生活更加看重，文化需求高品质、个性化的特点更加明显。同时，我国已经发展到了扎实推动共同富裕的历史阶段。共同富裕是全体人民共同富裕，是人民群众物质生活和精神生活都富裕。人民群众改善生活品质、走向共同富裕的新期待，对文化建设提出新的更高要求。这就需要我们推动社会主义文化繁荣兴盛，大力加强社会主义精神文明建设，发展文化事业和文化产业，不断满足人民群众多样化、多层次、多方面的精神文化需求，丰富人民精神世界、增强人民精神力量，促进人的全面发展，推进社会主义文化强国建设。

　　此外，出版物市场管理还有各项具体的目标。比如，出版物市场主体、市场客体、市场准入管理目标以及出版物市场主体行为管理目标等。

出版物市场准入管理制度，是通过对出版物市场主体、市场客体进行规范、调整和监管，来维护整个出版行业正常的市场行为秩序。出版物市场主体作为出版物市场行为的基本主体，其质量状况直接决定其行为状况；出版物市场客体是市场供给主体和需求主体的市场行为对象，其质量状况也直接决定着市场秩序的状况。

对出版物市场主体的各种市场行为进行规范、调整和监管，其目标是最终维护整个出版行业正常的市场行为秩序，满足人民群众精神文化需求，推进社会主义文化强国建设。因为良好的出版物市场环境不仅是保障出版物市场主体供求目标得以实现的条件，也是保证政府市场调节和控制措施正常实施的条件，同时还是保障市场主体未来供给与需求行为得以顺利进行的条件。因此，必须对出版物市场主体的各种市场行为进行约束和规范。

二、出版物市场管理的特征

出版物市场管理的概念，是对于出版物市场管理这一特殊的管理现象所作的抽象概括。正是这一特殊的管理现象以及特殊的管理规律将出版物市场管理与其他管理活动如工商行政管理等区别开来。

出版物市场管理有其特定的管理领域、管理对象、管理目标、管理内容、管理方式、管理组织和机构，因而也必然有其特定的管理方面的特征。其特征可以概括为管理主体的权威性、管理对象的综合性、管理过程的系统性和管理方法的多样性等方面。

（一）管理主体的权威性

出版物市场管理的主体是国家，是代表国家行使出版管理权力的特定的主管部门。这样的主管部门有党的宣传部门、国家新闻出版管理部门、版权管理部门、文化管理部门、互联网行业主管部门和市场监督管理部门等。

这些部门代表国家行使出版物市场管理的权力，主要通过行政手段发出命令、批示、规定、指令性计划等，对管理对象而言，具有强制性。

（二）管理对象的综合性

如前所述，出版物市场管理的对象是出版物市场经营主体及其市场行为。这样出版物市场管理的对象就包括市场经营者，参加出版物市场经营的各种经济成分无一例外都必须接受出版行政主管部门的管理和监督。

另外，出版物市场管理是对出版物市场经营行为的管理和监督。出版物市场经营行为是连续不断和周而复始的。出版物市场管理也是连续不断的行为，其管理和监督贯穿于市场经营的全过程。市场主体参与出版物市场经营活动，首先必须取得经营活动的资格；必须合法经营，在市场上公平竞争，不得损害国家和读者的利益；必须信守合同，不得侵犯其他经营者（其他经济组织和个人）的合法权益。而出版物市场管理就是通过出版物市场主体准入、市场行为管理等来管理和监督市场主体的行为。出版物市场管理的每一个环节都是相互衔接、缺一不可的。任何一个环节的失误和放松都会影响出版物市场的运行秩序，给国家或读者带来损失。

所以，无论从市场主体的多种经济成分来说，还是从市场行为的多样性来看，出版物市场管理都具有综合性。

(三) 管理过程的系统性

这里的管理过程是从系统分析的角度来看管理诸要素、诸环节、诸活动所构成的整体系统过程。出版物市场管理的过程是一个系统管理的过程。

第一，从出版物市场管理来看，既然管理的是市场行为，其管理活动过程必然要上溯到市场行为主体即市场主体，下延到市场行为客体即出版物商品。出版行政主管部门对出版物市场的监督管理，正是通过对市场主体、市场经营的客体、市场行为等要素的系统管理来进行的。

第二，从出版物市场的运行过程来看，出版物市场管理是对市场主体从进入市场开始（或称市场准入），到在市场上从事各种经营行为，直至退出市场的全过程所进行的管理。这一过程是一个相互联系有机结合的系统过程。

同样的，作为市场客体的出版物商品，也有一个进入出版物市场被用来交换（批发或零售）一直到退出市场进入读者手中的过程。出版行政主管部门、文化行政部门对市场客体的管理，也正反映在这样的过程中，如禁止非法出版物进入市场、"扫黄打非"等。

市场运行的全过程见图 1-1：

市场主体→进入市场→退出市场

市场客体→进入市场→退出市场

图 1-1　市场运行的全过程

出版物市场管理正是对这一全过程的系统管理。

第三，从实现出版物市场管理的目标来看，出版物市场管理的所有管理活动，始终围绕着实现其管理目标在进行，即确定管理目标→实现管理目标→反馈管理目标的实现和运行情况→重新修正管理目标。这一管理目标的实现，就是规范出版物出版发行活动，建立全国统一、开放、竞争、有序的出版物市场体系，建立和维护社会主义的出版物市场秩序，满足人民群众精神文化需求，推进社会主义文化强国建设。

(四) 管理方法的多样性

出版行政主管部门对出版物市场进行管理，主要有三种方法：经济管理方法、行政管理方法和法律管理方法，并辅之以其他方法，表现出管理方法的多样性。

经济管理方法是指按照客观经济规律的要求，依靠经济综合部门，运用各种经济手段来管理出版物市场的方法。所谓经济手段，是指在管理活动中运用价格、成本、工资、利润、利息、税收、奖金、罚款等经济杠杆和价值工程以及经济合同、经济责任、经济核算等方法。它是以经济利益为动力，运用物质利益原则管理经济的方法。

行政管理方法是指出版行政主管部门依靠行政隶属关系、行政管理机构的权威和管理者的权力，运用行政命令、指示、规定、任务等形式来管理出版物市场的方法。

法律管理方法是指通过国家制定的各种法律、法规，来调整出版物市场中发生的各种关系，通过国家权力机关和行政机关制定、实施法律法规的方法，为社会经济活动设定明确的行为准则，以巩固、发展社会经济和维护经济秩序、规范市场主体的行为。这种管理方法具有规范性、强制性、稳定性等特点。

出版物市场管理机构是行政管理机关，管理出版物市场主要依靠行政管理方法，辅之以法律方法、经济方法。另外，由于出版物对人们精神思想的指导作用，出版行政主管部门在实施市场管理时，还注重使用法治宣传、政策教育和信息引导等方法。通过这些辅助性的方法，可以逐步提高经营者的法治观念、政策水平及市场竞争能力，从而促进出版物市场管理目标的实现。

三、出版物市场管理的领域

管理的领域是指管理活动所进行的领域，也就是在多大的范围内实施管理活动。确定管理的领域即范围问题，一方面是要确定我们是对哪一个领域、一个多大范围的领域进行研究；另一方面是要明确管理部门的职责范围。

明确管理领域这个问题，是理论研究的重要任务。正如毛泽东同志所指出的："科学研究的区分，就是根据科学对象所具有的特殊的矛盾性。因此，对于某一现象的领域所特有的某一矛盾的研究，就构成某一门学科的对象。"① 特殊的矛盾性，总是存在于一定的现象领域，并在该现象领域里表现出来。可以说，特殊的矛盾性是与一定的现象领域紧密相连的。因此，确定管理的领域问题，有利于深刻地揭示我们所要研究的特殊的矛盾性。

另外，任何管理部门，其管理的范围不可能是无所不包的，也不可能是混乱、模糊不清的。它必须有一个确定的管理范围，就像任何企业都有一个生产经营范围一样，任何管理部门也应有一定的管理范围。否则，就会出现该管的没有管住，不该管的又争着去管的局面。

根据国家新闻出版署的职责范围界定，出版物市场管理的领域主要包括：

（一）出版物商品交换的场所

出版物市场作为出版物商品交换的场所，这是狭义上的出版物市场的概念。这里主要是指有物质载体的出版物的交换场所。不管是出版物的批发也好，零售也罢，它都必须在一定的空间场所内进行。即使是网络售书，它也有一个虚拟的网络空间。这个空间场所，也许是批发市场，也许是零售书店，也许是地下黑市，也许在车上、船上或者网络上，等等。只要存在出版物商品交换的地方，都是出版物市场管理的管理领域。

（二）出版物商品交换关系的总和

出版物市场作为出版物商品交换关系的总和，这是广义上的出版物市场。因为出版物商品交换绝不是一方的行为，它是多方的行为。出版物商品交换，实质上是发生交换关系，这种交换关系主要是经济利益关系以及相互依存的关系。从这种意义上说，出版物的商品交换关系的总和就构成了出版物市场。它作为出版物市场管理的管理领域，主要在于出版物交换关系的法律调整，即横向的出版物经营者之间的关系，经营者与读者之间的关

① 毛泽东选集（第 1 卷）[M]．北京：人民出版社，1966：297.

系；纵向的出版物经营者与国家及代表国家的主管部门之间的关系。

（三）出版物商品交换的延伸领域，即出版物生产和消费领域

出版物商品交换总是与出版物的生产和消费紧密相连的，作为一个完整的过程，没有出版物的生产和消费，出版物的交换是难以实现的。因此，管理出版物的商品交换，就必然要延伸到相关的出版物生产和消费领域。比如，在出版物的出版阶段，出版者的出版资格问题、书号问题等。再如，当出版物从流通领域进入消费领域以后，一般地说，出版物到了读者手中，出版物商品的交换过程也就完成了，出版物商品已退出了市场。但是，作为实体的出版物商品以及作为一种交换关系，这一市场行为并没有完全结束。当出版物出现诸如质量问题时，作为没有结束的交换关系即刻会在出版物生产者、经营者与读者之间显示出来，而这一关系又是通过法律（《消费者权益保护法》）进行调整，或者进行行政性调解的。这就是说，作为连接出版、连接读者但又并非存在严格市场意义的领域，仍然具有市场性质。因此，这一领域，同样成为出版物市场管理的领域。

第二章　出版物市场管理的职能和作用

职能是指人、事物或机构的内在功能和应起的作用。管理的职能可以理解为权利和责任相联系的管理组织及管理者，为达到预期的目的而具有的职责和功能。它体现在管理主体所从事的各项管理活动之中，是这些管理活动功能的综合性、本质的概括。一定的管理职能也决定管理组织机构的构成和分工。所以，认识出版物市场管理的职能，对于正确确定出版物市场管理的范围、建立出版物市场管理组织系统，实行管理的科学化，充分发挥出版物市场管理的整体功能，实现出版物市场管理的目标，是十分必要的。

第一节　出版物市场管理的职能

出版物市场管理的职能，是指出版主管行政主管部门为建立和完善出版物市场的目标所具备的职责和功能。它由出版物市场管理的性质所决定，并通过管理活动来实现。自我国确立社会主义市场经济体制以来，我国出版业正处于从计划经济体制向市场经济体制转轨的时期，这就决定了政府对出版物市场管理职能的转变。邓小平同志曾精辟地指出："政府只管你该管的事，不要管那些你管不好又管不了的事。"① 严格依法行政，从宏观上加强对出版物市场的监管，才是我国出版行政主管部门的主要职责。除此之外的微观管理，由具体的各市场管理部门去进行市场监管。出版物市场管理的各部门在对出版物市场进行管理的过程中所行使的职能，大致可分为组织职能、监督职能、控制职能、协调职能。

一、组织职能

所谓组织职能，是指管理主体为实现管理目标，对出版物市场活动中的人、财、物等要素进行组织的职责和功能。它包含对管理客体的组织活动，也包含对管理主体自身系统人、财、物等要素的组织活动。

出版物市场管理的组织职能是党的宣传部门、新闻出版管理部门、文化管理部门、互联网行业主管部门等管理主体对管理客体依法确认和对各类出版物生产经营者的相互关系、行为规范的组织管理。而对出版行政主管部门自身的组织职能，则主要是其内部的组织体系、组织构成、组织形式、职责分工及协作关系的建立。

组织职能是出版物市场管理主体职能中最基本的一项。管理主体通过组织职能的履行，对出版物市场主体进行组织和限制，有利于积极培育和促进发展出版物市场体系，以

---

① 邓小平文选（第1卷）[M]. 北京：人民出版社，1997：288.

保证出版物市场中各要素的合理配置，也是实现从粗放型经济增长方式向集约型经济增长方式转变的重要手段。

出版物市场管理的组织职能内容比较广泛，主要有：

（1）对出版物市场主体组织形式的审批、核准，即对出版物市场上各种生产经营者的资格进行审批。这是出版行政主管部门、文化行政部门、互联网行业主管部门组织市场主体进入出版物市场的管理活动。

（2）积极组织、支持、发展多种经济成分进入出版物市场进行经营活动。

（3）积极组织、规范各级市场——出版市场、批发市场、零售市场等，推进出版物市场体系的建立和完善，包括制定全国出版物市场结构、布局和发展的规划。

（4）按照社会主义市场经济体制的要求，对出版物市场管理体制进行确立。

根据一定时期出版物市场管理的主要任务和出版物市场状况，对自身管理系统的各种力量进行合理分配，形成高效率的出版物市场管理系统。建立组织系统内的工作规范和沟通系统内外的信息网络，组织新闻出版管理队伍、文化市场管理队伍的自身建设。

二、监督职能

监督职能是按照由计划、政策、法规等形式事先确定的各种标准，来观察出版物生产经营者的经营活动，督促其按照国家的要求进行经营，以保证各种规范的贯彻实施。

出版物市场管理主体的监督职能的发挥，对于促进市场机制条件的形成，保证出版物市场形成充分的市场竞争和成熟的市场主体，具有重要的作用。要形成正常的市场运行秩序，管理主体必须充分行使监督职能来进行监控。

出版物市场管理的监督职能，主要是通过对出版物市场主体的法人资格及合法地位进行确认，对出版物市场客体、市场行为进行监督来体现的。

（一）对出版物市场主体的法人资格及合法地位进行确认

通过审批活动来监督各种经营者是否可以进入市场从事出版物的生产经营活动，这是一种事前监督。另外，出版单位的年检制度也是一种对市场主体的监督。

（二）对出版物市场客体进行监督

在我国，对出版物市场客体进行监督，主要是对出版物的内容、形式、书号以及出版物的质量进行监管；对批发市场上书刊经营者经营的出版物是通过"售前送审"来实现监督管理的。

（三）对各种经营主体的各种市场行为进行监督

对出版物经营主体行为的监督，包括对出版物价格行为、市场交易行为（主要是出版物发行行为）、市场合同行为、市场竞争行为等进行监督，主要是通过市场管理来实现。这种监督，可以使出版发行活动正常进行，有利于满足出版者、出版物经营者、读者的需要，有利于促进出版产业的发展，也有利于保护市场主体的各项权益不受侵犯。

出版物市场监督职能可分为事前监督、事中监督和事后监督。

事前监督，是指事情发生前就进行预防性的监督。这是一种预防制，具有预防功能，可以起到防患于未然的作用。

事中监督，是对出版物市场主体在市场行为中日常活动的监督管理。它具有完善的功能，通过正常的事中监督，可以及时纠正市场运行中的背离与偏差行为，保护合法经营，取缔非法经营。比如，对出版物市场的稽查就是一种事中监督。

事后监督，是指事情发生后的监督管理。这是一种追惩制，具有补救的功能，主要通过事后的监督执法来实现。通过事后监督，可以使受害者的利益得到一定的补偿，可以起到惩前毖后的作用。

三、控制职能

控制这一概念是与控制的目标直接相关的。没有目标就谈不上控制。

控制职能是为了实现规定的任务和目标，避免管理对象脱离正常运行轨道而进行的管理和制约。

控制职能的特点是使被管理者的行为不偏离目标，或者在其偏离目标时使其尽快得到纠正。

出版物市场管理的控制职能是指出版行政主管部门根据国家政策需要，社会经济发展计划和一定时期内政治经济体制改革的重点，利用各种手段和措施，对出版物市场主体的市场行为进行有效管理，控制出版经济的发展趋势，纠正出版经济活动中的偏差，使其在良好的市场环境和秩序下进行。

控制职能具有导向性，也就是引导市场主体按市场秩序的规范进行市场行为。

控制职能的作用形式是目标控制和程序控制的有机结合。

出版物市场管理的目标控制，主要表现在出版物市场体系结构控制、市场主体控制、产业结构控制、市场竞争控制以及整个市场秩序维护等方面。出版物市场管理的程序控制，主要表现在生产经营者资格审批，出版物生产经营者总量、结构、布局的规划以及生产经营者年检监督等方面。

概括而言，出版物市场管理控制职能的作用表现在控制出版物市场主体的市场进入、控制市场结构、控制市场行为、控制市场客体等方面。

市场结构主要表现为垄断市场结构状态、过度竞争结构状态和进入不足结构状态。在这些不合理的市场结构状态下，资源配置是不可能优化的。这就需要采取一些杠杆或政策法规措施，逐步促进市场结构状态发生改变。如对可能出现的垄断状态，通过限制或禁止相关大企业的兼并或限制控股公司的发展来控制；对可能出现的过度竞争状态，可通过增加企业进入市场的行政性政策、程序性壁垒来控制；而对进入不足的结构状态，则可采取放松管制、行政指导、简化管理程序等措施，鼓励或诱导其进入市场。

对市场行为的控制，可通过采取默许、有保留的限制、限制、原则性规定、禁止等措施或手段来进行。

四、协调职能

协调职能是指消除管理诸要素之间以及管理过程各阶段、各环节之间的不和谐现象，加强相互之间的配合能力，达到同步发展的管理过程。

在出版事业发展过程中，由于出版经营主体多元化，客观上存在经济利益的矛盾，管理者要通过协商调节利益主体之间经济利益的矛盾，使矛盾得以缓解，推动出版事业的发展。具体表现在：

（一）根据出版事业发展的需要，及时制定出版管理的政策法规以协调出版物生产经营活动

在出版物市场发展过程中，会出现许多新情况、新问题，如不及时协调，就会造成出版物市场秩序的混乱。出版行政主管部门作为一个行政执法机关，为了培育、规范出版物市场，就要对出版物市场发展中出现的问题加以分析、研究，拟定新的政策、法规，原有的法规也要根据新形势加以修改、补充，使之协调发展。

（二）协调出版物市场主体之间的关系

在出版物出版发行活动中，各市场主体的根本利益是一致的。但是，它们作为相对的经济实体，自主经营、自负盈亏，具有各自的经济利益。所以，在出版经济活动中，各市场主体之间就难免会产生一定的矛盾，发生一些纠纷。出版行政主管部门要及时协调这些矛盾，以保证出版物市场健康、顺利地发展。

协调的形式通常有行政协调、市场协调、伦理协调和强制协调四种形式。

行政协调，是通过协调者与被协调者之间存在的纵向的上下级关系，鼓励被协调者接受协调者运用行政手段所作出的决定。这种手段通常得到法律的认可。

市场协调，由于在经营者（组织或个人）之间存在着横向的和法律上的平等关系，而且他们都受到营利动机的推动，因此，他们的经营行为由市场机制决定和协调。

伦理协调，与市场协调相似，在经营者之间存在着横向关系，但他们既不受行政命令的指挥，也不受营利动机的驱动，而是在互惠互利的基础上，由参加者将基本原则提高到道义或义务的高度，并通过惯例或传统形式确定下来，用以协调相互间的关系。

强制协调，利用上级和一些下属经营者之间的纵向关系，上级对下属施加的一种随意的强力。但与行政协调不同的是，强制协调不必受法律和道德的承认。

出版物市场管理协调职能的方式多种多样，表现在配合、帮助、促进、服务、指导、建议、劝说和激励等多种具体形式中。对个体书商的指导和扶持，对批发市场的建设、促进和参与规划，对合同纠纷的调解和仲裁，对其他经济政策和体制改革的配合等，都是出版物市场协调职能的灵活运用。

第二节　出版物市场管理的作用

出版物市场管理的作用，一方面，可以理解为出版物市场管理在促进社会主义精神文明和物质文明建设中的作用；另一方面，由于出版物市场管理的主体是出版行政主管部门、文化行政部门，出版行政主管部门、文化行政部门的一个重要职责就是管理出版物市场，因此，其作用也可以理解为出版行政主管部门、文化行政部门在社会主义精神文明和物质文明建设中的作用。这些作用具体表现为促进出版物市场主体的发展；培育和促进发展社会主义出版物市场网络体系，完善市场关系；促进市场运行机制条件的形成，并维护市场机制积极作用的发挥；发展社会主义出版产业等方面。

一、促进出版物市场主体的发展

出版物市场主体，是指运行于出版物市场，自主经营、自负盈亏、自我发展、自我约束的出版物商品的生产者、经营者。我国现阶段的出版物市场主体包括：各出版社和各出版社的自办发行机构、国有书店（新华书店、外文书店、古旧书店）、供销社、集体书店、个体书店（书摊、书贩）以及中外合资、中外合作的出版物零售单位和外商投资的读者俱乐部等。发展出版物市场主体，建立现代企业制度，是建立适应社会主义市场经济的出版物流通体制的基本条件。作为出版物市场主体主要管理部门的出版行政主管部门，在促进出版物市场主体的发展中发挥着重要作用。

二、建立统一、开放、竞争、有序的出版物市场体系，完善市场关系

市场体系是出版物商品交换中各种市场相互联系、相互制约的有机的统一体，是适应社会化大生产的发达商品经济要求的产物。要发挥市场机制在资源配置中的决定性作用，必须培育和完善市场体系，规范市场行为，打破地区、部门的分割和封锁，反对不正当竞争，创造平等竞争的环境，形成统一、开放、竞争、有序的出版物市场，这显然是出版行政主管部门责无旁贷的任务。

三、促进市场运行机制条件的形成，维护市场机制积极作用的发挥

所谓市场机制，是指出版物市场中各个要素（如供需、竞争、价格等）的相互关系，以及运行中的相互联系和作用的统称。由于市场要素的多样性，市场机制也表现为多种形式，如供求机制、竞争机制、风险机制、价格机制，等等。市场机制正是通过竞争机制和供求机制作用，通过价格机制而使市场供需不断地趋向动态平衡。

出版物市场管理就是通过确认市场主体资格，保证他们有规则地进出市场；通过监督他们的交易活动，保护合法经营，促进公平竞争，维护正常的市场经济秩序，确保市场机制的有效运行，抑制其可能产生的消极作用。

四、发展社会主义出版产业

社会主义出版产业是和社会主义市场经济体制相适应的文化产业。建立和发展中国特色的社会主义出版产业，是在市场经济条件下繁荣社会主义文化、全面建成小康社会的重要途径。出版活动作为社会主义文化事业和文化产业的重要组成部分，不仅对提高综合国力有巨大的促进作用，而且其自身的发展水平在很大程度上是一个国家综合国力的重要标志。因此，加强出版物市场管理，对于发展社会主义出版产业具有重要意义。

第三章 出版物市场管理的原则、方法和手段

出版行政主管部门在维护出版物市场秩序的过程中，必须坚持一定的原则，采取一定的方法和手段。只有明确这些原则、方法和手段，才能充分发挥出版物市场管理的职能，达到出版物市场管理的目标。

第一节 出版物市场管理的原则

出版物市场管理的原则，是指为实现出版物市场管理目标所必须遵循的指导思想、基本要求和行动准则。这种原则贯穿于出版物市场管理过程的始终及管理活动的各个方面，是出版物市场管理的性质、特征、职能的体现，反映了出版物市场管理活动的规律，并且反过来指导出版物市场管理活动。具体地说，出版物市场管理应遵循依法管理的原则、宏观控制与微观管理相结合的原则、直接管理与间接管理相结合的原则、行业自律的原则。

一、依法管理的原则

市场经济也可以说是法治经济。社会主义市场经济必须在公开、公正、公平的环境和条件下运行。而这种环境和条件必须由国家的法律法规来保证。同样，出版事业的发展也是如此。出版行政主管部门是国家的职能部门，管理活动代表国家意志，这种意志是通过法律和法规体现的。因此，出版物市场管理必须严格依法办事，把各项管理活动纳入法治轨道。

"依法进行出版活动和依法进行出版管理是依法治国、依法行政在出版领域的具体体现。有关出版的法律法规是中国特色社会主义法律体系不可或缺的组成部分。"① 随着中国特色社会主义法律体系的初步形成，我国出版业已形成了由宪法、法律、行政法规、行政规章等组成的法律框架。这些法律法规贯彻了马克思列宁主义、毛泽东思想、邓小平理论、"三个代表"重要思想、科学发展观及习近平新时代中国特色社会主义思想的基本精神，体现了出版工作的指导方针、政策和基本任务，规范了出版行为的准则和必要程序，明确了出版管理的职责，划清了出版活动合法、违法与犯罪的界限，规定了相应的法律责任，为依法进行出版活动和出版管理提供了依据。

出版物市场管理离不开法律法规，法律法规是出版物市场管理的准则和依据。目前，在出版物市场管理方面比较重要的法规包括以下几类：书报刊出版管理，印刷发行管理，

---

① 全国出版专业职业资格考试办公室. 有关出版的法律法规选编 [M]. 北京：中国大百科全书出版社，2003：6.

音像、电子出版物管理，网络出版管理，著作权管理，"扫黄打非"的管理规定等。

在对出版物市场进行管理的过程中，坚持依法管理的原则，其基本要求是：有法可依，有法必依，执法必严，违法必究。

有法可依是指健全和完善出版物市场管理的法律法规体系，使出版物市场管理的每一项具体管理活动都有法律依据，尽量避免盲目性和随意性。这就要求出版行政主管部门从出版产业发展的需要出发，修改不适应新形势的法律法规，制定新的法规，以适应出版业不断发展的需要。

有法必依是指出版行政主管部门必须按法律规定办事，只要是已经颁布实施的法律法规，任何机关、团体、企业事业单位和公民个人都必须严格遵守，出版行政主管部门也不例外，而且还要带头执法、守法。

执法必严是指严格执行法律规定，对任何出版物市场主体的违法行为都一视同仁，严肃处理，不徇私情，更不能知法犯法，违法乱纪。只有严格执法，才能维护法律的严肃性和权威性。

违法必究是指对违法者必须追究法律责任和给予法律制裁。任何机关、团体、企业事业单位和公民个人都不能超越于法律之上，该处罚的一定处罚，该重罚的绝不轻饶。只有这样，才能震慑违法分子，减少违法活动，维护法律尊严。

二、宏观控制与微观管理相结合的原则

对出版物市场进行管理，既要加强宏观方面的控制，又要加强微观方面的监督。

应该说，出版行政主管部门对出版物市场进行管理的着眼点是宏观调控。通过宣传、落实法律法规，制定市场管理方面的规章、条例，发布行政命令等，告诉出版物生产经营者可以做什么，应该做什么，禁止做什么，以此规范出版物市场主体的行为，从而维护出版物市场秩序。同时它又具有对微观经济活动实施管理的作用，具体体现在对出版物市场主体的市场准入，出版物生产经营者的市场行为、经营的出版物商品进行监管，以及对出版物生产经营者进行年检和对违法经营行为的查处上。二者都是建立和维护出版物市场秩序不可缺少的环节。

坚持宏观控制与微观管理相结合的原则，主要是处理好宏观控制与微观管理的关系。宏观管理职能要求政府不直接干预企业的生产经营活动，即凡是通过出版物市场能够解决的，政府就不必干预，一定要发挥出版物市场的作用；政府主要是做那些市场不能做或做不好的事情，解决市场不能解决的问题，把该管的事管好。政府要从宏观着眼，从实现宏观调控的要求来对待日常具体的业务活动管理，把每一项管理活动都同宏观调控目标联系起来，而不是孤立地就事论事。只有这样，才能充分发挥出版物市场管理的职能作用，实现管理的目标。

三、直接管理与间接管理相结合的原则

直接管理是指由出版行政主管部门直接对出版物市场主体实施管理行为，比如，审批出版物市场主体提出的从事出版物出版发行活动的申请，发放许可证；指挥开展"扫黄打非"的工作；对出版物市场进行稽查等。间接管理包括两个方面，一是通过间接的管理手段对出版物市场进行管理，如充分运用国家出版经济政策中的税收、价格、财政、投资、

金融、稿酬等政策，通过税务、财政、金融等非出版行业行政管理手段，管理、扶持出版物市场的发展；二是通过间接的管理主体对出版物市场进行管理。①

直接管理与间接管理相结合是指在出版物市场管理过程中，可以充分吸收社会各有关部门的力量，齐抓共管，多种手段并用，加强对出版物市场的管理。比如，针对市场管理人员少、任务重的矛盾，各地可充分发挥社会闲散力量，把有一定文化、责任心强、身体好的老同志组织起来，成立群众性的出版物市场督查网络，及时了解出版物市场行情变化，为管理人员提供出版物市场信息，有针对性地开展工作。又如，在打击非法出版活动的过程中，运输、邮电、市场监管、海关、文化以及工会、共青团、妇联等群团组织要加强配合，综合运用行政、法律、经济等多种手段，在各个环节都不给不法分子以可乘之机。只有做到群防群治，才能使非法出版物无藏身之地，从而使非法出版活动成为"老鼠过街，人人喊打"。②

四、行业自律的原则

行业自律是指行业组织、行业协会通过制定各种行规、行约来加强行业自身的约束力。

行业组织是由同一个行业的企事业单位自愿组成的经济性团体。它是根据社会发展的需要，特别是市场经济发展的需要，由同一行业的企事业单位为了行业的共同利益自发地、自愿地组成，不带有政府行为的强制性特征，具有自治性或民间性的特征。行业组织介于政府和企业法人之间，代表行业内众多企业法人的利益，是政府与企业间的有益桥梁。其主要职能是代表本行业与政府协商谈判，协调行业发展，推动行业管理和技术水平的提高，解决行业内纠纷，组织对外交流等。尤其是在行业政策制定上，成熟的行业组织影响政府政策导向，使政府的决策更有利于某些行业或某些利益集团，或使政府的决策更接近于现实，从而为政府的宏观经济调控创造条件。

行业协会是生产专业分工和市场竞争发展到一定阶段的产物。当行业迅速发展并逐步走向成熟的时候，行业成员可能会因追求自身的利益而进行不公平竞争或作出其他不利于整个行业发展的行为。此时，行业协会就以监督者和利益关系协调者的身份应运而生。在市场经济发达国家，行业协会具有不可替代的协调、指导功能，它以一种有效的工商业活动管理方式显示出其特有的商业文化传统，呈现出民间组织性、利益公共性、互益性、平等性和开放性等一些重要特征，在国家一些政策和法律的制定、劳资和贸易纠纷的谈判和解决，以及行业标准的制定方面，都发挥着极其重要的作用。③

比如，在美国，出版行业协会对出版行业有着严格的管理，许多在我国由政府行使的管理职能，在美国，实际上是由行业协会行使。美国书业协会的主要作用是：作为行业代表，维护会员利益，协调会员之间的关系，举办、参加有关书展，推广会员图书，交流信息，组织科学研究，组织全国图书评奖。特别是全国图书委员会主持的"全国图书奖"，影响很大。另外，美国出版业很重视自律，一些协会都制定自律措施，以约束

---

①　朱静雯．现代书业企业管理学［M］．苏州：苏州大学出版社，2003：38．

②　张志强．非法出版活动研究［M］．贵阳：贵州人民出版社，1998：260-261．

③　杨贵山．行业协会任重道远［N］．中国图书商报，2002-06-20（8）．

编辑出版活动。

　　行业协会一方面代表和维护行业利益，以行业的整体形象就相关问题与有关部门和单位进行联系、沟通和合作；另一方面，行业协会也行使管理的职能，在督促会员遵守和执行国家相关法律和规定的同时，制定共同遵守的规则并提倡自律。

　　随着我国出版物市场全面对内、对外开放，出版运营模式逐渐多样化，市场经济调节作用的权重日渐增加，政府职能也将逐步实现从直接管理向间接管理、微观管理向宏观管理转变，越来越多的社会工作和行业管理的具体工作将交由行业协会来承担，新的形势迫切需要出版行业协会参与协调、管理，以促进出版业的发展。我国目前的出版工作者协会、印刷技术协会、发行业协会由于资金问题以及权威性不足等原因，与行政机关存在着无法摆脱的依附关系，所起的作用仅限于培训、组织出版科研活动等，还不是纯粹意义上的行业协会。①

　　因此，各级出版行业协会应当逐步改变目前依附行政主管部门的状况，体现出版行业协会的特点和相对独立性。应当配合出版行政主管部门的宏观调控，制定行业规范和行业标准，协调行业内部的产供销关系，协调统一各类价格，避免生产经营的盲目性和不正当竞争，实行行业自律。以便维护协会成员的利益，保护合法的经营活动，发挥社会监督作用。

第二节　出版物市场管理的方法

　　管理是人类为了使系统的功效不断提高而从事的一系列活动，方法则是达成目的的手段、措施、途径等。因此，管理的方法是为了使被管理系统的功效不断提高，而在一系列管理活动中所采取的手段、措施等。具体管理的方法有很多，但是按照对管理最本质的分类，管理方法主要有三种，一是行政管理方法；二是法律方法；三是经济管理方法。

　　出版物市场管理区别于其他的管理活动，在管理过程中，主要使用行政管理方法和法律方法，但也有经济管理方法的使用。

一、行政管理方法

　　行政管理方法是指出版行政主管部门依靠行政隶属关系、行政管理机构的权威和管理者的权力，运用行政命令、指示、规定、任务等形式来管理出版物市场的方法。

　　行政管理方法具有强制性、直接性、权威性和垂直性。强制性是指下级必须服从上级的命令；直接性是指对管理对象的直接指挥和控制；权威性是指上级命令执行的单一性和无选择性；垂直性是指通过行政系统的行政层次由上而下地实行直线式管理。

　　常见的行政管理方法有指令性计划、行政命令、指示及各种规章制度等。

　　行政管理方法具有强制性，作用直接，时效性强，是出版物市场管理中不可缺少的重要方法。

　　当然，行政管理方法也有自身的局限性。单纯依靠行政管理方法管理出版物市场，往

---

　　① 中国出版科学研究所．出版改革与出版发展战略研究［M］．北京：中国书籍出版社，1998：16-17.

往增加管理层次，不利于企业或个人积极性、创造性的发挥，容易脱离实际，甚至发生违背市场经济规律的现象。因此，在运用行政方法管理出版物市场时，一定要深入实际调查研究，从实际出发，按经济规律办事，并重视行政管理方法与经济方法、法律方法的配合运用，避免主观臆断和瞎指挥。

出版行政主管部门是国家行政管理系统的组成部分，作为出版物市场的主管部门，它的职能范围是由国家依据宪法、法律及行政法规所规定的，是根据国家授权，利用行政机关的权威对出版物市场活动进行的监督管理和控制。

行政管理方法具体运用于出版物市场管理，主要是通过审批、核准、许可、登记、合同管理、民营书业管理、市场管理等具体工作，以及依据由国家机关制定的各项管理条例、规章制度和政策指令等，来直接约束和指导各市场主体的市场行为，协调各种经济成分之间的关系，保护合法经营，制止非法活动，维护出版物市场秩序的。

二、法律方法

法律方法是指通过国家制定的各种法律、法规，来调整出版物市场中发生的各种关系。这种管理方法具有规范性、强制性、稳定性的特点。

规范性是法律方法的首要特点。它明确规定市场主体（企业和个人）在一定条件下可以做什么、不可以做什么、必须做什么、应该做什么、禁止做什么等，同行政命令、决定、指示相比，是更成熟、更具体、更严密、更具权威性的行为准则。

强制性是法律方法的另一特点。法律规范区别于其他社会规范，如政治规范、道德规范等的不同之处，在于法律规范是由国家强制力保证实施的。法律方法的强制性又区别于行政方法的强制性，法律是人人都必须遵守的行为准则，具有普遍的约束力。

稳定性是法律方法区别于其他管理方法的显著标志。法律是将社会经济管理活动中行之有效的，比较稳定、比较成熟的，带有规律性的原则、制度和方法，由各级立法机关通过法律、法令、条例等形式固定下来，并用以调整各种社会经济关系的一种方法。法律方法中规定的行为准则，都是经过反复实践总结出来的，并且经过权威机构发布实施的。一般一经确定就比较稳定，不轻易发生变动，可以反复适用。

法律方法在出版物市场管理中的运用，主要体现在行政法规和经济法规的贯彻和执行上。我国已制定了一系列有关出版物市场管理的法律法规，如《中华人民共和国民法典》《中华人民共和国著作权法》《出版管理条例》《音像制品管理条例》《印刷业管理条例》《中华人民共和国广告法》《中华人民共和国市场主体登记管理条例》《出版物市场管理规定》等，使出版物市场管理工作有章可循、有法可依，提高了出版物市场管理的权威性和稳定性。

三、经济管理方法

经济管理方法是指按照客观经济规律的要求，依靠经济综合部门，运用各种经济手段来管理出版物市场的方法。所谓经济手段，是指在管理活动中，运用价格、成本、工资、利润、利息、税收、奖金、罚款等经济杠杆和价值工程以及经济合同、经济责任、经济核算等方法，它是以经济利益为动力，运用物质利益原则管理经济的方法。

采用经济管理方法有利于调整各经济组织之间的利益关系，从而激发企业内部活力，促进各方面从物质利益上关心计划目标并努力完成任务。这种管理方法符合客观经济规律，与行政管理方法相比具有间接性和自发性，作用范围广泛，有效性强。

经济管理方法以价值规律为基础，也带有一定的盲目性和自发性。在运用经济管理方法时，必须有统一的方针、政策和计划作指导，既要重视物质利益，又不能片面地把物质利益作为最高准则，要善于结合其他管理方法，综合运用，使之相辅相成，共同发挥作用。

经济管理方法并不是出版物市场管理的主要方法，但重视经济管理方法与行政管理方法的结合，重视经济管理方法在行政管理中的运用，对出版物市场管理有着重要的作用。

第三节　出版物市场管理手段

出版物市场管理的手段，是出版物市场管理方法的具体化，包括经济手段、法律手段和行政手段。本节主要讨论行政管理方法的管理手段，主要包括行政许可、行政强制、行政执法和行政处罚等。

一、行政许可

行政许可，是指行政机关根据公民、法人或其他组织的申请，经依法审查，准予其从事特定活动的行为。出版行业是一个特殊的行业，是一个强调经济效益和社会效益相结合，将社会效益放在首位的行业。为了保证出版行业"传播和积累有益于提高民族素质、有益于经济发展和社会进步的科学技术和文化知识，弘扬民族优秀文化，促进国际文化交流，丰富和提高人民的精神生活"①，从出版单位的设立、经营，到出版物市场主体经营活动资格的取得，都要经过国家有关行政主管部门的批准，未取得经营许可资格而从事出版发行业务活动，是违反国家法律法规的非法活动。

比如，要从事出版物生产经营活动，必须取得出版行政主管部门的许可；没有取得出版行政主管部门的许可，当然不能从事相关的经营活动。出版物生产经营许可具体表现为《出版许可证》《出版物经营许可证》《网络出版服务许可证》。国家允许某管理相对人从事出版物的出版、批发、零售以及出租、展销等活动，通常是通过发放这些许可证来体现的。未经许可，任何单位和个人不得从事出版物的生产经营活动。

二、行政强制

行政强制，是指出版物市场管理机关在维护出版物市场秩序的过程中，为防止危害出版物市场秩序的行为发生，在必要时可以采取强制措施，包括财物强制和行为强制。当然，这种强制与法院按司法程序采取的强制措施不同。这种强制只限于对违法经营者采用财物强制和行为强制。而法院按司法程序采取的强制措施属于法律强制，包括剥夺公民权利的人身强制在内。

比如，根据出版行政执法，特别是"扫黄打非"的实际需要，《出版管理条例》赋予了出版行政主管部门实施行政强制措施的权力。《出版管理条例》第7条规定："出版行政

---

① 《出版管理条例》第3条。

主管部门根据已经取得的违法嫌疑证据或者举报，对涉嫌违法从事出版物出版、印刷或者复制、进口、发行等活动的行为进行查处时，可以检查与涉嫌违法活动有关的物品和经营场所；对有证据证明是与违法活动有关的物品，可以查封或者扣押。”

《出版管理行政处罚实施办法》第 17 条第 2 款规定：“新闻出版行政机关在执法检查中，发现正在印刷、复制、批发、零售、出租违禁出版物或者非法出版物，情况紧急来不及立案的，执法人员可以对违禁出版物或者非法出版物、专用于违法行为的工具、设备依法查封或扣押。”

三、行政执法

行政执法，是指出版行政主管部门为规范出版物出版发行活动及其监督管理，依照行政执法程序，对违反出版行政法律规范的违法行为，依法给予行政相对方以行政处罚的法律制裁。

国家新闻出版行政主管部门负责全国出版物出版发行活动的监督管理工作；省、自治区、直辖市新闻出版行政主管部门负责本行政区域内出版物出版发行活动的监督管理；省级以下各级人民政府新闻出版行政主管部门负责本行政区域内出版物出版发行活动的监督管理。

（一）新闻出版行政执法证的管理

为了规范新闻出版行政执法行为，促进新闻出版行政执法队伍建设，1998 年 6 月 15 日，国家新闻出版署根据《中华人民共和国行政处罚法》和《出版管理行政处罚实施办法》，制定了《中华人民共和国新闻出版行政执法证管理办法》。办法规定，新闻出版行政执法证是新闻出版行政执法人员履行新闻出版行政执法职责的有效资格和身份证件，各级新闻出版行政机关的行政执法人员应当依照该办法的规定申领、使用。新闻出版行政执法人员在依法实施行政处罚、行政强制措施、行政执法检查及履行其他法定执法职责时，必须持有并出示新闻出版行政执法证。未按照规定领取新闻出版行政执法证的新闻出版行政执法人员和新闻出版行政机关的其他工作人员，不得从事新闻出版行政执法活动。

（二）文化市场行政执法的管理

为规范文化市场行政执法行为，加强文化市场管理，维护文化市场秩序，促进文化市场行政执法部门及其执法人员依法行使职权，保证法律、法规、规章的正确实施，维护公民、法人及其他组织的合法权益，文化部先后颁布多个文件对文化市场行政执法进行管理。

2000 年 5 月 15 日，文化部制定了《文化市场行政执法错案责任追究暂行办法》。办法规定，文化市场行政执法错案，是指文化市场行政执法部门及其执法人员，在文化市场行政执法过程中不严格履行法定职责造成严重后果，或者违法行使职权作出错误或者不当处理，或者侵犯公民、法人及其他组织合法权益的案件。

2006 年 3 月 16 日，文化部制定了《文化市场行政执法管理办法》。2011 年 12 月 6 日，文化部部务会议审议通过了《文化市场综合行政执法管理办法》（以下简称《办法》），并于 2012 年 2 月 1 日起实施，同时废止《文化市场行政执法管理办法》。《办法》

第 34 条规定，上级综合执法机构对下级综合执法机构及执法人员的执法行为实行执法监督。综合执法机构接受同级人民政府及有关行政部门的执法监督。《办法》第 37 条规定，在执法过程中有下列情形之一的，应当予以纠正或者撤销行政处罚，损害当事人合法权益的，应当依法给予赔偿：（1）执法主体不合法的；（2）执法程序违法的；（3）具体行政行为适用法律、法规、规章错误的；（4）违法处置罚没或者扣押财物的。

《办法》第 39 条规定，执法人员有下列情形之一，尚不构成犯罪的，应当依法给予行政处分，并收回其执法证件；情节严重，构成犯罪的，依法追究刑事责任：（1）滥用职权，侵犯公民、法人及其他组织合法权益的；（2）利用职权或者工作之便索取或者收受他人财物，或者支持、纵容、包庇文化市场违法经营活动的；（3）伪造、篡改、隐匿和销毁证据的；（4）玩忽职守、贻误工作的；（5）泄露举报内容和执法行动安排的；（6）其他违反法律、法规、规章的行为。执法人员在被暂扣执法证件期间，不得从事行政执法工作；执法人员被收回执法证件的，应当调离执法岗位，不得再从事行政执法工作。以此，来规范文化市场行政部门和执法人员的行为。

四、行政处罚

行政处罚是国家行政管理部门对于违反法律法规的行为所给予的一种强制性的处罚。出版行政处罚是指新闻出版行政机关依照《中华人民共和国行政处罚法》和《出版管理行政处罚实施办法》的规定对公民、法人或者其他组织违反出版管理法规所给予的行政处罚。

1998 年 1 月 1 日起施行的《出版管理行政处罚实施办法》规定，新闻出版行政机关在法定职权范围内负责对下列违法行为实施行政处罚：《出版管理条例》规定的违法行为；《音像制品管理条例》规定的违法行为；《印刷业管理条例》规定的违法行为；其他有关法律、法规和规章规定的应当由新闻出版行政机关给予行政处罚的违法行为。

按照 1996 年 3 月 17 日全国人大八届四次会议通过，1996 年 10 月 1 日起施行、2009 年修订、2021 年 1 月 22 日最新修订，自 2021 年 7 月 15 日起施行的《中华人民共和国行政处罚法》的规定，行政处罚的种类包括：

（1）警告、通报批评。这是对违法情节较轻或尚未造成损害后果的一种处罚。

（2）罚款、没收违法所得、没收非法财物。罚款是对违法行为的一种经济上的处罚，一般处违法经营额若干倍的罚款。没收违法所得，没收非法财物。这是将违法所得、非法财物及非法活动的专用工具和设备等收归国有的处罚。没收的出版物需要销毁的，纸质出版物应当化浆，其他出版物应当以适宜的方式销毁。新闻出版行政主管部门应当指派专人负责销毁事宜，监督销毁过程，核查销毁结果，防止应当销毁的出版物流失。

（3）暂扣许可证件、降低资质等级、吊销许可证件。这是新闻出版行政主管部门依据法律法规作出的暂扣、降低出版物市场主体资质等级，或者取消从事出版物经营行为资格的一种处罚。

（4）限制开展生产经营活动、责令停产停业、责令关闭、限制从业。这是针对市场主体出现的具体情况强制其停止生产、停止经营，以解决内部问题的处罚形式，直到问题完全解决后再恢复正常运作。如果停业整顿没有解决问题，则会吊销许可证或者吊销营业执照。

（5）行政拘留。这是依据行政法律作出的行政处罚，适用于按照相应的行政法律应予以惩戒，但其违法行为尚不构成刑事犯罪的人。行政拘留的目的是处罚和教育一般违法行为的人，行政拘留的最长期限是 15 天。

（6）法律、行政法规规定的其他行政处罚。

出版行政处罚要履行一定的程序。根据 1998 年实施的《出版管理行政处罚实施办法》规定，出版行政处罚的程序是：①除依照《中华人民共和国行政处罚法》可以当场作出行政处罚决定的以外，新闻出版行政机关发现公民、法人或者其他组织有依法应当给予行政处罚的违法行为的，应当立案查处。②行政处罚案件立案后，新闻出版行政机关应当及时进行调查取证。调查取证必须全面、客观、公正，以收集确凿证据，查明违法事实。③新闻出版行政机关作出责令停产停业、责令停业整顿、吊销许可证和较大数额罚款等行政处罚决定之前，调查取证部门应当告知当事人有要求听证的权利。④违法行为经调查事实清楚、证据确凿的，调查人员应当制作出版管理行政处罚意见书，载明违法事实、理由、法律依据、处罚意见及立案、调查取证情况。调查人员应当依照规定，听取当事人的陈述和申辩。⑤新闻出版行政机关决定给予行政处罚的，应当制作出版管理行政处罚决定书，新闻出版行政机关决定不给予行政处罚的，应当制作不予行政处罚通知书，说明不予行政处罚的理由，送达当事人。⑥行政处罚决定书应当在宣告后当场交付当事人；当事人不在场的，新闻出版行政机关应当在作出行政处罚决定的 7 日内依照民事诉讼法的有关规定，将行政处罚决定书送达当事人。

第四章　出版物市场管理的历史与现状

出版物市场管理作为国家对出版物市场的监督管理，是一个历史范畴，它是人类社会发展到一定历史阶段的产物。研究它产生的历史和发展的现状，了解我国古代、近代、现代出版物市场管理的发展情况，了解出版物市场管理存在的客观必然性及其变化规律，对于不断总结历史经验教训，发展我国的出版物市场管理是十分有益的。

第一节　我国古代的出版物市场管理

由于出版是一种传播文化的活动，各国政府都对出版物的内容、出版方式、出版物市场等制定了严格的管理制度。如我国古代从封建社会起就严禁不符合政府法令、法规和封建伦理道德的出版物出版。对历史的回顾，会有助于我们对出版物市场管理经验的总结，并从中得到有益的启示。

一、我国市场管理的起源

市场管理作为国家对市场的监督管理，是人类社会发展到一定历史阶段的必然产物，是一般商品经济条件下市场运行秩序的要求。在中国古代历史上，自市场形成以来，市场经济活动就受到国家的监督与管理。市场管理的产生有两个基本前提，即市场和国家的形成。作为市场管理的对象，市场是同商品经济紧密联系在一起的。哪里有商品产生，哪里就有市场。市场的形成，是以社会分工和生产资料分属于不同所有者为前提的。早在原始社会末期，市场便随着商品交换而产生，并且随着商品交换的发展而发展。作为一定场所和一定领域中各种商品交换的总和，市场并不存在独立的社会属性，它是一般商品经济条件下所共有的现象。同样，市场管理也是一般商品经济条件下市场运行秩序的要求，当然，市场总是一定社会形态下的市场，不同社会形态下市场管理的内容和方式是不同的。作为国家对市场的监督管理，无疑是国家形成以后的事情，所以，市场管理也是国家经济管理职能的客观要求。一般来说，市场管理，主要指国家对市场的监督管理。因此，市场管理的产生以市场和国家的形成为前提。

我国市场管理的产生经历了一个漫长的历史过程。早在原始社会末期，随着社会生产力的发展，农业和畜牧业、手工业和农业相继分离开来。社会分工的扩大，促进了商品生产和商品交换的产生和发展。由于剩余产品的增多，人们之间的交换活动日益频繁起来，出现了最初的集市。据《周易》记载："庖牺氏没，神农氏作……日中为市，致天下之民，聚天下之货，交易而退，各得其所。"① 这大概是我国历史上最原始的集市。

到了西周时期，原始城市产生，货币制度开始建立，商业完成了同生产过程的分离。这一切极大地促进了商品交换的扩大，同时也使商品交换活动复杂化。奴隶制国家根据经济发展的需要，开始对商品交换市场进行管理。

据史料记载，我国奴隶制兴盛的西周时期，在市场的监督和管理上已经有了相应的政策和比较完备的管理措施。具体表现在以下几个方面②：

1. 设立一定的市场管理机构来维护市场秩序

"司市"是掌管商业和市场的最高行政官职，司市以下设质人、廛人、胥司、司稽、贾司、司门、泉府等官员，负责管理市场活动的各个方面，如"质人"掌管市场财货及物价，主管市场秩序；"廛人"掌管市场的赋税活动；"胥司"管理市场货物；"司稽"维持市场治安；"贾司"评定物价；"司门"负责市门，稽查走私；"泉府"掌管钱币，等等。奴隶制国家通过这些职官的设定，构成了一个市场管理的行政系统，从而强化了国家对市场活动的干预和监督。

2. 设立商品交易场所

西周时期市场分为两类，一类为固定市场，另一类为临时市场，此外还有为数众多的农村小集市。固定的"市"设在王城之内，或分封诸侯的国内，以及为适应驿站的需要而设立在诸侯国之间的交通要道上。王城内的"市"就设在王宫后面。临时的"市"是为诸侯会盟及战时临时设立的。农村中的"市"，有的也称为"场"，都是为商品交易而设立的场所。

3. 规定交易时间

据《周礼》记载："大市，日昃而市，百族为主；朝市，朝时而市，商贾为主；夕市，夕时为市，裨贩夫妇为主。"这规定了不同层次有不同的交易时间。

4. 规定上市物品

按《礼记王制》规定，奴隶制国家的官式物品，如"圭璧金璋"和"命服命车"，宗教迷信用品，如"宗庙之器"和"牺牲"，以及国家暴力工具"戎器"等，一律禁止出售，以防止"僭越""犯上"，违背礼制。而对允许出售的商品也在质量、规格、颜色等各个方面作了严格的规定，以保护奴隶主贵族的利益。

5. 对市场物价进行管理

国家设置"贾司"专门评定市场物价，任何商品不经贾司评定，不得出售，尤其是对不提倡的商品，要"抑其价而却之"，而对提倡的商品则"起其价而增之"。③

6. 对市场秩序进行监管

一般在市场周围以垣墙围圈，四面设门，只供出入。当时市场一日开放三次，出入大门有官吏执鞭纠察。市内也有官吏巡行，以便防盗，处理纠纷和监视人们的交易活动。

奴隶制国家通过这一系列严格而完备的监管措施，维持了市场正常的经济和社会秩序。

---

① 钟文. 工商行政管理学 [M]. 武汉：武汉大学出版社，1998：314.
② 钟文. 工商行政管理学 [M]. 武汉：武汉大学出版社，1998：316-320.
③ 申长友. 市场管理行为规范论 [M]. 北京：法律出版社，1999：37.

到了春秋战国时期，国家通过直接从事市场活动来对市场进行调控管理。齐国宰相管仲首先提出实行"盐铁专卖"，将当时稀缺的重要生活资料"盐"和重要生产资料"铁"从生产到销售由国家垄断，以达到"聚财"和"致民"的目的，开以后近两千年官商之先河。秦国商鞅变法，出于抑商的目的，对商人和市场交易活动实行严管重税。①

随着商品生产和交换的扩大，封建社会的商品市场规则和市场管理有了很大的发展。秦统一后，继续推行重本轻末的政策，制定了严格的市场规则。包括对参与市场交换活动的商人采取各种经济的或非经济的手段予以约束；对作为流通货币的布帛、钱币的规格和使用作了统一规定；严令在市场上流通的商品应标明其价格；对外邦人到秦国境内经商，必须先持有关证明到官府登记，等等。

二、我国出版物市场管理的产生

市场和国家的形成是市场管理产生的前提条件。因此，探究出版物市场管理的产生必须从出版物市场的形成以及国家对出版物的管理政策入手。

秦始皇焚书坑儒是第一次由政府对书籍出版加以管理和控制，开创了文化专制的禁书先例，那是以"禁书令"的方式出现的。秦始皇三十四年，秦始皇在咸阳宫大宴群臣，议朝政。博士淳于越主张学古法，废除郡县制，恢复分封制。丞相李斯即针锋相对，并主张禁止引用古书古制议论朝政，认为"五帝不相复，三代不相袭""三代之事，何足法也"。秦始皇采纳了李斯的建议，下令禁书："有敢偶语《诗》、《书》者弃市。以古非今者族。吏见知不举者与同罪。令下三十日不烧，黥为城旦。"② 这是我国历史上政府以颁布法令的方式管理出版物的最早记载。③

但是，由于此时还没有出版物市场，不具备市场管理的前提，所以国家对出版物市场进行管理还是在出版物市场形成以后，即从西汉出现图书市场（槐市产生），开始了国家对出版物市场的管理。

在我国历史上，图书买卖活动最早出现在西汉。自汉高祖统一天下后，西汉统治者采取了一系列文化措施，以加强封建文化的建设。汉高祖刘邦开国伊始就组织文臣武将整理、编辑书籍。而后的文帝、景帝、武帝及其皇族开始用重金求购先秦古籍，从而引发了图书买卖活动。这些书籍买卖活动具有如下特点：（1）最早出现书籍买卖活动的时间在公元前 2 世纪；（2）买卖的主要书籍是先秦旧籍；（3）买方首先为皇室皇族；（4）卖方在民间，多为冒着生命危险藏匿旧籍数十年的读书人或其后人；（5）买书的目的是丰富皇家、封王的藏书，编纂新著，研究学术，兴办官学；（6）买卖活动是零星的，一次性的；（7）汉代轻商观念强烈，皇家头书只能以征集书籍的名义，封土买书也只能说是悬赏招至，而民间向他们卖书只能用献书的形式；（8）书籍价格全凭皇家、封王的赏赐，由于先秦古籍得之不易，总要赏以重金。西汉经济的发展加之统治者重视文化，采取有力的政策措施，图书买卖活动日益频繁。正是在这样的历史条件下，出现了以贩书为业的书肆。继而，又出现了以太学生为交易对象的书籍集市——槐市。槐市的出现，是出版物

---

① 申长友．市场管理行为规范论［M］．北京：法律出版社，1999：37.

② 《史记·秦始皇本纪》。

③ 张志强．非法出版活动研究［M］．贵阳：贵州人民出版社，1998：23.

市场的雏形。

据《三辅黄图》载，"诸生朔望会此市，各持其郡所出货物及经传书记笙磬乐器，相予买卖，雍容揖让，或论议槐下"。① "槐市"是西汉政权文化教育政策的产物，由于集市时，成千上万的读书人云集在一起，一方面进行学术思想交流，另一方面买卖"经传书记"等物品，槐市不仅对当时的官方教育起了积极作用，也为太学弟子互通有无提供了方便，因此一出现就受到政府的直接影响和监督。如"槐市"每半月举行一次（朔望）。

槐市是由于太学的兴办，众多士人和太学生的聚集，扩大了对书籍的需求，而在太学近旁形成的包括买卖书籍在内的综合性贸易集市。与槐市不同的另外一种专门买卖图书的集市——书肆，也在汉代产生了。据史书记载，"书肆"这种民间书贩在市场上摆设的书摊，至迟在扬雄所处的年代已经出现。扬雄在他的《法言·吾子》中写道："好书而不要诸仲尼，书肆也。"意即爱好书而不按照孔子的教导去学，那就不是读书，而是开书铺子了。这是有关"书肆"的最早记载。② 书肆以谋取利润为目的，销售的书籍品种丰富，既卖儒家经典，又卖诸子百家的书籍。书肆的出现，促进了图书的流通和利用。历史文献中就有不少生徒到书肆上去看书和卖书的记载。如王充"家贫无书，常游洛阳书肆，阅所卖书，一见辄能诵忆，遂博通众流百家之言"③。又如山东宁阳人刘梁"宗室子弟，而少孤贫，卖书于市以自资"④。魏晋南北朝时期，书籍的流通不断扩大。西晋左思《三都赋》出，"洛阳为之纸贵"。北魏邢劭"每一文初出，京师为之纸贵"。这些显然不完全是指人们相互之间的"传写"，也包括了书贩们的竞相写卖。由南朝任仿《答刘居士》诗中"君子之道……学非书肆"可知，此时书肆已相当普遍。

东晋、南朝的都城建康，有许多卖书的书铺。江夏王萧锋为获得广博的知识，派人到建康的市里街巷书铺中，购买各类书籍，"期月"之间便买齐了需要的书，可见建康市上不仅书铺多，而且书的种类比较齐全。

从槐市上交换的书籍到书肆、书铺上流通的图书，都说明图书同其他物品一样已成为商品。而对于商品经营者，封建国家主要通过"登记"和"编审"的方式，将经营者控制和掌握在自己手里。从秦、汉时起，对手工业者实行"匠籍"制，对商人实行"市籍"制。根据当时的法律规定，经营者要从事工商业经营活动，必须先到官府登记，以便取得工作权利的"籍"。这种"籍"，实质上是一种"经济户口"，也是获得官府承认的营业凭证。入"籍"以后，任何人不得随意迁动，并且必须世袭。有"籍"经营者视为合法，无"籍"经营者则予以取缔，还要随时听从国家的征调。到了明、清两代，则实行"编审"制度，即规定设在城市的铺行开业要经过官府的核准，每10年（后改为5年）要向当地官府登记一次，由官府对其资本额、营业及盈亏情况进行审查，然后分别等第，立案造册，作为控制工商业经营活动、征收赋税和摊派杂役的根据。这种制度已有现代工商企业登记管理的雏形。⑤

---

① 三辅黄图［M］//罗紫初.图书发行学概论（第2版）.武汉：武汉大学出版社，1992：33-34.
② 罗紫初.图书发行学概论（第2版）［M］.武汉：武汉大学出版社，1992：34.
③ 《后汉书·王充传》。
④ 《后汉书·刘梁传》。
⑤ 杨振宇.工商行政管理学［M］.北京：中国商业出版社，2000：28-29.

三、我国古代出版物市场管理的主要措施

历代封建统治者为了维护封建政府统治和出版业的发展，都通过设立专门机构、制定相关制度、查禁非法出版物、打击非法出版活动等对出版物市场进行管理。具体如下：

（一）设立专门机构

造纸术是中国古代科学技术发展的一项伟大成就。纸的出现，不仅使记录知识、传播知识的工具实现了变革，而且对图书编辑出版事业的形成、发展和社会的进步起到了重大的推动作用。自造纸术发明之后，编辑出版事业不断发展，历代统治者都通过设立专门的机构，如秘书监、省馆阁、国子监、翰林院等，来加强对编辑出版事业的管理。这些机构既是政府的编纂机构，也是中央管理图书事业的机构。

汉代重要的图书典藏编纂机构有石渠阁、天禄阁、麒麟阁、兰台、东观及秘书监等。其中，汉桓帝延熹二年，东汉政府创立了我国历史上第一个主持图书编校工作的政府专门机构——秘书监，"执掌图书古今文字，考合异同"[1]。秘书监的设立开了我国封建政府设立专门机构管理图书出版事业的先河，对中国图书编辑出版事业的发展起了积极的推动作用。

魏晋南北朝时，政府的编纂机构主要为秘书监。[2] 此后，秘书监便一直作为中央管理图书及编纂事务的独立机构。从晋到隋，秘书监有了较大发展，其人员不断增加。职权范围不断扩大，并逐渐发展成为秘书省。隋文帝废北周官制，恢复汉魏旧制，把秘书省同尚书、门下、内史（中书）、内侍（宦官）并列为五省。秘书监由正三品升格为从二品。秘书郎、著作郎分别升格为从五品、正五品。秘书省编制由隋初的38人增至隋后期的120人。另在管理东宫供奉诸事的门下坊设司经局典校经籍；在太子官署设典书坊，也负责搜购、典校和撰著图书。

唐朝设秘书省掌管图书事业，多次购求与整理天下遗书。秘书省直接由宰相领导，其职责是"掌邦国经籍图书之事"。据《唐六典·秘书省》记载，秘书省的编制有162人，主持全面工作的长官仍称秘书监（1人），副长官称秘书少监（2人），主持日常工作的官员称秘书丞（1人）。丞下设秘书郎、校书郎、详正学士（正字）、典书员、楷书手等若干人。还设有熟纸匠、装潢匠、笔匠等若干人。此外，中书省的集贤院、门下省的弘文馆、东宫的崇贤馆和司经局都与发展图书事业关系密切。

两宋时期是我国出版事业空前发达的时代。由于社会的迫切需要和印刷术的普遍应用，宋朝从中央到地方，从政府到个人，官刻、私雕并举，刻书地区遍及全国，刻书内容四部悉备。其中，国子监既是教育机构，同时也是国家出版机构。[3] 图书的种类和数量大幅增加，出版事业已形成系统和规模。宋代从中央到地方各级政府都设立图书审查机构，选官详定，颁布书籍审查程序，雕刊管理办法等，加强对出版物生产和流通的管理。

元代中央政府主管出版业的最高行政机构为"典领百官，会决庶务"的政务中枢——

① 黄镇伟. 中国编辑出版史 [M]. 苏州：苏州大学出版社，2003：22.
② 黄镇伟. 中国编辑出版史 [M]. 苏州：苏州大学出版社，2003：131.
③ 周宝荣. 宋代出版史研究 [M]. 郑州：中州古籍出版社，2003：72.

中书省。元朝时官方图书的出版，以及重要图书的出版，都要呈请中书省批准，并由中书省以"牒"这种公文命令或通知具体管理部门或诸路，才许刊行。《天禄琳琅书目·茶宴诗注》记载："元时书籍皆由中书省牒下诸路刊行。"①

明清两代是我国图书出版事业大发展的时代。明政府设翰林院，由翰林院詹事府掌管出版事业；清前期，政府设内三院，后改为内阁，又另设翰林院，负责图书的编纂和管理工作。② 清后期，鸦片战争之后，随着资本主义势力的不断入侵，中国社会的各个领域都发生了巨大而深刻的变化，图书的编辑出版也进入了它的变革时期。

（二）制定相关的制度

由于出版是一种传播文化的活动，出版物对人们的思想、行为有一定的影响，因此，我国封建时代各朝政府都对出版物的内容、出版方式、出版物市场等制定了严格的管理制度。

1. 颁布法令，主要是禁印令

早在印刷术发明之前，我国古代就已有了出版物市场管理的记载，以"禁书令"的方式出现，如秦始皇的"焚书令"。

在印刷术发明并在出版业中得到应用之后，封建政府出台更多的法令，加强对出版物以及出版物市场的管理。魏晋南北朝时期，连续出现了多次规模较大的禁书活动。其中，西晋泰始三年，武帝司马炎为了保障新政权的稳固，于十二月颁布了一道文化禁令：禁星气、谶纬之学。一个月后，晋代法律《泰始律》颁行天下，这一禁令正式成为其中的法律条款，严禁私自收藏天文、图谶类书籍，违者将被判处两年监禁。③ 隋朝对图书查禁，主要是禁藏禁撰谶纬图书。开皇十三年二月，隋文帝下诏："私家不得隐藏纬候、图谶。"④私家不得藏，书肆当然也不能卖，就连秘书监的藏书也要加以清理，谶纬图书一律清除。隋炀帝时期又再次查禁谶纬之书，"乃发使四出，搜天下书籍与谶纬相涉者，皆焚之，为吏所纠者至死"⑤。这个命令是很严厉的，如果私藏或私自出售谶纬图书，被官府查出来要处以死罪。

唐朝主要禁止出售的书，《旧唐书·文宗本纪》载：大和九年十二月"丁丑，敕诸道府：不得私置历日版"。这里记载的是政府下令禁止私自刻印日历的事。据《册府元龟》卷一百六十帝王部·革弊第二，可知这是当时东川节度使冯宿的奏请，他在奏文中说："剑南两川及淮南道皆以板印历日鬻于市，每岁，司天台未奏颁下新历，其印历已满天下，有乖敬授之道。"⑥ 这说明，当时已有人利用雕版印刷技术进行牟利。由于这些印历"有乖敬授之道"，损害了皇家的权威，冯宿才要求查禁。这是迄今为止发现的有关官方对历书出版活动加以调控的最早记载。⑦

① 田建平. 元代出版史［M］. 石家庄：河北人民出版社，2003：1.
② 肖东发. 中国图书出版印刷史论［M］. 北京：北京大学出版社，2001：194-215.
③ 黄镇伟. 中国编辑出版史［M］. 苏州：苏州大学出版社，2003：129.
④ 《隋书·高祖纪》。
⑤ 《隋书·经籍志》。
⑥ 《册府元龟》卷一百六十帝王部·革弊第二。
⑦ 周宝荣. 宋代出版史研究［M］. 郑州：中州古籍出版社，2003：135.

唐代发生在文化领域的禁书活动不多，唯太宗贞观年间禁毁过一部仅有 14 页的图谶类小册子《三皇经》。但在当时制定的《唐律》中却有关于禁书的条款，如职制类第二十条："诸玄象器物、天文、图书、谶书、兵书、七曜历、太一、雷公式，私家不得有，违者徒二年。其纬、候及《论语谶》，不在禁限。"根据高宗永徽四年颁行的《唐律疏议》的注解，其中图书是指《河图》《洛书》一类，其实也属于谶纬的书籍；太一、雷公式属于占卜的书；七曜历是一种受西方七曜占候术影响而产生的不同于官历的历书。①

五代的禁书法令多依照《唐律》，"今后所有玄象器物、天文、谶书、七曜历、太一、雷公式，私家不得有及私自传习，如有者必须焚毁"。较之《唐律》删去了禁兵书一项；"其司天监、翰林院人员并不得将前件图书等，于外边令人看览"，上述禁书，国家天文台和学术研究机构可以作为"内部读物"收藏，不得外借；"其诸阴阳、卜筮、占算之书，不在禁限"，较之唐代的禁书律宽松了。后周太祖郭威于广顺三年下诏规定："所有每年历日，候朝廷颁行后，方许雕印传写，所司不得预前流布于外，违者并准法科罪。"② 这一条是根据雕版印刷发明后的新情况，对书坊雕版印卖历书的新规定。

宋朝政府秉着"王者虽以武功克定，终须用文德致治"③，以"文德致治"为基本点，形成了以文化成天下的右文国策。其右文国策包括许多方面，积极推进图书出版是其中的重要内容之一。由于宋初统治者极重书籍，所以北宋前期，朝廷提倡图书出版活动，图书出版政策相当宽松。④ 但在宋朝时，一方面，印刷术经过近百年的发展，技术更趋成熟，在图书出版中得到了更广泛的应用，使宋朝形成的官刻、坊刻、私刻三大出版系统，刊刻了许多的经史著作；另一方面，由于商品经济的发展，社会上开始出现金钱崇拜，出版这一方式成为书商们求利的一种手段。在追逐高额利润的过程中，一些书商唯利是图，盗版翻刻其他书商出版的图书。更有书商无视国家规定，刊刻国家禁书。因此，宋朝政府颁布了一系列禁令，从中央到地方，加强对出版物生产和流通的管理。从《宋史》《宋会要辑稿》等文献可知，宋朝几乎每一个皇帝都针对一定的刻书印卖情况颁发过意义明确、内容具体的"禁止镌刻"的诏令以及对违禁者的处罚条例，以使官方或民间的各刻书机构与印卖者有所遵循。如宋仁宗康定元年五月颁发的禁印令，是针对当时"访闻"开封书肆多将各类事关国家机密的文字"镂版鬻卖，流布于外"而颁发的。⑤ 综观宋朝历代有关出版的诏旨、法令，几乎都是缘于当时情况而颁旨，据臣僚"上言"而"从之"，通过"访闻"而明令的。

另外，两宋朝廷明文规定，凡是可能危及皇权统治的图书，危及国家安全和军政机要的图书，危及皇家尊严的图书，一律禁止刻版和出售。例如，治平三年，监察御史张散奏言："窃闻近日有奸佞小人，肆毁时政，摇动众情，传惑天下，至有矫撰敕文，印卖都市。乞下开封府严行根捉造意，雕、卖之人行遗。"⑥ 英宗从之。于是，将该书的编写人、雕印人和销售人追根究底，捉拿归案。

① 黄镇伟.中国编辑出版史［M］.苏州：苏州大学出版社，2003：154.
② 《宋刑统》卷九·禁玄象器物。
③ 《宋朝事实》卷三《圣学》。
④ 周宝荣.宋代出版史研究［M］.郑州：中州古籍出版社，2003：145.
⑤ 黄镇伟.中国编辑出版史［M］.苏州：苏州大学出版社，2003：235.
⑥ 《宋会要辑稿》。

元代统治者实行尊经崇儒、兴学立教、保护百工等有利于文化的政策，客观上有利于出版业的发展。但由于盗版、出版元政府禁止的天文、图谶、阴阳伪书之事时有发生，因此，元政府也有禁令。如《元史·刑法志四》卷一零五中，有如下禁令："诸告获私造历日者，赏银一百两。如无太史院历日印信，便同私历造者，以违制论。"①

明、清时期是我国古代出版事业史上的一个高峰期，但同时非法出版活动也非常猖獗，盗版、刊印国家禁书等行为屡禁不绝。因此，政府出台了一系列法令，加强对出版物市场的管理。如明代政府规定："凡造谶纬、妖书、妖言及传言惑众者，皆斩。若私有妖书隐藏不送官者，杖一百，徒三年。"② 清代政府同样制定了一系列的法律，对造作刻印者、市卖者、买者以及失察官员进行处罚。"凡造谶纬妖书妖言及传用惑众者皆斩（监候）。""凡坊肆市卖一应淫词小说，在内交与八旗都统、都察院、顺天府，在外交督抚等，转行所属官弁严禁，务搜板书，尽行销毁。有仍行造作刻印者，系官革职，军官杖一百、流三千里；市卖者杖一百，徒三年；买看者杖一百。该管官弁不行查出者，交与该部，按次数分别议处。仍不准借端出首讹诈。"③

正是通过这些法令，加强了对出版物市场的管理，限制了各类非法出版物的泛滥。

2. 事先审阅和事后追查相结合

有时禁印令不一定有效，控制出版物市场的有效手段，还在于事先审阅、"预先控制"和事后追查、毁版惩治相结合。由事先检查而防患于未然；通过事后追查而清理出版物市场。

早在秦始皇时代，中国就已经有了查禁不利于自己统治的图书的记载。随着印刷术在图书出版中的广泛应用，图书出版越来越容易。为了铲除不利于统治的图书，封建政府经常开展事先审阅和事后追查的行动。

唐朝的市场管理注重对图书商品质量的监督，严禁粗制滥造。不是随便什么人抄写一卷就可以出售的。民间的职业抄书人称经生，首先要经过官府认可，取得合法的职业身份。在抄写的书卷上要有题记，写明经生姓名、校正人姓名、抄书时间、抄书人的所在地址、用纸张数等。抄写售卖佛经，还得写明典师的姓名。当年书卷上的题记，类似现代图书上的版权记录。抄写得错误百出的书，一经发现，官府要追究经生、校正人的责任，也要依法"各杖六十"，并作为"滥造之物"由官府没收。

两宋时期，为确保书籍的校勘质量，在刊行之前要得到国子监的审查批准。《宋史·职官五》一书中提到："始置书库监字，以京朝官充，掌印经史群书，以备朝廷宣索赐予之用，及出鬻而收其值，以上于官。"④ 由此可知，国子监既管刻印，又经营发行，还负审查管理责任。在法律条文中规定，书坊业不得印卖记录国家大事和机要活动的会要、实录之类书，"即其他书籍欲雕印者，选官详定，有益于学者方许镂版。候印讫，送秘书省。如详定不当，取刊施行。诸戏亵之文不得雕印，违者杖一百。委州县监司郡县国子监觉

---

① 《元史·刑法志四》卷一零五。

② 《明会典》卷一六八。

③ 《大清律例》卷二十三《刑律盗贼》。

④ 《宋史·职官五》。

察"①。宁宗时期，法律规定，"诸私雕印文书，先纳所属申转运使，选官详定，有益学者，听印行，仍以印本具详定官姓名，送秘书省、国子监。诸私雕印文书，不纳所属详定，钮印卖者，杖一百。印而未卖，减三等"②。

宋代对图书刻印传播的检查大致分两种③：其一，一级查验制。所有出版物在刻印前均须经有关方面"看详""看定""详定""看验""觉察"，认定无违碍后，方得以雕版印卖。宋代的出版制度严格要求所有出版物都须接受审查，否则不予刻印，并予以严厉处罚。其二，二级查验制。除了禁令明令不得刻印的书籍外，其他书籍须先由"选官详定"，认为有益于学者，方予以镂版付印，印毕后，往往还不能马上售卖流通，须送秘书省再次查验，无碍后方可入市传播。各选官"详定不当"，则"取勘施行"。宋代在一般情况下，多采用一级审查制，但有时也根据不同情况采用二级审查制，如哲宗元祐年间即采用了严格的二级审查制度。

除了在镂版流通以前采用事先检查制外，统治者还在书市、书肆中随时采用事后追取查验"书坊见刻板及已印者"的方法。各州通判、国子监等也随时会对经"州委官看定"后已刊行的书籍"专切觉察"、搜寻；"掌印经史群书"、具有国家出版机构性质的国子监则是负责图书"搜寻""缴审"和"监督检查"的最高管理机构，从而把出版传播置于皇帝、国子监和各州委官的层层管辖之下，无论官刻这样的国家出版机构还是坊刻、家刻之类的民间出版机构，无一例外。

南宋年间，由于金兵频繁南下，南宋朝廷唯恐野史著作中记载不利统治之语，于是下令严禁野史。"诸道郡邑书坊所鬻书，凡事干国体者，悉令毁弃。"元代佛道大辩论后，元世祖下令"焚毁《道藏》伪妄经问及板"。明代随着城市工商业的兴盛，市民文学开始出现。明英宗采纳李时勉的建议，对《剪灯新语》进行了查禁。至于清代，除利用编《四库全书》的机会查禁了一批书外，清政府同样不断进行查禁图书的工作。如清乾隆三年，朝廷颁布了下列命令："盖淫词秽说，最为风俗人心之害。但地方官奉行不力，致向存旧刻销毁不尽，甚至收买各种，叠架盈箱，列诸市肆，租赁与人观看。若不严行查禁，不但旧板仍旧刷印，且新板接踵刊行，实非拔本塞源之道。应再通行直省督抚，转饬该地方官，凡民间一应淫词秽说，除造作刻印，'定例'已严，其有收存旧本，限文到三月，悉令销毁。如过期不行销毁者，照'买看罪'治罪。其有开铺租赁者，照'市卖例'治罪。该管官员任其收存租赁，明知故纵者，照'禁止邪教不能察缉例'，降二级调用。"之后，清政府又不断颁布查禁淫词小说、戏剧的命令。地方上，一些官员也秉承皇帝的旨意查禁图书。如清同治七年，江苏巡抚丁日昌发布查禁淫词小说的通饬令，"严饬府县，明令限期，谕令各书铺，将已刷陈本，及未印板片，一律赴局呈缴，由局汇齐，分别给价，即由该局亲督销毁"，一共查禁淫词小说121种，后又查禁淫书34种，是清朝开出禁毁书目最多的一次。④

---

①　《宋会要辑稿·刑法禁约》。

②　《庆元条法事类》卷十七。

③　徐枫. 宋代对出版传播的控制体系与手段［J］. 中国出版，1999（2）；中国出版年鉴社. 中国出版年鉴（2000年）［M］. 北京：中国出版年鉴社，2000：669-673.

④　张弦生. 清代查禁"淫词小说"与丁日昌的通饬令［J］. 中国出版，1995（5）.

3. 实行奖励制度

作为一种社会控制手段，历代统治者对出版物市场的控制不仅有严厉的行政检查制，有强制性的处罚手段，还包含引导、激励受控者，调动民众积极性的奖励措施，从而使整个出版业置于广泛的社会监督之下。

如宋代所颁布的有关刻书印刷的法令中，就有不少关于奖励举报者的条款。如仁宗康定元年五月诏："许人陈告，勘鞠闻奏。"哲宗元祐五年七月诏："告者赏缗钱十万。"徽宗大观二年三月诏："可检举行下。"徽宗政和四年开封府奏："赏钱五十贯，许人告。"徽宗宣和四年又从臣僚之进言，诏："许诸色人告，赏钱一百贯。"宁宗庆元年间所颁的《庆元条法事类》规定："许人告。"宁宗嘉泰二年七月诏："委自帅、宪司严立赏榜，许人告捉，月具有无违戾。"①

依宋律制，并非所有违法行为均允许告发，告发要受许多限制。但宋代统治者为了达到控制整个雕版印刷和图书传播活动的目的，不惜屡屡下诏，"许人告""陈告""检举""告捉""严立赏榜"，等等。告发分两个方面，一是自愿告发，二是以优厚的钱财吸引人告发，奖金"钱十万""五十贯""一百贯"不等。可见，宋代统治者在运用行政检查时，还常常伴之以奖赏措施，使"立法禁勘""看验校定"与"严立赏榜"有机地结合起来，共同构成了对整个出版物市场进行行政控制的体系，以达到提高整个出版物市场控制功效的最终目的。

4. 进行版权保护

我国古代虽然没有版权保护的法律、法令，但出版者为防盗版还是采取了一些措施来保护自己的出版物，如有的出版者自己在书上刊刻声明，强调他人不得翻刻；有的出版者向官府提交"申禁"报告，请求官府保护；还有的出版者采取特殊手段防止翻刻。这些早期的保护措施催生了版权保护制度。

（1）自己刊刻牌记并声明翻刻必究。从宋代《东都事略》的牌记和声明算起，我国古代很早就产生了版权保护意识。为了使自己刊刻的图书不被盗版，一些书商往往在书上刊刻声明，强调他人不得翻刻。自宋元以后，书籍牌记中常有"不许翻刻""不许重刻""敢有翻刻必究""翻刻千里必究"的字样，以致"版权所有，翻印必究"一直沿用至今。如明万历刻本《新镌海内奇观》一书的扉页牌记上刻有"武林杨衙夷白堂精刻，各坊不许翻刻"的声明。明崇祯刻本《道元一气》书前有下列告示："倘有无知利徒影射翻刻，誓必闻之当道，借彼公案，了我因缘云。"一些书坊还专门设计了不同形式的牌记，帮助读者鉴别，如明万历年间北京叶氏书坊以麒麟为专用牌记；福建建阳熊氏种德堂书坊以八卦为牌记；明万历萧山来氏刻本《宣和印史》以汉佩双印为专用牌记，并强调："恐有赝本，用汉佩双印印记，慧眼识之。"这种主动防护措施能起到一定的保护作用。②

（2）请求官府保护。我国古代虽然没有专门的版权保护法令，但从事图书出版的"有力之家"，可以呈请地方政府的保护。为防止他人盗版，私人刻书者往往向官府提交"申禁"报告，待批准后，便可将官府的批文张贴告示，如发现有人盗版，就可向官府申

---

① 徐枫．宋代对出版传播的控制体系与手段 ［J］．中国出版，1999（2）；中国出版年鉴社编．中国出版年鉴（2000 年）［M］．北京：中国出版年鉴社，2000；669-673.

② 张志强．非法出版活动研究 ［M］．贵阳：贵州人民出版社，1998；26.

告，由官府给予处罚。这一风气早在宋代就有了。如南宋嘉熙二年祝穆刊刻的《方舆胜览》书后就印有两浙转运司的告白："……窃恐书市嗜利之徒，辄将上件书版翻开……照得雕书。合经使台申明，乞行约束，庶绝翻版之患。……容本宅陈告，乞追人毁板，断治施行。……右令出榜……晓示，各令知悉。如有似此之人，仰经所属陈告，追究毁板施行。故榜。"① 这一风气一直延续到清末。如清光绪二十八年上海广智书局铅印的《哲学要领前编》封二上同样有清地方政府的版权保护告示两则：强调各书贾"毋得任意翻印渔利，倘有前项情弊，定行提究不贷……"② 清宣统二年，清政府颁布了中国第一部著作权法——《大清著作权律》③，强调著作物呈请注册后，他人不得翻印仿制。这都是请求官府保护的实例。

（3）采用特殊手段防止翻刻。为了防止所刻图书被翻刻，一些书商还想出一些特殊手法。明冯梦龙《智囊》中曾有这样的记载："吴中镂书多利，而甚苦翻版。俞羡章刻《唐类函》将成，先出讼谍，谬言新印书若干载往某处，被盗劫去，乞官为捕之。因出赏格募盗书贼。由是《类函》盛行，无敢翻者。"④

(三) 查禁出版物，打击非法出版活动

历代封建政府查禁的出版物类型主要是那些违背封建政府的法规、法令的图书。这些图书的表现形式主要有：

1. 谶纬之书、妖书

谶纬之书是自西汉时期开始出现的托名孔子所作的一类伪书，内容是以符瑞谶语来推断兴亡盛衰。而妖书是指凡内容威胁到统治者统治的阴阳术数之类的图书等。由于这类图书往往预测朝代的变迁和人事的变幻，并常常以"上天"的身份出现，增加了它的蒙蔽性，不利于社会的稳定，因此，历代封建政府都对谶纬之书采取严禁的政策，对敢造谶纬之书者给予死刑，对撰写、流传妖言妖书者处以绞、"流三千里"等重刑的惩罚。

东汉开国之主刘秀利用纬书上的预言作为宣传手段，登上皇帝宝座，使得谶纬之书在东汉特别流行。魏晋南北朝时期，许多开国之君也都利用谶纬之书作为自己登台的宣传工具，而当他们取得国家政权后，又特别害怕别人重施他们的故伎。所以从西晋开始，就禁止谶纬之书在民间流行。晋武帝泰始三年十二月，"禁星气、谶纬之学"这条禁令还正式成为第二年晋代法律《泰始律》的有关条款。⑤ 这是西晋图书管理政策方面的一大特点。

隋朝统一中国后，沿袭南北朝时期的做法，对谶纬书籍严加禁绝。隋文帝于开皇十三年曾下诏，禁止民间私藏纬候、图谶。至隋炀帝时，更派使四出，严厉地实行对谶纬书的禁令。到了唐代，统治者已把对书籍的管制法制化、经常化。唐太宗贞观年间制定了国家法典《唐律》，其中"玄象器物"条及"造妖书妖言"条都涉及对书籍的管制。

2. 反对派的著述

① 《书林清话》卷二·翻板有例禁始于宋人。
② 张志强. 非法出版活动研究 [M]. 贵阳：贵州人民出版社，1998：27.
③ 沈仁干. 我国第一部版权法——《大清著作权律》简说 [J]. 出版工作，1985（2）：42-44.
④ 张志强. 非法出版活动研究 [M]. 贵阳：贵州人民出版社，1998：28.
⑤ 黄镇伟. 中国编辑出版史 [M]. 苏州：苏州大学出版社，2003：129.

历代政府内部都会有反对派出现。这些反对派的著作中往往有不利于封建统治的内容。为了消除不良影响，历代政府都对反对派的著述以及一些有异端思想的著作进行查禁。如北宋政府推行王安石的变法后，苏东坡作诗讥谤新政，酿成"乌台诗案"①。此后，苏氏父子（苏洵、苏轼、苏辙）以及苏门弟子（如秦观、黄庭坚等人）的著作都遭到查禁和毁刊的处罚。明朝李贽公然反对"以孔子之是非为是非"的儒家伦理道德，深受世人的欢迎，一些出版商争着刊刻他的著作，"见刊于四方者，不下数十百种"②。随着李贽被当局捉拿治罪，他的著作也遭到了毁版的命运。清末查禁维新派的著述，同样如此。

3. 涉及国家机密之书

封建政府同样对涉及国家机密之书严加查禁，以防流传。如两宋时期，宋政府与辽金政权长期对峙。宋仁宗年间，京师"书肆之家""多将诸色人所讲边机文字，镂板鬻买，流布在外"，宋政府于是令"开封府密切根捉，许人陈告"。以后，宋哲宗于元祐五年发布禁令："凡议时政得失，边机军政文字，不得写录传布。本朝会要、实录不得雕印。……内国史、实录仍不得传写。"③

4. 有害社会风气的著作

封建政府提倡符合自己的统治思想的图书。随着社会的发展，尤其是明清时期，随着工商业的繁荣，市民文学开始出现。这些作品往往涉及爱情和性的描写，与传统的封建道德不相符合。如明代政府查封的《剪灯新语》等书，清地方巡抚丁日昌查禁的《西厢》等"淫词小说"均是。

5. 其他不符合封建政府法令的图书

为规范出版秩序，封建政府颁布了一些法令，如违背这些法令，同样要受到查处。如印刷术在图书出版中得到应用后，一些书商用它印刷历书。但印出的历书质量很差，不利于农业生产。唐代就有严禁"私置历日版"的记载。后周广顺三年也有"所有每年历日，候朝廷颁行后，方许雕印传写"④的规定。宋初沿袭了后周允许民间翻印官颁印历的规定，但书商们为了抢占市场，往往在司天监颁布新历之前，竞相将私撰历书雕印上市，从而带来极大的混乱。于是，宋神宗时朝廷就彻底禁止民间印造历书了。据史载：熙宁四年二月二十三日，宋神宗下诏"民间毋得私印造历日；令司天监选官，官自印卖；其所得之息，均给在监官属"⑤。中国古代对向官府申请了版权保护的图书给予版权保护，如敢盗版，即属违法。此外，历代政府还有一些规定。如南宋时，各书坊大量刊刻巾箱本，以供科举考试时作弊。为严肃考试，宋宁宗曾下令"禁毁小板"⑥。明朝政府规定，官刻书籍，可照原样翻刻，但不准另谋版式，更不准改刻成袖珍版。"如有违谬，拿问重罪，追版划毁，决不轻贷。"⑦

---

① 周宝荣. 宋代出版史研究［M］. 郑州：中州古籍出版社，2003：105-115.

② 张志强. 非法出版活动研究［M］. 贵阳：贵州人民出版社，1998：20.

③ 《宋会要辑稿》刑法二之三八。

④ 《宋刑统》卷九·禁玄象器物。

⑤ 《宋会要辑稿》职官一八之八四。

⑥ 《书林清话》卷二。

⑦ 《书林清话》卷七。

第二节　我国近代的出版物市场管理

我国的近代社会是指从 1840 年鸦片战争爆发到 1949 年中华人民共和国成立这一半殖民地半封建社会的特定历史时期。从鸦片战争爆发，外国资本主义入侵开始，我国封建社会经济形态逐渐演变为半殖民地半封建社会经济形态。1840—1949 年，我国的经济被迫由封闭型向开放型转变，由自然经济向商品经济转变，我国社会的各个领域都发生了巨大而深刻的变化，出版物的编辑出版以及出版物市场管理也进入了它的变革时期。

一、清朝后期的出版物市场管理

从鸦片战争到清朝灭亡，我国的出版物无论从形式还是内容方面都发生了很大的变化，与以前相比，不仅类型多样（除图书以外，出现了报纸、杂志），数量剧增，而且出版物的编辑出版和政治斗争、经济文化发展的关系更加紧密，出版物的社会作用越来越大。在近代，各阶层、阶级、党派都通过出版书刊来宣传他们的政治思想，西方各种先进的文化与科学知识也通过书刊这一载体得以传播。为了加强对出版物市场的管理，清政府采取了一系列的政策、措施，如制定出版法、版权法等，来管理出版物市场，民间出版机构也组成书业商会来加强对出版物市场的协调。

（一）近代出版法的萌芽——大清印刷物件专律

早在乾隆四十三年，清政府颁布的《大清律例》[1] 就有两条规定：一是"凡妄布邪言书写张贴，煽动人心，为首者斩立决，为从者斩监候。若造谶纬妖书妖言，传用惑人，不及众者，改发回域，给大小伯克及力能管束之回子为奴。至狂妄之徒，因事造言，捏成歌曲，沿街唱和，及以鄙俚亵慢之词，刊刻传播者，内外各地方官即时察拿，审非妖言惑众者，坐以不应重罪"。二是"凡坊肆市卖一应淫词小说，在内交与八旗都统、都察院、顺天府，在外交督抚等，转行所属官弁严禁，务搜板书，尽行销毁。有仍行造作刻印者，系官革职，军民杖一百，流三千里。市卖者杖一百，徒三年。买看者杖一百"。

1905 年，在革命形势的推动下，清政府被迫推行"预备立宪"，开始制定颁布一系列专业法规。1906 年，商部、巡警部与学部共同拟订颁布了《大清印刷物件专律》。《大清印刷物件专律》分"大纲""印刷人等""记载物件等""毁谤""教唆""时限" 6 章，合 41 款。[2] 规定"凡以出版、印刷或发卖各种印刷物件为主"者，必须到"所在营业地方巡警衙门呈请注册"，巡警衙门再向京师印刷注册总局申报。"凡未经注册之印刷人，不论承印何种文字图画，均以犯法论"。印刷出版物均应"明白印明印刷人姓名，及印刷所所在"。出版印刷物必须报请地方巡警衙门注册，经核准后始可印刷发行。凡印刷物有毁谤性言论者，如属毁谤私人，按普通毁谤处罚；如毁谤皇帝、皇族或政府，专律上称作"讪谤"，要从重从严处罚。此外，该律给地方各级官吏授予很大的权力，规定他们有权受理对印刷物的指控，逮捕被告和随意封闭印刷所。《大清印刷物件专律》极少给出版人和

---

[1]　叶再生. 中国近代现代出版通史（第 1 卷）[M]. 北京：华文出版社，2002：955.

[2]　叶再生. 中国近代现代出版通史（第 1 卷）[M]. 北京：华文出版社，2002：956-962.

著作人的合法权益以应有的保护，反而无端地增加了许多束缚和限制，为迫害出版人和著作人提供了许多口实。

（二）版权法——大清著作权律

随着近代出版事业的不断发展，要求保护版权的呼声日益高涨，从 19 世纪到 20 世纪初，出现了许多保护版权的事例：

1901 年，由文汇书局印行的陆钟渭《四书五经义策论初编》一书，其扉页反面印有"书经禀请商务局存案翻刻必究"字样。

1903 年，严复翻译的《社会通诠》出版。出版时，他与商务印书馆签订版税合约，合约规定："此书版权系稿、印两主公共产业。若此约作废，版权系稿主所有。""此约未废之先，稿主不得将此书另许他人刷印。""此书出版发售每部收净利墨洋五角。""此书另页须粘贴稿主印花。"这是我国第一个版税合同，它具体规定了当事人双方各自的权利和义务，对双方同时起着约束和保障作用，以前空洞的版权声明至此得到了具体落实。这一合约实际上成为我国版权立法的先声。

1904 年，严复翻译的另一本书《英文汉诂》由商务印书馆出版，版权页上有"侯官严氏版权所有，翻印必究"的版权印花。这是我国使用版权印花最早的实例。至此，我国版权用语已趋规范。

1905 年，蔡毅若著《传音快字》在武昌用木版雕刻再版，书后也出现版权页，有"禀官立案，不准翻印"的方框标志。

1908 年，清政府委托当时驻柏林的代办和商务参赞，以观察员的身份参加了国际版权条约——《保护文学艺术作品伯尔尼公约》成员国在柏林修订公约的大会。

1910 年，清政府颁布了中国第一部版权法——《大清著作权律》。① 该章程分通例、权利期限、呈报义务、权利限制、附则等 5 章 55 条。规定："著作权归著作者终身有之；又著作者身故，得由其继承人继续至三十年。"还规定，法令、公牍、劝诫文、报载的新闻、论说、公开的演说为没有著作权的著作物。有些著作物通行已久者，或者年限已满、著者亡故无继承人的著作物，可以任人翻印。该律对侵犯版权者也作了具体的处罚规定，内容比较详细。

清政府颁布的《大清著作权律》明显地带有欧美版权法的印迹。该法颁布一年之后，清政府即垮台，这一法律条文随即废除，所以它实际上没有起多少作用，但它对 1915 年北洋政府版权法和 1928 年国民党政府版权法的制定产生了较大影响。

（三）书业商会

早在清康熙七年，在出版业最集中的苏州地区就成立了同业集议的机构——崇德书院，用以解决书商之间在版权及其他方面的纠纷。咸丰十年，崇德书院在太平天国的战争中被焚毁，书商大多逃离苏州，避往上海，这一书业公会性质的组织于无形中解散。

清同治十三年，金国琛、席威、吴寿朋等又于苏州成立书业崇德公所。后来，朱槐庐、黄熙庭等复在上海组织书业崇德公所会议办事处。当时恰逢石印术兴起，新式近代资

---

①　沈仁干. 我国第一部版权法——《大清著作权律》简说［J］. 出版工作，1985（2）：42-44.

本主义出版企业力量不断强大，旧式书商所组织的崇德公所会议办事处成立不到两年即自动解散。

1906 年颁布的《大清印刷物件专律》给出版机构增加了许多束缚及限制，这就促使刚刚兴盛起来的资本主义出版企业开始走向联合，它们利用旧式的书业商会的形式组织起来，以保障同业的利益。当时上海出现了两个书业联合性组织，一个是上海书业公所，另一个是书业商会。上海书业公所由叶九如、夏育芝等人发起，赁英租界小花园 1 号为事务所，举席子佩、夏瑞芳等为董事。书业商会由从书业公所中分离出来的一批人组成，以俞复为正会董，席子佩、夏颂莱为副会董，夏瑞芳为经济董事，陆费逵为书记。

书业商会在协调出版机构内部纠纷，争取出版机构正当权益等方面发挥过一定的积极作用。

二、民国时期的出版物市场管理

民国时期，由于西方现代印刷技术的引进和文化教育的发展，我国出版业逐步摆脱传统的雕版印刷技术，开始采用铅印、石印技术。技术的更新带动了出版业的大发展。尤其是"五四"新文化运动以后，出版界出现了一批新式出版机构，这些出版机构对推动我国出版业的发展作出了极大的贡献。但同时，也出现了一些以赚钱为唯一目标的书商，他们胡编乱造，盗版翻印，唯利是图，造成了出版业的混乱。另外由于当时是在国民党的黑暗统治时期，国民党为维护其反动统治，对进步出版物的查禁、打击非常严厉，于是许多进步人士及我党工作者，不得不采取各种方式出版图书、刊物。如假称根本不存在的出版机构印制出版物，创建地下印刷厂，假称图书封面，改换书名等以利革命宣传。于是，在出版物市场上，革命与反动、进步与倒退、迫害与反迫害的斗争持续不断。反动统治者利用手中的权力，一方面颁布各种法令，控制图书报刊的编辑出版，另一方面查禁查封革命、进步书刊，迫害进步人士，加强对出版物市场的控制；而出版界的进步人士与之进行了针锋相对的斗争，一方面翻译编辑出版进步优秀书刊，另一方面则团结一切可以团结的力量，反对迫害，揭露反动统治者的阴谋，为争取出版自由而斗争。

（一）各出版法令对出版物市场的管理

中华民国成立以后，以孙中山先生为首的资产阶级革命党人制定了《中华民国临时约法》，其中第 6 条第 4 款规定："人民有言论、著作、游行及集会、结社之自由。"当时我国出版界曾一度出现蓬勃发展的好局面，但是很快，袁世凯窃取了中华民国大总统权力，对出版物开始实行严格控制，"临时约法"成为一纸空文。

1914 年 12 月 5 日，袁世凯控制的北洋政府制定了出版法，① 全文共 23 条。其中第 11 条规定："文字图画有下列各款情事之一者，不得出版：一、淆乱政体者；二、妨害治安者；三、败坏风俗者；四、煽动曲庇犯罪人、刑事被告人或陷害刑事被告人者；五、轻罪、重罪之预审案件未经公判者；六、诉讼或会议事件之禁止旁听者；七、揭载军事外交及其他官署机密之文书图画者，但得该官署许可时，不在此限；八、攻讦他人隐私，损害其名誉者。"第 12 条规定："在外国发行之文字图画，违反前条各款者，不得在国内出售

---

① 叶再生. 中国近代现代出版通史（第 2 卷）[M]. 北京：华文出版社，2002：1258-1260.

或散布。"该法还对出版物的申请禀报作了种种限制。

1915年，北洋政府又颁布了著作权法，分"总纲""著作人之权利""著作权之侵害""罚则"以及"附则"5章，共45条。它是在清政府《大清著作权律》的基础上加以修订的，所以内容基本沿袭了清政府的《大清著作权律》。北洋政府对发表进步政治观点的出版物十分仇恨，特别在报刊案例中把学校学生与精神病患者、被剥夺公民权利的犯人列在一起，规定他们都没有资格充当发行人、编辑人和印刷人。把不准学生办报定为法律，这在世界出版史上也绝无仅有。

1928年5月，国民党政府颁布了著作权法，其第22条规定著作物如果"显违党义"或"其他经法律规定禁止发行者"，内政部拒绝注册。①

1929年1月，国民党中宣部在《宣传品审查条例》中明确规定："宣传共产主义及阶级斗争"的宣传品为"反动宣传品"。要"查禁、查封或究办之"。"各发行所、各书局、各杂志社所出宣传品，经审查后令饬修正或停止出版发行而拒不遵办者，加重其处分。"这之后，大量发表马克思主义文艺理论文章和左翼作家作品的《拓荒者》、鲁迅主编的中国左翼作家联盟机关刊物《萌芽》月刊等，都在1930年5月被国民党当局依据此条例查禁。紧接着，在6月，国民党当局公布了《取缔销售共产书籍办法令》，规定了对销售共产书籍的各书店和印刷共产刊物的印刷厂的取缔办法，并对销售者、印刷者的行为进行了严格的限制。②

1930年12月，国民党政府颁布的出版法，在全部44条规定中，对报纸、杂志和书籍的出版、登记作出了十分苛刻的限定。1931年10月，国民党政府又颁布了《出版法施行细则》，共25条，对于出版法中的原则和办法，加以具体的规定。

1932年11月，国民党中宣部又公布了《宣传品审查标准》。1933年，国民党政府教育部颁布《查禁普罗文艺密令》。1934年6月公布《图书杂志审查办法》。1937年又颁布修正出版法，条款增至54条，而且将查禁书刊的权力下放到市、县政府。1938年7月，国民党中宣部为压制抗战言论，公布了《图书杂志原稿审查办法》。1940年国民党政府公布《战时图书杂志原稿审查办法》。1941年公布《杂志送审须知》，1942年公布《图书送审须知》，1943年公布《新闻记者法》《图书印刷店管理规则》《通讯社报社管理暂行办法》，1944年公布《修正图书杂志剧本送审须知》《出版品审查法规和禁载标准》。

据统计③，1927—1949年国民党政府颁布的出版法和施行细则的解释共26项；图书呈缴、审查法规共56项；新闻检查和取缔的法规24项。仅1929年6月就连续颁布了《查禁反动刊物令》《取缔销售共产书籍办法》和《取缔共产书籍办法令》。

国民党当局采取种种办法，查禁了大量书刊。据张静庐先生编《中国现代出版史料》乙、丙、丁编统计，国民党反动派在1929—1941年的13年时间里，就利用这些出版法规、法令禁毁了书刊2781种。这样大规模的查禁活动，历史上只有清代乾隆编修《四库全书》期间的禁毁运动可以与之相比。

---

① 叶再生．中国近代现代出版通史（第2卷）[M]．北京：华文出版社，2002：1277．

② 黄镇伟．中国编辑出版史 [M]．苏州：苏州大学出版社，2003：309．

③ 刘哲民．近现代出版新闻法规汇编 [M]．上海：学林出版社，1992．

（二）出版界争取出版自由、抵制出版物市场管理的行为

出版界争取出版自由的斗争，早在1916年北洋政府颁布出版法和著作权法的第二年就已经开始了。当时，上海书业公会连续上书呈请国务院和内政部，要求修改两部法规的部分条款。1922年，上海书业公会再次呈请国务院和内政部，同时向国会提交请愿书，要求修正，结果都没有下文。

1926年1月29日，应北京报界的强烈要求，北京段祺瑞政府被迫下令废除1914年公布的出版法，这是现代史上出版界为争取自由而获得的第一次胜利。

1934年2月19日，上海各书店收到了国民党上海市党部奉国民党中宣部查禁"反动"书刊的正式公文。共有149种图书遭到查禁，牵涉25家书店、28位作家。被牵涉的各书店由开明书店领衔，联合请愿，要求"体恤商艰"。在强大的压力下，国民党政府终于妥协，同意对过去准许发行的书籍酌予删改继续发行，今后出新书需将原稿送审查机关先行审查，然后再准出版发行。

抗日战争爆发后，为争取出版自由，1938年8月，生活书店联合商务印书馆、中华书局、世界书局、开明书店等10多家出版企业一起发表宣言，坚决要求国民党立即撤销一切压制言论出版自由的法令。10月，当国民参政会在重庆召开第二次会议时，邹韬奋争取70余名参政员联署，以编著人和全国最大出版家代言人的身份，提出了《撤销图书杂志原稿审查办法，以充分反映舆论及保障出版自由案》，当即获多数票通过，但国民党政府拒不执行。随后，邹韬奋又提出了比较可以接受的《改善审查书报办法及实行撤销增加书报寄费，以解救出版界困难而加强抗战文化事业案》。这一提案也获得参议会多数票通过，但仍未见诸实施。

抗日战争胜利后，为争取言论出版自由，新闻界、出版界联合起来，发动了轰轰烈烈的拒检运动，再一次向遏制出版自由的法令进行冲击，拒绝执行原稿审查制度。1945年9月22日国民党政府不得不宣布自1945年10月1日起废除原稿检查制度。

第三节　我国现代的出版物市场管理

一、中华人民共和国成立前夕的出版物市场管理

在中华人民共和国成立前夕，中国共产党领导机关就已开始高度关注出版物市场的整治工作。

（一）报纸、杂志、通讯社登记暂行办法

1949年2月18日，中共中央对《北平市报纸、杂志、通讯社登记暂行办法》作了批示，要求北平市委并总前委、华北局、天津市委并告各中央局、分局、各前委，以"军管会名义公布执行"。该"暂行办法"第5条规定："所有在本市出版或营业的报纸、杂志和通讯社，均须遵守下列各项：甲、不得有违反本会及人民政府法令的行为；乙、不得进行反对人民民主事业的宣传；丙、不得泄露国家机密与军事机密；丁、不得进行捏造谣言与蓄意诽谤的宣传。"第7条规定："凡报纸、杂志和通讯社，有违反本办法第五条各项规

定者，当视其情节之轻重分别予以警告、定期停刊或停刊的处分。其有涉及刑事范围内之行为者，当由法庭予以审判。"该"暂行办法"规定了报刊上不得刊登的内容，有利于当时政治局面的稳定。这一规定被全国各地参照执行。如1949年10月25日，《广州市军事管制委员会关于报纸、杂志、通讯社登记暂行办法》的规定，与之基本相同。

（二）治理"非法出版"活动

早在中华人民共和国成立以前，中国共产党负责出版工作的领导者已经注意到出版物市场上的"非法出版"问题。1949年4月27日，中共中央宣传部（简称中宣部）在致中原局宣传部电中说："过去为了需要及交通关系，我们翻印了一些开明、光华等书店之书籍，是不得已的；但已引起这些书店及有些作者不满意。现在，这些书店和作者好多已来我区，如不与他们商量，即再翻印或修改出版，便不应该。现在不要再翻印他们的书籍。上海解放后，这些书店的书籍，会运到我区各大城市推销。"该电说明了当时翻印开明、光华等书局的书是出于不得已的行为，在全国快解放的时候，要求不再翻印这些书店的书，表现了中国共产党领导机关对出版物市场和著作权的重视。1949年9月3日，中宣部出版委员会曾通知当时的国营出版机构——各地新华书店，要尊重和保护版权，"非经作者与原出版者同意，不得任意翻印外版书籍"。这些措施，对以后的出版物市场管理和出版工作起到了良好的带头作用。

1949年5月4日，在中宣部出版委员会第十次会议上，华应申同志指出："最近翻版书很多，如《目前的形势和我们的任务》的标准本，《新人生观》《社会发展史》等书，翻印本错误很多，或根本上就不应该再翻印。"欧建新同志也提出了这一问题，"翻版书日渐增多""应由本会拟定办法呈请核行的必要"。当时，北平的一些私营书店、书局擅自翻印解放社、新华书店的书籍。解放社、新华书店曾刊登声明，"非先征得同意，任何人不得擅自翻印"，但收效甚微。它们不得不又郑重声明如下："一、中国共产党的文件、负责同志的言论，在报纸上发表以后，出版权即属于解放社。二、本社本店出版的各种书籍，除本社本店指定的出版机构外，其欲翻印者，请到中共中央宣传部出版委员会接洽（会址：北平司法部街75号或东总部胡同10号），未得同意，不准翻印。三、凡未经同意，翻印出版权属于本社之文字或本社本店出版之书籍者，当依法进行查究处理。"当时任出版委员会主任委员的黄洛锋同志曾就"关于对擅自翻印解放社及新华书店书籍的书商的处理办法"于1949年9月15日致信陆定一同志，告诉他，已由北平"市新闻处于14日召集建业、万兴、北平科学社、中华印书局等4家书店负责人至新闻处谈话"，决定请这些书店"将所有翻印书籍自行封存，每种检出样本3册，交由（北平市）新闻处汇送本会审阅，审阅后如内容错误较少者，暂准继续发售，至卖完为止；错误较多者，禁止发售，全部销毁。在审阅过程中，封存书籍，不准再行发售。此外，决定在本星期之内，由该书店等在报端联合刊登启示，承认错误，保证以后不再翻印"。这些举措，一方面保证了出版物的质量，不至于产生不良社会影响；另一方面也规范了出版秩序，打击了盗版行为。

二、中华人民共和国成立以后到"文革"前的出版物市场管理

中华人民共和国成立初期，国家对图书市场的管理，主要是规范书业的经营行为，审

慎查禁书刊；保护版权，禁止翻印书刊；对反动、淫秽、荒诞的书刊画册，进行了处理。私营书业完成社会主义改造后，国营出版物占据了图书市场，非法出版物基本绝迹。

中华人民共和国成立后，中国共产党和中央人民政府为发展出版发行事业，采取了一系列重大决策，从中央到地方建立了出版行政主管部门，统一了新华书店，实行出版事业的专业分工，对私营出版业和发行业进行社会主义改造。从中华人民共和国成立到"文化大革命"前，我国社会主义出版发行事业已经建立和发展起来，实现了初步繁荣。

（一）建立出版管理机关

中华人民共和国成立伊始，中央人民政府成立了出版总署，中共中央宣传部成立了出版处（局），省以上党政领导机关也相应成立了出版管理机构，加强了对出版发行事业的管理和领导。中央人民政府出版总署的主要任务为：建立及经营国家出版印刷发行事宜；掌理国家出版物的编辑、翻译及审定工作；联系或指导全国各方面的编译出版工作；调整国营、公私合营及私营出版事业的相互关系。[①]

中共中央宣传部出版处于 1950 年设立，其主要工作是，监督出版战线对党的路线方针政策的贯彻执行；进行调查研究，向部领导反映情况；与国家出版行政主管部门经常接触，商酌重大问题；处理部领导交办事宜，包括代中共中央、中宣部起草有关出版方面的文件。

1954 年 12 月，出版总署撤销，设立中华人民共和国文化部出版事业管理局，是文化部负责指导、管理全国出版事业的职能机构。它主管全国出版事业十多年（至"文革"初期），推动了国营出版印刷发行事业的发展，建立了一系列的出版法规，完成了对私营出版发行事业的社会主义改造，精心安排了一批重要著作的编印发工程，全国出版事业出现了初步繁荣发展局面。

中华人民共和国成立初期，各大行政区陆续成立出版局或新闻出版局，部分省、自治区、直辖市设立新闻出版处（室）。1954 年秋，各大行政区撤销，其出版行政主管部门相应撤销。同年底，文化部主管出版事业后，各省、自治区、直辖市文化局（厅）增设出版处，作为职能机构管理本省（区、市）的出版行政工作。如上海成立了出版局；全国各市、县则由文化局或文教局管理本地书店。20 世纪 50 年代，各地新华书店和部分出版社均由当地党委宣传部直接领导。到 90 年代，仍有部分省市实行这种管理体制。

（二）发布一系列的法规，治理出版、印刷、发行业

出版总署制定相关规定，实行事后审查和抽查相结合的办法，内容反动的要严厉处分。1950 年 9 月，全国第一次出版会议规定不准有翻版和抄袭的行为。

1952 年 8 月政务院发布的《管理书刊出版业印刷业发行业暂行条例》，是中华人民共和国最早出台的治理图书市场的法规。全国书刊出版业、印刷业、发行业，无论国营、公私合营和私营，一律按条例规定，申请核准营业，并经当地出版行政主管部门核发营业许可证，凭许可证向当地工商行政机关申请登记，方许开业。已经开业的，要重新进行申请登记，至迟不得超过 1952 年 10 月 15 日，经核准才能继续营业。

---

①　引自《中央人民政府出版总署暂行组织条例》。

一些不规范的出版投机商在接受申请与核准的过程中被淘汰，为图书市场的后续发展创造了良好条件。

（三）限定一些禁售图书，禁止非法出版活动

1951 年 11 月，出版总署在《关于查禁书刊的规定》中要求，各地出版行政主管部门查禁书刊必须报请出版总署批准，在未经批准之前，各地可以先行封存。该规定防止了由于地区时间差异而造成的禁售漏洞。从 1951 年 9 月至 1952 年 5 月，出版总署共批准查禁了 53 种新书，但是不久就发现，查禁的书籍范围过宽，有些书有错误和缺点，但不是政治上根本反动的东西；还有一些是不该查禁的 1949 年以前的书。出版总署为纠正查禁图书过宽的错误，于 1952 年 7 月发出《关于查禁书刊问题的指示》，对若干不该查禁而查禁的书，撤销了禁令。

1951 年 5 月，出版总署发出《关于编印发行 1952 年历书的指示》，用新历书取代封建迷信的旧历书。当时，政府运用一定的策略，不是查禁旧历书，而是大力出版发行新历书来取代旧历书。

制止私商非法出版图书。1954 年，沈阳、鞍山等地有几家私商和私营印刷厂未经出版许可，擅自出版年画、唱本等，引起东北人民政府新闻出版处的注意，并立即加以制止，"凡未经核准为出版业者，不得接受其印件"。同时，加强图书市场的管理，发现私人非法出版物时，要追查出版者和承印者。该行为得到出版总署的认可并在全国范围内推广。

1955 年 5 月，中共中央发出《关于处理反动的、淫秽的、荒诞的书刊图画问题和关于加强对私营文化事业和企业的管理和改造的指示》；7 月，国务院发布《关于处理反动的、淫秽的、荒诞的书刊图画的指示》。处理的办法分为查禁、收换、保留。凡属查禁的图书要经过一定的审批手续，收换旧书大体上以 2∶1 的比价发给摊贩新书书券，让他们到国营书店领取新书，以便继续营业。同时，通过书业公会或书摊联谊会把租书摊铺组织起来，经常进行思想教育，有利于更大范围地处理反动、淫秽、荒诞图书，整顿图书市场秩序。

（四）保护版权，禁止翻印书刊

1949 年 9 月，中宣部向各地新华书店发出通知，制止侵权翻印，"以后非经作者和原出版者同意，不得任意翻印外版书籍"。由于翻印书较正版书价格便宜，可以获得巨额利润，很多私营书商都卖翻版书。为预防及处理翻版书问题，出版总署下达了《禁止任意翻印图书的规定》，"一切机关团体不得擅自翻印出版社出版的书籍、图片，以重版权，而免浪费"，该规定取得了良好的效果。到 1956 年私营书业完成社会主义改造，全国新华书店掌握了图书流通环节，基本消灭了盗版翻印等现象。

三、"文革"时期的出版物市场管理

1966—1978 年，这一时期是我国出版物市场管理艰难曲折发展的时期。"文革"十年，使基本培育形成的社会主义出版生产力受到了极其严重的摧残与破坏。

整个"文革"期间，出版物市场管理工作遭到了严重的干扰和破坏。

1966 年"文革"开始，出版事业的发展中断，国家以及各省、自治区、直辖市的出

版行政管理机构陷入瘫痪。1967年，"中央文革小组"宣传组领导组织国家计委、文化部出版事业管理局及首都出版、印刷、发行、物资供应等十多个单位的人员组成了"毛主席著作出版办公室"，主要任务是组织全国出版部门印制发行毛主席著作，各地也相继成立了类似机构。1970年5月，国务院指示文化部成立"出版口三人领导小组"，主要领导文化部出版事业管理局机关及在京直属单位的运动和业务。同年10月，根据周恩来总理指示，"毛主席著作出版办公室"并入出版口，成立"出版口五人领导小组"，直属国务院领导，主要负责原由文化部出版事业管理局负责的业务工作。① 整个国家的出版事业由这样一个"出版口五人领导小组"来领导管理，可见当时出版物市场管理的大致情况。

"文革"期间，全国各出版机构和出版工作也处于停滞状态。据统计，1964年全国共有出版社87家，职工有8678人，其中编辑为4391人；到1971年，全国出版社仅剩46家，职工有4693人，其中编辑人员仅有1355人。这一时期的图书出版已完全脱离了为社会经济、政治、文化等各方面需要服务的轨道，完全脱离了为人民大众利益服务的基本方针，图书出版表现出扭曲、畸形的状态。据"毛主席著作出版办公室"统计，仅1966—1970年年底，全国正式出版毛泽东著作及其语录本、单行本、民族文本、外文本、盲文本共计42.06亿册；正式出版毛泽东像和毛泽东单张语录62.27亿张，两者合计为104.33亿册（张），而同一时期全国出版的图书总计为129.27亿册（张），也就是说，毛泽东著作、语录、画像等的出版量已占1966—1970年全国所有图书出版量的80.7%。在"文革"期间，仅次于毛泽东著作的出版物是样板戏剧本、曲谱、画册的出版。据当时的出版口统计，仅北京地区1970年9月到1971年9月，一年内出版的《红色娘子军》《智取威虎山》《红灯记》和《沙家浜》4种样板戏的普及本、总谱、画册等就达2718.1万册，平均每个样板戏印制量为679.5万册。②

"文革"期间，无政府主义思潮泛滥，合理的规章制度被废除。许多书店实行"无领导、无计划、无指标"的三无管理，造成劳动纪律松弛，营业不正常，进销失调，账目混乱，亏损严重。各地新华书店陈列出售的大批图书，被诬为"封、资、修毒草"，被迫下架封存或停售报废。古旧书店被说成是宣扬封建主义的工具，曾一度关门，改营新书。据1972年统计，仅新华书店系统因受"文革"冲击而造成的停售报废损失达2.3亿元（实洋）。③

"文革"期间对文化的摧残和破坏，使"文革"后社会出现了严重的书荒现象，出版物市场秩序十分混乱。

四、改革开放以来我国的出版物市场管理

党的十一届三中全会确立了改革开放的发展思路，有中国特色的社会主义现代化建设全面启动，国家政治、经济、文化等各方面经历着巨大变革。在商业流通方面，党的十二

---

① 中国出版科学研究所. 出版改革与出版发展战略研究［M］. 北京：中国书籍出版社，1998：2.
② 阎晓宏. 新中国图书出版五十年概述［M］//中国出版年鉴（2000）. 北京：中国出版年鉴社，2000：5-11.
③ 郑士德. 新中国图书发行事业五十年［M］//中国出版年鉴（2000）. 北京：中国出版年鉴社，2000：20-24.

大报告要求流通部门"大力疏通、扩大和增加流通渠道，做到货畅其流，物尽其用"。这就为各行业的发展奠定了理论基础，出版发行业正是在这一原则的指引下开始了改革探索。党的十三大提出应使市场机制在社会主义经济中的功能大大增强。党的十四大明确提出了我国经济体制改革的目标，是建立社会主义市场经济体制。党的十五大提出了坚持和完善公有制为主体、多种所有制经济共同发展的基本经济制度，并强调要在加快国民经济市场化进程中进一步健全宏观调控体系。党的十六大提出要完善公有制为主体、多种所有制经济共同发展的基本经济制度；建设统一开放竞争有序的现代市场体系；完善宏观调控体系、行政管理体制和经济法律制度；建立促进经济社会可持续发展的机制。党的十七大报告指出，实现未来经济发展目标，关键要加快转变经济发展方式，完善社会主义市场经济体制方面取得重大进展。党的十八大提出，经济体制改革的核心问题是处理好政府和市场的关系，必须更加尊重市场规律，更好发挥政府作用。还强调"两个毫不动摇"——既要毫不动摇巩固和发展公有制经济，又要毫不动摇鼓励、支持、引导非公有制经济发展。

在这一过程中，我国的经济体制和运行机制发生了根本变化，社会主义市场经济体制逐步建立，从而使得市场管理工作逐步得以规范和发展。

1. 建立健全了出版物市场管理机构及其职责

中华人民共和国成立以来，我国一直设有承担国家新闻出版行政管理的机构，其间经历了几次变更，到 1985 年 7 月，国务院批准文化部下设国家版权局，文化部原出版事业管理局改称国家出版局，与国家版权局为一个机构两块牌子，使得国家出版业有了专门的行政管理机关，出版物市场管理进入了实质阶段。1986 年 9 月 9 日，国家出版局发出《关于发展集体个体书店和加强管理的原则规定》，该规定指出，"出版（文化）部门要与有关部门互相配合，对图书市场加强管理，促进社会主义精神文明建设"，要求各地出版（文化）行政管理部门从实际出发，制定发展集体、个体图书发行网点的规划；明确了集体、个体书店的地位，提出了集体、个体经济作为社会主义经济不可缺少的组成部分，要同全民所有制单位一样，在政治上、经济上一视同仁，平等对待的重要原则；同时指出集体、个体书店必须坚持"两为"方针，明确了审查登记办法和经营范围。《关于发展集体个体书店和加强管理的原则规定》以专门法规的形式为集体、个体书店参与出版物发行业务建立了规则，有效规范了其经营行为，为以后的出版物市场管理积累了经验。

1986 年 10 月，国家出版局和国家版权局脱离文化部，成为国务院直属机构。1987 年 1 月，撤销国家出版局，成立新闻出版署，直属国务院，统一管理全国的新闻出版工作。1998 年，正式成立中华人民共和国新闻出版署。新闻出版署成立后，各省、自治区、直辖市随之成立新闻出版局和版权局。2001 年 4 月，国家新闻出版署升格为新闻出版总署，其主要职责为：制定新闻出版、版权等方面的法律、法令和规章制度；研究制定新闻出版业的经济政策和价格政策；审批出版单位的建立；主持全国性出版物的评奖工作；查处违禁出版物；管理新闻出版方面的对外交流等。与此同时，国务院于 1978 年 9 月批准成立的市场监管和行政执法的重要职能部门——国家工商行政管理局，升格为国家工商行政管理总局，为国务院直属机构。党的十一届三中全会以后，各省、自治区、直辖市和市、县也先后建立健全了工商行政管理机构。逐渐明确了工商行政管理部门是市场监管和行政执法的重要职能部门，承担着规范和维护市场秩序的重要职责，并对所有经济行政管理机关和经济监督管理部门的各自职责和权限进行了明确的划分。从而为出版物市场经济活动的有序运行提供了管理上的组织保证。

2013 年，根据第十二届全国人民代表大会第一次会议审议通过的《国务院机构改革和职能转变方案》，为进一步推进文化体制改革，统筹新闻出版广播影视资源，要求将国家新闻出版总署、国家广播电影电视总局的职责整合，组建国家新闻出版广电总局。2013 年 3 月 22 日，国家新闻出版广电总局正式挂牌，并加挂国家版权局牌子，为国务院直属机构。其主要职责是统筹规划新闻出版广播电影电视事业产业发展，监督管理新闻出版广播影视机构和业务以及出版物、广播影视节目的内容和质量，负责著作权管理等。从中可以看出，出版行政主管部门历次更迭，对市场的管理日渐完善。

2018 年 3 月，中共中央印发了《深化党和国家机构改革方案》，提出为加强党对新闻舆论工作的集中统一领导，加强对出版活动的管理，发展和繁荣中国特色社会主义出版事业，将国家新闻出版广电总局的新闻出版管理职责划入中央宣传部，由中央宣传部统一管理新闻出版工作。中央宣传部对外加挂国家新闻出版署（国家版权局）牌子。

2. 基本建立健全了出版物市场管理的法律法规体系

1978 年 12 月，中国共产党十一届三中全会在北京召开。党的十一届三中全会，是我国进入改革开放新时期的一个伟大的历史转折点，也是我国社会主义法制建设划时代的里程碑。这次全会发表的公报强调指出："为了保障人民民主，必须加强社会主义法制，使民主制度化、法律化，使这种制度和法律具有稳定性、连续性和极大的权威，做到有法可依、有法必依、执法必严、违法必究。"此后，与整个国家的社会主义法制建设同步，社会主义出版法制建设的步子日益加快，社会主义出版法制也日趋完善。

20 世纪 80 年代初，就有学者开始呼吁，"应该尽快制定一部完备的出版法，使唯利是图的'出版商'为法网所阻，无空子可钻"①。作家王蒙也说："我国应该有出版法。"②武云龙有感于三家出版社争出《男人的一半是女人》一书，呼吁"应当把读者利益当做制定出版法的根本原则之一"③。这些呼声如一石激起千层浪，在全国范围内引起很大的反响。1982 年 9 月 6 日，中国共产党第十二次全国代表大会召开。大会通过的《中国共产党章程》明确规定："党必须在宪法和法律的范围内活动。"同年 12 月 10 日，第五届全国人民代表大会第五次会议召开，通过了《中华人民共和国宪法》。这部宪法不仅为我国实行社会主义出版法制、制定社会主义出版法提供了立法依据，也对我国出版事业的基本原则和基本问题作出了明确规定。《宪法》第 22 条规定："国家发展为人民服务、为社会主义服务的文学艺术事业、新闻广播电视事业、出版发行事业、图书馆博物馆文化馆和其他文化事业，开展群众性的文化活动。"第 47 条规定："中华人民共和国公民有进行科学研究、文学艺术创作和其他文化活动的自由。国家对于从事教育、科学、技术、文学、艺术和其他文化事业的公民的有益于人民的创造性工作，给予鼓励和帮助。"《宪法》的颁布，标志着我国社会主义法制发展到了一个新的历史阶段。

也是在全国五届人大第五次会议和五届政协第五次会议上，委员们针对我国出版业的落后现状，提出要尽快制定出版法和版权法。在会上，姚雪垠委员说："现在国家大法制

---

① 魏万雄. 应尽快制定出版法 [J]. 新观察，1982（10）：12.
② 王蒙呼吁应有出版法 [N]. 经济日报，1985-01-10（1）.
③ 武云龙. 读者利益与出版法 [N]. 长江日报，1986-12-04（4）.

定了，应该尽快制定出版法。"① 党和政府重视读者的呼声和委员们的意见，全国人大法律委员会开始着手版权法、出版法的起草工作。

1985 年，原国家出版局等有关部门开始着手研究起草出版法；1988 年 3 月，新闻出版署成立新的出版法起草小组，继续该法的调研起草工作。

整个 20 世纪 90 年代，是我国出版行政法规大量制定和实施的阶段，出版法制建设的主要成就是在立法方面取得了突破性进展。

1990 年 9 月 7 日，第七届全国人民代表大会常务委员会第十五次会议通过了《著作权法》。1991 年 5 月 30 日国务院批准的《著作权法实施条例》于 1991 年 6 月 1 日起实施。1994—1997 年 3 年间，国务院相继颁布了《音像制品管理条例》《出版管理条例》《印刷业管理条例》和《电子出版物管理暂行规定》。1999 年，依照《出版管理条例》的法律规定和原则，新闻出版署颁布了《出版物市场管理暂行规定》。

在我国成为 WTO 正式成员国后，为了与国际规则接轨，2001 年 10 月 27 日，修订后的《著作权法》经第九届全国人民代表大会常务委员会第二十四次会议通过并施行。2001 年，国务院先后对《印刷业管理条例》《音像制品管理条例》《出版管理条例》进行了修订，以适应时代发展的新要求。

根据相关法律法规，新闻出版总署与有关部门也相继出台了相关规定。2002 年 6 月 27 日，新闻出版总署、信息产业部联合发布《互联网出版管理暂行规定》，该规定自 2002 年 8 月 1 日起施行。2003 年 7 月 24 日，新闻出版总署颁布了《出版物市场管理规定》，自 2003 年 9 月 1 日起施行。2004 年 6 月 17 日，新闻出版总署公布《音像制品出版管理规定》，该规定自 2004 年 8 月 1 日起施行。2005 年 9 月 20 日，新闻出版总署第 1 次署务会议通过了《报纸出版管理规定》《期刊出版管理规定》，并于 2005 年 12 月 1 日起施行。2007 年 12 月 26 日，新闻出版总署第 2 次署务会议通过了《电子出版物出版管理规定》《图书出版管理规定》，并分别于 2008 年 4 月 15 日和 2008 年 5 月 1 日起施行。

数字技术和网络技术的发展，对相关法律法规提出了新的要求。2010 年 2 月 26 日，修订后的《著作权法》经第十一届全国人民代表大会常务委员会第十三次会议通过，并于 2010 年 4 月 1 日起施行。2011 年，作为"十二五"规划的开局之年，相关部门相继对《出版管理条例》《音像制品管理条例》和《出版物市场管理规定》进行了修订。2016 年 2 月 4 日国家新闻出版广电总局、工业和信息化部公布《网络出版服务管理规定》，自 2016 年 3 月 10 日起施行，《互联网出版管理暂行规定》同时废止。2016 年 4 月 26 日国家新闻出版广电总局通过并经商务部同意，颁布了《出版物市场管理规定》，该规定自 2016 年 6 月 1 日起施行。2020 年 11 月 11 日第十三届全国人民代表大会常务委员会第二十三次会议通过《关于修改〈中华人民共和国著作权法〉的决定》，修改后的《著作权法》自 2021 年 6 月 1 日起施行。

现在，我国已基本建立起了以"一法三条例五规定"为基本框架的较为科学的出版物市场管理的法律法规体系。

3. 对出版物市场管理的内容逐步走上了规范化的道路

第一，在对出版物市场主体的管理上，对设立出版物总发行、批发、零售业务的单位

---

① 曹剑英，俞峰. 出版业改革与法制的思索 [J]. 法学，1986（10）：46-47.

或从事出版物总发行、批发、零售业务的单位或者个人的合法资格，通过审批登记进行了规范，确保了市场主体的合法性。尤其是在我国成为 WTO 正式成员国之后，我国承诺开放出版物的分销业务，2003 年，国家新闻出版总署出台了《出版物市场管理规定》和《外商投资图书、报纸、期刊分销企业管理办法》，规定了设立出版物总发行、批发、零售业务单位的条件，并规定申请设立的外商投资图书、报纸、期刊分销企业为有限责任公司或股份有限公司等；2011 年，国家新闻出版总署对《出版物市场管理规定》进行了修订，规定设立出版物总发行、批发、零售和连锁经营企业的条件及新闻出版行政主管部门的审批程序同样适用于外商投资的出版物总发行、批发、零售、连锁经营企业，同时废止《外商投资图书、报纸、期刊分销企业管理办法》；2013 年，国家新闻出版广电总局不再受理有关连锁经营单位变更登记事项申请，于 2014 年不再受理审批出版物总发行资质及相应变更事项。可见，对出版市场主体的管理也随着市场发展在不断调整，其规范性表现得更为突出。

第二，在对出版物市场客体的管理上，20 多年来，我国一直不遗余力地打击非法出版活动，1986 年 3 月 4 日，国家出版局、国家工商行政管理局、公安部联合发出《关于严厉打击非法出版活动的紧急通知》；1987 年 7 月 6 日，国务院发出《关于严厉打击非法出版活动的通知》。最高人民法院、最高人民检察院于 1987 年 11 月 27 日发出《关于依法严惩非法出版犯罪活动的通知》。从多个方面给刚露头的非法出版以严厉打击，取得了很好的社会效果。从那个时候开始，"扫黄打非"成为我国出版物市场管理的重要内容。

20 世纪 80 年代末以来，全国各地自发地形成了一批出版物交易市场，如湖北武汉的武胜路出版物批发市场、湖南长沙的黄泥街图书批发市场，其交易活动辐射周边甚至全国，对出版物流通格局产生了深远的影响。专门的出版物交易市场的出现和繁荣，符合我国商品市场发展的一般规律，代表着出版物市场发展的方向，出版行政主管部门及时对这种新型的经济形式实施了积极引导和规范。但是，有些批发市场不按有关规定组织市场交易，甚至成了"制黄贩黄"的窝点，成了非法出版物的集散地。非法出版活动的露头并日益猖獗，成为危害政治稳定和精神文明的毒瘤。为了保证发行体制改革健康发展，培育和建立统一、开放、竞争、有序的书刊市场，1989 年，中共中央办公厅、国务院办公厅发布《关于整顿、清理书报刊和音像市场，严厉打击犯罪活动的通知》，并由全国整顿、清理书报刊和音像市场工作小组负责指导和协调，该工作小组于 1993 年撤销，工作由新闻出版署承担。1995 年 5 月 25 日，新闻出版署发布《关于加强书刊市场管理的通知》。该通知明确了我国出版物市场的重要规则，即"批发进场、零售归市、售前送审"的制度；规定"建立书刊批发市场，除新华书店、外文书店和出版单位直接进行的批发业务外，其他批发单位一律进场开展批发业务，不得在批发市场以外从事批发业务"；"不论是批发市场还是零售市场，凡进场销售的书刊必须经当地书刊市场管理部门审查批准"；"建立和完善书刊零售（出租）摊点的管理制度"。"批发进场、零售归市、售前送审"制度是出版行政主管部门借鉴我国其他商品流通行业的发展经验，结合出版物市场的特点所设立的管理制度，它的创立极大地促进了出版物市场的持续健康发展。

为了进一步规范出版物市场，加强对市场客体的管理，2000 年 2 月，中央、国务院决定成立全国扫除黄色出版物、打击非法出版活动工作小组，设在新闻出版总署反非法和违禁出版物司，开展扫黄打非活动是净化文化市场的一个重要手段。

第三，在对出版物市场行为，包括市场交易行为、竞争行为、价格行为、合同行为等方面的管理上，随着我国《著作权法》《反不正当竞争法》《民法典》等的颁布实施，我国的市场经济活动逐步走上了法制的轨道。十一届三中全会以来，针对出版市场上的非法行为，1993年10月26日，中共中央宣传部、新闻出版署发布了《关于禁止"买卖书号"的通知》，对违反规定的出版社，将分情况没收非法所得、罚款、追究领导和主要责任者责任、停业整顿，直至撤销社号。其他单位和个人违反规定，按非法出版活动处置。触犯刑律的，由司法机关依法惩处。1996年1月25日，国务院办公厅发布《关于坚决取缔非法出版活动的通知》，以维护正常出版秩序，保护知识产权，深入开展"扫黄""打非"斗争。结合出版行业的特点，1996年，新闻出版署发布的《关于培育和规范图书市场的若干意见》，要求建立和完善市场规则，加强市场管理以及对图书市场进行宏观调控和引导，保证市场的有序化和经营者行为的规范化，要求总发行权要掌握在国有出版发行单位手中。2006年11月23日，新闻出版总署发布了《关于进一步做好出版发行领域不正当交易行为自查自纠工作的通知》，通过专项治理，进一步规范出版物市场秩序，促进我国出版发行业的健康繁荣发展。2016年修订的《出版物市场管理规定》第22条规定，从事出版物发行业务的单位和个人在发行活动中应当遵循公平、守法、诚实、守信的原则，依法订立供销合同，不得损害消费者的合法权益。《出版管理条例》第8章"法律责任"对出版物市场上的违法行为及惩处进行了严格的规定。可见，相关法律法规为进一步规范出版物市场和市场行为提供了保障。在出版物市场上，除了定点的市场经营行为之外，图书展销越来越成为市场交易的主要形式，关于这方面，我国也出台了相关的规范文件，主要有1992年5月28日新闻出版署发布的《关于举办国内图书展销活动的暂行规定》和1996年3月11日新闻出版署发布的《关于举办国内图书展销活动的管理规定》，规定了举办图书展销的原则、主体资格、活动频率和范围，明确了申办程序，对图书展销活动进行总量上的控制，维护图书市场的正常秩序。2016年修订的《出版物市场管理规定》第27条规定，省、自治区、直辖市新闻出版行政主管部门和全国性出版、发行行业协会，可以主办全国性的出版物展销活动和跨省专业性出版物展销活动。主办单位应提前2个月报新闻出版广电总局备案。市、县级新闻出版行政主管部门和省级出版、发行协会可以主办地方性的出版物展销活动；主办单位须提前2个月报上一级新闻出版行政主管部门备案。

在对市场经营行为进行管理的过程中，政府也在不断转变职能，给市场更多的自主权。对出版物市场主体、客体和特定经营行为的具体规范，是为了将各种要素和力量纳入正常的出版物市场体系中，充分发挥它们各自的特点和力量，改善其经营质量。从改革开放以来的发展情况来看，这些规定基本达到了预期效果。

4. 在出版物市场管理的方式上有了明显的变化

改革开放以后，市场管理人员对出版物市场的监管由原来主要依靠行政手段，转变为行政执法方式，彻底摆脱了计划经济体制下形成的思想观念和工作方式。管理者的市场经济知识、法律知识、政策水平、行政执法能力等较以前均有了明显的提高，在利用现代信息技术、改善监管执法手段和服务方式上都有明显的改进。

我国出版物市场管理的前期是以行政管理为主，在经济体制转型过程中，行政审批权力是否到位和能否发挥积极作用至关重要。在《出版管理条例》尚未出台、行政管理体系还不十分完善的情况下，为了明确管理机关的权利和义务，这一阶段众多的法律规章实质上是对行政权力的确认和分配，虽然还没有完整的规范出版物市场的行政机构和设置高级别法律文件，但立法机构已经通过分部门的法律规章初步建立了行政管理的范式。

1992 年，全国各省市都建立了规模不等的专兼职结合的文化稽查队伍。与此同时，执法制度、执法程序也趋于完善，增强了行政执法的严肃性、公正性，逐步减少和杜绝行政执法过程中的滥施处罚、有令不行、有禁不止的不良现象。

1997 年颁布、2001 年、2011 年和 2020 年修订的《出版管理条例》第 6 条明确规定，国务院出版行政主管部门负责全国的出版活动的监督管理工作；国务院其他有关部门按照国务院规定的职责分工，负责有关的出版活动的监督管理工作；县级以上地方各级人民政府负责出版管理的部门（以下简称出版行政主管部门）负责本行政区域内出版活动的监督管理工作；县级以上地方各级人民政府其他有关部门在各自的职责范围内，负责有关的出版活动的监督管理工作。第 35 条规定："单位从事出版物批发业务的，须经省、自治区、直辖市人民政府出版行政主管部门审核许可，取得《出版物经营许可证》。单位和个体工商户从事出版物零售业务的，须经县级人民政府出版行政主管部门审核许可，取得《出版物经营许可证》。"这是在原有管理模式雏形的基础上进行的管理经验的总结和体系的完善。

第五章　出版物市场管理体制

出版物市场管理体制是我国出版管理体制的重要组成部分，它对于确定出版物市场管理机关在整个出版管理体制中的地位，发挥职能作用，保证执法工作顺利进行，提高行政管理效率和干部队伍素质，建立和维护出版物市场秩序，更好地为建立全国统一开放、竞争有序的出版物市场体系，满足人民群众精神文化需求，推进社会主义文化强国建设等各方面，都有着非常重要的意义。

第一节　出版物市场管理体制概述

根据《辞海》的解释，体制，是指"国家机关、企业和事业单位机构设置和管理权限划分的制度"[1]。出版物市场管理体制，是国家按照出版事业发展的要求和经济管理体制改革的方向所设置和构成的出版物市场管理机构设置、领导隶属关系、管理权限、管理制度和运行机制等方面的一系列制度，包括出版物市场管理机关、出版物市场管理机关的机构设置及其法律地位，出版物市场管理机关相互之间、上下级之间的职责划分，管理手段和管理方式等。

一、出版物市场管理体制的沿革

中华人民共和国成立之后，随着国家政治、经济体制的变革，我国出版物市场管理体制也发生了一系列变化，这种变化既表现在管理机构的更替上，也体现在管理权限、管理内容的增减及管理制度的完善上。

1949年10月3日至19日，中共中央宣传部召开了全国新华书店第一届出版工作会议，着重讨论了对出版发行工作实行集中统一领导的问题。同年11月1日，中央人民政府出版总署成立，它"是中央人民政府负责指导和管理全国出版事业的总机关"，在行政上受政务院的直接领导以及政务院文化教育委员会的指导。主要任务是：（1）建立及经营国家出版、印刷、发行事业；（2）管理国家出版物的编辑、翻译及审定工作；（3）联系或指导全国各方面的编辑出版工作，调整公营、公私合营及私营出版事业的相互关系。[2]

中央人民政府出版总署设有三个主要业务局：一是负责学校教科书、工农通俗读物、时事读物等编审工作的编审局；二是负责社会科学、自然科学、文艺及参考书刊翻译工作的翻译局；三是负责管理全国国营出版企事业、调查研究、指导为读者服务和读书运动的

---

① 辞海编辑委员会．辞海（缩印本）［M］．上海：上海辞书出版社，1980：228.

② 参见《政务院关于改进和发展全国出版事业的指示》。

出版局。1950年11月改为三司一局：出版事业司、图书期刊司、出版干部司和编译局。当时，新华书店总店隶属于出版总署，负责对出版、印刷、发行业务的管理。全国各地新华书店的业务都归新华书店总店总管理处领导，在全国各大行政区设有新华书店总分店。出版总署成立以后，新华书店的出版、印刷业务被解除，成为全国统一经营与统一管理的书刊发行机构。全国各级新华书店原有的编辑和出版机构改组为中央和地方人民出版社；设立新华印刷厂总管理处（1952年5月改组为印刷管理局），代替新华书店的印刷管理任务。从此，实行了出版、印刷、发行的专业分工。①

1952年3月，管理新闻业务的新闻总署建制撤销，其一部分业务工作归并到出版总署，主要是汇总和平衡报纸的发行计划，配给纸张和指导经营管理等事项。同时，在各大行政区成立了新闻出版局（部分省设立新闻出版处）。

1954年11月，出版总署建制撤销，其出版行政管理业务划归文化部。在文化部内设置出版事业管理局，负责全国出版、印刷、发行的日常管理工作，同时兼管部分新闻工作（主要是报社的纸张分配）。同时将各省、自治区、直辖市人民政府所属新闻出版处（室）归并到省文化局（上海市仍单独保持出版局）。这时，国家管理出版物市场的组织形式发生了变化，但其管理工作的内容和方式、方法则无多大变化。这种设置一直延续到1966年5月。"文革"开始后，出版管理机构陷于瘫痪。

1973年，经国务院批准设立国家出版事业管理局，统一管理全国出版、印刷、发行、物资供应、印刷以及科研教育等部门的工作。1975年，第四届全国人民代表大会第一次会议决定恢复文化部，同时恢复国家出版事业管理局。此后，各省、自治区、直辖市也相继成立了出版局，其职责范围大体与国家出版事业管理局相对应，再次恢复了中央和省级两级管理体制。这种机构设置一直保持到"文革"结束及其后的几年，为出版事业的发展创造了一定的条件。1978年党的十一届三中全会以来，出版事业之所以恢复和发展得比较快，除了党的路线、方针、政策正确以外，出版行政主管部门比较健全也是一个重要的原因。

1982年5月，在国务院机构体制改革中，国家出版事业管理局再次划归文化部，复称文化部出版事业管理局，随之地方出版行政主管部门也大多并入文化厅（局）。由于这一时期出版事业的规模比"文革"前要大得多，管理任务十分繁重，由一个部局承担是相当困难的。尤其是国家出版局改为文化部出版局以后，多数省随之撤销了出版局，有的与文化局合并，有的改为出版总社，有的由省人民出版社代行出版行政管理职能，因而整个出版工作大为削弱，社会各界人士纷纷呼吁恢复原有建制。1986年10月，国务院恢复国家出版局，仍为国务院的直属机构。②

1982年11月26日，文化部设立国家出版委员会，它是文化部党组领导下的加强和改进出版工作的咨询机构，为文化部出版事业管理局提供决策参考。

1985年7月25日，国务院批准文化部设立国家版权局，原文化部出版事业管理局改

---

① 《当代中国》丛书编辑委员会．当代中国的出版事业（中）　［M］．北京：当代中国出版社，1993：500.

② 《当代中国》丛书编辑委员会．当代中国的出版事业（中）　［M］．北京：当代中国出版社，1993：502.

称国家出版局，与国家版权局为一个机构两块牌子。

为了加强对全国新闻出版事业的统一领导和管理，1987 年 1 月，国务院决定成立中华人民共和国新闻出版署，负责全国新闻、出版事业的管理工作。新闻出版署成立后，国家出版局撤销，国家版权局保留。随之，全国各省、自治区、直辖市人民政府相继设置了新闻出版局和版权局，对全国出版事业仍然实行分级管理。在管理任务较为繁重的部分城市也单独成立新闻出版局或与文化局同时挂牌，合署办公，以弱化对不同出版物市场管理的分工，统一出版物市场管理机构的职能，强化出版物市场管理的效率。

1998 年国务院机构调整。根据第九届全国人民代表大会第一次会议批准的国务院机构改革方案和《国务院关于机构设置的通知》，设置国家新闻出版署（国家版权局），是国务院新闻出版事业和著作权管理的直属机构。

2001 年 4 月，党中央、国务院决定，新闻出版署升格为正部级单位，更名为"中华人民共和国新闻出版总署"，仍为国务院直属机构。新闻出版署机构升格，目的是全面加强对出版行业、著作权、书报刊市场的监管，加大"扫黄打非"工作的协调和力度，增强执法的权威性和有效性，适应我国社会主义市场经济和加入世贸组织的需要，为新闻出版事业的更大发展从组织上提供条件和保障。

2002 年 12 月 25 日，全国扫黄打非工作小组办公室主办的"中国扫黄打非网"（www. shdf. gov. cn）正式开通；2003 年 7 月 16 日，新闻出版总署制定颁布了《出版物市场管理规定》；2003 年 12 月 30 日，新闻出版总署又开通了"中国出版物发行管理网"（www. cnempp. gov. cn）；2004 年 6 月、2011 年 3 月与 2016 年 4 月，新闻出版总署先后三次对《出版物市场管理规定》进行了修正，这一系列措施都说明我国对出版物市场管理的力度在加大。

2012 年党的十八大报告提出"稳步推进大部门制改革"，意图在政府转变职能的基础上，减少政府管理中的重叠、交叉、真空等领域，从而更好地服务于社会、实现大发展。2013 年 3 月，《国务院机构改革和职能转变方案》公布，将国家新闻出版总署和国家广播电影电视总局的职责整合，组建国家新闻出版广电总局，由其来统筹规划新闻出版广播电影电视事业产业发展，监督管理新闻出版广播影视机构和业务以及出版物、广播影视节目的内容和质量，负责著作权管理等。国家新闻出版广电总局加挂国家版权局牌子，在著作权管理上以版权局名义行使职权。

2018 年 3 月，根据第十三届全国人民代表大会第一次会议批准的国务院机构改革方案，设立中华人民共和国国家广播电视总局，不再保留国家新闻出版广电总局。为加强党对新闻舆论工作的集中统一领导，加强对出版活动的管理，发展和繁荣中国特色社会主义出版事业，将国家新闻出版广电总局的新闻出版管理职责划入中央宣传部。由中央宣传部统一管理新闻出版工作。中央宣传部对外加挂国家新闻出版署（国家版权局）牌子。

如图 5-1 所示，在当前媒介融合的背景下，作为我国出版物市场管理主要机构的国家新闻出版行政主管部门，其历史沿革是新闻出版、广播、电影、电视几种文化形式在不同历史时期的合并、分立、划分归属。

从整体上看，我国出版物市场管理机构保持了相对稳定，但在职能权限、管理范围上逐渐有所增加。经过这样逐渐独立、日益完善的过程，目前已基本形成自上而下统一领导、分级管理的出版物市场管理体制。随着出版管理体制改革的进一步深化，各级出版物

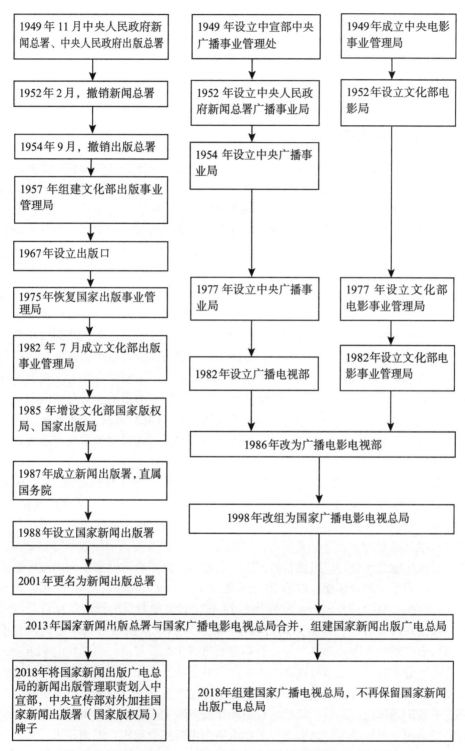

图 5-1　中华人民共和国成立以来国家新闻出版行政主管部门历史变革一览图

市场管理也将由以行政管理为主向以法制管理、经济管理为主，行政管理为辅的方向转变，使出版物市场管理日益法制化、正规化。

二、出版物市场管理体制的现状及特点

我国的出版物市场管理体制，是党和政府领导、管理出版物市场的一整套组织形式和方法，是中央和地方出版物市场管理机构关于出版物市场管理的制度和职责的规定。

(一) 出版物市场管理体制的现状

我国社会主义出版管理体制的逐步形成，大体上也符合各个时期的实际情况，对出版事业的发展发挥了积极的作用。党的十一届三中全会之后，随着经济体制改革和政治体制改革的进行和深化，我们对出版物发行市场地位和作用的认识不断深化。但是，由于职能转变滞后等原因，1999 年以前，出版物发行市场建设的力度要远远高于出版物市场监管方面的力度。1999 年，新闻出版署颁布《出版物市场管理暂行规定》之后，出版物市场管理的力度有所加强。

进入 21 世纪之后，作为我国加入世贸组织后承诺开放的前沿阵地，作为国家文化体制改革的实验场所，作为政府职能转变后行政监管的主要领域，出版物发行市场所受到的重视和关注达到了前所未有的高度。2001 年 4 月，党中央、国务院决定将新闻出版署升格为正部级单位，并在职能上进行了调整，加强了两项职能：全国扫除"黄色"出版物，打击非法出版活动工作的组织协调和出版物市场的执法监管；新闻出版和著作权管理方面的法制建设。增加了一项职能：审核互联网从事出版信息服务的报批，对互联网出版信息内容实施监督管理。转变了一项职能：与直接管理的出版、印刷、发行企事业单位脱钩，目的是适应市场经济发展的需要，实现政府职能转变，加强包括对出版物发行市场在内的整个文化市场的监管。

"十二五"规划建议中提出"推动文化产业成为国民经济支柱性产业"，表明我国政府已经将文化产业发展放到了国家战略高度。随着新媒体不断崛起、文化产业快速发展，过去媒体业务分割管理模式已经无法适应当前形势，广电总局和新闻出版总署在某些领域职能冲突和相互牵制的矛盾进一步突出。2013 年 3 月，国务院大部制改革方案公布，将新闻出版总署和广电总局合并，组建新闻出版广电总局。合并后的国家新闻出版广电总局取消、下放、加强了一部分职能。取消 20 项职能中关于行政审批项目的有 14 项，另有 6 项下放给社会组织，其中涉及出版领域的共有 13 项：取消举办全国性出版物订货、展销活动审批；取消在境外展示、展销国内出版物审批；取消设立出版物全国连锁经营单位审批；取消从事出版物全国连锁经营业务的单位变更《出版物经营许可证》登记事项，或者兼并、合并、分立审批；取消只读类光盘生产设备引进、增加与更新审批；取消著作权集体管理组织章程修改审批；取消出版物总发行单位设立从事发行业务的分支机构审批；取消期刊变更登记地审批；取消出版物发行员职业技能鉴定职责，工作由相关协会、学会承担；取消图书出版单位等级评估职责，工作由中国出版协会承担；取消报纸、期刊综合质量评估职责，工作分别由中国报业协会和中国期刊协会承担；取消涉外著作权登记服务职责，工作由中国版权保护中心承担；取消调控书号总量的职责。下放到省级新闻出版广电行政部门的职能共有 7 项，有 3 项涉及出版领域：音像复制单位、电子出版物复制单位设

立审批；音像复制单位、电子出版物复制单位变更业务范围或兼并、合并、分立审批；只读类光盘设备投产验收工作职责。加强的职能共有 7 项，主要明确了政府在推动新闻出版广播影视融合发展和推动数字出版发展方面的决心。这一系列职能转变表明了政府逐渐履行简政放权的承诺，体现其管理理念和方式的创新转变，强调要充分发挥市场调节、社会监督和行业自律作用的目的是减少政府对文化企业的行政干预，加快促进文化产业发展。国家新闻出版广电总局（国家版权局）共有 22 个内设机构，主要职能是对图书、报纸、音像制品、电子出版物、印刷复制、出版物发行市场等进行总量、结构、布局的总体规划和组织实施；审批出版社、报社、期刊社、印刷、发行等单位的成立、分工、变更等事项；对新闻出版市场实施监督管理；草拟新闻出版、著作权方面的法律、法规草案；参与起草与著作权保护有关的法律、法规草案；负责推进新闻出版广播影视与科技融合；检查著作权法律、法规的实施和我国加入的国际版权公约在国内的执行情况；承办新闻出版和著作权方面的对外交流与合作事务；承办政府间文化协定中有关新闻出版、著作权项目的执行工作等。在著作权管理上，以国家版权局名义单独行使职权。

2013 年新闻出版广电总局机构和职能调整后，有三个机构负责出版物市场管理方面的工作：一是出版管理司，主要承担图书、音像、电子出版单位和出版活动的监督管理工作；另一个是印刷发行司，主要承担印刷、复制、出版物发行单位和业务的监督管理工作，组织查处、纠正重大违法违规行为；还有一个是反非法和违禁出版物司（全国"扫黄打非"工作办公室），主要承担全国"扫黄打非"工作小组日常工作，组织查处非法和违禁出版传播活动的大案要案。

省级出版行政主管部门除了对本省（自治区、直辖市）出版系统直属单位实施直接管理外，还要对全省印刷行业进行统一管理，对本地区范围内的出版物市场进行管理，并负责地方性报刊的审批、出版选题计划的审定、本省出版业发展规划的制定等工作。

2018 年 3 月，组建国家广播电视总局，不再保留国家新闻出版广电总局。中央宣传部统一管理新闻出版工作。调整后，中央宣传部关于新闻出版管理方面的主要职责是，贯彻落实党的宣传工作方针，拟订新闻出版业的管理政策并督促落实，管理新闻出版行政事务，统筹规划和指导协调新闻出版事业、产业发展，监督管理出版物内容和质量，监督管理印刷业，管理著作权，管理出版物进口等。

中央宣传部统一管理电影工作。调整后，中央宣传部关于电影管理方面的主要职责是，管理电影行政事务，指导监管电影制片、发行、放映工作，组织对电影内容进行审查，指导协调全国性重大电影活动，承担对外合作制片、输入输出影片的国际合作交流等。

（二）出版物市场管理体制的特点

随着社会主义法制建设的不断发展，我国的出版物市场管理体制逐步得到发展和规范。出版机构建设、队伍建设得到进一步加强，我国出版物市场管理形成了分类管理、分级管理、多部门分工负责的特点。

1. 分类管理

分类管理就是对不同载体的出版物在流通领域由不同的行政管理部门予以管理。按照机构改革后国务院"三定"方案的分工，各级文化行政部门负责网络游戏的日常管理工作，各级出版行政主管部门负责书报刊、音像制品、电子出版物的日常管理工作。

2. 分级管理

分级管理就是根据出版物市场管理法规，中央宣传部（国家新闻出版署）、省（自治区、直辖市）、市、县各级党委宣传部门（出版行政主管部门）和文化行政部门按照分工，各自履行不同职责，承担相应责任，并分别向上级行政主管部门负责。

3. 多部门分工负责

在出版物市场管理方面，我国形成了多部门共同负责的特点，主要是司法部门依据我国宪法、法律进行监督；行业性组织按照同业公认的原则进行管理；各级党委宣传部门（出版行政主管部门）和文化行政部门分工负责。

第二节　出版物市场管理机关

根据《辞海》的解释，机关是指"办事单位或机构"①，如学术研究机关、国家行政机关等。我们这里所称机关是指作为整体的办事单位，如国家新闻出版署、文化和旅游部、国家市场监督管理总局等。

一、出版物市场管理机关的概念、特征和法律地位

（一）出版物市场管理机关的概念、特征

出版物市场管理机关是代表党和政府行使出版物市场管理职能、管理出版物市场的国家职能机关，具体包括中央宣传部（国家新闻出版署）、文化行政管理机关以及市场监督管理机关。2018年3月，中央决定由党委宣传部门直接管理出版工作，充分体现了党对出版工作的全面领导，有利于出版管理部门旗帜鲜明地讲政治、把方向、管导向，统筹出版领域导向管理、行业监管、产业发展。

出版物市场管理机关具有以下基本特征：（1）它是国家行政机关。既区别于国家权力机关、审判机关和检察机关，也区别于其他社会组织。（2）代表党和政府行使行政管理职能。因此，无论是中央一级还是地方一级的出版物市场管理机关，均是代表党和政府行使行政管理职能的机构。（3）出版物市场管理是其行政管理职能范畴之一，即这些出版物市场管理机关代表党和政府行使对出版物市场主体、市场客体、市场行为的监督管理职能。

（二）出版物市场管理机关的法律地位

出版物市场管理机关的法律地位，是指法律规定的出版物市场管理机关在和其他国家机关、社会组织、企事业单位以及公民个人之间发生的法律关系中所具有的权限和责任、权利及义务关系的总和。虽然我国对出版物市场管理机关的法律地位没有具体而明确的规定，但仍可以根据一些有关的单行法规来认识其法律地位：

（1）中央宣传部统一管理新闻出版工作，中央宣传部对外加挂国家新闻出版署（国家版权局）牌子。文化和旅游部是国务院组成部门，地方各级文化与旅游厅局是地方各级

---

① 辞海编辑委员会．辞海（缩印本）［M］．上海：上海辞书出版社，1980：1250.

人民政府机构的组成部分。国家市场监督管理总局是国务院直属机构，为正部级。

（2）国家新闻出版署是中央宣传部主管新闻出版市场监督管理和行政执法的重要职能机构，地方新闻出版局同样也应是地方党委宣传部门主管地方新闻出版市场和行政执法的重要职能机构。文化和旅游部是国家管理文化市场的重要职能机构，地方各级文化行政部门同样也是地方政府主管地方文化市场和文化行政执法的重要职能机构。国家市场监督管理总局是国家主管全国工商企业和从事生产经营活动的事业单位、社会团体、公民个人登记注册工作的职能机构，地方各级市场监督管理机关同样是地方政府主管地方工商企业和从事生产经营活动的事业单位、社会团体、公民个人登记注册工作的职能机构。

（3）出版物市场管理机关的管理职责和管理权限，国家新闻出版署由中宣部赋予，文化和旅游部、国家市场监督管理总局由国务院赋予，地方各级新闻出版局、文化和旅游局、国家市场监督管理局由地方党和政府参照国家新闻出版署、文化和旅游部、市场监督管理总局的职责赋予。

（4）工作人员（除勤杂人员等外）列入行政编制，为国家公务员序列。

（5）行政经费由国家财政预算列支。

（6）在民事法律关系中具有机关法人地位，法定代表人为各级新闻出版局、文化和旅游局、国家市场监督管理局局长。

二、出版物市场管理机关的种类

我国出版物市场管理机关分为五类：

第一类，业务主管部门，包括各级出版行政主管部门、版权管理部门和文化行政部门等，是对出版物生产经营进行管理的业务主管部门，是党和政府对出版物市场进行管理的基础。

第二类，经济综合管理部门，包括银行、财政、统计、税务、劳动等有关管理机构。这些机构的任务是按照价值规律的要求，综合运用经济手段，引导和规范市场交易活动。

第三类，经济监督和检查机构，包括标准局、计量局、审计局、海关、市场监督管理局等部门。市场经济条件下，市场监督管理部门在出版物市场管理中发挥了重要作用。

第四类，公安、司法等部门，它们运用法律、法规的强制力量来维护市场秩序，打击违法犯罪行为。单靠出版行政主管部门对出版物市场进行管理是不够的，公安、司法部门的参与能更有效地打击和制止各类非法行为。

第五类，民间监督系统，包括消费者协会、出版工作者协会、印刷业协会、书刊发行行业协会等。这些民间组织和群众团体由消费者或同业生产者、经营者自愿组成，对图书商品质量、价格、服务、计量乃至企业商标、广告等进行广泛监督和自律，为消费者提供权益保护。出版发行行业协会是企业与政府间联系的纽带，又是企业成员相互间协调的中介，其具体任务包括：协助政府制定有关出版发行行业的法令、政策，并监督协会成员执行；指导与协调会员的业务活动；规范协调会员的经营行为；代表协会成员与政府及其他行业进行联系协调；组织成员参与国际交流活动；组织开展职工教育培训活动；组织成员交流经营经验，探讨经营规律，传播经营信息。目前，我国的出版行业协会，包括中央和地方的出版、编辑、印刷、发行协会共有近100家。它们对我国出版发行业的繁荣与发展起到了一定的促进作用。

中国书刊发行业协会是出版物市场最主要的协会监督机构。中国书刊发行业协会于1991年3月6日，经新闻出版署报请民政部批准，正式成立。2010年3月底，中国书刊发行业协会召开第五次全国会员代表大会，选举产生了中国书刊发行业协会新一届理事会领导机构。其内部组织机构日趋专业和完善。该协会的主要工作是开展行业内中介协调、信息交流、专业研讨、专业培训、图书展评、国内外交流；举办订货会及展销会；制定行规行约，加强行业自律；表彰为书刊发行工作作出显著成绩的单位和个人等。

三、出版物市场管理机关的职责

国家对出版物市场实行统一领导，分级分工管理的原则，国家新闻出版署在中央宣传部领导下管理全国出版物市场，其他有关部门按照中宣部的要求协助管理出版物市场。不同的出版物市场管理机关对不同的出版物市场有不同的管理职责分工。这里主要介绍业务主管机关和登记管理机关的职责。

（一）业务主管机关——出版行政主管部门的职责

中央宣传部关于新闻出版管理方面的主要职责是，贯彻落实党的宣传工作方针，拟订新闻出版业的管理政策并督促落实，管理新闻出版行政事务，统筹规划和指导协调新闻出版事业、产业发展，监督管理出版物内容和质量，监督管理印刷业，管理著作权，管理出版物进口等。

（二）文化行政部门的职责

中华人民共和国文化和旅游部是国务院组成部门之一，为正部级。其主要职责是：

（1）贯彻落实党的文化工作方针政策，研究拟订文化和旅游政策措施，起草文化和旅游法律法规草案。

（2）统筹规划文化事业、文化产业和旅游业发展，拟订发展规划并组织实施，推进文化和旅游融合发展，推进文化和旅游体制机制改革。

（3）管理全国性重大文化活动，指导国家重点文化设施建设，组织国家旅游整体形象推广，促进文化产业和旅游产业对外合作和国际市场推广，制定旅游市场开发战略并组织实施，指导、推进全域旅游。

（4）指导、管理文艺事业，指导艺术创作生产，扶持体现社会主义核心价值观、具有导向性代表性示范性的文艺作品，推动各门类艺术、各艺术品种发展。

（5）负责公共文化事业发展，推进国家公共文化服务体系建设和旅游公共服务建设，深入实施文化惠民工程，统筹推进基本公共文化服务标准化、均等化。

（6）指导、推进文化和旅游科技创新发展，推进文化和旅游行业信息化、标准化建设。

（7）负责非物质文化遗产保护，推动非物质文化遗产的保护、传承、普及、弘扬和振兴。

（8）统筹规划文化产业和旅游产业，组织实施文化和旅游资源普查、挖掘、保护和利用工作，促进文化产业和旅游产业发展。

（9）指导文化和旅游市场发展，对文化和旅游市场经营进行行业监管，推进文化和旅游行业信用体系建设，依法规范文化和旅游市场。

（10）指导全国文化市场综合执法，组织查处全国性、跨区域文化、文物、出版、广播电视、电影、旅游等市场的违法行为，督查督办大案要案，维护市场秩序。

（11）指导、管理文化和旅游对外及对港澳台交流、合作和宣传、推广工作，指导驻外及驻港澳台文化和旅游机构工作，代表国家签订中外文化和旅游合作协定，组织大型文化和旅游对外及对港澳台交流活动，推动中华文化走出去。

（12）管理国家文物局。

（13）完成党中央、国务院交办的其他任务。

（三）登记管理机关——市场监督管理机关的职责及其划分原则

登记管理机关——市场监督管理机关是国家主管市场监督管理和有关行政执法工作的机构。这里主要谈谈市场监督管理机关涉及出版物市场管理的职责。

1. 国家市场监督管理机关涉及出版物市场管理的职责

国家市场监督管理总局，是国务院主管市场监督管理和有关行政执法工作的直属机构，为正部级。其涉及出版物市场管理的主要职责是：

（1）负责市场综合监督管理。起草市场监督管理有关法律法规草案，制定有关规章、政策、标准，组织实施质量强国战略、食品安全战略和标准化战略，拟订并组织实施有关规划，规范和维护市场秩序，营造诚实守信、公平竞争的市场环境。

（2）负责市场主体统一登记注册。指导各类企业、农民专业合作社和从事经营活动的单位、个体工商户以及外国（地区）企业常驻代表机构等市场主体的登记注册工作。建立市场主体信息公示和共享机制，依法公示和共享有关信息，加强信用监管，推动市场主体信用体系建设。

（3）负责组织和指导市场监管综合执法工作。指导地方市场监管综合执法队伍整合和建设，推动实行统一的市场监管。组织查处重大违法案件。规范市场监管行政执法行为。

（4）负责反垄断统一执法。统筹推进竞争政策实施，指导实施公平竞争审查制度。依法对经营者集中行为进行反垄断审查，负责垄断协议、滥用市场支配地位和滥用行政权力排除、限制竞争等反垄断执法工作。指导企业在国外的反垄断应诉工作。承担国务院反垄断委员会的日常工作。

（5）负责监督管理市场秩序。依法监督管理市场交易、网络商品交易及有关服务的行为。组织指导查处价格收费违法违规、不正当竞争、违法直销、传销、侵犯商标专利知识产权和制售假冒伪劣行为。指导广告业发展，监督管理广告活动。指导查处无照生产经营和相关无证生产经营行为。指导中国消费者协会开展消费维权工作。

（6）完成党中央、国务院交办的其他任务。

2. 各级市场监督管理机关职责的划分原则

根据《中华人民共和国民法典》和其他有关法律的规定，目前，我国市场主体的登记管理机关是市场监督管理机关。具体地讲，在中央是国家市场监督管理总局，其下设登记注册局（小微企业个体工商户专业市场党建工作办公室），专门负责市场主体的登记管理工作；在地方是省、自治区、直辖市和市、县（区）等各级市场监督管理机构，其内部设立了企业注册机构，专门负责市场主体的登记管理工作。

各级市场监督管理机关作为市场主体登记管理机关，有其各自的职责分工。其分工遵循分级管理、属地管理、委托授权管理等原则。

（1）分级管理原则，是指用法律的形式明确划分上、下级登记主管机关的职权范围，并根据登记管理业务的繁简、数量的多少和主要职责来进行分工。国家市场监督管理总局主要对涉及登记管理的全局性、方向性、原则性的问题进行决策，对重要的市场主体直接登记，并负责组织、指导、协调整个系统的工作。省级市场监督管理局负责组织、指导、协调本行政辖区内的市场监督管理机关正确执行国家有关登记管理的法规和政策，并承担部分市场主体的直接登记注册工作。对同级人民政府和国家市场监督管理局负责并报告工作，业务工作接受国家市场监督管理局指导。市、县（区）级市场监督局负责本行政辖区内一般市场主体的登记管理工作，并指导基层工商所的有关业务工作。

（2）属地管理原则，是指按照地域范围的不同，确定登记管辖的原则。各级登记管理机关根据管理权限，对本辖区范围内的各类市场主体直接进行登记管理。一般实行就地登记，就地管理，谁登记谁管理的原则。

（3）委托授权管理原则，是指下级登记机关根据上级登记主管机关的委托授权，从事某项具体的登记管理工作。上级市场监督管理局认为需要，可以委托下级市场监督管理局代为行使其部分登记管理职权。委托机关对被委托机关在委托权限内实施的行为，承担法律责任。上级市场监督管理局也可以授权下级市场监督管理局直接行使其部分登记管理职权。接受授权的机关对其在授权范围内实施的行为承担法律责任，如对外商投资企业实行国家市场监督管理局授权登记管理。

第三节　出版物市场管理制度

出版物市场管理制度是出版物市场管理机关管理出版物市场的一系列措施。由于出版物这种精神产品的市场具有不同于其他商品市场的特性，单纯依靠市场机制无法完成宏观管理的任务，因此，出版物市场管理机关从出版物市场的复杂性、多样性出发，采取了一系列行政的、法律的及相应的经济制度来实施对出版物市场的管理。

一、行政审批制度

行政审批制度是国家管理出版事业的一项重要制度，作为一项重要的行政权力，直接涉及出版行业的经营者、管理者，关系到政府职能的转变和社会主义市场经济的发展，因此，应遵守行政许可法的有关规定，进一步转变政府职能，减少行政审批。充分发挥市场在资源配置中的决定性作用，把制度创新摆在突出位置，努力突破影响生产力发展的体制性障碍，加强和改善宏观调控，规范行政行为，提高行政效率，促进经济发展，推进政府机关的廉政勤政建设。

（一）审批制的概念

审批，是指政府机关或授权单位，根据法律、法规、行政规章及有关文件，对相对人从事某种行为、申请某种权利或资格等，进行具有限制性管理的行为。审批有三个基本要素：一是指标额度限制；二是审批机关有选择决定权；三是一般都是终审。

　　目前，世界上创办出版发行机构的制度主要有审批制、保证金制、注册登记制和完全自由制四种。审批制是指一国的公民或法人首先须提出从事出版发行活动的申请，经审批同意、注册登记后方可在法律许可的范围内从事出版发行活动。保证金制是指交纳一定数额的保证金后可以从事出版发行活动，如我国香港地区的《刊物管制综合条例》规定，只要缴纳1万元保证金，再有两人担保，即可开业。注册登记制是指创办出版机构者（一国的公民或法人）在开业前经过有关机关登记注册后才可在法律许可的范围内从事出版发行活动。登记注册是程序性、手续性的要件，目的是便于有关国家机关事后的管理和了解情况。目前，美国、英国、德国、法国等大多数西方国家采取注册登记制。① 完全自由制，即创办出版机构不需要国家机关批准，也不需要开业者到有关机关登记注册，可以自由开业。如德国北莱茵—威斯特伐利亚州《新闻法》第2条规定：包括创立出版企业和开设其他新闻机构等，均可不经任何形式的登记或认可。②

　　审批制是市场经济不发达国家通常采取的制度，在我国，它又是计划经济向市场经济转换、过渡时期的产物。其基本特征是，审批机关严格按照实质条件和程序，不仅对申请人的申请文件进行形式审查，还进行全面的实质性审查，而且根据情势有权决定批准与不批准，也就是说，对于即使符合法律规定条件的申请，审批机关也可以不予批准。我国对出版发行机构的设立采取的是审批制与登记制相结合的制度。③

（二）行政审批制度改革应遵循的原则

　　2001年10月18日，国务院发布《关于行政审批制度改革工作的实施意见》，由此拉开了我国行政审批制度改革的序幕。2004年7月1日，《中华人民共和国行政许可法》出台（2019年修正）。十余年来，我国行政审批制度的改革进程不断推进，国务院分批取消和调整的行政审批项目超过2000项。2013年6月，国务院明确行政审批制度改革工作牵头单位由监察部调整为中央机构编制委员会办公室（简称"中央编办"），国务院行政审批制度改革办公室（简称"审改办"）设在中央编办。2013年8月14日，四川省人民政府在办公厅设立行政审批制度改革处，成为我国首个设立该机构的地方政府。行政审批制度改革的总体要求是：不符合政企分开和政事分开原则，妨碍市场开放和公平竞争，以及实际上难以发挥有效作用的行政审批，坚决予以取消；可以用市场机制代替的行政审批，采用市场机制运作；对于确需保留的行政审批，要建立健全监督制约机制，做到审批程序严密，审批环节减少，审批效率明显提高，行政审批责任追究制得到严格执行。

　　行政审批制度改革应遵循如下原则：

1. 合法原则

　　行政审批作为一项重要的行政权力，直接涉及公民、法人和其他组织的合法权益，关系政府职能的转变和社会主义市场经济的发展。设定行政审批应当遵循我国的立法体制和依法行政的要求，符合法定权限和法定程序。法律、行政法规、地方性法规和依照法定职权、程序制定的规章可以设定行政审批。

①　张志强. 现代出版学［M］. 苏州：苏州大学出版社，2003：123.
②　魏玉山，杨贵山. 西方六国出版管理研究［M］. 北京：中国书籍出版社，1995：52.
③　张志强. 现代出版学［M］. 苏州：苏州大学出版社，2003：123.

2. 合理原则

设定行政审批，要符合社会主义市场经济发展的要求，有利于政府实施有效管理。凡是通过市场机制能够解决的，应当由市场机制去解决；通过市场机制难以解决，但通过公正、规范的中介组织、行业自律能够解决的，应当通过中介组织和行业自律去解决。对虽符合合法原则但不符合上述要求的行政审批，应当取消。

3. 效能原则

要合理划分和调整部门之间的行政审批职能，简化程序，减少环节，加强并改善管理，提高效率，强化服务。一个部门应当实行一个"窗口"对外；涉及几个部门的行政审批，应当由国务院规定的主要负责部门牵头，会同其他有关部门共同研究决定后办理；实施行政审批要规定合理时限，提高工作效率，在限定期限内办结。

4. 责任原则

按照"谁审批、谁负责"的原则，在赋予行政机关行政审批权时，要规定其相应的责任。行政机关实施行政审批，应当依法对审批对象实施有效监督，并承担相应责任。行政机关不按规定的审批条件、程序实施行政审批甚至越权审批、滥用职权、徇私舞弊，以及对被许可人不依法履行监督责任或者监督不力、对违法行为不予查处的，审批机关主管有关工作的领导和直接责任人员必须承担相应的法律责任。

5. 监督原则

赋予行政机关行政审批权，要按照公开、公平、公正的原则，明确行政审批的条件、程序，并建立便于公民、法人和其他组织监督的制度。行政审批的内容、对象、条件、程序必须公开，未经公开的，不得作为行政审批的依据。行使行政审批权的行政机关应当建立健全有关制度，依法加强对被许可人是否按照取得行政许可时确定的条件、程序从事有关活动的监督检查。

另外，行政审批是行政机关的主要权力形式，而权力如果没有严格有效的机制约束和制度规范，就会出现权力滥用和滋生腐败。所以，深化行政审批制度改革的一项十分重要的工作就是建立健全监督制约机制和责任追究制度。建立健全监督制约机制，首先要查找和分析审批当中容易导致行为失范，尤其是滋生腐败问题的部位和环节，其次是有针对性地制定实施避免问题发生以及有效制止问题的机制和制度，使审批程序、环节之间紧密衔接，前后监督，互相制约。建立健全责任追究制度，首先要明确实施审批的部门、机构和人员的具体责任，其次明确规定不依法履行审批责任的法律后果。

（三）新闻出版总署的行政审批制度改革

2004 年 7 月 1 日，《中华人民共和国行政许可法》开始实施。与此相适应，新闻出版总署一方面积极落实行政许可法的相关规定，另一方面不断加快行政审批制度改革的步伐。

1. 新闻出版总署行政审批项目清理的总体情况

自 2002 年 11 月 1 日《国务院关于取消第一批行政审批项目的决定》（国发〔2002〕24 号）起，十余年来，国务院已累计发文十余次，逐步推动简政放权，激发市场主体活力。2004 年为中国行政审批制度改革的重要节点，为使行政审批有法可依，《行政许可法》于当年 7 月 1 日开始施行，至此，我国的行政审批进入一个相对比较规范的阶段。

2004—2020 年，国务院分别进行了十二个批次的行政审批取消、下放或改为后置审批。据梳理，截至 2020 年 9 月，在取消、下放和改为后置审批的管理权限中，涉及新闻出版的行政审批项目，累计取消 58 项、下放 10 项、改为后置审批 9 项。

2002 年 11 月 1 日，《国务院关于取消第一批行政审批项目的决定》（国发〔2002〕24 号）中，取消 6 项，包括：取消举办体育新闻发布会审批，取消出版超额品种挂历审批，取消出版向港澳台地区及海外发行的繁体字版本图书核准，取消出版向港澳台地区及海外发行的繁体字版本报纸核准，取消出版向港澳台地区及海外发行的繁体字版本期刊核准，取消出版向港澳台地区及海外发行的繁体字版本音像制品核准。

2003 年 2 月 17 日，《国务院关于取消第二批行政审批项目和改变一批行政审批项目管理方式的决定》（国发〔2003〕5 号）中，取消 4 项，包括：取消书刊印刷国家级定点企业审批，取消书刊印刷省级定点企业审批，取消中央单位报纸出版地方广告版审批，取消在京举办新闻发布会登记。

2004 年 5 月 19 日，《国务院关于第三批取消和调整行政审批项目的决定》（国发〔2004〕16 号）中，取消 18 项，包括：取消地方软件登记办事机构设立审批；取消涉外版权代理机构设立审批；取消出版物进出口单位在境外设立机构审批；取消出国参加国际书展审批；取消出版单位设立发行本版出版物不具备法人资格的分支机构审批；取消非出版物经营单位从事出版物储存、运输、投递活动审批；取消出版物出租单位设立审批；取消地方或专业性出版物订货、展销活动审批；取消电子出版物复制单位（含磁盘、只读类光盘等）改变名称审批；取消电子出版物复制单位（含磁盘、只读类光盘等）改变企业类型审批；取消设立出版物批发市场审批；取消报纸出版"号外"审批；取消报纸变更版数审批；取消中小学教辅类图书选题审批；取消报纸出版精选本审批；取消出版物发行员职业资格证书核发；取消部分古旧小说出版审批；取消性知识、性科学图书出版审批。

2010 年 7 月 4 日，《国务院关于第五批取消和下放管理层级行政审批项目的决定》（国发〔2010〕21 号）中，取消 8 项，下放 2 项，包括：取消音像制品出租单位变更名称审批；取消音像制品出租单位变更业务范围审批；取消音像制品出租单位兼并审批；取消音像制品出租单位合并审批；取消音像制品出租单位分立审批；取消从事音像制品出租业务审批；取消全国性音像制品连锁经营单位设立审批；取消音像非卖品复制审批；下放期刊出版增刊审批；下放改变连续型电子出版物刊期审批。

2012 年 10 月 10 日，《国务院关于第六批取消和调整行政审批项目的决定》（国发〔2012〕52 号）中，取消 4 项，下放 5 项，包括：取消期刊出版增刊审批；取消被查缴非法光盘生产线处理审批；取消电子出版物制作单位接受境外委托制作电子出版物审批；取消设立专门从事名片印刷的企业审批；下放设立从事包装装潢印刷品和其他印刷品印刷经营活动的企业审批；下放印刷业经营者兼营包装装潢和其他印刷品印刷经营活动审批；下放从事包装装潢印刷品和其他印刷品印刷经营活动的企业变更印刷经营活动审批（不含出版物印刷）；下放印刷业经营者兼并其他印刷业经营者（不含出版物印刷企业）审批；下放印刷业经营者因合并、分立而设立新的印刷业经营者（不含出版物印刷企业）审批。

2013 年 5 月 15 日，《国务院关于取消和下放一批行政审批项目等事项的决定》（国发〔2013〕19 号）中，取消 4 项，包括：取消只读类光盘生产设备引进、增加与更新审批；取消设立出版物全国连锁经营单位审批；取消举办全国性出版物订货、展销活动审批；取消在境外展示、展销国内出版物审批。

2013 年 7 月 13 日，《国务院关于取消和下放 50 项行政审批项目等事项的决定》（国发〔2013〕27 号）中，取消 4 项，下放 4 项，包括：取消从事出版物全国连锁经营业务的单位变更《出版物经营许可证》登记事项，或者兼并、合并、分立审批；取消著作权集体管理组织章程修改审批；取消期刊变更登记地审批；取消出版物总发行单位设立从事发行业务的分支机构审批（属于"出版物总发行单位设立审批"项目的子项）；下放音像复制单位设立审批；下放电子出版物复制单位设立审批；下放音像复制单位变更业务范围或兼并、合并、分立审批；下放电子出版物复制单位变更业务范围或兼并、合并、分立审批。

2014 年 2 月 15 日，《国务院关于取消和下放一批行政审批项目的决定》（国发〔2014〕5 号）中，取消 2 项，包括：取消出版物总发行单位设立审批；取消从事出版物总发行业务的单位变更《出版物经营许可证》登记事项，或者兼并、合并、分立审批。①

2014 年 8 月 12 日，《国务院关于取消和调整一批行政审批项目等事项的决定》（国发〔2014〕27 号）中，取消 1 项：取消电子出版物出版单位与境外机构合作出版电子出版物审批。

2014 年 11 月 24 日，《国务院关于取消和调整一批行政审批项目等事项的决定》（国发〔2014〕50 号）中，改为后置审批 9 项，包括：从事出版物批发业务许可；从事出版物零售业务许可；设立从事包装装潢印刷品和其他印刷品印刷经营活动的企业审批；印刷业经营者兼营包装装潢和其他印刷品印刷经营活动审批；音像制作单位设立审批；电子出版物制作单位设立审批；音像复制单位设立审批；电子出版物复制单位设立审批；设立可录光盘生产企业审批。

2015 年 3 月 13 日，《国务院关于取消和调整一批行政审批项目等事项的决定》（国发〔2015〕11 号）中，保留的工商登记前置审批 5 项，包括：设立出版物进口经营单位审批；设立出版单位审批；境外出版机构在境内设立办事机构审批；设立中外合资、合作印刷企业和外商独资包装装潢印刷企业审批；设立从事出版物印刷经营活动的企业审批。

2016 年 2 月 3 日，《国务院关于第二批取消 152 项中央指定地方实施行政审批事项的决定》（国发〔2016〕9 号）中，取消中央指定地方实施的行政审批事项 5 项，包括：取消电子出版物出版单位出版境外著作权人授权的电子出版物的升级版本、电子游戏测试盘及境外互联网游戏作品客户端程序光盘审批；取消电子出版物出版单位与境外机构合作出版电子出版物初审；取消可录光盘生产设备引进审核；取消可录光盘生产企业引进审核；取消被关闭光盘生产线处理审批。

2017 年 1 月 12 日，《国务院关于第三批取消中央指定地方实施行政许可事项的决定》（国发〔2017〕7 号）中，取消中央指定地方实施行政许可事项 2 项，包括：取消复印打印业务审批；取消非电子出版物出版单位委托电子出版物复制单位复制计算机软件、电子媒体非卖品审批。

2017 年 9 月 22 日发布的《国务院关于取消一批行政许可事项的决定》（国发〔2017〕

---

① 晓今，龚牟利. 新闻出版行政审批项目取消下放知多少［EB/OL］.［2023-02-01］. http://www. chuban. cc/mtsd/201403/t20140321_154166. html.

46 号）、2019 年 2 月 27 日发布的《国务院关于取消和下放一批行政许可事项的决定》（国发〔2019〕6 号）和 2020 年 9 月 13 日发布的《国务院关于取消和下放一批行政许可事项的决定》（国发〔2020〕13 号）无新闻出版领域审批事项。

2. 新闻出版署保留的行政审批项目

根据国务院 2022 年发布的行政审批事项清单，目前新闻出版领域的审批事项共有 32 项（见表 5-1）。在现有的行政审批项目中，有行政许可类审批项目 31 项，非行政许可类审批项目 1 项。其中，对于 31 项行政许可类审批项目，从设定的法律依据上，可以分为两大类：一是属于法律、行政法规设定的行政审批项目，二是属于非法律、行政法规设定的行政审批项目。

表 5-1　　　　　　　　国务院公布的新闻出版署行政许可事项清单

文中序号	中央主管部门	事项名称	实施机关	设定和实施依据
617	新闻出版署	出版单位设立、变更、合并、分立、设立分支机构审批	新闻出版署（由省级新闻出版部门初审）	《出版管理条例》《音像制品管理条例》《互联网信息服务管理办法》《网络出版服务管理规定》（新闻出版广电总局、工业和信息化部令第 5 号）
618	新闻出版署	报纸、期刊、连续型电子出版物出版审批	新闻出版署（由省级新闻出版部门初审）	《出版管理条例》《电子出版物出版管理规定》（新闻出版总署令第 34 号公布，新闻出版广电总局令第 3 号修正）
619	新闻出版署	报纸、期刊、连续型电子出版物变更刊期、开版审批	省级新闻出版部门	《出版管理条例》
620	新闻出版署	图书、期刊、音像制品、电子出版物重大选题核准	新闻出版署（由省级新闻出版部门初审）	《出版管理条例》
621	新闻出版署	出版国产网络游戏作品审批	新闻出版署（由省级新闻出版部门初审）	《出版管理条例》《网络出版服务管理规定》（新闻出版广电总局、工业和信息化部令第 5 号）
622	新闻出版署	出版境外著作权人授权的电子出版物、互联网游戏作品审批	新闻出版署	《音像制品管理条例》《国务院对确需保留的行政审批项目设定行政许可的决定》
623	新闻出版署	中学小学教科书出版资质审批	新闻出版署（由省级新闻出版部门受理）	《出版管理条例》
624	新闻出版署	中学小学教科书发行资质审批	新闻出版署	《出版管理条例》

续表

文中序号	中央主管部门	事 项 名 称	实 施 机 关	设定和实施依据
625	新闻出版署	出版物批发业务经营许可	省级新闻出版部门	《出版管理条例》
626	新闻出版署	出版物零售业务经营许可	县级新闻出版部门	《出版管理条例》
627	新闻出版署	出版物进口经营单位设立、变更、合并、分立、设立分支机构审批	新闻出版署（由省级新闻出版部门初受理）	《出版管理条例》《音像制品管理条例》
628	新闻出版署	进口出版物目录核准	新闻出版署；省级新闻出版部门	《出版管理条例》
629	新闻出版署	接受境外机构或个人赠送出版物审批	新闻出版署（由省级新闻出版部门初审）	《出版管理条例》《新闻出版总署 教育部关于接受境外机构或个人赠送境外出版物有关事项的通知》（新出联〔2010〕13号）
630	新闻出版署	订户订购境外出版物审批	新闻出版署；省级新闻出版部门	《出版管理条例》《订户订购进口出版物管理办法》（新闻出版总署令第51号）
631	新闻出版署	举办境外出版物展览审批	新闻出版署	《出版管理条例》
632	新闻出版署	新闻出版中外合作项目审批	新闻出版署	《国务院对确需保留的行政审批项目设定行政许可的决定》
633	新闻出版署	境外出版机构在境内设立办事机构审批	新闻出版署会同国务院新闻办（由省级新闻出版部门受理）	《国务院对确需保留的行政审批项目设定行政许可的决定》
634	新闻出版署	音像制品制作业务许可	省级新闻出版部门	《音像制品管理条例》
635	新闻出版署	电子出版物制作业务许可	省级新闻出版部门	《音像制品管理条例》
636	新闻出版署	进口用于出版的音像制品和音像制品成品审批	新闻出版署	《音像制品管理条例》
637	新闻出版署	进口电子出版物成品审批	新闻出版署	《音像制品管理条例》

文中序号	中央主管部门	事 项 名 称	实 施 机 关	设定和实施依据
638	新闻出版署	音像制品、电子出版物复制单位设立、变更、兼并、合并、分立审批	省级新闻出版部门	《音像制品管理条例》
639	新闻出版署	音像制品单位、电子出版物复制单位接受委托复制境外音像制品、电子出版物审批	省级新闻出版部门	《音像制品管理条例》《出版管理条例》
640	新闻出版署	印刷企业设立、变更、兼并、合并、分立审批	省级、设区的市级新闻出版部门	《印刷业管理条例》《出版管理条例》
641	新闻出版署	内部资料性出版物准印审批	省级新闻出版部门	《印刷业管理条例》《内部资料性出版物管理办法》（新闻出版广电总局令第2号）
642	新闻出版署	印刷企业接受委托印刷境外出版物审批	省级新闻出版部门	《印刷业管理条例》《出版管理条例》
643	新闻出版署	宗教用品准印审批	省级新闻出版部门	《印刷业管理条例》
644	新闻出版署	新闻记者职业资格认定	新闻出版署	《国务院对确需保留的行政审批项目设定行政许可的决定》《国家职业资格目录（2021年版）》
645	新闻出版署	新闻记者证核发	新闻出版署	《国务院对确需保留的行政审批项目设定行政许可的决定》
646	新闻出版署	新闻单位设立驻地方机构审批	省级新闻出版部门	《国务院对确需保留的行政审批项目设定行政许可的决定》《国务院关于修改〈国务院对确需保留的行政审批项目设定行政许可的决定〉的决定》（国务院令第671号）
647	国家版权局	著作权集体管理组织及分支机构设立审批	国家版权局	《著作权集体管理条例》
648	国家版权局	著作权涉外机构、国（境）外著作权认证机构、外国和国际著作权组织在华设立代表机构审批	国家版权局	《国务院对确需保留的行政审批项目设定行政许可的决定》

属于法律、行政法规设定的行政审批项目共有 25 项。根据行政许可法的规定，这 25 项行政审批项目具有合法依据，经国务院审改办核定也具备合理性，属于保留的范围，国务院不公布。这 25 项行政审批项目包括：（1）出版单位设立、变更、合并、分立、设立分支机构审批；（2）报纸、期刊、连续型电子出版物出版审批；（3）报纸、期刊、连续型电子出版物变更刊期、开版审批；（4）图书、期刊、音像制品、电子出版物重大选题核准；（5）出版境外著作权人授权的电子出版物、互联网游戏作品审批；（6）中学小学教科书出版资质审批；（7）中学小学教科书发行资质审批；（8）出版物批发业务经营许可；（9）出版物零售业务经营许可；（10）出版物进口经营单位设立、变更、合并、分立、设立分支机构审批；（11）进口出版物目录核准；（12）接受境外机构或个人赠送出版物审批；（13）订户订购境外出版物审批；（14）举办境外出版物展览审批；（15）音像制品制作业务许可；（16）电子出版物制作业务许可；（17）进口用于出版的音像制品和音像制品成品审批；（18）进口电子出版物成品审批；（19）音像制品、电子出版物复制单位设立、变更、兼并、合并、分立审批；（20）音像制品单位、电子出版物复制单位接受委托复制境外音像制品、电子出版物审批；（21）印刷企业设立、变更、兼并、合并、分立审批；（22）内部资料性出版物准印审批；（23）印刷企业接受委托印刷境外出版物审批；（24）宗教用品准印审批；（25）著作权集体管理组织及分支机构设立审批。

属于部门规章和规范性文件等非法律、行政法规设定的行政审批项目，共有 6 项。根据行政许可法的规定，这 6 项属于无合法依据的情况，具体如下：（1）新闻出版中外合作项目审批；（2）境外出版机构在境内设立办事机构审批；（3）新闻记者职业资格认定；（4）新闻记者证核发；（5）新闻单位设立驻地方机构审批；（6）著作权涉外机构、国（境）外著作权认证机构、外国和国际著作权组织在华设立代表机构审批。

新闻出版广电总局的唯一一项非行政许可类审批项目为出版国产网络游戏作品审批。

对比 2014 年的行政审批事项清单可以看到，主要变化在于对音像制品和电子出版物的制作业务以及复制单位设立、变更、兼并、合并、分立、接受委托复制境外音像制品、电子出版物要求进行审批。另外也新增了印刷企业设立、变更、兼并、合并、分立、接受委托印刷境外出版物审批、内部资料性出版物准印审批和宗教用品准印审批。

以上表明，我国的出版物市场管理是建立在审批制基础上的，出版物发行单位的设立、发行活动的组织都需要得到政府有关主管部门的批准。也就是说，任何机关、单位、公民未经出版行政机构批准不得进行出版物出版发行活动。随着《出版管理条例》《音像制品管理条例》等行政法规的颁布和不断完善，出版物市场管理更加有序，政府努力让市场主体"法无禁止即可为"，让政府部门"法无授权不可为"的诚意得以彰显。

3. 取消和下放的行政审批项目后续监管措施

自 2013 年起，国务院进行了六个批次的涉及新闻出版的行政审批取消、下放或调整，据梳理，累计取消 18 项、下放 4 项、改为后置审批 9 项、保留工商登记前置审批 5 项，见表 5-2。

表 5-2　　　进入新时代，国务院决定取消和下放管理层级的行政审批项目清单

文号	文中序号	项目名称	实施机关（审批部门）	设定依据	处理决定	备　注
国发〔2013〕19 号	25	只读类光盘生产设备引进、增加与更新审批	新闻出版广电总局	《国务院对确需保留的行政审批项目设定行政许可的决定》（国务院令第 412 号）	取消	取消审批后，各级出版行政主管部门要落实属地管理职责，建立完善日常巡查制度，依据《复制管理办法》第 20 条，严格执行只读类光盘来源识别码（SID）蚀刻制度，依法查处违法违规行为
	26	设立出版物全国连锁经营单位审批	新闻出版广电总局	《出版管理条例》（国务院令第 594 号）		取消审批后，各级出版行政主管部门要完善年度核验制度和日常巡查制度，会同文化市场执法机构加大监督检查力度，依法查处违法违规行为，并积极协调工商行政管理部门，加强信息共享。
	27	举办全国性出版物订货、展销活动审批	新闻出版广电总局	《国务院办公厅关于保留部分非行政许可审批项目的通知》（国办发〔2004〕62 号）		取消审批后，举办单位于活动举办前，应将活动时间、地点书面告知举办地出版行政主管部门；出版行政主管部门依据法规和职责，加强对此类活动版权、内容等有关方面的监管
	28	在境外展示、展销国内出版物审批	新闻出版广电总局	《国务院办公厅关于保留部分非行政许可审批项目的通知》（国办发〔2004〕62号）		取消审批后，积极引导、支持在境外展示、展销国内出版物活动，鼓励中国出版"走出去"
国发〔2013〕27 号	3	从事出版物全国连锁经营业务的单位变更《出版物经营许可证》登记事项，或者兼并、合并、分立审批	新闻出版广电总局	《国务院对确需保留的行政审批项目设定行政许可的决定》（国务院令第 412 号）、《出版管理条例》（国务院令第 594 号）	取消	

文号	文中序号	项目名称	实施机关(审批部门)	设定依据	处理决定	备　注
国发〔2013〕27号	4	著作权集体管理组织章程修改审批	新闻出版广电总局	《著作权集体管理条例》(国务院令第429号)	取消	
	5	期刊变更登记地审批	新闻出版广电总局	《国务院对确需保留的行政审批项目设定行政许可的决定》(国务院令第412号)		
	10	音像复制单位设立审批	新闻出版广电总局	《音像制品管理条例》(国务院令第595号)	下放省级新闻出版广电行政部门	
	11	电子出版物复制单位设立审批	新闻出版广电总局	《国务院对确需保留的行政审批项目设定行政许可的决定》(国务院令第412号)		
	12	音像复制单位变更业务范围或兼并、合并、分立审批	新闻出版广电总局	《音像制品管理条例》(国务院令第595号)		
	13	电子出版物复制单位变更业务范围或兼并、合并、分立审批	新闻出版广电总局	《音像制品管理条例》(国务院令第595号)、《国务院对确需保留的行政审批项目设定行政许可的决定》(国务院令第412号)		
国发〔2013〕27号	4	出版物总发行单位设立从事发行业务的分支机构审批	新闻出版广电总局	《出版管理条例》(国务院令第594号)	取消	属于"出版物总发行单位设立审批"项目子项

文号	文中序号	项目名称	实施机关（审批部门）	设定依据	处理决定	备　注
国发〔2014〕5号	40	出版物总发行单位设立审批	新闻出版广电总局	《出版管理条例》（国务院令第343号公布，第594号修订）	取消	取消审批后，原总发行业务《出版物经营许可证》于2014年6月30日统一作废。此前，仅有从事总发行业务《出版物经营许可证》的企业，可前往省级新闻出版广电行政主管部门换领从事批发业务的《出版物经营许可证》 各级新闻出版广电行政主管部门要完善出版物市场日常巡查制度，加强对出版物发行活动的事中、事后监管，会同文化市场执法机构加大监督检查力度，依法查处违法违规经营活动
	41	从事出版物总发行业务的单位变更《出版物经营许可证》登记事项，或者兼并、合并、分立审批	新闻出版广电总局	《出版管理条例》（国务院令第343号公布，第594号修订）		
国发〔2014〕27号	31	电子出版物出版单位与境外机构合作出版电子出版物审批	新闻出版广电总局	《国务院对确需保留的行政审批项目设定行政许可的决定》（国务院令第412号）	取消	
国发〔2014〕50号	29	从事出版物批发业务许可	省级人民政府新闻出版行政主管部门	《出版管理条例》（国务院令第594号）	改为后置审批	
	30	从事出版物零售业务许可	县级人民政府新闻出版行政主管部门	《出版管理条例》（国务院令第594号）		
	31	设立从事包装装潢印刷品和其他印刷品印刷经营活动的企业审批	设区的市级人民政府新闻出版行政主管部门	《印刷业管理条例》（国务院令第315号）、《国务院关于第六批取消和调整行政审批项目的决定》（国发〔2012〕52号）		

续表

文号	文中序号	项目名称	实施机关(审批部门)	设定依据	处理决定	备 注
国发〔2014〕50号	32	印刷业经营者兼营包装装潢和其他印刷品印刷经营活动审批	设区的市级人民政府新闻出版行政主管部门	《印刷业管理条例》（国务院令第315号）、《国务院关于第六批取消和调整行政审批项目的决定》（国发〔2012〕52号）		
	33	音像制作单位设立审批	省级人民政府新闻出版行政主管部门	《音像制品管理条例》（国务院令第595号）		
	34	电子出版物制作单位设立审批	省级人民政府新闻出版行政主管部门	《音像制品管理条例》（国务院令第595号）	改为后置审批	
	35	音像复制单位设立审批	省级人民政府新闻出版行政主管部门	《音像制品管理条例》（国务院令第595号）、《国务院关于取消和下放50项行政审批项目等事项的决定》（国发〔2013〕27号）		
	36	电子出版物复制单位设立审批	省级人民政府新闻出版行政主管部门	《音像制品管理条例》（国务院令第595号）、《国务院关于取消和下放50项行政审批项目等事项的决定》（国发〔2013〕27号）		
	37	设立可录光盘生产企业审批	省级人民政府新闻出版行政主管部门	《中央宣传部、新闻出版署、国家计划委员会、对外贸易经济合作部、海关总署、国家工商行政管理局、国家版权局关于进一步加强光盘复制管理的通知》（中宣发〔1996〕7号）、《国务院关于第三批取消和调整行政审批项目的决定》（国发〔2004〕16号）		

文号	文中序号	项目名称	实施机关（审批部门）	设定依据	处理决定	备　注
国发〔2015〕11号	10	设立出版物进口经营单位审批	新闻出版广电总局	《出版管理条例》（国务院令第594号）	保留的工商登记前置审批	
	11	设立出版单位审批	新闻出版广电总局	《出版管理条例》（国务院令第594号）		
	12	境外出版机构在境内设立办事机构审批	新闻出版广电总局、国务院新闻办	《国务院对确需保留的行政审批项目设定行政许可的决定》（国务院令第412号）、《外国企业常驻代表机构登记管理条例》（国务院令第584号）		
	14	设立中外合资、合作印刷企业和外商独资包装装潢印刷企业审批	省级人民政府新闻出版广电行政主管部门	《印刷业管理条例》（国务院令第315号）、《国务院关于第三批取消和调整行政审批项目的决定》（国发〔2004〕16号）		
	15	设立从事出版物印刷经营活动的企业审批	省级人民政府新闻出版广电行政主管部门	《印刷业管理条例》（国务院令第315号）		
国发〔2016〕9号	103	电子出版物出版单位出版境外著作权人授权的电子出版物的升级版本、电子游戏测试盘及境外互联网游戏作品客户端程序光盘审批	省级新闻出版广电行政部门	《电子出版物出版管理规定》（新闻出版总署令2008年第34号）	取消中央指定地方实施的行政审批事项	

文号	文中序号	项目名称	实施机关（审批部门）	设定依据	处理决定	备　注
国发〔2016〕9号	105	电子出版物出版单位与境外机构合作出版电子出版物初审	省级新闻出版广电行政部门	《电子出版物出版管理规定》（新闻出版总署令2008年第34号）	取消中央指定地方实施的行政审批事项	
	106	可录光盘生产设备引进审核	省级新闻出版广电行政部门	《国务院关于第三批取消和调整行政审批项目的决定》（国发〔2004〕16号）		
	107	可录光盘生产企业引进审核	省级新闻出版广电行政部门	《国务院关于第三批取消和调整行政审批项目的决定》（国发〔2004〕16号）		
	108	被关闭光盘生产线处理审批	省级新闻出版广电行政部门	《国务院关于第三批取消和调整行政审批项目的决定》（国发〔2004〕16号）《国务院关于第六批取消和调整行政审批项目的决定》（国发〔2012〕52号）		
国发〔2017〕7号	25	复印打印业务审批	省、市、县级新闻出版广电行政部门	《印刷业管理条例》、《印刷业经营者资格条件暂行规定》（新闻出版总署2001年第15号令，2015年8月28日予以修改）	取消中央指定地方实施行政许可事项	加强事中事后监管措施：取消审批后，新闻出版广电行政部门要建立完善相关举报制度，开展随机抽查、定期检查等，加强事中事后监管，发现复印打印含有反动、淫秽、迷信内容和国家明令禁止的其他内容等违法违规行为，依法进行查处。

文号	文中序号	项目名称	实施机关（审批部门）	设定依据	处理决定	备　　注
国发〔2017〕7号	26	非电子出版物出版单位委托电子出版物复制单位复制计算机软件、电子媒体非卖品审批	省级新闻出版广电行政部门	《国务院对确需保留的行政审批项目设定行政许可的决定》（国务院令第412号）	取消中央指定地方实施行政许可事项	加强事中事后监管措施：取消审批后，新闻出版广电行政部门要在电子出版物非卖品内容、标识等方面加强监管，明确非卖品内容应限于公益宣传、企事业单位宣传、交流、商品介绍，在非卖品载体印刷标识面及装帧的显著位置注明电子出版物非卖品的制作单位和复制单位，加强对电子出版物复制单位的监督检查，依法查处违法行为。

二、行政许可制度

行政许可制度，简单地说，就是有关行政许可证的申请、审查、发放、使用、效力以及撤销等内容的法律制度，它是国家管理社会生活和经济生活的一项重要制度。

（一）行政许可的概念

"许可"一词，含有授权或者准许之意。在行政法上，狭义的许可是指行政机关根据当事人的申请，在一定条件下解除禁止，准许公民、法人或者其他组织从事某种活动的行政行为。广义的许可则是指行政机关对被管理者请求的同意，即通常所说的，行政机关不点头，管理相对人不能做。出版物经营许可，就其本质来说，是出版行政主管部门赋予出版物经营者从事出版物经营活动的行为。只有取得了出版行政主管部门的许可，管理相对人才能从事出版物相应的经营活动；没有取得出版行政主管部门的许可，当然不能从事相关的经营活动。

出版物经营许可具体表现为《出版物经营许可证》的申领与颁发。国家允许某管理相对人从事出版物的批发、零售、出租等活动，通常是通过发放许可证来体现的。未经许可，任何单位和个人不得从事出版物经营活动。

（二）行政许可的主要功能

1. 调控功能

随着市场经济的发展和社会的进步，国家对经济生活、社会生活的调控功能越来越重视，许可制度就是国家调控经济和社会生活的重要手段。许可制度的调控功能主要是基于许可的羁束裁量性质产生的。羁束裁量，不仅要求行政机关要依照法定的权限和程序办事，还赋予行政机关一定的裁量权。行政机关在审查许可证申请的过程中，可以根据经济、社会生活的总体情况，作出许可的决定，也可以作出不许可的决定。比如，当全社会的出版物经营者趋于饱和时，出版行政主管部门可以通过作出不许可的决定来调控其总量；当出版物经营者关停较多，不能满足经济、社会生活的需求时，出版行政主管部门可以通过许可的决定来调控其总量。此外，出版行政主管部门还可以通过许可证的发放，对出版物出版单位、生产复制单位以及出版物进口业务经营单位的结构、布局进行调控。

2. 保护功能

行政许可制度的确立与依法行政的思想密不可分，可以说，依法行政是行政许可制度的基础。正是出于保护公民、法人的利益，防止行政权的滥用，才创设了许可制度。行政许可制度对保护行政机关依法行政具有重要意义。出版物经营许可制度的保护功能不仅体现为对出版物批发、零售、出租、进口单位利益的保护，也在某种程度上体现了对出版行政主管部门依法行政的保护，以及对社会稳定、国家安全等方面的保护。

许可制度一方面需要保护出版物经营者从事出版经营活动的权利，另一方面还要起到抑制和打击非法出版物经营活动，维护正常的出版业内竞争秩序的作用。

(三) 行政许可应遵循的基本原则

行政许可制度既然是一种行政许可，出版行政主管部门在实施出版物经营许可制度时就应当遵循行政许可的基本原则。

1. 合法原则

法律包括行政法规是许可制度存在和运行的基础。没有法律，就没有行政许可。一方面，许可制度的产生必须以国家的法律为依据，法律是行政许可产生的唯一依据，没有法定依据的行政许可无效；另一方面，出版物经营许可的实施，包括从申请人提出许可证申请开始直至出版行政主管部门颁发许可证为止的全过程，都必须依法进行。这意味着出版行政主管部门在实施行政许可的过程中，不仅要以法定的权限和条件为依据，还要以法定的程序为依据。超越法定权限或者违反法定程序的行政许可无效。另外，出版物行政许可的争议和纠纷要依照法律规定予以处理和解决，包括对出版物经营许可决定不服的行政复议、行政诉讼，以及因出版行政主管部门违法实施行政许可而受到损害时的损害赔偿请求，均应依照法律规定的原则和程序进行。

2. 公开原则

公开原则是行政许可的核心原则，是行政许可制度科学化、民主化的标志。公开原则要求出版行政主管部门实施行政许可的过程要向社会公开。具体地讲，就是要求出版行政主管部门将有关出版物经营许可的事项、依据、条件、程序、期限、费用，以及申请出版物经营许可需要提交的全部材料和填写出版物经营许可申请书的示范文本等情况，在办公场合公示，并根据申请人的要求，就公示材料的内容向申请人作出明确的说明和详尽的解释。

3. 效率原则

效率原则是行政许可制度的又一重要原则，其目的不仅在于提高行政机关的办事效率，还在于保证申请人的权利得到及时的实现。根据效率原则的要求，出版行政主管部门应在法定的期限内作出出版物经营许可的决定。如在法定的期限内无法作出出版物经营许可决定，需要延长审查期限的，必须经出版行政主管部门的负责人批准，并应当将延长审查期限的情况书面告知申请人。

三、备案登记制度

备案，据《现代汉语词典》解释，是指"向主管机关报告事由存案以备查考"①。备案制度是指相对人按照法律、法规、行政规章及相关性文件等规定，向主管部门报告制定的或完成的事项的行为。一般来说，备案只需书面告知，行政机关收到后登记在案即可。

备案制度有事先备案和事后备案两种。事先备案等同于审批，属于行政审批制度和行政许可法规定的范畴，如出版物重大选题备案、进口出版物备案。事后备案属于事后告知性质，不属于行政审批制度和行政许可法规定的范畴。如出版物出租单位设立审批、电子出版物复制单位（含磁盘、只读类光盘等）改变名称审批、地方软件登记办事机构设立审批等均为事后备案。

（一）重大选题备案制度

1997 年 10 月 10 日，新闻出版署根据《出版管理条例》的规定，为了实施图书、音像制品、电子出版物重大选题备案制度，制定了《图书、期刊、音像制品、电子出版物重大选题备案办法》。该办法规定："凡列入备案范围内的重大选题，图书、音像制品、电子出版物出版单位在出版之前，必须报新闻出版署备案。未经备案的，不得出版发行。"《出版管理条例》第 20 条也明确规定："图书出版社、音像出版社和电子出版物出版社的年度出版计划及涉及国家安全、社会安定等方面的重大选题，应当经所在地省、自治区、直辖市人民政府出版行政主管部门审核后报国务院出版行政主管部门备案；涉及重大选题，未在出版前报备案的出版物，不得出版。"于 2016 年 3 月 10 日起正式实施的《网络出版服务管理规定》第 26 条规定："网络出版服务单位出版涉及国家安全、社会安定等方面重大选题的内容，应当按照国家新闻出版广电总局有关重大选题备案管理的规定办理备案手续。未经备案的重大选题内容，不得出版。"这是一种事先备案制度。

2019 年 10 月 25 日，为加强和改进出版物重大选题备案工作，国家新闻出版署根据中央有关精神和《出版管理条例》相关规定，制定《图书、期刊、音像制品、电子出版物重大选题备案办法》，该办法自印发之日起施行。《图书、期刊、音像制品、电子出版物重大选题备案办法》（新出图〔1997〕860 号）同时废止。

所谓重大选题，是指涉及国家安全、社会稳定等方面内容的选题。有关重大选题范围，国家新闻出版署根据情况适时予以调整并另行公布。

出版单位申报重大选题备案，应当通过所在地省级出版管理部门或主管单位进行。申报重大选题备案时，应当如实、完整、规范填报并提交如下材料：省级出版管理部门或主管单位的备案申请报告；重大选题备案申报表；书稿、文章、图片或者样片、样盘、样带；出版物"三审"意见复印件以及备案需要的其他材料。

国家新闻出版署对申报备案的重大选题进行审核，必要时转请有关部门或组织专家协助审核。国家新闻出版署自备案受理之日起 20 日内（不含有关部门或专家协助审核时

---

① 中国社会科学院语言研究所编辑室．现代汉语词典（修订本）［M］．北京：商务印书馆，2000：54.

间），对备案申请予以答复或提出意见。国家新闻出版署审核同意的备案批复文件，两年内有效；备案批复文件超出有效期及出版物修订再版的，应当重新履行备案程序。

出版单位应当按照出版专业分工安排重大选题出版计划，对不具备相关出版资质和编辑能力的选题，不得报备和出版；应当严格履行出版物内容把关主体责任，坚持优化结构、提高质量，严格执行选题论证、"三审三校"制度，确保政治方向、出版导向、价值取向正确。

各地出版管理部门和主管主办单位是落实重大选题备案制度的前置把关部门，应当严格落实属地管理和主管主办责任。主要职责是：负责审核所属出版单位申请备案选题的内容导向质量及出版单位出版资质，对不符合备案条件的不予受理，对思想倾向不好、内容平庸、题材重复、超业务范围等不具备出版要求的选题予以撤销；对由地方出版管理部门和主管单位审核把关的选题，组织相关单位认真做好内容审核和保密审查，提出具体审核意见；对审核部门提出的意见，督促出版单位认真修改并做好复核工作；对应履行重大选题备案程序但未按要求备案的出版单位进行处理、追责问责。

出版单位违反本办法，未经备案出版涉及重大选题范围出版物的，由国家新闻出版署或省级出版管理部门责成其主管单位对出版单位的主要负责人员给予行政处分；停止出版、发行该出版物；违反《出版管理条例》和有关规定的，依照有关规定处罚。

国家新闻出版署对重大选题备案执行情况开展年度检查和考核评估，视情况予以奖惩。

（二）出版物市场管理备案制度

为了提高出版物市场的科学化管理水平，及时了解出版物市场信息，掌握全国出版物市场发展动态，早在 2000 年 8 月 2 日，新闻出版署根据《出版物市场管理暂行规定》和《出版管理行政处罚实施办法》的有关规定，发布了《关于进一步完善出版物市场管理备案制度的通知》，通知要求各省、自治区、直辖市新闻出版局负责本行政区域内的出版物市场管理备案工作。各级新闻出版行政主管部门应给予高度重视，切实加强领导，认真做好出版物市场管理备案工作。

2016 年 4 月 26 日国家新闻出版广电总局通过，并经商务部同意的《出版物市场管理规定》，对出版物市场管理的备案制度作了更明确的规定。

其中，《出版物市场管理规定》第 8 条规定，单位申请从事出版物批发业务，可向所在地地市级人民政府出版行政主管部门提交申请材料，地市级人民政府出版行政主管部门在接受申请材料之日起 10 个工作日内完成审核，审核后报省、自治区、直辖市人民政府出版行政主管部门审批；申请单位也可直接报所在地省、自治区、直辖市人民政府出版行政主管部门审批。省、自治区、直辖市人民政府出版行政主管部门自受理申请之日起 20 个工作日内作出批准或者不予批准的决定。批准的，由省、自治区、直辖市人民政府出版行政主管部门颁发出版物经营许可证，并报国家新闻出版广电总局备案。不予批准的，应当向申请人书面说明理由。

第 10 条规定，单位、个人申请从事出版物零售业务，须报所在地县级人民政府出版行政主管部门审批。县级人民政府出版行政主管部门应当自受理申请之日起 20 个工作日内作出批准或者不予批准的决定。批准的，由县级人民政府出版行政主管部门颁发出版物经营许可证，并报上一级出版行政主管部门备案；其中门店营业面积在 5000 平方米以上的应同时报省级人民政府出版行政主管部门备案。不予批准的，应当向申请单位、个人书面说明理由。

第 13 条规定，单位、个人从事出版物出租业务，应当于取得营业执照后 15 日内到当地县级人民政府出版行政主管部门备案。备案材料包括下列书面材料：（1）营业执照正副本复印件；（2）经营场所情况；（3）法定代表人或者主要负责人情况。相关出版行政主管部门应在 10 个工作日内向申请备案单位、个人出具备案回执。

第 14 条规定，国家允许外商投资企业从事出版物发行业务。设立外商投资出版物发行企业或者外商投资企业从事出版物发行业务，申请人应向地方商务主管部门报送拟设立外商投资出版物发行企业的合同、章程，办理外商投资审批手续。地方商务主管部门在征得出版行政主管部门同意后，按照有关法律、法规的规定，作出批准或者不予批准的决定。予以批准的，颁发外商投资企业批准证书，并在经营范围后加注"凭行业经营许可开展"；不予批准的，书面通知申请人并说明理由。申请人持外商投资企业批准证书到所在地工商行政主管部门办理营业执照或者在营业执照企业经营范围后加注相关内容，并按照本规定第七条至第十条及第十三条的有关规定到所在地出版行政主管部门履行审批或备案手续。

第 15 条规定，单位、个人通过互联网等信息网络从事出版物发行业务的，应当依照《出版物市场管理规定》第七条至第十条的规定取得出版物经营许可证。已经取得出版物经营许可证的单位、个人在批准的经营范围内通过互联网等信息网络从事出版物发行业务的，应自开展网络发行业务后 15 日内到原批准的出版行政主管部门备案。备案材料包括下列书面材料：（1）出版物经营许可证和营业执照正副本复印件；（2）单位或者个人基本情况；（3）从事出版物网络发行所依托的信息网络的情况。相关出版行政主管部门应在 10 个工作日内向备案单位、个人出具备案回执。

第 17 条规定，从事出版物发行业务的单位、个人可在原发证机关所辖行政区域一定地点设立临时零售点开展其业务范围内的出版物销售活动。设立临时零售点时间不得超过 10 日，应提前到设点所在地县级人民政府出版行政主管部门备案并取得备案回执，并应遵守所在地其他有关管理规定。备案材料包括下列书面材料：（1）出版物经营许可证和营业执照正副本复印件；（2）单位、个人基本情况；（3）设立临时零售点的地点、时间、销售出版物品种；（4）其他相关部门批准设立临时零售点的材料。

第 18 条规定，出版物批发单位可以从事出版物零售业务。出版物批发、零售单位设立不具备法人资格的发行分支机构，或者出版单位设立发行本版出版物的不具备法人资格的发行分支机构，不需单独办理出版物经营许可证，但应依法办理分支机构工商登记，并于领取营业执照后 15 日内到原发证机关和分支机构所在地出版行政主管部门备案。备案材料包括下列书面材料：（1）出版物经营许可证或者出版单位的出版许可证及分支机构营业执照正副本复印件；（2）单位基本情况；（3）单位设立不具备法人资格的发行分支机构的经营场所、经营范围等情况。相关出版行政主管部门应在 10 个工作日内向备案单位、个人出具备案回执。

第 19 条规定，从事出版物发行业务的单位、个人变更出版物经营许可证登记事项，或者兼并、合并、分立的，应当依照本规定到原批准的出版行政主管部门办理审批手续。

出版行政主管部门自受理申请之日起 20 个工作日内作出批准或者不予批准的决定。批准的，由出版行政主管部门换发出版物经营许可证；不予批准的，应当向申请单位、个人书面说明理由。申请材料包括下列书面材料：（1）出版物经营许可证和营业执照正副本复印件；（2）申请书，载明单位或者个人基本情况及申请变更事项；（3）其他需要的证明材料。

从事出版物发行业务的单位、个人终止经营活动的，应当于 15 日内持出版物经营许可证和营业执照向原批准的出版行政主管部门备案，由原批准的出版行政主管部门注销出版物经营许可证。

第 26 条规定，为出版物发行业务提供服务的网络交易平台应向注册地省、自治区、直辖市人民政府出版行政主管部门备案，接受出版行政主管部门的指导与监督管理。备案材料包括下列书面材料：（1）营业执照正副本复印件；（2）单位基本情况；（3）网络交易平台的基本情况。省、自治区、直辖市人民政府出版行政主管部门应于 10 个工作日内向备案的网络交易平台出具备案回执。

第 27 条规定，省、自治区、直辖市出版行政主管部门和全国性出版、发行行业协会，可以主办全国性的出版物展销活动和跨省专业性出版物展销活动。主办单位应提前 2 个月报国家新闻出版广电总局备案。市、县级出版行政主管部门和省级出版、发行协会可以主办地方性的出版物展销活动。主办单位应提前 2 个月报上一级出版行政主管部门备案。备案材料包括下列书面材料：（1）展销活动主办单位；（2）展销活动时间、地点；（3）展销活动的场地、参展单位、展销出版物品种、活动筹备等情况。

四、年检制度

出版年检制度是指出版行政主管部门依法按年度对出版发行企业进行检验，确认出版发行企业法人继续经营资格的制度。

年检是新闻出版行政主管部门对出版物发行单位的经营行为合法性进行监督管理的方式，通过年检对出版物发行单位一年来遵守国家法律、法规和政策规定的情况进行监督检查；纠正并处理出版物发行单位的违法、违章行为，发现带有倾向性的问题，为研究制定相应对策、有重点地深入发行单位监督检查打下基础。新闻出版行政主管部门通过年检可以掌握出版物发行单位的各种信息，对发行单位进行政策、法规指导，发挥服务作用。

为加强对出版物市场的管理，规范出版物发行单位的经营行为，促进出版物市场的繁荣和发展，2003 年 10 月新闻出版署根据 2003 年 9 月 1 日施行的《出版物市场管理规定》，下发了《关于出版物发行单位年检登记的通知》。通知要求，凡经过各级新闻出版行政主管部门批准已领取《出版物发行许可证》（现为《出版物经营许可证》）并在工商行政管理部门办理营业执照的出版物发行单位，都必须参加年检登记工作。年检登记工作按照审批者负责的原则，由新闻出版总署和各省、县级新闻出版行政主管部门分工负责。通知还详细规定了年检登记工作的程序、内容和对出现问题的出版发行单位的处分办法。

2003 年 12 月 22 日，新闻出版署发布了《关于 2004 年出版物总发行单位、全国性出版物连锁经营总部、中外合资、合作和外资出版物发行单位年检登记的通知》，自 2004 年 1 月 1 日至 4 月 20 日，将对出版物总发行单位，全国性出版物连锁经营总部，中外合资、合作和外资出版物发行单位进行年检登记工作（成立不满一年的不参加此次年检）。主要是总结检查 2003 年 1 月 1 日至 12 月 31 日一年来是否有违反国家的法律、法规及各项发行管理规定的行为，有无被处罚记录。按照《出版物市场管理规定》中设立发行机构的条件逐一对照检查。总结检查一年来的经营状况，包括出版物发行品种、册（盘）数、出版物销售收入、利润总额及库存出版物总定价等情况。

这次年检是新闻出版总署在全国范围内统一布置的首次年检，对总发行、批发、网上销售和 1000 平方米以上的零售单位实行的是网上年检。要求出版物总发行单位、全国性出版物连锁经营总部、中外合资、合作和外资出版物发行单位在接到通知后，应按照通知要求认真进行自查，写出自查报告，填写所附《年检登记表》（此表内容需填报到新闻出版总署指定的网站，填报符合网站要求的，网站会自动生成回执），并于 2004 年 2 月 15 日前将《年检登记表》、自查报告和从网上下载的回执报至所在地省级新闻出版局。

据统计，仅北京市通过年检的出版物发行企业就有 5093 家，其中总发行单位有 149 家，批发单位有 603 家，零售单位有 4300 余家，总固定资产为 15.69 亿元，从业人员达 4.38 万人。从这次年检情况看，有几个特点：一是与 2002 年年检时的 7000 余家发行单位相比，总数减少了 1900 余家。拥有许可证的发行企业总量大幅度减少，一方面是出版物发行业的行业准入政策放宽后，社会各类资本纷纷进入该领域，导致业内竞争加剧，迫使规模小、实力弱的企业不得不退出；另一方面是新法规出台后，连锁经营得以进一步发展，北京市 16 家连锁发行单位下辖的 470 个直营门店不再办理单独的许可证。二是发行单位经营主体结构发生了显著变化，全民和集体所有制企业数量减少，股份制企业和有限责任公司数量不断增长，发行业多种经济形式并存的局面更为明显。三是商业连锁企业进军发行业趋势明显，遍布社区的商业连锁门店逐步取代了原有小书店。①

2008 年 5 月 1 日起实施的《图书出版管理规定》第 40 条规定："图书出版单位实行年检核验制度，年度核验每两年进行一次。"年检制度作为一种检查监督手段，已经被明确提升到行政法规层面。

2016 年 6 月 1 日起施行的《出版物市场管理规定》第 30 条规定："从事出版物发行业务的单位、个人应当按照出版行政主管部门的规定接受年度核验。"

随着网络技术的发展，年检制度的范围也在扩大。《网络出版服务管理规定》第 38、39、40、41、42、43 条规定，"网络出版服务单位实行年度核验制度，年度核验每年进行一次。省、自治区、直辖市出版行政主管部门负责对本行政区域内的网络出版服务单位实施年度核验并将有关情况报国家新闻出版广电总局备案。年度核验内容包括网络出版服务单位的设立条件、登记项目、出版经营情况、出版质量、遵守法律规范、内部管理情况等"；"年度核验按照以下程序进行：（一）网络出版服务单位提交年度自检报告，内容包括：本年度政策法律执行情况，奖惩情况，网站出版、管理、运营绩效情况，网络出版物目录，对年度核验期内的违法违规行为的整改情况，编辑出版人员培训管理情况等；并填写由国家新闻出版广电总局统一印制的《网络出版服务年度核验登记表》，与年度自检报告一并报所在地省、自治区、直辖市出版行政主管部门；（二）省、自治区、直辖市出版行政主管部门对本行政区域内的网络出版服务单位的设立条件、登记项目、开展业务及执

---

① 北京市新闻出版局.2004 年北京市出版物发行管理工作会议［EB/OL］.［2023-02-01］. http：//www.bjppb.gov.vn.

行法规等情况进行全面审核，并在收到网络出版服务单位的年度自检报告和《网络出版服务年度核验登记表》等年度核验材料的 45 日内完成全面审核查验工作。对符合年度核验要求的网络出版服务单位予以登记，并在其《网络出版服务许可证》上加盖年度核验章；（三）省、自治区、直辖市出版行政主管部门应于完成全面审核查验工作的 15 日内将年度核验情况及有关书面材料报国家新闻出版广电总局备案"。

有下列情形之一的，暂缓年度核验：（1）正在停业整顿的；（2）违反出版法规规章，应予处罚的；（3）未按要求执行出版行政主管部门相关管理规定的；（4）内部管理混乱，无正当理由未开展实质性网络出版服务活动的；（5）存在侵犯著作权等其他违法嫌疑需要进一步核查的。暂缓年度核验的期限由省、自治区、直辖市出版行政主管部门确定，报国家新闻出版广电总局备案，最长不得超过 180 日。暂缓年度核验期间，须停止网络出版服务。暂缓核验期满，按本规定重新办理年度核验手续；已经不具备本规定第八条、第九条规定条件的，责令限期改正；逾期仍未改正的，不予通过年度核验，由国家新闻出版广电总局撤销《网络出版服务许可证》，所在地省、自治区、直辖市出版行政主管部门注销登记，并通知当地电信主管部门依法处理；省、自治区、直辖市出版行政主管部门可根据实际情况，对本行政区域内的年度核验事项进行调整，相关情况报国家新闻出版广电总局备案；省、自治区、直辖市出版行政主管部门可以向社会公布年度核验结果。

第六章　出版物市场主体管理

出版物市场管理的主要内容既包括对出版物市场主体的管理，也包括对这些市场主体所从事的各种市场行为及出版物的管理。其中，市场主体管理包括市场主体准入管理和市场主体设立管理，市场主体准入管理是从宏观上就市场主体准入进行的分析；市场主体设立管理主要涉及市场主体设立的原则、条件和程序。市场客体管理包括对出版物、书号和图书质量管理。市场行为管理主要包括市场价格行为管理、交易行为管理、合同行为管理、竞争行为管理等。

第一节　出版物市场主体准入制度

出版物市场主体是以生产、经营出版物为主的市场主体。市场主体准入制度对出版物市场主体准入制度的建立具有重要的指导意义。出版物市场主体准入管理是对进入出版物市场的生产者、经营者进行管理，包括确立出版物市场主体准入的原则、出版物市场主体准入的法律依据、出版物市场主体的权利义务等。

一、市场主体准入制度

市场主体是指进入市场从事商品生产经营活动的行为主体和经济实体，它是市场主体最主要的组成部分。一般认为，市场主体包括从事生产经营活动的企业组织和个人、消费者、社会组织和政府。但是，在现代市场经济中，政府具有组织社会经济和调节市场运行的职能，是市场管理主体，而不是市场主体；社会组织和消费者虽然参与商品交换活动但不以营利为目的，只是为了获得个人需要的使用价值，是市场消费主体，也不是市场主体；只有在市场上从事商品生产经营活动的行为主体才称为市场主体。

（一）市场主体准入制度的概念及由来

市场主体准入制度主要是由国家行政管理机关依照法律、政策，对申请人是否具备市场主体资格并有能力从事经营活动进行审查核准，对符合条件的申请人及其经营事项和范围给予批准和许可的一系列具体制度。它通过政府有关部门对市场主体发放许可证、进行登记等方式来体现。这是政府对市场管理和经济发展的一种制度安排，是政府对经济实施管理的重要组成部分。政府实施市场主体准入的管理机关主要是行业主管部门和市场监督管理机关，市场主体准入制度所规范的对象主要是从事生产经营性活动的企业。

以企业登记管理为核心的市场主体准入制度，最初主要是国家为了掌握税源而产生的。随着市场主体加入者的多元化和交易方式的复杂化，进入管制的重点逐步偏重于对市场主体资格的确认和保护，对滥用主体资格的行为加以监管纠正。随着资源及市场开发的不平衡和利益主体的多元化，对某些资源和市场的保护，又被纳入了政府管制者的视野。总之，在一切被视为"市场失灵"的地方，都可以看到政府那只"看得见的手"。而政府对"市场失灵"的矫正，包括宏观调控和微观管制。设立市场主体准入制度，基本属于微观管制，但它却是政府实施宏观调控的基础性条件，也是千千万万个市场进入者与政府打交道的"第一道门槛"。

由于政治、经济和法律制度的不同，世界各国企业设立的程序也有所不同。一般而言，有长期市场经济传统的国家，往往强调企业的自主地位和市场的自发调节，允许申请人依照法律直接向登记机关申请注册登记，通常很少设立审批程序。而在以计划经济为主的国家，往往是强调国家的管理职能，要求企业在登记之前得到政府许可，因而通常存在设立审批程序。

市场主体准入制度的合理与否对经济发展具有重要的影响。一般来说，相对宽松的制度安排，能够降低公众参与各类经济活动的成本，创造经济发展的整体活力。而相对严格的制度安排，虽然能够为市场秩序和交易安全提供一定的基础，但同时也提高了市场主体的进入门槛和成本，从而会影响经济效益的提高和经济发展的进程。评价制度是否良好的主要标准表现在两个方面：一方面是消费者、市场主体和国家（社会整体）的合法权益是否得到了有效保护；另一方面是体现市场机制作用的价值规律、供求变化、竞争机制是否在国家宏观调控下，最大限度地发挥其配置资源的决定性作用。

改革开放以来，我国的经济发展取得了巨大成就，社会主义市场经济体制基本框架初步确立，市场准入制度也在不断进行改革，逐步按市场经济的基本要求和国际惯例建立起来。发行领域逐步放开，动员了更多的民间资源进入该市场，有力地促进了非公有制经济的迅速发展和壮大。但同时，现行的准入制度在实践中也暴露出自身的缺陷和不足，如法规过分分散且庞杂，互不配套，互不衔接；差别待遇造成不同所有制、不同组织形式的市场主体的不平等竞争；所需审批和核准的要求过多，增大了从事经济活动的事前成本的支出。这些在很大程度上制约了市场主体的培育和经济发展的活力。

目前，各个行政利益主体制定的市场准入规则，尤其是我国行政审批制度为适应WTO的要求而拉开了改革的序幕。在出于应对外部挑战和中央政府的压力促成的市场准入规则的变革与创新过程中，原地方政府和主管部门的职能在逐步削减。在新准入规则下对政治权力资源重新配置（包括新规则的制定等），最终结果是为达到符合市场准入管制的目的。同时，为了克服政府"失灵"，最大限度地减少政府管制的负面影响，应当按照"必要、科学、合理、效率"的原则，对市场准入管理进行一系列的制度创新和工作创新。

（二）实行市场主体准入制度的必要性

市场经济是依靠市场对社会资源进行基础配置的经济。在市场经济条件下，市场的作用可以得到充分发挥，实行市场主体准入制度对于市场经济的形成以及健康有序运行，弥补"市场失灵"、优化资源配置等各方面非常必要。首先，市场经济的生机和活力，来源于具有合格的市场主体身份和资格的企业，而这种身份和资格的取得，不得由当事人自封，应当由国家专门机关以法定程序予以确认。因此，实行市场主体准入制度，是社会主义市场经济形成的重要前提。其次，市场要正常运行，需要有一个良好的经济秩序。通过设立科学而合理的进入与退出机制，可以大大增加某些不法行为的成本代价，大大抑制虚假出资、假冒他人企业名称、擅自变更登记事项以逃避债务、无证照经营等消极现象，从而为建设良好的市场秩序和企业信用体系奠定基础。可以说，实行市场主体准入制度，是社会主义市场经济健康有序运行的重要保障。再次，实行市场主体准入制度，是弥补"市场失灵"、优化配置的重要手段。因为市场主体都有自己独立的物质利益，往往追求局部、个人的利益，并对未来的决策有一定的片面性。市场主体的生产经营决策是分散进行的，其决策的依据主要是利润最大化原则，根据市场供求和价格的波动这只"看不见的手"作为导向和进行调节的。

但是，市场并不是万能的，市场的积极作用主要表现在市场经济活动的微观方面，而对市场管理的宏观方面作用甚微，甚至根本不起作用。市场本身存在着一些与生俱来的缺陷。

（1）市场调节不能保证市场经济运行过程中商品供求总量的平衡和结构的合理。在完全的市场机制作用下，存在着两个方面的缺陷，使商品供求总量和结构合理不能充分实现。一是市场经济是追逐局部、个人利润的经济，这就使资源配置具有高度分散的性质，并且市场调节只指明资源的投向，并不标示投入的量。这就容易造成总量与结构的失衡。二是由于市场信息的分散、扭曲和反馈的不充分，使得企业行为具有盲目性，从而使分散的资源配置脱离供求趋势变动的要求，造成总量失衡和结构失控。

（2）市场调节不能确保市场经济运行过程中竞争的公平性和良好的市场秩序。在自发的市场经济中，公平竞争机制是不能自发形成的。一是市场经济发展，市场主体追逐利润，开展竞争的结果必然带来个体的资本积累和规模经济的发展，由此可能产生垄断。二是市场活动存在自发性、逐利性，这是商品生产经营者的本质特点，市场调节受局部利益、个人利益驱动，具有排他性，这就不排除个体"唯利是图""见利忘义"，在激烈的市场竞争中采取非正当竞争手段牟取私利。由于垄断和不正当竞争的存在，由此产生垄断利润或不正当利润，必然造成资源配置不当或资源的浪费，同时，也破坏竞争的公正性原则，侵犯和损害竞争对手和广大消费者的利益，导致市场经济的无序运行，阻碍市场经济的稳定、协调、健康发展。

既然自由放任的市场并非尽善尽美，市场这只"看不见的手"作为一种事后调节，也不是万能的，存在着许多缺陷，具有一定的盲目性和滞后性，因此，国家对市场进行必要的干预是一种必然的选择。国家对市场的干预主要是通过制定法律、法规和建立各种管理制度，由国家授权的有关职能部门，利用经济的、行政的和法律的手段来实施。其中，实行市场准入制度，尤其是市场主体准入制度，通过培育市场主体，引导市场主体依法进入市场，以确保市场主体的公平性，市场竞争行为的公正性，市场交易规则的统一性。市场主体准入制度就像是蓄水池的一道"闸门"，通过设立必要和合理的进入限制，可以调节市场主体的量，确保市场主体的质，有利于促进生产力的合理布局和产业结构的优化组合，减少社会资源的浪费，增进社会总体效益，从而使市场对社会资源的配置趋于合理。因此，市场主体准入制度是国家对市场进行干预的一项主要措施，这也是当前市场经济国家通行的制度。

（三）　建立市场主体准入制度的途径

在市场经济条件下，市场交易是自由的，市场竞争是自由的，市场运行也是自由的，但这种自由只能是相对的。如果不对这种自由运行的市场加以外在的规范和约束，就可能出现偏差和混乱，市场所固有的缺陷将会暴露无遗。因为在市场经济条件下，价值规律作用的必然结果，一方面促进了社会生产力的发展，另一方面又带来了一系列的利益矛盾。商品生产经营者为了追求局部或个人利益的最大化，总是通过采用各种正当的或非正当的方式和手段来达到目的，因而必须对之加以规范和约束。市场主体准入制度的建立，就是要实现国家对市场主体的规范和约束。主要体现在以下三个方面：

1. 规范市场主体的入市条件，确认市场主体资格

并不是任何人或组织都可以自由入市进行出版发行活动的，它必须具备一定的条件，取得合法的资格。入市条件主要受两个因素制约：一是经济因素的制约，即出版发行活动本身对市场主体的要求。任何一个市场主体无论从事何种生产经营活动，都必须以一定的物质条件做基础，即通常所说的"人、财、物"，还必须要求市场主体有驾驭"人、财、物"的能力，即管理素质。二是法律因素的制约，即国家法律对市场主体的规定和要求。国家为了明确市场主体的合法地位、经营权利与义务以及法律责任，必须对市场主体从法律上予以确认。市场主体的入市条件，通常由国家在市场主体法和有关法律中加以明确，而对主体资格的确认是由市场主体准入机关——出版行政主管部门和市场监督管理机关来执行的。

2. 规范市场主体组织

规范市场主体组织主要通过两个途径来实现：一是国家从宏观上确定市场主体组织的范围和结构，达到国家调控市场，市场引导企业的目标。如确立市场主体的入市范围，包括所有制范围、行业范围等，并根据本国经济发展的实际状况，动态调整市场主体的结构。二是从微观上规范市场主体的具体组织形态。市场经济的发展阶段不同，市场主体的具体组织形态亦不同，并呈逐步完善的趋势。市场经济在其数百年的孕育和发展过程中，逐步形成了三种基本的企业制度，即个人业主制企业、合伙制企业和公司制企业。近代、现代市场经济中企业制度的演变，主要表现在公司制度的逐步完善和成熟上。市场经济国家正是通过颁布公司法，确立公司制度，逐步健全公司内部组织机构，完善公司运行机制，才使得市场经济由低级阶段走向发达阶段的。

3. 规范市场主体行为

市场主体的行为，是指市场主体受出版发行目的支配所反映的活动，它体现在编辑、出版、印刷、发行等市场主体活动的全过程。市场主体行为要受各种因素的影响和制约，如出版物市场供求状况、纸张材料供应、出版物种类、出版物销售情况、出版发行企业的经营意识和观念等，但国家的政策、法律制度无疑是最大的决定因素，是衡量出版物市场主体行为合理与合法的唯一标准。因为能做什么、不能做什么、应该如何做等，一般由国家在市场主体法、市场主体准入法中加以规定。根据市场主体的组织形态、章程、资本、设备、场地，规定市场主体的经营范围、财产责任等，以此来确立和规范市场主体的行为。同时，国家通过制定产业政策，进一步引导和调整市场主体的行为，使其在市场导向下实现企业的微观效益，在产业政策导向下实现国家的宏观效益。市场主体只有用合法的

手段来追求利益的最大化，才受国家法律的保护。对市场主体的违法行为则要依法加以查处。

二、出版物市场主体准入制度

出版物市场主体准入，是指国家为了建立和维护出版物市场秩序，依法确认市场主体资格，规范市场主体的组织和行为，使其合法进入市场的一种管理制度。

(一) 出版物市场主体准入制度的原则

一般来说，出版物具有不同于物质产品的特殊属性，对人们的思想道德和科学文化素质的培养具有重要的影响。出版物市场主体既有一般行业属性，又有意识形态的特殊性；既是大众传媒，又是思想宣传阵地，事关国家安全和政治稳定，负有重要的社会责任。我们有必要建立严格、规范的准入制度，把好思想关、政治关。出版物市场主体进入市场应遵循一定的原则，主要包括依法准入、政企分开、产权关系明晰、市场主体平等竞争等原则。

1. 依法准入原则

依法准入原则，是指严格依照法律法规的规定，使出版物市场主体进入市场的原则。

市场经济是法治经济，它与高度集中的计划经济不同。计划经济条件下，设立多少个市场主体，市场主体是从事生产还是从事销售，是进行批发还是进行零售，都由国家计划安排。而在市场经济条件下，在逐步开放的出版物市场中，计划的作用将越来越小，市场主体的进入与退出都将以法律法规为依据。依法准入原则主要包括四层含义：

(1) 出版物市场主体审批机关，要依法对出版物市场主体申请进入市场的条件进行审批。国家出版行政主管部门对出版物市场主体的审批权限，是由法律所规定的。《出版管理条例》第6条明确规定："国务院出版行政主管部门负责全国的出版活动的监督管理工作。国务院其他有关部门按照国务院规定的职责分工，负责有关的出版活动的监督管理工作。县级以上地方各级人民政府负责出版管理的部门（以下简称出版行政主管部门）负责本行政区域内出版活动的监督管理工作。县级以上地方各级人民政府其他有关部门在各自的职责范围内，负责有关的出版活动的监督管理工作。"因此，国家出版行政主管部门应严格依照国家授权和法律规定，对市场主体进行审批，既不能滥用职权，随心所欲；也不能放弃职权，由其他部门代为行使。从而使进入市场的市场主体符合法律的规定。

(2) 出版物市场主体登记机关，要依法对出版物市场主体进行登记管理，使其合法进入市场。市场监督管理机关对市场主体进行登记管理的权限，也是由法律所规定的。根据《中华人民共和国民法典》第54条、第78条、第88条、第103条的规定，个体工商户、营利法人、非营利法人、非法人组织以及具备法人条件的其他企业，必须经市场监督管理机关核准登记，才能从事生产经营活动。因此，市场监督管理机关也应该严格依照国家授权和法律规定，对市场主体进行登记管理，使市场主体准入活动规范、统一、有序地运行。

(3) 出版物市场主体进入市场要严格遵循市场主体的法定条件。市场主体的法定条件是由法律规定的各种市场主体进入市场的资格条件。这种资格条件是各个经营单位取得市场主体资格的法定前提，特别是随着市场经济的不断发展，市场主体准入由特许主义、许可主义向核准主义、准则主义过渡，法律确定市场主体进入市场的法定条件尤为重要。《中华人民共和国民法典》对各种经营单位进入市场的资格条件作了统一规定，《全民所有制工业企业法》《中华人民共和国公司法》《中华人民共和国外商投资法》《中华人民共和国市场主体登记管理条例》等，根据各种市场主体的不同情况和特点，规定了各自具体的资格条件。《出版管理条例》《音像制品管理条例》《出版物市场管理规定》等，根据出版行业的特点和经营不同出版物的要求，规定了各种市场主体批发、零售各种出版物的资格条件。此外，为了规范网络出版服务秩序，促进网络出版服务业健康有序发展，国家新闻出版广电总局联合工业和信息化部，于 2016 年 2 月 4 日公布，2016 年 3 月 10 日起施行的《网络出版服务管理规定》，明确了从事网络出版服务的出版单位的设立条件。严格按照这些条件进行登记管理，便于科学规范市场主体的组织及其行为。

（4）出版物市场主体准入，要依照法定程序来进行。法定程序是指由法律规定的市场主体进入市场所必须经过的环节和履行的手续。一般包括两个方面的内容：一是市场主体申请进入市场的程序，包括领取营业执照、领取申请登记表、递交申请材料、办理其他有关手续；二是市场主体登记机关的注册程序，包括受理、审查、核准、发照、公告等。认真执行法定程序，是做好市场主体准入工作的基础，同时，也为对各类市场主体进行规范化监督管理提供了有利条件。

2. 政企分开原则

政企分开，是指政企职责分开，职能到位。政府作为社会经济的管理者，主要任务是统筹规划，制定政策，宏观调控，信息引导，提供服务，检查监督，为社会经济的发展提供一个公平、公开、公正的市场竞争环境。而企业作为商品生产、经营的经济实体，主要任务是管好、经营好企业资产，积极参与市场竞争，实现资产的保值、增值。[1] 政企分开原则是指在政府机构内部实行双重经济职能的分离。[2] 它包括两层含义，其一是明确划分作为国有资产所有者的政府与企业的关系；其二是明确划分作为社会经济管理者的政府与企业的关系。政企分开原则既是建立社会主义市场经济体制的迫切要求，也是建立现代企业制度的必要前提。

长期以来，我国出版行业存在着政企不分的现象。具体表现为：一是国家作为出资者，对出版单位实行全方位管理，造成所有权与出版单位法人财产权、经营权扭合在一起。这体现为政府部门在管理方式上仍然沿用计划经济条件下政府直接管理企业的办法，层层审批，管得过死，过多干预出版单位的经营生产，出版单位企业化管理没有落实，改革与发展的动力不足，许多改革举措都流于形式，缺乏实质性内容。二是由于我国出版业的主管主办制度，使出版单位依附于党政机关与社会团体，经营与发展的自主性差，根本无法形成自主经营、自负盈亏的独立的市场竞争主体。由于经营自主权不够完善和稳定，出版单位的决策过程容易受到各种因素的干扰，导致决策过程复杂、缓慢，丧失了许多竞争取胜的机会。三是隶属于不同部门和地区的出版发行单位之间相互割裂，难以开展专业化协作和市场竞争。因此，必须完善作为社会经济管理者的政府与企业之间的关系。一方面，要加强政府对企业的宏观管理，政府主要通过经济的、行政的、法律的手段加强宏观

---

①　刘建一. 市场主体登记管理 ［M］. 北京：北京工业大学出版社，1998：35-36.

②　刘建一. 市场主体登记管理 ［M］. 北京：北京工业大学出版社，1998：59.

调控和监督，减少对企业的直接管理，做到宏观管好，微观放开；另一方面，要使企业真正成为自主经营、自负盈亏的法人实体和市场竞争主体。企业对国家授予其经营管理的财产，享有占有、使用、收益和依法处分的权利。企业自身如何经营、如何发展，其资产如何依法处置等，都由企业自主决定。

要发展壮大出版产业，必须实现政企分开、政事分开，使出版单位与政府管理部门脱钩，改变政府与出版单位之间的"父子"关系，在此基础上建立起新型的政府与出版企事业的关系。这里需要解决三个层次的问题：一是政府出版行政主管部门的工作重点要转向行业监管和创造公平有序的市场环境上，政府机构不再直接干预出版单位经营管理事务；二是要进一步确立出版单位的法人地位，在坚持正确出版导向的前提下，使其自主经营、自负盈亏、自谋发展；三是在政企分开后，需要设立新的出资人机构来行使所有权，以解决国有资产所有者长期缺位的问题。要按照"管资产与管人、管事相结合"的原则，对出版单位既要管资产，又要管人、管导向。①

总之，在审批、登记出版物市场主体的问题上，国家新闻出版行政主管部门、市场监督管理部门一定要坚持政企分开的原则，要严格依法核准市场主体资格。

2009年是新闻出版体制改革的决胜之年，中央各部门各单位转企改制步伐进一步加快。2009年4月，新闻出版总署印发《关于进一步推进新闻出版体制改革的指导意见》，明确了中央各部门各单位体制改革"时间表""路线图"，中央各部门各单位出版社转企改制工作全面展开。2009年5月，根据中央精神，新闻出版总署出台了中央级出版社体制改革工作方案，会同有关部门印发《关于中央各部门各单位出版社转制后参加北京市养老保险有关问题的通知》等文件。2009年11月，新闻出版总署再次下发通知，明确2010年前未完成转企的中央各部门各单位出版社将予以注销，不再保留。

转企改制绝不仅是改名字、换牌子，而意味着打破传统事业单位管理模式，意味着实现跨行业、跨地区、跨所有制合作，意味着现代企业制度逐步完善，发展方式、工作格局发生深刻变化……可以说，这轮发生在新闻出版领域的大变革对于提升中国文化产业国际竞争力有着重大现实意义。

在文化体制改革向纵深发展的背景下，中央各部门各单位出版社转企工作按照中央确定的"路线图""时间表"扎实部署，稳妥推进，成效显著，不仅为经营性文化事业单位规范转制树立了典范，而且为文化体制改革工作确立了标杆，同时也为我国事业单位的改革提供了思路和经验。截至2010年12月30日，中央各部门各单位出版社已全面完成转企任务。在约占我国出版社总数三分之一的177家中央各部门各单位经营性出版社中，除1家出版社停办退出，其余176家都已换了"企业身份证"。②

随着中央各部门各单位出版社转企改制全面完成，一批导向正确、主业突出、实力雄厚、核心竞争力强的大型出版集团公司，以及一批专、精、特、新的出版企业开始强化内部经营管理，建立资产经营责任制，走上内涵式发展道路，为中国由"出版大国"迈进"出版强国"打下坚实基础。

---

① 何志勇. 出版改革向经济改革借鉴什么？[J]. 出版参考，2003 (7)（上旬刊）.

② 新华社. 中央各部门各单位出版社已全面完成转企改制任务 [EB/OL]. [2023-02-01]. http：//www. gov. cn/jrzg/2011-01/10/content_1781440. htm.

3. 产权关系明晰原则

产权是一种财产权，它是财产所有权在法律上的体现。企业产权的主体是投资者。一般来说，谁投资，谁就享有企业的产权，即对企业财产的所有权，表现为占有、使用、收益和处分企业财产的权利。通常情况下，所有权的主体与产权的主体是合一的，如民营企业的投资者，既是所有权主体，也是产权主体。但国有资产的财产所有权和产权的主体是可以分离的。国有资产的财产所有权属于国家，国家授权的投资机构以国有资产投资者的名义进行投资，成为产权主体；而投入企业的资产，形成企业法人财产，企业可以依法行使对法人财产的各种权利，同时以法人财产承担民事责任。

产权关系是指投资者与企业法人财产之间的关系。理顺国有企业产权关系，是指理顺国家、投资者与企业法人之间的关系。产权关系清晰，其标志是企业中的资产所有权归投资者所有；企业拥有包括所有出资者投资形成的全部法人财产权，是享有民事权利、承担民事义务的法人实体。①

产权关系明晰是现代企业制度的基本特征，也是企业由计划经济体制向社会主义市场经济体制过渡的基础和关键环节，需要国家和有关部门采取多种措施加以规范和保障。如果产权关系明晰，就可以对人、财、物、产、供、销各个生产经营环节形成一套严密的管理网络和制度体系，建立科学的激励与约束机制。由于产权制度不健全，所有者的激励和约束功能难以有效结合。当权力过分集中时，由于经营自主权的残缺，在一定程度上会影响企业的积极性和创造性，致使一些出版企业显得活力不足；当权限过多放给出版企业时，所有者难以对出版企业进行有效监督，导致国有资产流失。不仅如此，产权的残缺，也容易导致出版企业的短期行为和冒险行动，造成出版资源的浪费。② 因此，在审核批准出版物市场主体时，一定要坚持产权关系明晰原则。

出版业产权明晰一般体现在以下四个方面：一是国家和出版单位之间的产权明晰；二是出版单位各物质投资者的产权明晰；三是出版单位各物质投资者与出版单位员工之间的产权明晰；四是出版单位内部员工（人力资本所有者）之间的产权关系明晰。前两者的产权明晰应当通过国家相应的法律、法规和出版单位合理的投资分配方案来保证。国家作为出资者享有出资人的权利，出版单位作为经营者则享有法人财产权、自主经营权，同时负有资产保值增值的责任。通过逐步建立国有资产监管运营体系和机制，建立严格的责任制度，使投资主体（国有控股公司、出版集团等）人格化，以提高国有资产的使用效率。而后两者的产权明晰，由于人力资本所有者主体行为的动态性，因而需要通过当事人的平等博弈来确定。也可以通过股权、债权、物权等管理形式和分配形式来明晰产权，提高内部资产的运作效率。③

4. 市场主体平等竞争原则

竞争是在市场经济条件下，商品生产者、销售者以及相互之间，为谋求有利的产销条件和经济利益而进行的斗争。它是市场经济发展的必然现象，是价值规律得以贯彻和实现的条件，也是市场经济推动生产力发展的基本动力。

---

① 刘建一. 市场主体登记管理［M］. 北京：北京工业大学出版社，1998：57.

② 曾庆宾. 论中国出版企业的产权制度创新［J］. 出版科学，2004（3）.

③ 林涛. 出版业产权改革进入新阶段［J］. 出版参考，2004（3）（下旬刊）.

市场经济是一种竞争经济，竞争能够给经营者带来动力和压力，促使其优胜劣汰，竞争对经济的运行和发展所起的作用是巨大的。可以说，没有竞争，就没有市场，就没有市场经济，就不能实现资源的优化配置和经营者的优胜劣汰。但竞争必须是公平竞争，任何经营者都不能利用非经济的关系或享有经济上的特权来取得市场竞争的优势，必须通过公平、合理的竞争来奠定自己在市场中的优势地位。

公平竞争的核心条件是要建立一个平等竞争的市场环境。具体地说，就是作为市场调节者的国家，要为参与市场竞争的行为主体提供一个权利平等、机会平等的竞争环境。

权利平等是指每一个参与竞争的经营者，在政治、经济、法律上的地位是平等的。地位平等，是指主体的地位处于同一标准或水平，如我们全社会倡导的"法律面前人人平等"就是指的主体地位平等。① 公平竞争要求市场主体在法律上处于平等的地位，即享有民事权利和承担民事义务的资格是平等的。企业不分大小，不分所有制形式，不分行业、部门，参与市场竞争的权利是平等的。任何一方在参与市场竞争时，都普遍地受法律约束，不存在超经济的强制，不享有任何特权。

机会平等，是指每个竞争者都随时可以参与竞争，市场进入机会均等，不存在阻碍竞争的垄断和人为的壁垒。这就涉及我国在加入 WTO 后的承诺。根据我国入世协定书的内容，我国政府考虑到现有的国情，只承诺开放出版物的分销市场，在出版物分销领域对国内的民营书业企业和外商投资企业提供了平等的参与出版物分销的机会，但没有承诺开放编辑出版领域，这并不是机会的不平等，而是因为出版物具有不同于物质产品的特殊属性，事关国家安全和政治稳定，稍有不慎会危及我国出版产业的根基。因此，在加入世贸组织的初始阶段，我国对出版产业这样尚不具备参与国际竞争的弱质产业提供了有限期而又适度的市场保护。

（二）出版物市场主体准入的法律依据

市场经济是一种法治经济，要建立和完善社会主义市场经济，必须有完备的法律来规范和保障，形成与之相应的市场经济法律体系。所谓出版物市场主体准入的法律法规体系，是指调整出版物市场主体准入关系的法律法规的总称。它以《中华人民共和国宪法》为核心，以《中华人民共和国民法典》为基础，包括对各种市场主体法律地位、市场准入作出规定的法律法规以及相关的法律规范。这些法律法规为出版物市场主体准入提供了基本的法律依据，是做好出版物市场主体准入工作的前提和基础。

1. 《中华人民共和国宪法》

宪法是一个国家的总章程，是一切关于市场主体立法的法律依据。我国于 1954 年制定了《中华人民共和国宪法》，1975 年、1978 年、1982 年均作了修改。此后，又在 1988 年、1993 年、1999 年、2004 年和 2018 年由全国人民代表大会对个别条款作了修改与补充。2018 年 3 月 11 日第十三届全国人民代表大会第一次会议通过了《中华人民共和国宪法修正案》，2018 年的宪法修正案在其第 11、16、17、18 条分别明确了个体经济、私营经济、国有企业、集体经济组织以及外商投资企业的合法地位。其关于市场主体的规定可以概括为：

---

① 黄先蓉. 书业法律基础 [M]. 太原：山西经济出版社，2001：117-118.

（1）国有企业在法律规定的范围内有权自主经营。

（2）集体经济组织在遵守有关法律的前提下，有独立进行经济活动的自主权。

（3）在法律规定范围内的个体经济、私营经济等非公有制经济，是社会主义市场经济的重要组成部分。国家保护个体经济、私营经济等非公有制经济的合法权利和利益。国家鼓励、支持和引导非公有制经济的发展，并对非公有制经济依法实行监督和管理。

（4）中华人民共和国允许外国的企业和其他经济组织或者个人依照中华人民共和国法律的规定在中国投资，同中国的企业或者其他经济组织进行各种形式的经济合作。在中国境内的外国企业和其他外国经济组织以及中外合资经营的企业，都必须遵守中华人民共和国的法律。它们的合法权利和利益受中华人民共和国法律的保护。

宪法规定的这些原则，是各种类型出版物市场主体获得合法地位的法律依据。

2.《中华人民共和国民法典》

民法典是我国法律体系中关于民事法律关系的重要法律。《中华人民共和国民法典》第2条规定："民法调整平等主体的自然人、法人和非法人组织之间的人身关系和财产关系。"我国《民法典》对市场主体的规定，可以概括为：

（1）关于市场主体的范围和法律地位的规定。《中华人民共和国民法典》将种类繁多的商品经营者概括为个体工商户、营利法人、非营利法人、特别法人以及非法人组织等，并规定了各类民事主体应具备的基本条件，以赋予其民事主体地位。同时对各类民事主体实行平等的保护，使其具有民事主体资格，从而为各类市场主体进入市场创造了前提条件。

（2）明确了各类市场主体要依法进入市场。《中华人民共和国民法典》第54条规定："自然人从事工商业经营，经依法登记，为个体工商户。个体工商户可以起字号。"第78条规定："依法设立的营利法人，由登记机关发给营利法人营业执照。"第88条规定："具备法人条件，为适应经济社会发展需要，提供公益服务设立的事业单位，经依法登记成立，取得事业单位法人资格；依法不需要办理法人登记的，从成立之日起，具有事业单位法人资格。"第103条规定："非法人组织应当依照法律的规定登记。设立非法人组织，法律、行政法规规定须经有关机关批准的，依照其规定。"

所有这些都明确规定了市场主体依法准入的要求，为市场主体登记机关做好登记管理工作提供了基本的法律依据。

3. 各类市场主体法

市场主体法是对各类市场主体的设立、变更和终止、市场主体的管理、市场主体的权利义务以及法律责任等作出规定的法律，是各类市场主体取得法律地位，享有权利、履行义务、承担责任的直接依据。主要包括全民所有制企业法、集体所有制企业法、私营企业法、个体经济法、外商投资法、公司法等，这些法律法规适用于各种所有制形式的市场主体。由于出版行业是生产经营精神文化产品的行业，具有不同于其他行业的特殊性，因此，国家针对出版发行单位出台了一些法律法规，对出版物市场主体的设立、管理、权利义务及法律责任等作了规定。这方面的法律法规主要有《出版管理条例》《音像制品管理条例》《出版物市场管理规定》《网络出版服务管理规定》等。这些法律法规明确规定了出版单位，出版物批发、零售单位，中外合作音像制品分销企业或者外商投资图书、报纸、期刊分销企业的法律地位、设立条件和程序、出版发行管理以及法律责任等，是指导出版物市场主体取得法律地位，进行出版发行活动的主要依据。

4. 市场主体登记管理条例和其他有关法律法规

为了规范市场主体登记管理行为，推进法治化市场建设，维护良好市场秩序和市场主体合法权益，优化营商环境，2021 年 8 月 24 日，国务院公布《中华人民共和国市场主体登记管理条例》（以下简称《条例》），自 2022 年 3 月 1 日起施行。《中华人民共和国公司登记管理条例》《中华人民共和国企业法人登记管理条例》《中华人民共和国合伙企业登记管理办法》《农民专业合作社登记管理条例》《企业法人法定代表人登记管理规定》同时废止。《条例》第 2 条规定，市场主体是指在中华人民共和国境内以营利为目的从事经营活动的自然人、法人及非法人组织。第 3 条规定，市场主体应当依照本条例办理登记。未经登记，不得以市场主体名义从事经营活动。可见，出版物市场主体在登记设立时必须遵守《条例》的规定。

其他有关法律，主要包括企业破产法、民事诉讼法、银行法、保险法等。随着社会主义市场经济体制的发展和不断完善，与市场主体登记有关的相关法律将更加完善。

(三) 出版物市场主体的权利和义务

出版物市场主体在依法取得法人资格后，就必然依法享有一定的权利，并承担一定的义务，且这种权利受国家法律的保护，义务受国家法律的制约。

1. 出版物市场主体的权利

出版物市场主体的权利，是指出版物市场主体根据国家法律的规定，自己从事一定行为或不从事一定行为，以及要求他人从事一定行为或不从事一定行为的能力和资格。根据现行法律的有关规定，我国各类出版发行企业依法享有产、供、销和人、财、物等方面的权利。

(1) 产、供、销方面的权利。

生产经营决策权，包括作出生产经营决策、调整生产经营范围等。出版发行企业根据国家宏观计划指导和市场需要，有权自主作出出版物生产经营决策，出版各类出版物和批发、零售各类出版物，为读者提供服务；可以自主决定在本行业内或者跨行业调整生产经营范围，比如开展多种经营等。

物资选购权。在出版发行行业表现为批发、零售企业可以自行选择出版物供货单位、供货形式、供货品种和数量，自主签订买卖合同，并可以自主进行与出版物有关的各种物资调剂。出版发行企业有权拒绝执行任何部门和地方政府以任何方式为出版发行企业指定的供货单位和供货渠道。

出版物销售权，包括出版物定价权和自销权。出版单位出版的出版物，除国务院物价部门和省级政府物价部门管理价格的教科书等少数品种外，由出版单位自主定价。出版发行企业提供的加工、技术协作等劳务，由出版发行企业自主定价。出版单位可以在全国范围内自主发行本出版单位出版的出版物，不得发行其他出版单位出版的出版物。任何部门和地方政府不得对其采取封锁、限制和其他歧视性措施。

联营、兼并权。出版发行企业依照法律法规规定，有权与其他企业、事业单位联营。按照自愿、有偿的原则，可以兼并其他企业，但要报政府主管部门备案。

(2) 人、财、物方面的权利。

人事劳动管理权，包括内部机构设置权、人事管理权、劳动用工权、工资奖金分配权等。出版发行企业有权决定内部机构的设立、调整和撤销，决定企业的人员编制；有权拒绝任何部门和单位提出的设置对口机构、规定人员编制和级别待遇的要求，法律另有规定和国务院有特殊规定的，从其规定。按照德才兼备、任人唯贤的原则和责任与权利相统一的要求，自主行使人事管理权。按照面向社会、公开招收、全面考核、择优录用的原则，自主决定招工的时间、条件、方式、数量。企业有权依照政府规定的工资总额与经济效益挂钩的办法来确定企业的工资总额；在提取的工资总额内，企业有权自主使用、自主分配工资和奖金。企业也有权根据职工的劳动技能、劳动强度、劳动责任、劳动条件和实际贡献，决定工资奖金的分配档次。

投资决策权，包括向国内外投资的决定权和选择折旧办法权等。出版发行企业依照法律和国务院有关规定，有权以留用资金、实物、土地使用权、工业产权和非专利技术等向国内各地区、各行业的企业、事业单位投资，购买和持有其他企业的股份。经政府有关部门批准，也可以向境外投资或在境外开办企业。出版发行企业按照国家统一制定的有关固定资产折旧的规定，有权选择具体的折旧办法，确定加速折旧的幅度。

留用资金支配权。企业在保证实现企业财产保值、增值的前提下，有权自主确定税后留用利润中各项基金的比例和用途，报政府有关部门备案。

资产处置权。企业根据生产经营需要，对一般固定资产可以自主决定出租、抵押或者有偿转让；对重要建筑物可以出租，经政府主管部门批准也可以抵押、有偿转让。法律和行政法规另有规定的除外。企业处置固定资产，应当依照国家有关规定进行评估。

债券发行权。企业有权依照企业法和国务院发布的《企业债券管理条例》的规定，在境内发行债券。

拒绝摊派权。企业有拒绝任何部门和单位向企业摊派人力、物力、财力的权利。企业可以向审计部门或者其他政府有关部门控告、检举、揭发摊派行为，要求作出处理。除法律和国务院另有规定外，企业有权抵制任何部门和单位对企业进行检查、评比、达标、升级、鉴定、考试、考核。

2. 出版物市场主体的义务

出版物市场主体的义务是指出版发行企业具有法律所规定的为一定行为或不为一定行为的责任。根据现行法律法规的有关规定，出版发行企业的义务可以概括为企业对国家的义务、企业对社会的义务和企业对职工的义务三个方面。

（1）企业对国家的义务。

完成指令性计划的义务。我国经济正在由计划体制向市场体制转变。改革计划体制的重要内容之一，就是缩小指令性计划的范围。但对部分产品的生产，国家仍然有权下达指令性计划。指令性计划具有强制性，承担指令性计划任务的企业，要履行"必须完成指令性计划"的义务。

提高劳动生产率，节约能源和原材料，努力降低成本的义务。企业必须保障固定资产的正常维修、改进和更新设备，节约能源和原材料，合理使用劳动力，努力降低产品成本，提高劳动生产率。

依法纳税，保证企业财产保值、增值的义务。企业必须坚持工资总额增长幅度低于本企业经济效益增长幅度、职工实际平均工资增长幅度低于本企业劳动生产率增长幅度的原则。企业职工工资总额基数的确定与调整，应当报政府有关部门审查核准。企业必须严格执行国家财政、税收和国有资产管理的法律、法规，依法缴纳税金、费用和利润，并定期进行财产盘点和审计，做到账实相符；如实反映企业经营成果，不得造成利润虚增或者虚盈实亏，确保企业财产的保值、增值；接受财政、审计、劳动工资和物价等机关的监督。

维护生产秩序，保护国家财产的义务。企业必须加强保卫工作，维护生产秩序，保护其经营管理的国家财产不受侵犯。

（2）企业对社会的义务。

保证产品质量和服务质量的义务。对于出版业来说，出版发行企业必须建立和健全全面质量管理制度，保证出版物质量和服务质量，对读者、消费者负责。企业因出版、销售质量不合格出版物，给读者、消费者造成损害的，应当承担赔偿责任。

履行合同和协议的义务。合同和协议依法成立，具有法律效力。企业应当本着重合同、守信用的原则，按照合同和协议中约定的条件，履行自己的全部义务。由于企业的过错，造成合同、协议不能履行或不能完全履行的，要由企业承担违约责任。

（3）企业对职工的义务。

搞好职工教育，提高职工队伍素质的义务。企业应当加强思想政治教育、法制教育、国防教育、科学文化教育和技术业务培训，提高职工队伍素质。

支持职工开展科技活动和劳动竞赛的义务。企业应当支持和奖励职工进行科学研究、发明创造，开展技术革新、合理化建议和社会主义劳动竞赛活动。

实行安全生产的义务。企业必贯彻安全生产制度，改善劳动条件，做好劳动保护工作，实行安全生产。

第二节　出版物市场主体设立管理

不同组织形式的出版物市场主体不是固有的，而是按照法定的设立方式建立起来的。市场主体的设立是指其依法取得出版发行资格的行为。它是市场主体产生和存在的前提，也是市场主体从事出版发行活动的必要条件。市场主体设立管理，是对其设立行为进行规范。通常情况下，市场主体的设立管理主要包括市场主体设立应遵循的原则、设立条件管理和设立程序管理。

一、市场主体的设立原则

市场主体的设立原则是指设立市场主体所必须遵循的原则，它决定市场主体设立登记的基本条件和基本程序。它是对设立市场主体所持的基本态度或基本要求，也是为规范市场主体设立行为所采取的必要措施。我国市场主体的设立原则是在总结国外市场主体设立原则的基础上结合我国的具体实际建立的。

（一）一般市场主体的设立原则

一般市场主体的设立原则，是指设立普通类型的市场主体所必须遵守的基本准则。由于不同历史时期不同国家的政治和经济体制不同，以及不同类型的市场主体的社会关系不同，市场主体的设立原则也不完全一致。从历史上看，一般市场主体的设立原则主要包括自由设立原则、特许设立原则、核准设立原则和准则设立原则。

1. 自由设立原则

自由设立原则，是指政府对市场主体的设立不加任何干预，设立时不需要经过任何法定程序，只要各发起人之间达成设立合意即可宣告市场主体的设立。

自由设立又可以具体分为完全的自由设立和部分的自由设立。在完全自由设立条件下，设立市场主体完全是发起人自主决定的行为，法律对设立市场主体没有任何强制性限制，政府也不设立专门的或兼职的监管机关，发起人可以按照其主观意愿完全自由地设立各种类型的市场主体。在部分自由设立原则条件下，仅对某些类型市场主体的设立采取自由设立原则，发起人可以自由地设立市场主体；其他类型市场主体的设立，则具有比较严格的限制制度，一般不得自由设立。

自由设立是在中世纪末公司制度处于萌芽时期时西方国家采用的方式，是同当时资产阶级反对封建势力、提倡民主自由相联系的。由于过分自由不需任何手续，政府无法掌握各行业企业的发展状况，更无从监督，因此，这种方式很快被各国舍弃而成为历史。

2. 特许设立原则

特许设立原则，是指市场主体须经特别立法或基于国家元首命令而设立。这种市场主体设立又可以具体分为普通法人市场主体特许原则和特殊法人市场主体特许原则。普通法人市场主体特许原则，要求设立任何业务范围和任何规模的法人市场主体，都必须经国家元首或法定的特许机关颁发特许状或特许令，否则不得设立。特殊法人市场主体特许原则，要求设立普通法人市场主体不需要经过特许，而设立在业务范围和规模上比较特殊的市场主体，则需要经国家元首或法定特许机关颁发特许状或特许令，否则该市场主体不得设立。

这一方法在16—19世纪为一些西方国家所采用。特许设立是与政府保持对市场主体的垄断和特权相适应的。由于设立程序繁琐，限制过严，不利于市场主体的发展，因此，这一方式目前仅在很小范围内使用。如许多国家颁布中央银行法，设立中央银行，但对绝大多数市场主体，则不采取特许设立方式。

3. 核准设立原则

核准设立原则，是指设立市场主体除必须符合相应的法定要件外，还必须经过行政机关审批许可，再到登记主管机关依法登记注册后才能宣告市场主体的设立。核准设立虽不需专门立法和元首特许，但也须两个部门审批，与特许设立相比有所简化。这种市场主体设立又可以分为单纯的核准原则和依法核准原则。在单纯核准原则条件下，监管机关享有绝对按照其审核结果，作出是否允许市场主体设立的决定权力。在依法核准原则条件下，市场主体设立必须具备法律规定的全部要件，但即使具备了全部法律规定的要件，是否能够设立市场主体还必须经监管机关批准。

19世纪的法国、德国等均采用核准设立。随着资本主义经济的进一步发展，西方国家认为核准手续繁琐，具有较强的行政干预特性，故不再采用。目前仅一部分第三世界国家采用此方法。

4. 准则设立原则

准则设立原则，是指设立市场主体不需要经任何行政管理机关批准，只要经设立监管机关审核具备法律要求的各项设立条件，就可经监管机关登记宣告市场主体设立。这种市场主体设立原则又可分为单纯准则原则和严格准则原则。单纯准则原则要求设立监管机关只需对市场主体是否符合法定的设立条件进行审核，审核合格就必须允许市场主体设立，设立监管机关不享有市场主体设立的批准权力。严格准则原则既规定市场主体的设立要件及设立责任，又强调法院、行政管理机关对市场主体的监督。

单纯准则设立手续简便，有法可依，减少了行政机关对市场主体设立的干预，这一方法在20世纪被西方各国普遍采用。但单纯准则设立易导致滥设市场主体的严重后果，因此西方各国在总结单纯准则设立的基础上进而实行严格准则设立。

（二）我国出版物市场主体的设立原则

我国的政治、经济和文化制度，以及目前的管理体制，决定了出版物市场主体设立由国家特定的业务主管部门和行政管理机关，依据核准设立原则，通过对出版物市场主体的审批、登记管理活动来进行。

核准设立原则要求我国出版物市场主体的设立需先经上级行政主管部门批准，再到登记主管机关依法核准登记注册。核准设立在国家对出版物市场主体的宏观调控和事前监督方面发挥了应有的作用。

我国于2020年最新修订的《出版管理条例》第12条规定："设立出版单位，由其主办单位向所在地省、自治区、直辖市人民政府出版行政主管部门提出申请；省、自治区、直辖市人民政府出版行政主管部门审核同意后，报国务院出版行政主管部门审批。设立的出版单位为事业单位的，还应当办理机构编制审批手续。"

第31条规定："从事出版物印刷或者复制业务的单位，应当向所在地省、自治区、直辖市人民政府出版行政主管部门提出申请，经审核许可，并依照国家有关规定到工商行政管理部门办理相关手续后，方可从事出版物的印刷或者复制。未经许可并办理相关手续的，不得印刷报纸、期刊、图书，不得复制音像制品、电子出版物。"

第35条规定："单位从事出版物批发业务的，须经省、自治区、直辖市人民政府出版行政主管部门审核许可，取得《出版物经营许可证》。单位和个体工商户从事出版物零售业务的，须经县级人民政府出版行政主管部门审核许可，取得《出版物经营许可证》。"

第36条规定："通过互联网等信息网络从事出版物发行业务的单位或者个体工商户，应当依照本条例规定取得《出版物经营许可证》。提供网络交易平台服务的经营者应当对申请通过网络交易平台从事出版物发行业务的单位或者个体工商户的经营主体身份进行审查，验证其《出版物经营许可证》。"

第43条规定："设立出版物进口经营单位，应当向国务院出版行政主管部门提出申请，经审查批准，取得国务院出版行政主管部门核发的出版物进口经营许可证后，持证到工商行政管理部门依法领取营业执照。设立出版物进口经营单位，还应当依照对外贸易法律、行政法规的规定办理相应手续。"

二、市场主体的设立条件

市场主体是独立或者相对独立的社会经济实体，必须承担相应的内部责任和社会责任。特别是在采取核准设立原则的条件下，必须对市场主体的设立规定严格的条件，以保证市场主体能够具备完善的生产经营条件，保证其能够正常地从事生产经营活动，保护市场主体业务关系主体的正当权益，维护正常的出版物市场秩序。

（一）一般市场主体的设立条件

一般市场主体的设立条件，是指普通的市场主体设立所必须具备的基本法定条件。一般市场主体要进行正常的生产经营活动，都必须具备基本的生产经营条件，包括生产经营活动的目的、财产状况、从业人员以及组织机构和制度等。

1. 生产经营活动的目的

市场经济条件下的市场主体，必须具有一定的生产经营活动目的，主要是以满足不同的社会商品服务需要和实现自身的生产经营收益为目的。市场主体的生产经营活动必须以满足社会需要为基本前提，如果不以满足社会需要为目的，法律一般禁止设立。

2. 财产状况

市场主体以具备一定的财产作为其从事生产经营活动的物质基础。通常，市场主体的财产主要包括资本或资金以及生产经营场所。

市场主体的资本或资金主要表现为：独立的具有法人资格的市场主体，其资本或资金应达到法定资本最低限额；非独立的不具有法人资格的经营主体，其资本或资金应与其从事的生产经营活动相适应。资本或资金既可以是货币资金，也可以是其他的有形财产或无形财产。但应注意的是，如果采用非货币资产出资，该资产必须经法定评估机构进行价值评估。如果采用无形资产出资，其价值总额应有一定限制。

市场主体的生产经营场所主要表现为满足其生产经营需要的固定的业务活动场所，这是其进行生产经营活动的物质基础，也是其承担责任的物质条件。

3. 从业人员

从业人员主要包括市场主体的管理人员和生产经营人员。设立市场主体必须具有符合条件的具有完全行为能力的管理人员，同时还必须具有相应的从事具体业务活动的人员。

管理人员应具有相应的管理能力，并具有管理该市场主体的业务素质。业务人员则必须经过相应的业务培训，取得了从事相关业务活动的法定资格证明，并获得了该市场准入证书。另外，达到某种业务处理水平的业务人员还必须达到法律规定的数额比例标准。否则，也不能设立从事某种特定生产经营活动的市场主体。

4. 组织机构和制度

组织机构和制度主要包括市场主体的名称、组织机构和组织制度。

市场主体的名称是一个市场主体区别于其他市场主体的标志或符号，一般情况下，市场主体享有其经法定程序注册的市场主体名称的专有权，其他市场主体非经许可不得擅自使用。市场主体的名称一般由地名、字号、行业名和性质四部分组成。

市场主体的组织机构包括法定的组织机构和自定的组织机构两类。在有法定组织机构条件要求时，必须依法设立法定组织机构，自定的组织机构应本着合理的原则设定。

市场主体的组织制度则包括组织协议、组织章程和管理制度。组织协议是指不具有法人资格的市场主体，其全体发起人共同订立的合伙协议或合作协议；组织章程是指具有法人资格的市场主体订立的从事生产经营活动的基本行为准则；管理制度则是市场主体按法律规定的条件制定的规范其具体业务行为的内部业务经营制度。

（二）出版物市场主体的设立条件

我国《出版管理条例》对设立出版单位、设立出版物进口经营单位规定了应具备的条件，同时还规定："国务院出版行政主管部门负责全国的出版活动的监督管理工作。国务院其他有关部门按照国务院规定的职责分工，负责有关的出版活动的监督管理工作。县级以上地方各级人民政府负责出版管理的部门（以下简称出版行政主管部门）负责本行政区域内出版活动的监督管理工作。县级以上地方各级人民政府其他有关部门在各自的职责范围内，负责有关的出版活动的监督管理工作。"

2016 年 4 月 26 日新闻出版广电总局公布了最新修订的《出版物市场管理规定》，其中就设立出版物发行企业应具备的条件，作了明确规定。概括起来，我国设立出版物市场主体应具备如下条件：

1. 组织机构和专业人员

出版物的出版、印刷、发行是专业性很强的行业，根据出版发行活动的特征，从事出版物经营活动应当具备适应业务范围需要的组织机构，有取得国家出版专业技术人员资格的编辑人员和出版物发行员资格的发行人员。因此，组织机构和专业人员是出版发行单位的基本要素，也是决定出版发行活动的最主要的因素。

出版发行单位的组织机构是对出版物进行编辑、出版、印刷、发行等活动实行计划、组织、指挥、协调和控制的内部管理组织，是依法设立出版发行单位的决策、管理和执行、监督体系。

专业人员包括编辑、技术、发行和管理人员四类。编辑、技术和发行人员是指具有相应的专业知识和技能的编辑、美术设计、制作、校对、发行人员等；管理人员是指行政、后勤人员和财务人员等。

《出版管理条例》要求："设立出版单位，应有适应业务范围需要的组织机构和符合国家规定的资格条件的编辑出版专业人员。"

《出版物市场管理规定》第 24 条要求："出版物发行从业人员应接受出版行政主管部门组织的业务培训。出版物发行单位应建立职业培训制度，积极组织本单位从业人员参加依法批准的职业技能鉴定机构实施的发行员职业技能鉴定。"

《图书出版管理规定》要求，"设立图书出版单位，有适应图书出版需要的组织机构和符合国家规定资格条件的编辑出版专业人员"；"申请设立图书出版单位要提交编辑出版人员的出版专业职业资格证书"。

《电子出版物管理规定》要求，"电子出版物出版单位要有适应业务范围需要的组织机构，有 2 人以上具有中级以上出版专业职业资格"等。

《网络出版服务管理规定》要求，"从事网络出版服务的出版单位要有符合国家规定的法定代表和主要负责人，法定代表必须是在境内长久居住的具有完全行为能力的中国公民，法定代表和主要负责人至少 1 人应当具有中级以上出版专业人员职业资格"；"除法定代表和主要负责人外，有适应网络出版服务范围需要的 8 名以上具有国家新闻出版广电总局认可的出版及相关专业技术职业资格的专职编辑出版人员，其中具有中级以上职业资格的人员不得少于 3 名"。

（1）出版专业技术人员职业资格。

职业资格是对从事某一职业所必备的学识、技术和能力的基本要求。职业资格包括从业资格和执业资格。从业资格是指从事某一专业（工种）所必备的学识、技术和能力的起点标准。执业资格是指政府对某些责任较大、社会通用性强、关系公共利益的专业（工种）实行准入控制，要求依法独立开业或从事这类特定专业（工种）所需学识、技术和能力的必备标准。① 我国从 1994 年开始，伴随着社会主义市场经济体制的建立和发展，已在 22 类专业（工种）建立了职业资格制度。具备相关行业专业技术人员，通过各种考试取得了相应的职业资格证书，持证从业、上岗、执业。这种借鉴国际通行惯例，与社会经济发展密切相关的人才评价制度，已受到社会各界特别是广大专业技术人员的关注和重视。根据出版专业事关公众利益和国家安全、技术性强、对从业人员要求高的特点，2001年 8 月 7 日，国家人事部、新闻出版署根据国务院《出版管理条例》和《音像制品管理条例》的有关精神及职业资格证书制度的有关规定，制定了《出版专业技术人员职业资格考试暂行规定》，决定从 2002 年起对出版专业技术人员实行职业资格证书制度，并将此纳入全国专业技术人员职业资格制度的统一规划之中。2007 年 12 月 26 日新闻出版署第 2 次署务会议通过《出版专业技术人员职业资格管理规定》，并于 2008 年 6 月 1 日起施行。

2004 年行政许可法实施之后，出版专业技术人员职业资格审批由规章、规范性文件设定，属于国家新闻出版署保留的行政审批项目，但在国务院的保留决定中没有直接列在新闻出版署名下，而是体现在决定的第 84 项，即"列入政府管理范围的专业技术人员执业资格审批"，实施机关是：人事部、国务院各有关主管部门，包括现在的国家新闻出版署。因此，国家新闻出版署据此可以实施出版专业人员职业资格审批。②

出版专业技术人员职业资格（以下简称出版专业资格），是国家对出版从业人员从事出版专业技术工作所必备的素质和能力的认定。国家对在报纸、期刊、图书、音像、电子、网络出版单位从事出版专业技术工作的人员实行职业资格制度，对职业资格实行登记注册管理。

建立和实施出版专业技术人员职业资格制度的范围是在图书、非新闻性期刊、音像、电子、网络出版单位内承担内容加工整理、装帧和版式设计等工作的编辑人员和校对人员，以及在报纸、新闻性期刊出版单位从事校对工作的专业技术人员。凡在正式出版单位工作的专业技术人员，必须通过国家统一组织的出版专业资格考试，取得规定级别的出版专业资格，持相应的《中华人民共和国出版专业资格证书》上岗。

出版专业资格分为初级资格、中级资格、高级资格。职业资格登记有效期 3 年，每 3年续展登记一次。超过 3 个月不作续展登记的，原登记自动失效。初级资格也就是从事出版专业岗位工作的上岗证。根据《出版专业技术人员职业资格管理规定》，凡在出版单位从事出版专业技术工作的人员，必须在到岗 2 年内取得出版专业职业资格证书，并按本规定办理登记手续，否则，不得继续从事出版专业技术工作；中级资格是在出版专业某些关键岗位工作的必备条件。凡取得中级资格者，可以根据《出版专业技术人员职业资格管理规定》有关规定，受聘担任责任编辑职务；凡在出版单位担任社长、总编辑、主编、编辑

---

① 那拓祺. 我国实施出版专业职业资格制度的意义和主要内容［J］. 出版科学，2003（2）.

② 孔繁丽. 新闻出版总署对行政审批制度改革情况进行通报，继续深化行政审批制度改革［EB/OL］. ［2023-02-01］. http：//www. shdf. gov. cn/contents/767/46782. html.

室主任（均含副职）职务的人员，除应具备国家规定的任职条件外，还必须具有中级以上出版专业职业资格并履行登记、注册手续。出版专业实行职业资格考试制度后，不再进行相应级别出版专业技术职务任职资格的评审工作。

目前，初级、中级职业资格可以通过全国出版专业技术人员职业资格考试取得，高级职业资格则通过考试、按规定评审取得。全国出版单位出版专业技术人员职业资格的监督管理工作和中央在京出版单位出版专业技术人员职业资格登记注册工作由国家新闻出版署负责。省、自治区、直辖市新闻出版行政主管部门负责本行政区域内的出版专业技术人员职业资格登记注册及管理工作。

出版专业资格实行全国统一的考试制度，由国家统一组织、统一时间、统一大纲、统一试题、统一标准、统一证书。出版专业资格实行一考多用原则。通过出版专业资格考试并获得该专业相应级别职业资格证书的专业技术人员，表明其已具备出版专业相应岗位职业资格和担任相应级别出版专业职务的水平与能力，用人单位可根据工作需要，从中择优聘用。《出版专业技术人员职业资格证书》由人事部统一印制，人事部和国家新闻出版署共同用印，在全国范围内有效。

出版专业职业资格制度是一个完整的制度体系和系统工程。国家对出版专业技术人员实行资格考试、持证上岗和资格管理，既加强了出版从业人员在从事出版专业技术工作资格准入方面的源头控制，提高了进入出版专业领域工作的“门槛”，又可通过对出版专业技术人员资格、岗位、绩效考核，继续教育等，从制度上实施全方位的管理，达到加强对出版物市场和出版活动管理的目的。[1]

（2）出版专业技术人员职称制度。

2021 年 1 月 28 日，人力资源社会保障部和国家新闻出版署联合印发了《关于深化出版专业技术人员职称制度改革的指导意见》。该意见对出版专业技术人员职称的制度体系进行了完善：第一，统一职称名称。出版专业技术人员职称设初级、中级、高级，初级只设助理级，高级分设副高级和正高级。初级、中级、副高级、正高级的名称分别为助理编辑、编辑、副编审、编审。原技术设计员、助理技术编辑、三级校对、二级校对对应助理编辑，原技术编辑、一级校对对应编辑。第二，实现职称制度与职业资格制度有效衔接。健全完善出版专业技术人员职业资格考试制度，并与职称制度实现有效衔接。通过出版专业技术人员职业资格考试取得的初级、中级职业资格，即对应相应层级的职称，并作为申报高一级职称的条件。第三，出版专业技术人员各层级职称分别与事业单位专业技术岗位等级相对应。正高级对应专业技术岗位一级至四级，副高级对应专业技术岗位五级至七级，中级对应专业技术岗位八级至十级，初级对应专业技术岗位十一级至十三级。

出版专业技术人员初级、中级实行以考代评的方式，不再进行相应的职称评审或认定。初级、中级考试由全国统一组织、统一科目、统一大纲。人力资源社会保障部会同国家新闻出版署可以单独制定从事少数民族语言文字出版工作的出版专业技术人员考试合格标准。副高级和正高级一般采取评审方式。职称评审坚持同行评议，综合采用个人述职、面试答辩、业绩展示等多种形式，确保客观公正。

（3）继续教育。

---

[1]　那拓祺. 我国实施出版专业职业资格制度的意义和主要内容［J］. 出版科学，2003（2）.

2020 年 9 月 24 日，国家新闻出版署、人力资源社会保障部发布了《出版专业技术人员继续教育规定》（以下简称《规定》），原新闻出版总署印发的《出版专业技术人员继续教育暂行规定》（新出政发〔2010〕10 号）同时废止。该《规定》要求对出版专业技术人员进行以政治理论、法律法规、业务知识、技能训练和职业道德等为内容的教育活动。其中，第 13 条规定："出版专业技术人员参加继续教育的时间每年累计不少于 90 学时。其中，专业科目学时一般不少于总学时的三分之二。出版专业技术人员参加继续教育取得的学时，在全国范围内当年度有效，不得结转或顺延至下一年度。"该《规定》还强调出版单位应当建立本单位出版专业技术人员继续教育与使用、晋升相衔接的激励机制，把出版专业技术人员参加继续教育情况作为出版专业技术人员考核评价、岗位聘用的重要依据。专业技术人员参加继续教育情况，应当作为聘任专业技术职务或者申报评定上一级职称的重要条件，作为出版专业技术人员职业资格登记注册（续展）的必要条件。省级及以上新闻出版主管部门、人力资源社会保障部门应当依法对出版专业技术人员继续教育机构、出版单位执行本规定的情况进行监督。

2. 财产

财产是指出版发行企业享有所有权或者经营管理权的财产，出版发行企业对这些财产应该享有独立的法人财产权，即法人可以依法占有、使用、收益和处分这些财产。

出版发行单位要开展正常的生产经营活动，以自己的名义享有权利，承担义务，就必须有其可以独立支配的财产，包括资金、设备、固定的工作场所等。资金是保证出版发行活动正常进行的经济基础。注册资本包括固定资产和流动资金。对出版发行单位而言，除拥有相应的设备和资金以外，出版发行出版物的场所也是必不可少的物质条件。场所是进行出版物编辑、出版、发行活动的地方，是保证出版物出版发行的基本条件。

为了保证出版发行企业出版发行活动正常进行，我国《出版管理条例》《出版物市场管理规定》分别对从事出版、发行工作的单位应具备的财产最低限额作了规定。

《出版管理条例》规定，设立出版单位应具有"30 万元以上的注册资本和固定的工作场所"，这一规定是与其业务范围相适应的，包括注册资金和工作场所，主要用于开展出版物的出版发行活动。

《出版物市场管理规定》要求："单位从事出版物批发业务，应当有与出版物批发业务相适应的设备和固定的经营场所，经营场所面积合计不少于 50 平方米；单位、个人从事出版物零售业务，应当有固定的经营场所；单位从事中小学教科书发行业务，应当具有能够保证中小学教科书储存质量要求的、与其经营品种和规模相适应的储运能力、在拟申请从事中小学教科书发行业务的省、自治区、直辖市、计划单列市的仓储场所面积在 5000平方米以上，并有与中小学教科书发行相适应的自有物流配送体系。"

3. 章程

章程是规定出版发行企业组织和行为准则的书面文件，经登记主管机关批准后具有法律效力。章程在出版发行企业设立及其运作中具有十分重要的作用。

一般来说，企业章程是规定企业权利义务和调整企业内外关系的准则，具有规范性。它是企业申明其宗旨、资产状况、组织形式和组织机构、基本权利义务、内部管理制度及分配原则的行为准则文件。企业章程从根本上决定企业的组织原则、活动范围以及发展方向。

同时，企业章程虽然是由企业自身制定的，但当企业向登记主管机关提交之后，就意味着企业向政府提供了一种书面保证，保证按照章程所规定的准则规范从事经营活动。登记主管机关核准企业章程，就意味着代表政府接受了企业的保证，从而使企业的自律性文件上升为政府规范企业的依据。① 因此，企业章程对企业具有法律约束力，企业必须遵循其章程进行活动。企业如有违反企业章程的行为，政府主管部门、登记主管机关有权干预和处罚，直至吊销营业执照。

出版发行企业章程，是根据出版发行单位的业务性质和工作需要而制定的内部总的规章制度，主要包括经济性质、业务范围、经营管理方式、组织原则等，它集中反映和规定了出版发行单位的基本情况和主要事项，是从事出版发行活动的准则和纲领，对出版发行单位的业务工作起着指导作用。

出版发行企业的章程应当包括以下内容：出版发行单位的名称和住所，经营范围，注册资本，主办单位及其主管机关的名称和法定代表人，出版发行单位的机构及其产生办法、职权、议事规则，出版发行单位的法定代表人等。

(三) 各出版物发行单位的设立条件

1. 出版物批发单位的设立条件

设立出版物批发企业或者其他单位从事出版物批发业务，应当具备下列条件：

(1) 已完成工商注册登记，具有法人资格；

(2) 工商登记经营范围含出版物批发业务；

(3) 有与出版物批发业务相适应的设备和固定的经营场所，经营场所面积合计不少于50平方米；

(4) 具备健全的管理制度并具有符合行业标准的信息管理系统。

这里所指经营场所，是指企业在工商行政主管部门注册登记的住所。

单位申请从事出版物批发业务，可向所在地地市级人民政府出版行政主管部门提交申请材料，地市级人民政府出版行政主管部门在接受申请材料之日起10个工作日内完成审核，审核后报省、自治区、直辖市人民政府出版行政主管部门审批；申请单位也可直接报所在地省、自治区、直辖市人民政府出版行政主管部门审批。

2. 出版物零售单位的设立条件

单位、个人从事出版物零售业务，应当具备下列条件：

(1) 已完成工商注册登记；

(2) 工商登记经营范围含出版物零售业务；

(3) 有固定的经营场所。

单位、个人申请从事出版物零售业务，须报所在地县级人民政府出版行政主管部门审批。

3. 单位从事中小学教科书发行业务应当具备的条件

单位从事中小学教科书发行业务，应取得国家新闻出版广电总局批准的中小学教科书发行资质，并在批准的区域范围内开展中小学教科书发行活动。单位从事中小学教科书发

---

① 刘建一. 市场主体登记管理 [M]. 北京：北京工业大学出版社，1998：110.

行业务，应当具备下列条件：

（1）以出版物发行为主营业务的公司制法人；

（2）有与中小学教科书发行业务相适应的组织机构和发行人员；

（3）有能够保证中小学教科书储存质量要求的、与其经营品种和规模相适应的储运能力，在拟申请从事中小学教科书发行业务的省、自治区、直辖市、计划单列市的仓储场所面积在 5000 平方米以上，并有与中小学教科书发行相适应的自有物流配送体系；

（4）有与中小学教科书发行业务相适应的发行网络。在拟申请从事中小学教科书发行业务的省、自治区、直辖市、计划单列市的企业所属出版物发行网点覆盖不少于当地 70%的县（市、区），且以出版物零售为主营业务，具备相应的中小学教科书储备、调剂、添货、零售及售后服务能力；

（5）具备符合行业标准的信息管理系统；

（6）具有健全的管理制度及风险防控机制和突发事件处置能力；

（7）从事出版物批发业务五年以上。最近三年内未受到出版行政主管部门行政处罚，无其他严重违法违规记录。

审批中小学教科书发行资质，除依照前款所列条件外，还应当符合国家关于中小学教科书发行单位的结构、布局宏观调控和规划。

4. 网络出版服务单位的设立条件

在我国，出版单位和其他单位从事网络出版服务所需具备的条件有所不同。出版单位由于已经拥有一定的出版条件，其申请从事网络出版服务的门槛较低，而其他单位若想从事网络出版服务，则需要满足更多的条件。

图书、音像、电子、报纸、期刊出版单位从事网络出版服务，应当具备以下条件：

（1）有确定的从事网络出版业务的网站域名、智能终端应用程序等出版平台。网域名称，简称域名、网域，是由一串用点分隔的字符组成的互联网上某一台计算机或计算机组的名称，用于在数据传输时标识计算机的电子方位，每一个域名注册查询都是独一无二的、不可重复的。智能终端是指安装具有开放式操作系统，使用宽带无线移动通信技术实现互联网接入，通过下载、安装应用软件和数字内容为用户提供服务的终端产品。提供网络出版服务的机构必须具备与其业务相符合网站域名、智能终端应用程序等出版平台，这样才能通过它们创建公开的互联网资源或运行网站，从而使其他人能够轻松访问这些资源，获取网络出版服务。

（2）有确定的网络出版服务范围。网络出版服务范围，是出版单位从事网络出版服务的范围，是其网络出版经营活动的界限。网络出版服务范围，由相关单位的申请者确定，并依法由出版行政主管部门和工商行政管理部门核定。《互联网信息服务管理办法》第 11条规定："互联网信息服务提供者应当按照经许可或者备案的项目提供服务，不得超出经许可或者备案的项目提供服务。"《网络出版服务管理规定》第 20 条规定："网络出版服务单位应当按照批准的业务范围从事网络出版服务，不得超出批准的业务范围从事网络出版服务。"

（3）有从事网络出版服务所需的必要的技术设备，相关服务器和存储设备必须存放在中华人民共和国境内。网络出版服务的是技术含量较高的工作，因此技术设备是从事网络出版服务的必要基础设施。"相关服务器和存储设备必须存放在中华人民共和国境内"则是确立行政管理部门依据《网络出版服务管理规定》实施监管时的有效范围和明确管理对象空间界限的需要，即不仅从事网络出版服务的企业主体需要在境内，其从事服务活动的设备也需要存放在境内。网络出版单位的服务器和存储设备中通常存储着大量的公民信息和相关数据，一旦泄露，公民的信息安全将受到威胁。规定网络出版服务单位的相关设备必须存放在中华人民共和国境内，既是出于管理的需要，也是对我国公民的信息安全负责。

其他单位从事网络出版服务，除以上条件外，还应当具备以下条件：

（1）有确定的、不与其他出版单位相重复的，从事网络出版服务主体的名称及章程；出版单位的名称是一出版单位区别于另一出版单位以及其他任何主体的标志。章程是规定出版单位组织和行为准则的书面文件，经登记主管机关批准后具有法律效力，章程在出版单位的设立及运作中具有十分重要的作用。由于名称和章程对于出版单位具有重要意义，因此法律要求其他单位从事网络出版服务必须有确定的、不与其他出版单位相重复的，从事网络出版服务主体的名称及章程。

（2）有符合国家规定的法定代表人和主要负责人，法定代表人必须是在境内长久居住的具有完全行为能力的中国公民，法定代表人和主要负责人至少1人应当具有中级以上出版专业技术人员职业资格；法定代表人是指依法代表法人行使民事权利，履行民事义务的主要负责人。一般情况下，法定代表人不仅能够对外代表商事主体行使职权，而且也是商事主体内部的最高行政首长，全面负责商事主体的经营管理，同时承担相应的领导责任。网络出版服务单位必须具备法定代表人和主要负责人，才能建立完善的法人治理结构。同时《网络出版服务管理规定》对法定代表人提出了任职限制，即法定代表人必须是在境内长久居住的具有完全行为能力的中国公民。这条规定以及《网络出版服务管理规定》第10条"中外合资经营、中外合作经营和外资经营的单位不得从事网络出版服务"均对外资进入我国网络出版服务领域进行了限制。另外法定代表人和主要负责人至少1人应当具有中级以上出版专业技术人员职业资格。这是根据《出版管理条例》和我国出版专业人员职业资格制度制定。

（3）除法定代表人和主要负责人外，有适应网络出版服务范围需要的8名以上具有国家新闻出版广电总局认可的出版及相关专业技术职业资格的专职编辑出版人员，其中具有中级以上职业资格的人员不得少于3名。网络出版服务虽然在表现形式、传播渠道、消费体验等方面与传统出版有着明显差异，但其属性并无根本变化，核心任务仍然是思想、文化和知识的传播，同样担负着传承文明、塑造灵魂、提升国民素质、满足精神需求的责任使命。因此，要为广大用户提供合法合规的网络出版物，同样需要对海量内容进行精心的选择、编辑、制作、加工。根据《出版管理条例》有关规定，依据网络出版物的特点和工作需求，拥有必要数量规模的专业编辑出版人员是保障内容质量的基础条件和基本要求。

（4）有从事网络出版服务所需的内容审校制度。网络内容纷繁复杂，网络出版服务单位必须建立符合网络出版物特点的内容审校制度，在互联网上对信息进行编辑加工之后方可提供给广大用户。

（5）有固定的工作场所。网络出版单位要开展正常的生产经营活动，就必须有固定的工作场所。场所是编辑们对网络内容进行编辑、加工、传播的地方，是保证网络出版服务的基本条件。

（6）法律、行政法规和国家新闻出版广电总局规定的其他条件。此项规定是一个兜底条款，旨在为以后新的立法规定的设立条件留下一定的空间。

三、出版物市场主体的设立程序

市场主体是具有法律属性的经济组织，必须经过法定程序依法确立市场主体的合法身份。就一般市场主体而言，只要符合法定设立条件，并向市场主体设立监管机关提供相关证明，即可依法取得市场主体资格。一般市场主体的设立程序，是指具有法人资格的市场主体的设立程序，主要包括发起设立和募集设立程序。发起设立的基本程序主要是指有限责任公司的设立程序及股份有限公司的发起设立程序，具体包括订立发起人协议书、制定公司章程、按照约定缴纳出资、建立公司组织机构以及办理公司设立登记五个步骤。募集设立的基本程序主要是指采用募集方式设立的股份有限公司的设立程序，具体包括订立发起人协议书、起草公司设立文件、各发起人缴纳出资，以及募股的审核与实施、召开公司创立大会和办理公司设立登记六个步骤。

出版物市场主体要取得合法的市场主体资格，就要履行审批登记的程序。主要是指出版物市场主体除完成工商注册登记、具备法定条件外，还得经出版行政主管部门审核批准，才能获得出版物发行的市场主体资格。这是保证出版物市场主体依法设立的重要法律程序。

我国《出版管理条例》和《出版物市场管理规定》规定了设立出版单位、出版物进口经营单位以及出版物批发、零售单位的程序；《音像制品管理条例》规定了设立音像制品出版单位的程序和设立音像制品批发、零售、出租单位的程序；《网络出版服务管理规定》规定了设立从事网络出版服务单位的程序；《出版物市场管理规定》还规定了设立外商投资图书、报纸、期刊批发企业和零售企业的程序，与我国相关出版企业设立程序相同。

（一）申请设立出版物出版发行单位的程序

1. 工商登记

2022年3月1日实施的《中华人民共和国市场主体登记管理条例》第3条和第5条规定：市场主体登记包括设立登记、变更登记和注销登记；国务院市场监督管理部门主管全国市场主体登记管理工作。县级以上地方人民政府市场监督管理部门主管本辖区市场主体登记管理工作，加强统筹指导和监督管理。

第8条规定，市场主体的一般登记事项包括：（1）名称；（2）主体类型；（3）经营范围；（4）住所或者主要经营场所；（5）注册资本或者出资额；（6）法定代表人、执行事务合伙人或者负责人姓名。除前款规定外，还应当根据市场主体类型登记下列事项：（1）有限责任公司股东、股份有限公司发起人、非公司企业法人出资人的姓名或者名称；（2）独资企业的投资人姓名及居所；（3）合伙企业的合伙人名称或者姓名、住所、承担责任方式；（4）个体工商户的经营者姓名、住所、经营场所；（5）法律、行政法规规定的其他事项。

第16条规定：申请办理市场主体登记，应当提交下列材料：（1）申请书；（2）申请人资格文件、自然人身份证明；（3）住所或者主要经营场所相关文件；（4）公司、非公司企业法人、农民专业合作社（联合社）章程或者合伙企业合伙协议；（5）法律、行政法规和国务院市场监督管理部门规定提交的其他材料。

第 21 条规定：申请人申请市场主体设立登记，登记机关依法予以登记的，签发营业执照。营业执照签发日期为市场主体的成立日期。法律、行政法规或者国务院决定规定设立市场主体须经批准的，应当在批准文件有效期内向登记机关申请登记。

第 23 条规定：市场主体设立分支机构，应当向分支机构所在地的登记机关申请登记。

第 24 条规定：市场主体变更登记事项，应当自作出变更决议、决定或者法定变更事项发生之日起 30 日内向登记机关申请变更登记。市场主体变更登记事项属于依法须经批准的，申请人应当在批准文件有效期内向登记机关申请变更登记。

第 31 条规定：市场主体因解散、被宣告破产或者其他法定事由需要终止的，应当依法向登记机关申请注销登记。经登记机关注销登记，市场主体终止。市场主体注销依法须经批准的，应当经批准后向登记机关申请注销登记。

2. 提出申请

申请设立出版单位，应按规定向新闻出版行政主管部门提交申请书、章程及有关证明材料。

《出版管理条例》第 12 条规定，设立出版单位，首先由其主办单位向所在地省、自治区、直辖市人民政府出版行政主管部门提出申请。申请书应当载明下列事项：（1）出版单位的名称、地址；（2）出版单位的主办单位及其主管机关的名称、地址；（3）出版单位的法定代表人或者主要负责人的姓名、住址、资格证明文件；（4）出版单位的资金来源及数额。设立报社、期刊社或者报纸编辑部、期刊编辑部的，申请书还应当载明报纸或者期刊的名称、刊期、开版或者开本、印刷场所。申请书还应当附具出版单位的章程和设立出版单位的主办单位及其主管机关的有关证明材料。

《出版物市场管理规定》第 8 条规定，单位申请从事出版物批发业务，可向所在地地市级人民政府出版行政主管部门提交申请材料。申请材料包括下列书面材料：营业执照正副本复印件；申请书，载明单位基本情况及申请事项；企业章程；注册资本数额、来源及性质证明；经营场所的情况及使用权证明；法定代表人及主要负责人的身份证明；企业信息管理系统情况的证明材料。

《出版物市场管理规定》第 10 条规定，单位、个人申请从事出版物零售业务，须向当地县级人民政府新闻出版行政主管部门提交规定的申请材料，申请材料包括下列书面材料：营业执照正副本复印件；申请书，载明单位或者个人基本情况及申请事项；经营场所的使用权证明。

《出版物市场管理规定》第 12 条规定，单位申请从事中小学教科书发行业务，须向国家新闻出版署提交申请材料。申请材料包括下列书面材料：申请书，载明单位基本情况及申请事项；企业章程；出版物经营许可证和企业法人营业执照正副本复印件；法定代表人及主要负责人的身份证明，有关发行人员的资质证明；最近三年的企业法人年度财务会计报告及证明企业信誉的有关材料；经营场所、发行网点和储运场所的情况及使用权证明；企业信息管理系统情况的证明材料；企业发行中小学教科书过程中能够提供的服务和相关保障措施；企业法定代表人签署的企业依法经营中小学教科书发行业务的承诺书；拟申请从事中小学教科书发行业务的省、自治区、直辖市、计划单列市人民政府出版行政主管部门对企业基本信息、经营状况、储运能力、发行网点等的核实意见；其他需要的证明材料。

3. 审批和许可

任何单位和个人从事出版物出版发行业务，必须经新闻出版行政主管部门审核批准，法律另有规定的除外。

设立出版单位，由其主办单位向所在地省、自治区、直辖市人民政府出版行政主管部门提出申请；省、自治区、直辖市人民政府出版行政主管部门审核同意后，报国务院出版行政主管部门审批。国务院出版行政主管部门应当自受理设立出版单位的申请之日起60日内，作出批准或者不批准的决定，并由省、自治区、直辖市人民政府出版行政主管部门书面通知主办单位；不批准的，应当说明理由。设立出版单位的主办单位自收到批准决定之日起60日内，向所在地省、自治区、直辖市人民政府出版行政主管部门登记，领取出版许可证。

《出版管理条例》将出版单位审批许可的行政机关明确为国务院出版行政主管部门，既排除了出版行政主管部门以外的其他任何部门、单位、个人对出版单位的行政许可权，也排除了国家新闻出版主管部门以外的省、市、县三级政府的出版行政主管部门对出版单位的行政许可权。这样规定，充分考虑了中央事权与地方事权的划分，有利于克服地方保护主义。

申请设立出版物批发企业，或者其他单位申请从事出版物批发业务，须向所在地地市级新闻出版行政主管部门提交申请材料，经审核后报省、自治区、直辖市新闻出版行政主管部门审批。省、自治区、直辖市新闻出版行政主管部门自受理申请之日起20个工作日内作出批准或者不予批准的决定，并书面告知申请人。批准的，由省、自治区、直辖市新闻出版行政主管部门颁发《出版物经营许可证》，并报新闻出版总署备案。不予批准的，应当书面说明理由。

申请设立出版物零售企业，或者其他单位、个人申请从事出版物零售业务，须向当地县级人民政府新闻出版行政主管部门提交规定的申请材料。县级新闻出版行政主管部门应当自受理申请之日起20个工作日内作出批准或者不予批准的决定，并书面告知申请人。批准的，由县级人民政府新闻出版行政主管部门颁发《出版物经营许可证》，并同时报上一级新闻出版行政主管部门备案，其中营业面积在5000平方米以上的应同时报省、自治区、直辖市新闻出版行政主管部门备案。不予批准的，应当书面说明理由。

单位申请从事中小学教科书发行业务，须报国家新闻出版广电总局审批。国家新闻出版广电总局应当自受理之日起20个工作日内作出批准或者不予批准的决定。批准的，由国家新闻出版广电总局作出书面批复并颁发中小学教科书发行资质证。不予批准的，应当向申请单位书面说明理由。

设立外商投资出版物发行企业或者外商投资企业从事出版物发行业务，申请人应向地方商务主管部门报送拟设立外商投资出版物发行企业的合同、章程，办理外商投资审批手续。地方商务主管部门在征得出版行政主管部门同意后，按照有关法律、法规的规定，作出批准或者不予批准的决定。予以批准的，颁发外商投资企业批准证书，并在经营范围后加注"凭行业经营许可开展"；不予批准的，书面通知申请人并说明理由。申请人持外商投资企业批准证书到所在地工商行政主管部门办理营业执照或者在营业执照企业经营范围后加注相关内容，并按照《出版物市场管理规定》第 7 条至第 10 条及第 13 条的有关规定到所在地出版行政主管部门履行审批或备案手续。

单位、个人通过互联网等信息网络从事出版物发行业务的，应当依照《出版物市场管理规定》取得《出版物经营许可证》。已经取得《出版物经营许可证》的单位、个人在批准的经营范围内通过互联网等信息网络从事出版物发行业务的，应自开展网络出版物发行业务 15 日内到原批准的出版行政主管部门备案。

（二）申请设立网络出版服务单位的程序

2016 年 2 月 4 日，由新闻出版广电总局、工业和信息化部联合发布的《网络出版服务管理规定》明确指出，从事网络出版服务，必须依法经过出版行政主管部门批准，取得《网络出版服务许可证》。

1. 提出申请

申请从事网络出版服务，应当向所在地省、自治区、直辖市出版行政主管部门提出申请，申报材料应该包括下列内容：《网络出版服务许可证申请表》；单位章程及资本来源性质证明；网络出版服务可行性分析报告，包括资金使用、产品规划、技术条件、设备配备、机构设置、人员配备、市场分析、风险评估、版权保护措施等；法定代表人和主要负责人的简历、住址、身份证明文件；编辑出版等相关专业技术人员的国家认可的职业资格证明和主要从业经历及培训证明；工作场所使用证明；网站域名注册证明、相关服务器存放在中华人民共和国境内的承诺。

其中，图书、音像、电子、报纸、期刊出版单位从事网络出版服务只需提交《网络出版服务许可证申请表》、工作场所使用证明和网站域名注册证明、相关服务器存放在中华人民共和国境内的承诺。

《网络出版服务许可证》有效期为 5 年。有效期届满，需继续从事网络出版服务活动的，应于有效期届满 60 日前按上述程序提出申请。出版行政主管部门应当在该许可有效期届满前作出是否准予延续的决定。批准的，换发《网络出版服务许可证》。

2. 审批和许可

申请从事网络出版服务，应当向所在地省、自治区、直辖市出版行政主管部门提出申请，经审核同意后，报国家新闻出版署审批。国家新闻出版署应当自受理申请之日起 60 日内，作出批准或者不予批准的决定。不批准的，应当说明理由。

中外合资经营、中外合作经营和外资经营的单位不得从事网络出版服务。网络出版服务单位与境内中外合资经营、中外合作经营、外资经营企业或境外组织及个人进行网络出版服务业务的项目合作，应当事前报国家新闻出版广电总局审批。

此外，网络游戏上网出版前，必须向所在地省、自治区、直辖市出版行政主管部门提出申请，经审核同意后，报国家新闻出版广电总局审批。

3. 登记

设立网络出版服务单位的申请者应自收到批准决定之日起 30 日内办理注册登记手续。持批准文件到所在地省、自治区、直辖市出版行政主管部门领取并填写《网络出版服务许可登记表》。省、自治区、直辖市出版行政主管部门对《网络出版服务许可登记表》审核无误后，在 10 日内向申请者发放《网络出版服务许可证》，并在 15 日内报送国家新闻出版行政主管部门备案。

网络出版服务经批准后，申请者应持批准文件、《网络出版服务许可证》到所在地省、自治区、直辖市电信主管部门办理相关手续。

网络出版服务单位变更《网络出版服务许可证》许可登记事项、资本结构，合并或者分立，设立分支机构的，应依据本规定第 11 条办理审批手续，并应持批准文件到所在地省、自治区、直辖市电信主管部门办理相关手续。

网络出版服务单位中止网络出版服务的，应当向所在地省、自治区、直辖市出版行政主管部门备案，并说明理由和期限；网络出版服务单位中止网络出版服务不得超过 180 日。

网络出版服务单位终止网络出版服务的，应当自终止网络出版服务之日起 30 日内，向所在地省、自治区、直辖市出版行政主管部门办理注销手续后到省、自治区、直辖市电信主管部门办理相关手续。省、自治区、直辖市出版行政主管部门将相关信息报国家新闻出版行政主管部门备案。

网络出版服务单位自登记之日起满 180 日未开展网络出版服务的，由原登记的出版行政主管部门注销登记，并报国家新闻出版行政主管部门备案。同时，通报相关省、自治区、直辖市电信主管部门。

因不可抗力或者其他正当理由发生上述所列情形的，网络出版服务单位可以向原登记的出版行政主管部门申请延期。

（三）外商投资图书、报纸、期刊分销企业的程序

国家允许外商投资企业从事出版物发行业务。

设立外商投资出版物发行企业或者外商投资企业从事出版物发行业务，申请人应向地方商务主管部门报送拟设立外商投资出版物发行企业的合同、章程，办理外商投资审批手续。地方商务主管部门在征得出版行政主管部门同意后，按照有关法律、法规的规定，作出批准或者不予批准的决定。予以批准的，颁发外商投资企业批准证书，并在经营范围后加注"凭行业经营许可开展"；不予批准的，书面通知申请人并说明理由。

申请人持外商投资企业批准证书到所在地工商行政主管部门办理营业执照或者在营业执照企业经营范围后加注相关内容，并按照本规定第七条至第十条及第十三条的有关规定到所在地出版行政主管部门履行审批或备案手续。

允许中国香港、中国澳门永久性居民中的中国公民依照内地有关法律、法规和行政规章，在内地各省、自治区、直辖市设立从事出版物零售业务的个体工商户，无须经过外资审批。

第七章　出版物市场客体管理

这里的出版物市场客体，是从狭义上讲的，主要是指出版物市场主体在市场上交易的商品——出版物，包括图书、报纸、期刊、音像制品、电子出版物和网络出版物等，是出版物市场上批发、零售活动赖以存在的物质基础。作为出版物市场客体的出版物商品，具有使用价值和价值的双重属性，是构成出版物市场的基本因素，在市场运行中占有重要地位。对出版物的管理主要表现在对出版物内容及形式的管理、书号的管理以及出版物质量的管理等方面。

第一节　出版物内容及形式的管理

出版物具有精神产品和物质产品的双重属性，为此，世界各国对出版物的内容都严格加以限定。我国自中华人民共和国成立以来，党和政府就非常重视对出版物内容的管理，目的在于依法取缔非法出版活动，查禁非法出版物，保障人民有秩序地行使出版自由的正当权利，维护社会安定和进步，维护出版发行行业的合法权益和健康发展，促进社会主义精神文明和物质文明建设。特别是从 20 世纪 80 年代后期开始，我国开展了全国范围内的"扫黄打非"运动，就是对出版物内容的管理措施之一。

一、出版物内容的管理

（一）对出版物内容的管理方式

目前，世界各国对出版物内容的管理主要有预审制和追惩制两种主要方式。

1. 预审制

预审制是出版前检查制度，指出版物必须在出版前将原稿或清样送经政府指定的检查机构检查、删改和批准后，才能公开出版。预审制最主要的特征是由政府委派官员实施书报检查，决定允许出版或不许出版或删改后才许出版，当然也包括一些其他防范措施。采用预审制即事先检查的目的，主要是为了保护国家、政府的利益，维护社会秩序，防止泄露国家机密等。在 18 世纪以前，英国、法国、德国等国家曾普遍实行这一制度，自 18 世纪以后为多数国家抛弃。

出版检查制度的建立几乎与出版业的历史一样悠久，往往是统治者限制言论自由、钳制舆论的重要手段之一。在出版检查制度中，实施预审制的国家大多通过行政立法手段，在其新闻出版法中予以明文规定。在古代，罗马教会在几乎与印刷机发明的同时就开始禁止所谓改革的著作，与此同时，各国国王也均设立了检查制度，不允许危害国家利益的出版物出版发行。在许多国家最早的出版法中，一般均规定印刷与出版书报须事先得到政府批准并经过审查，如果违反，对当事者处以监禁、流放与徒刑。如英、法等国最早的印刷出版法令，以及被称为"铁法"的俄国的书报审查法。

英国是实行出版检查制度最严厉的国家。在16世纪，英国当局对出版业实行严格的检查制和特许制。由于异教图书屡禁不绝，17世纪，英国出版管理制度仍继续执行预审制。到18世纪以后，英国的出版管理制度才逐步有点变化，对出版的直接干预有所减少。但是，对某些出版物仍然实施检查制度。

法国政府在16世纪初期就制定了检查出版物的制度。17世纪中叶，法国政府开始对书籍和报刊实行严格的审查制度和出版特许制度。这个时期，为了实施对出版业的控制和管理，法国在中央政府专门设立了"书业总局"，对出版实行原稿审查制度，凡是它认为有颠覆之嫌的手稿，一律禁止出版。17世纪末法国因实行出版前检查制度，使巴黎的印刷所只剩36家。① 1789年爆发的法国大革命，动摇了法国政府对出版业的控制和管理。《人权宣言》和1791年的宪法，为出版业的大发展提供了法律保护，使法国出版业获得了空前的繁荣和发展。拿破仑执政后（1799—1815），出版许可证制度是政府对出版业的控制手段，诸如原稿审查等，又被恢复。在拿破仑看来，"印刷厂是武器库，不能人人都使用"②。

一些西方其他国家也存在出版前检查制度。如1804年颁布的《俄国书报审查法》和1826年再次颁布的《俄国书报审查法》，也明确规定所有发表的文章必须事先送书报检查机构审查、通过后方可刊出。被马克思、恩格斯斥为对进步出版物进行扼杀的1841年颁布的普鲁士政府的书报检查法令，更是事先检查的集大成者。这个法令不仅给予书报检查官任意扼杀不合当时政府口味的报刊的权力，而且还给予他们追究出版物倾向性的权力。在美国建国前夕，在英国殖民者统治下，禁锢言论自由，实行预审制新闻出版法。"二战"时，美国1942年颁布的美国报纸（适用于所有出版物）战时管理办法，规定了在战争时期美国新闻检查局有权对所有的邮件、出版物等进行审慎的检查，然后决定是否可以通过或刊出。

随着资本主义的发展，理性观念风靡欧洲，大多数西方国家的出版前检查制度逐渐衰微。1695年，英国议会决定终止许可证法，使出版前检查制度在英国首先废止。随后，该制度在整个欧洲逐渐崩溃。此后，西方各国都陆续废除了出版前检查制度。

我国最早见诸法律形式的出版检查始于晚清时期，1906年由清政府颁布的《大清印刷物专律》以及1908年颁布的《大清报律》是我国最早的新闻出版法，其中规定了"所有关涉一切印刷及新闻记载"，均须实行注册登记，并规定了"诽谤"条款及处罚办法。1910年清政府又对《大清报律》进行修订，明确规定实行保证金加事先检查制度。1914年，北洋军阀政府公布的出版法，要求"出版之文字图画，应予发行或散布前禀报该管警察署及内务部备案"。1937年，国民党政府颁布《修正出版法》，规定凡进行出版行为前，须填具登记申请书呈送地方官署，再于15日内转呈省政府或直属行政院的市政府核准；同时严禁刊载有损国民党之言论。这个修正法还规定了在特殊时期国民党政府有权禁止或

---

①　陆本瑞. 外国出版概观 [M]. 沈阳：辽宁教育出版社，1996：21.

②　魏玉山，杨贵山. 西方六国出版管理研究 [M]. 北京：中国书籍出版社，1995：20-21.

限制出版物的出版发行，以及对出版物内容进行事先检查等。

马克思、恩格斯曾对资本主义制度下的出版检查制度作过精辟的分析，指出这种检查制度已成为令人难堪的监督，成为对社会舆论的真正压制，最终只能导致官吏专制。因此会受到社会的谴责。目前，这一制度逐渐被一些国家废止。但也有一些国家在其新闻出版法中明文规定实施事先检查制度。如波兰1981年颁布的《出版与演出监督法》，便规定要对新闻、出版、演出等活动进行事先检查。

2. 追惩制

追惩制，亦称事后检查，是事后惩治的出版管理制度，主要指政府对出版物事先不予检查，出版后如发现违法内容依法惩处。重大选题备案制度也是一种追惩制。美国、英国、德国、日本等国家均实行了追惩制。

许多国家的出版法中已明确规定公民享有出版自由，政府机构对出版行为、出版物内容不作检查。美国独立后，于1789年通过的著名的《美国宪法第一修正案》，规定国会不得废止言论与出版自由，或限制人民集会、请愿、诉愿之自由。但对引发危害公众秩序导致暴乱的言论、泄露国家机密的言论等不予保护，而且要追究其相应的责任。如《义务兵役法》（1917年通过），对以言论、刊物诱导他人逃避兵役征召者，用某种刑法条款予以处置。《史密斯法》（1940年通过）规定，编辑、出版、发表、散布、出售或公开展示任何鼓吹、劝导、教授以武力、暴力摧毁、推翻美国政府、州政府或任何政府部门者都要判重刑或罚重金。①

法国到1870年，法兰西第三共和国成立后，才逐步结束原稿审查制，实行追惩制。1881年通过的《人权宣言》和《新闻出版法》分别规定，每一个公民享有言论、著作和出版自由。但在法律限制内，须担负滥用此项自由的责任。法国的《出版自由法》和其他相关法律明令禁载国防机密、司法机密、罪行材料、未成年犯、假消息、教唆犯罪、伤害风化等方面的内容，违者要追究责任。

英国的《淫秽出版物法》（1857年颁布，1959年修订）规定，无论是文章还是出版物，如果从整体来看体现腐化读者的趋势的均被认定是淫秽出版物。此类出版物的著译者、出版者和销售者都将受到该法的制裁。机关、团体、个人都可依据此法对有关出版物进行起诉。《官方机密法》规定，任何出版物不得泄露国家机密，损害国家利益。英国现在的出版管理制度主要是追惩制，并同时保留预审制中的某些措施。创办出版单位要经过登记，但不需要特许。出版书报刊不经事先检查，而是事后检查。但碰到特殊情况，在出版前仍进行行政干预。②

统一前的原联邦德国宪法中也规定对出版物禁止采取任何形式的审查，包括事先事后的审查。但德国的《传播危害青少年之文学作品法》规定，禁止下流或猥亵的出版物的出版和传播，并由政府、教育界、报界、宗教界等代表组成出版委员会来审定出版物是否与法律相抵触。1985年，德国政府两次修订公布该法，新的法律规定：凡危害儿童和青少年品德的书刊，要列出名单予以公布。凡是把这类书刊提供给未满18岁之人或使其取得者；在未满18岁之人可以进入或看到之场所陈列、张贴、展示或以其他方法使之了解者；在

① 魏玉山，杨贵山. 西方六国出版管理研究［M］. 北京：中国书籍出版社，1995：35-36.

② 魏玉山，杨贵山. 西方六国出版管理研究［M］. 北京：中国书籍出版社，1995：3-4.

营业区范围之外零售或在书报亭出售者；在普通图书馆借书处提供、交付他人者；未经他人要求而提供者；为上述目的而印刷、贩运、储存或引进者，均构成犯罪，可以处一年以下监禁或课以罚金。①

(二) 发达国家对出版物内容的管理

从出版物内容的管理上看，西方多数国家对出版物内容的管理主要表现在四个方面。

1. 对妨碍政治、影响国家安全出版物的管理

西方国家对涉及国家政权、安全问题的出版物，其审查制度非常严格。如历史上莎士比亚的《理查二世》、德莱塞《美国的悲剧》都曾因作品内容或讽刺了当政国王或揭露了政府弊端、国家阴暗面而被查禁。

1982 年美国通过《情报人员身份保护法》，1983 年里根政府又颁布《维护国家安全信息》的指令，要求任何有机会接触保密信息的联邦雇员将任何含有情报信息的手稿在出版前提交有关机构事先检查。另外，美国还颁布了《间谍法》《史密斯法》；英国有《官方机密法》等。

2. 对诋毁宗教出版物的管理

这一制度由来已久，早在 1557 年教皇保罗四世就批准了第一个禁书目录。

现在的管理机构除了教会，还有政府有关部门。

3. 限制淫秽、色情出版物

西方国家大多数国家对淫秽、色情出版物制定了法律予以限制。例如美国 1942 年通过的《反猥亵法》、英国《淫秽出版物法》、德国《传播危害青少年之文学作品法》、日本《刑法》《青少年保护条例》《关税法》等。

西方对淫秽、色情出版物的认定大多以道德为理由，《查泰莱夫人的情人》《尤利西斯》《北回归线》都曾被认为诲淫诲盗而被禁止。

4. 对影响青少年成长的出版物的管理

西方国家非常注重青少年的成长，各国都制定了很多法律法规对影响青少年成长的出版物进行监督管理。例如英国 1955 年颁行的《青少年有害出版物法》、德国 1949 年、1953 年三次公布的《传播危害青少年之文学作品法》、日本《青少年保护条例》等。

(三) 我国对出版物内容的管理

我国对出版物内容的管理也实行追惩制，既通过颁布《出版管理条例》规定出版违禁出版物的责任，也通过制定《图书、期刊、音像制品、电子出版物重大选题备案办法》（2019 年修订）来加强对重大选题的管理。

我国并没有实行作为预审制最主要特征的出版前的书报检查制。我国政府多次向全世界宣布我国不存在新闻检查制度。《出版管理条例》第 24 条规定："出版单位实行编辑责任制度，保障出版物刊载的内容符合本条例的规定。"这就是说，出版物内容的合法性主要是依靠出版单位内部的编辑责任制来保证的，这种编辑责任制，主要是"三审制"，通过三级编审程序，决定出版物内容的取舍增删，使出版物符合党和国家的要求和人民的需

---

① 魏玉山，杨贵山. 西方六国出版管理研究 [M]. 北京：中国书籍出版社，1995：48-49.

要。这种出版单位内部的工作制度同以国家的强制力为后盾的书报检查制完全是两回事。而且按照这条规定不难得出这样的理解：一切对法定的编辑责任制度的无理干预应视为非法。要是编辑失职，致使出版物刊载了非法内容，那么就要追究出版单位法人和责任人员的法律责任。这就是追惩制。

《出版管理条例》第25、26、27条对出版物的内容进行了详细的规定。其中第25条规定，出版物的内容必须符合法律的规定。任何出版物不得含有下列内容：（1）反对宪法确定的基本原则的；（2）危害国家统一、主权和领土完整的；（3）泄露国家秘密、危害国家安全或者损害国家荣誉和利益的；（4）煽动民族仇恨、民族歧视，破坏民族团结，或者侵害民族风俗、习惯的；（5）宣扬邪教、迷信的；（6）扰乱社会秩序，破坏社会稳定的；（7）宣扬淫秽、赌博、暴力或者教唆犯罪的；（8）侮辱或者诽谤他人，侵害他人合法权益的；（9）危害社会公德或者民族优秀文化传统的；（10）有法律、行政法规和国家规定禁止的其他内容的。第26条规定，以未成年人为对象的出版物不得含有诱发未成年人模仿违反社会公德的行为和违法犯罪的行为的内容，不得含有恐怖、残酷等妨害未成年人身心健康的内容。第27条规定，出版物的内容不真实或者不公正，致使公民、法人或者其他组织的合法权益受到侵害的，其出版单位应当公开更正，消除影响，并依法承担其他民事责任。报纸、期刊发表的作品内容不真实或者不公正，致使公民、法人或者其他组织的合法权益受到侵害的，当事人有权要求有关出版单位更正或者答辩，有关出版单位应当在其近期出版的报纸、期刊上予以发表；拒绝发表的，当事人可以向人民法院提起诉讼。

如果出版、进口含有《出版管理条例》中禁止内容的出版物；明知或者应知出版物含有《出版管理条例》禁止内容而印刷或者复制、发行的；明知或者应知他人出版含有《出版管理条例》禁止内容的出版物而向其出售或者以其他形式转让本出版单位的名称、书号、刊号、版号、版面，或者出租本单位的名称、刊号的，触犯刑律的，依照刑法有关规定，依法追究刑事责任；尚不够刑事处罚的，由出版行政主管部门责令限期停业整顿，没收出版物、违法所得，违法经营额1万元以上的，并处违法经营额5倍以上10倍以下的罚款；违法经营额不足1万元的，可以处5万元以下的罚款；情节严重的，由原发证机关吊销许可证。

如果进口、印刷或者复制、发行国务院出版行政主管部门禁止进口的出版物的；印刷或者复制走私的境外出版物的；发行进口出版物未从《出版管理条例》规定的出版物进口经营单位进货的，由出版行政主管部门责令停止违法行为，没收出版物、违法所得，违法经营额1万元以上的，并处违法经营额5倍以上10倍以下的罚款；违法经营额不足1万元的，可以处5万元以下的罚款；情节严重的，责令限期停业整顿或者由原发证机关吊销许可证。

除《出版管理条例》之外，《刑法》《国家安全法》《保守国家秘密法》《治安管理条例》《中华人民共和国民法典》《未成年人保护法》《著作权法》《反不正当竞争法》《证券法》等法律法规中也有一些对出版物内容进行管理的规定。例如，依照《刑法》规定，在出版物内容上可能发生的犯罪有：煽动分裂国家罪、煽动颠覆国家政权罪、泄露国家秘密罪、制作传播淫秽物品罪、损害商业信誉罪、侮辱罪、诽谤罪等。

1997年10月10日，新闻出版署根据《出版管理条例》的规定，颁布了《图书、期刊、音像制品、电子出版物重大选题备案办法》。2019 年 10 月 25 日国家新闻出版署对其进行了修订。该办法规定："列入备案范围内的重大选题，图书、期刊、音像制品、电子出版物出版单位在出版之前，应当依照本办法报国家新闻出版署备案。未经备案批准的，不得出版发行。"

这些重大选题涉及国家安全、社会稳定等方面内容选题，具体包括：（1）有关党和国家重要文件、文献选题；（2）有关现任、曾任党和国家领导人讲话、著作、文章及其工作和生活情况的选题，有关现任党和国家主要领导人重要讲话学习读物类选题；（3）涉及中国共产党历史、中华人民共和国历史上重大事件、重大决策过程、重要人物选题；（4）涉及国防和军队建设及我军各个历史时期重大决策部署、重要战役战斗、重要工作、重要人物选题；（5）集中介绍党政机构设置和领导干部情况选题；（6）专门或集中反映、评价"文化大革命"等历史和重要事件、重要人物选题；（7）专门反映国民党重要人物和其他上层统战对象的选题；（8）涉及民族宗教问题选题；（9）涉及中国国界地图选题；（10）反映香港特别行政区、澳门特别行政区和台湾地区经济、政治、历史、文化、重要社会事务等选题；（11）涉及苏联、东欧等社会主义时期重大事件和主要领导人选题；（12）涉及外交方面重要工作选题。有关重大选题范围，国家新闻出版署根据情况适时予以调整并另行公布。

出版单位违反该办法，未经备案出版涉及重大选题范围出版物的，由国家新闻出版署或省级出版管理部门责成其主管单位对出版单位的主要负责人员给予行政处分；停止出版、发行该出版物；违反《出版管理条例》和有关规定的，依照有关规定处罚。

二、对出版物形式的管理

出版物的形式是出版物内容的表现形式，包括出版物的规格、开本、版式、装帧、版本记录、条码等。我国《出版管理条例》第 28 条规定，"出版物必须按照国家的有关规定载明作者、出版者、印刷者或者复制者、发行者的名称、地址，书号、刊号或者版号，在版编目数据，出版日期、刊期以及其他有关事项"；"出版物的规格、开本、版式、装帧、校对等必须符合国家标准和规范要求，保证出版物的质量"；"出版物使用语言文字必须符合国家法律规定和有关标准、规范"。《出版管理条例》第 29 条规定，"任何单位和个人不得伪造、假冒出版单位名称或者报纸、期刊名称出版出版物"。

出版物的规格，包括纸张的规格和音像制品、电子出版物的各种规格。目前我国生产的全张纸，仍较多采用传统规格，其中最为常见的规格是 787 毫米×1092 毫米、850 毫米×1168 毫米和 890 毫米×1240 毫米，也可见到 787 毫米×960 毫米、850 毫米×1092 毫米等多种规格。[①]

音像制品包括录音带、录像带、唱片、激光唱盘、激光视盘等，音像制品和电子出版物都有各种不同的规格，如音像制品中，盒式录音带按录放时间标准可分为 C-30、C-60、C-90、C-120、C-160 五种；唱片根据声道标准，可以划分为单声道、双声道、四声道唱

---

① 国家新闻出版广电总局出版专业资格考试办公室. 出版专业实务（初级）［M］. 武汉：崇文书局，2015：175.

片；根据转速标准，可以划分为粗纹唱片（78 转/分）和密纹唱片（45 转/分、$33\frac{1}{3}$ 转/分、$16\frac{2}{3}$ 转/分）；根据直径标准，可以划分为 17 厘米、25 厘米、30 厘米三种。为了简明地描述各种唱片类型，国际电工委员会建议采用"四位数符号表示法"对各类唱片特征进行描述。前两位数表示唱片的标准直径，后两位表示唱片的速度，如 1733、3033 等。声道也需加以注明，单声道用"▽"符号，立体声用"∞"符号。国产唱片规定用汉语拼音字母作为代号，并在封套、片芯和目录上明文标记，如表 7-1 所示①：

表 7-1 国产唱片分类及代号

代号	唱片名称	规格（厘米）
M	单声道密纹	25
ML	立体声密纹	25
XM	小型单声道密纹	17
XL	小型立体声密纹	17
DM	大型单声道密纹	30
DL	大型立体声密纹	30
BM	单声道薄膜	17
BL	立体声薄膜	17
DBM	大型单声道薄膜	25
DBL	大型立体声薄膜	25

盒式录像带有不同规格，分别与不同的录像机配套使用。常见规格有 VHS 型、Beta 型、8 毫米型等。电子出版物包括软磁盘（FD）、只读光盘（CD-ROM）、交互式光盘（CD-I）、照片光盘（Photo-CD）、高密度只读光盘（DVD-ROM）、集成电路卡（IC-Card）等。②

出版物的开本、版式，是针对印刷出版物而言的。开本是指一本书幅面的大小，也是以整张纸裁开的张数作标准来表明书刊本子的大小。1965 年，国家标准局制定了《图书杂志开本及其幅面尺寸》，这个标准在我国出版行业使用了 20 多年，规定将图书杂志开本分为 A、B、C 三组，各组的纸张尺寸分别是 880 毫米×1230 毫米、787 毫米×1092 毫米、695 毫米×960 毫米，其中 B 组尺寸使用得最多、最普遍。为了促进对外贸易和国际交流，1987 年，国家标准局又颁布了一项与图书有关的新的国家标准，即《GB/T788-1987 图书杂志开本及其幅面尺寸》，新标准分为 A、B 两个系列，即保留了旧标准中符合国际标准

① 全国出版专业职业资格考试办公室. 出版专业理论与实务（初级）［M］. 武汉：崇文书局，2003：11.

② 全国出版专业职业资格考试办公室. 出版专业理论与实务（初级）［M］. 武汉：崇文书局，2004：11-12.

的 A 系列，淘汰了旧标准中的 B、C 系列，另采用了国际标准 B 系列。① 1999 年，国家标准局再次修订标准，颁布了《图书和杂志开本及其幅面尺寸（GB/T788-1999）》②，以代替 GB/T788-1987 新标准尺寸，如表 7-2 所示。

表 7-2　　　　　　　　　图书和杂志开本及其幅面尺寸（GB/T788-1999）

系列	未裁切单张纸尺寸	已裁切成开本		
		开数	代号	公称尺寸（允差±1 毫米）
A	890×1240M	16	A4	210×297
	890M×1240	32	A5	148×210
	890×1240M	64	A6	105×144
	900×1280M	16	A4	210×297
	900M×1280	32	A5	148×210
	900×1280M	64	A6	105×144
B	1000M×1400	32	B5	169×239
	1000×1400M	64	B6	119×165
	1000M×1400	128	B7	82×115

注：①表中的 A、B 表示开本尺寸系列的代号。②A 和 B 代号后面的数字，表示将全张纸对折长边裁切的次数。如，A4 表示将全张纸对折长边 4 次裁切为 16 开；A5 表示将全张纸对折长边 5 次裁切为 32 开。③表中未裁切单面纸后面的 M，表示纸张的丝缕方向与该尺寸边平行。

出版物的版式，主要是指出版物的内文版式设计，包括版心及四周边口（天头、地脚、翻口、订口）、字体、字号、字间行距、分栏、标题、正文、文首、注释、书眉或中缝、页码的设计，序、前言、目录或图次、跋或后记、索引、参考书目、年表等的设计，图片、插图的版式编排与构成。书名页、环衬、赠献词、出版说明、内容提要、作者简介、题词的设计，也属于内文版式设计。③

出版物的装帧是对出版物内容的高度概括和提炼，是以一定的外观形式为出版物主题服务的一种方式。装帧设计包括技术设计和美术设计两大部分。其中技术设计又可分为整体设计（包括开本的大小、装订的形式、纸张材料的选择）和版面设计，美术设计又可分为封面的设计、插图的配置等内容。④

出版物的开本、版式、装帧等，一般是按规定必须有的，有固定的位置，但其表现形式可以丰富多彩，设计者可以充分发挥创造力，使各项设计与出版物内容协调，显示

① 吴平. 图书学新论［M］. 太原：山西经济出版社，1998：199-200.

② 国家新闻出版广电总局出版专业资格考试办公室. 出版专业实务（初级）［M］. 武汉：崇文书局，2015：177.

③ 全国出版专业职业资格考试办公室. 出版专业理论与实务（初级）［M］. 武汉：崇文书局，2004：173-174.

④ 吴平. 图书学新论［M］. 太原：山西经济出版社，1998：194-195.

特色。

出版校对工作是出版工作全过程中的一项重要工作，对于保证出版物质量有着非常重要的意义。国家出版局 1981 年 12 月 20 日发布了《中华人民共和国专业标准·校对符号及其用法》，并于 1982 年 1 月 1 日在全国试行。1993 年 11 月 16 日，国家技术监督局正式颁布了国家标准《校对符号及其用法》（GB/T14706-1993），这就为全国出版校对工作的标准化打下了良好的基础。为了保证出版物的质量，新闻出版署颁布的《图书质量保障体系》第 11 条规定，坚持责任校对制度和"三校一读"制度。专业校对是出版流程中不可缺少的环节，直接影响图书的质量。出版社应配备足够的具有专业技术职称的专职校对人员，负责专业校对工作。出版社每出一种书，都要指定一名具有专业技术职称的专职校对人员为责任校对，负责校样的文字技术整理工作，监督检查各校次的质量，并负责付印样的通读工作。一般图书的专业校对应不低于三个校次，重点图书、工具书等，应相应增加校次。终校必须由本社有中级以上专业技术职称的专职校对人员担任。聘用的社外校对人员，必须具有相应的专业技术职称和丰富的校对经验。对采用现代排版技术的图书，还要通读付印软片或软片样。

根据国家规定，所有正式出版物都应记录版本项目，这是对其形式进行的管理。版本记录，是一种出版物生命历程的档案材料。国家规定，版本记录必须包括的项目有：书名、书号、著作编译者；出版者、发行者、印刷者及其所在地址；出版者营业许可证号（登记号）；版次、印次、印数；出版年月、开本、印张、字数、定价；责任编辑、装帧设计者。除此之外，地图出版物还必须包括地图审图号。还有版本记录页，是提供图书的版权说明、图书在版编目数据和版本记录的，应该位于主书名页的背面，即双数页码面。

我国《图书质量保障体系》也对这个方面作了规定，其第 13 条规定，坚持图书书名页使用标准。图书书名页是图书正文之前载有完整书名信息的书页，包括主书名页和附书名页。

主书名页是载有本册图书书名、著作责任说明、版权说明、图书在版编目数据、版本记录等内容的书页，包括扉页和版本记录页。扉页位于主书名页的正面，即单数页码面，但不设页码，提供图书的书名、作者名和出版者信息。版本记录页位于主书名页的背面，即双数页码面，也不设页码，提供图书的版权说明、图书在版编目数据和版本记录。版权说明置于版本记录页的上部位置，对本图书著作权的归属作出明示。图书在版编目数据又称"CIP 数据"，是指根据国家标准《图书在版编目数据》（GB/T12451-2001），在图书出版过程中编制并印制在图书上的书目数据。版本记录提供图书在版编目数据未包含的出版责任人记录、出版发行者说明、载体形态记录、印刷发行记录等项目。排印在版本记录页的下部位置。

附书名页是载有多卷书、丛书、翻译书、多语种书有关书名信息的书页，位于主书名页之前。附书名页主要列载多卷书的总书名、总卷数、主编或者主要作者名；丛书名、丛书主编名；翻译书的原作书名、作者名、出版者的原文，出版地、出版年及原版次，原版权说明，原作的 ISBN；多语种书的第二语种及其他语种的书名、作者名、出版者名；会议录的会议名称、届次、日期、地点、组织者。附书名页的信息一般列载于双数页码面，与扉页相对。必要时，可以使用附书名页单数页码面，或增加附书名页。不设附书名页时，附书名页的书名信息需列载于扉页上。①

图书书名页是图书不可缺少的部分，具有重要信息价值。出版社出版的图书必须严格按照国家的有关标准执行。

三、非法出版物

非法出版物是指不符合国家法律、法规规定的出版物。在我国，非法出版物的非法性主要表现在程序和内容两方面。从程序上看，它是非出版单位未经出版行政主管部门批准印制的出版物；从内容上看，其出版内容存在着与新闻出版管理规定或其他法律、法规和规定相违背的部分。②

对于非法出版物的界定，最高人民法院，最高人民检察院《关于摘要转发〈依法查处非法出版犯罪活动工作座谈会纪要〉的通知》早有规定："凡不是国家批准的出版单位印制的在社会上公开发行的报纸、期刊、图书、录音带、录像带等，都属于非法出版物。"

《出版物市场管理规定》第20条明确指出非法出版物包括"未经批准擅自出版、印刷或者复制的出版物，伪造、假冒出版单位或者报刊名称出版的出版物，非法进口的出版物"，这类非法出版物的形式主要有：（1）伪称根本不存在的出版单位印制的出版物；（2）盗用国家批准的出版单位的名义印制的出版物；（3）盗印、盗制合法出版物而在社会上公开发行销售的出版物；（4）在社会上公开发行的、不署名出版单位或署名非出版单位的出版物；（5）承印者以牟取非法利润为目的，擅自加印、加制的出版物；（6）被明令解散的出版单位的成员，擅自重印或以原编辑部名义出版的出版物；（7）其他非出版单位印制的供公开发行的出版物。

此外，根据中共中央办公厅、国务院办公厅《关于整顿、清理书报刊和音像市场严厉打击犯罪活动的通知》的规定，以"买卖书号、刊号，违反协作出版、代印代发规定从事出版投机活动"印制的出版物，亦属非法出版物。

非法出版单位未经新闻出版行政主管部门批准，编印、翻录供内部使用的图书、报刊、音像带（软件）等；内容淫秽、反动的出版物；其他违反出版规定的出版物等也属于非法出版物。

凡是非法出版物，一律由国家新闻出版署或省级新闻出版局认定，并通令取缔。

盗用中央级出版单位名义出版和印制的出版物，由国家新闻出版署认定并通令取缔；盗用地方出版单位名义出版和印制的出版物，由出版单位所在的省级新闻出版局认定并通令取缔；其他的非法出版物，一经发现，由当地省级新闻出版局认定并通令取缔。

出版单位或其他有关单位、个人，请求出版行政主管部门认定、取缔非法出版物时，

---

① 国家新闻出版广电总局出版专业资格考试办公室. 出版专业实务（初级）［M］. 武汉：崇文书局，2015：192-197.

② 张志强. 现代出版学［M］. 苏州：苏州大学出版社，2003：170.

应同时提交该出版物的样本。如果是盗用出版单位名义或盗印、盗制合法出版物的，还应一并提交非法的和合法的两种版本的样本，作为行政管理部门认定的依据。出版行政主管部门在下发取缔通知时，应尽可能具体列述非法出版物的特征及与其相应的合法出版物的区别，以便有关部门识别。

第二节　书号的管理

书号，即中国标准书号，是标识中国合法出版者所出版的每一种出版物及每一版本的国际通用的编号，是在图书的出版、发行等过程中为方便图书的管理、流通而设置的标识符号。由于它具有唯一性、国际通用性的特点，因而成为每一种具体图书的代号。

我国主要通过出版物编码系统和条码系统来对书号进行管理。

一、出版物编码系统

出版物中的编码系统包括中国标准书号、中国标准连续出版物号以及中国标准音像制品编码。

（一）中国标准书号

中国标准书号（China Standard Book Number，CSBN）第 1 版（GB/T 5795-1986）于1986 年 1 月 16 日由国家标准局发布，1987 年 1 月 1 日起在全国出版社实施，1988 年 1 月1 日起完全取代了从 1956 年开始使用的"全国统一书号"。从 2002 年 8 月 1 日起，按照国家质量监督检验检疫总局 2002 年 1 月 4 日批准的《中华人民共和国国家标准·中国标准书号》（GB/T 5795-2002）规定，采用国际标准书号（International Standard Book Number，ISBN）作为中国标准书号。2006 年 10 月，根据国际标准化组织（ISO）对国际标准书号的修订（位数从 10 位改为 13 位），中华人民共和国国家质量监督检验检疫总局和中国国家标准化管理委员会颁布了再次修订后的国家标准《中国标准书号》（GB/T5795-2006），规定从 2007 年 1 月 1 日起中国标准书号的编号位数也从 10 位改成 13 位。

中国标准书号由不同长度的 5 段共 13 位阿拉伯数字组成，段之间以短线隔开，前面冠以 ISBN 作为标识符，如"ISBN 978-7-5064-2595-7"。各段数字分别表示 EAN. UCC 前缀、组区号、出版者号、出版序号和校验码。

EAN. UCC 前缀由 3 位数字组成，是国际物品编码协会分配的产品识别编码，由国际ISBN 中心向国际 EAN 组织申请获得。中国的 EAN. UCC 前缀为 978 和 979，目前使用 978，何时使用 979 由国际 ISBN 中心决定。

组区号由国际 ISBN 中心分配，分别由 2~7 位数字组成。非连续型电子出版物使用专用的中国标准书号，其中的出版者号均为 6 位数。

出版序号由出版者按出版物的出版次序管理和编制，分别由 1~6 位数字组成，具体位数取决于出版者号的位数，即出版者号和出版序号连在一起须共为 8 位数字。

校验码用以检查中国标准书号编号的正确性，仅 1 位数字，采用模数 10 的加权算法对前 12 位数字计算后得出。①

《中国标准书号》的主要内容有以下几点：

第一，中国标准书号的构成：中国标准书号由标识符"ISBN"和 13 位数字组成。其中 13 位数字分为以下五部分：（1）EAN.UCC 前缀；（2）组区号；（3）出版者号；（4）出版序号；（5）校验码。

书写或印刷中国标准书号时，标识符"ISBN"使用大写英文字母，其后留半个汉字空，数字的各部分应用半字线隔开。

如下所示：ISBN EAN.UCC 前缀—组区号—出版者号—出版序号—校验码

第二，中国标准书号的分配：中国 ISBN 管理机构按照分配规则，根据出版者的出版计划，分配出版者号。出版者应向中国 ISBN 管理机构提供分配中国标准书号的出版物的元数据。一个中国标准书号在任何情况下均不能改变、替换或重复使用。各出版者出版发行的每一出版物或其单行本均应使用不同的中国标准书号。内容相同而语种不同的出版物也应使用不同的中国标准书号。同一出版物的不同产品形式均应使用不同的中国标准书号。已经出版且单独制作、发行的电子出版物的不同格式均应使用不同的中国标准书号。出版物的任何部分有较大改动，形成新的版本时，应分配新的中国标准书号；出版物内容相同题名更改的，应分配新的中国标准书号；版本、形式或者出版者毫无变化的重新印刷或者复制的出版物，不分配新的中国标准书号。仅仅是定价改变或者诸如修正打印错误等细微变化的重新印刷或复制的出版物，也不分配新的中国标准书号。

第三，中国标准书号在出版物上的位置和显示方式：中国标准书号应永久性出现在出版物上。对于印刷形式出版物，中国标准书号应同时印刷在出版物的版本记录页和封底（或护封）。

（1）在版本记录页中，字号不小于 5 号。

（2）在封底（或护封）上，中国标准书号应以条码格式印刷在封底（或护封）的右下角，条码符号上方印 OCR-B 字体的中国标准书号。②

国际 ISBN 管理机构为中国分配的组区号为"7"，此组区号设置范围内的允许出版量见表 7-3。

表 7-3　　　　　　　　　**EAN·UCC 前缀 978 内组区号"7"的允许出版量**

EAN·UCC 前缀	组区号	允许出版量
978	7	100000000

组区号、出版者号和出版序号共 9 位数字，但三部分中的每一部分的位数均是可变的。在组区号不变的情况下，设置出版者号后，即可推导出所含有的出版量，具体见表 7-4。

---

① 国家新闻出版广电总局出版专业资格考试办公室. 出版专业基础（初级）［M］. 武汉：崇文书局，2015：16.

② 李晶晶，黄先蓉. 新闻出版标准与新闻出版法规体系的协调发展研究（二）［J］. 出版科学，2012（1）：48-52.

表 7-4   **出版者号的取值范围和出版量**

EAN-UCC 前缀-组区号	出版者号设置范围	每一出版者号含有的出版量
978-7	00~09	1000000
	100~499	100000
	5000~7999	10000
	80000~89999	1000
	900000~989999	100
	9900000~9999999	10

校验码的计算方法，以 ISBN978-7-5064-2595-7 为例，其计算方法见表 7-5。

表 7-5   **13 位中国标准书号校验码计算方法示例**

序号	方法	EAN-UCC 前缀			组区号	出版者号				出版序号				校验码
1	取 ISBN 前 12 位数字	9	7	8	7	5	0	6	4	2	5	9	5	?
2	取各位数字所对应的加权值	1	3	1	3	1	3	1	3	1	3	1	3	—
3	将各位数字与其相对应的加权值依次相乘	9	21	8	21	5	0	6	12	2	15	9	15	—
4	将乘积相加，得出和数	123												
5	用和数除以模数 10，得出余数	123/10＝12 余 3												
6	模数 10 减余数，所得差即为校验码	10-3＝7												
7	将所得校验码放在构成中国标准书号的基本数字的末端	978-7-5064-2595-7												

我国有关部门对中国标准书号的使用有严格规定，一本书只能有一个书号（包括同一种书的不同装帧形式，同一种书的不同版别、不同开本，同一种书有不同的文字类别，都须使用不同的书号）；多卷本的丛书、套书（含上、中、下），若能分别定价分开销售的，则须使用不同的书号。[①]

（二）中国标准连续出版物号

中国标准连续出版物号（China Standard Serial Numbering，CSSN），是中国国家出版行

[①] 全国出版专业职业资格考试办公室. 出版专业理论与实务（初级） [M]. 武汉：崇文书局，2004：13-14.

政主管部门批准注册的出版者所出版的每一种连续出版物的代码标识。由连续出版物号和国内统一连续出版物号两部分组成。连续出版物号是指国际标准连续出版物号（International Standard Serial Numbering，ISSN），是连续出版物的代码标识。它由前缀 ISSN 和 8 位数字组成，由 ISSN 中心负责分配。国内统一连续出版物号（CN Serial Numberinl），是由国家出版行政主管部门负责分配给连续出版物的代号。它以 CN 为前缀，由 6 位数字以及分类号组成。CN 为中国的国名代码。其结构格式为：

ISSN XXXX-XXXX

CN XX-XXXX/YY

连续出版物（Serial）是印有编号或年月标识，定期或不断更新并计划无限期地连续出版的出版物。国际标准连续出版物号由前缀 ISSN 和 8 位数字组成。ISSN 与 8 位数字之间空半个汉字空。8 位数字分为两段。每段 4 位数字，中间用半字线隔开。8 位数字的最后一位是校验码。校验码的计算方法类似于中国标准书号中校验码的计算方法。即取 ISSN 的前 7 位数字为基数，依次取 8~2 为各位数的加权值对应各位相乘，乘积之和再除以模数 11，再用模数减去其余数。国际标准连续出版物号不反映连续出版物的语种、国别或出版者。国内统一连续出版物号的结构为"CN 报刊登记号/分类号"，其中报刊登记号为定长的 6 位数字，由地区号（2 位数字）和序号（4 位数字）两部分组成，其间用半字线隔开。地区号是按 GB/T2260 规定的省、自治区、直辖市地区代号给出，序号由报刊登记所在的省、自治区、直辖市出版行政部门分配。序号范围一律从 0001~9999，其中 0001~0999 为报纸的序号，1000~5999 为印刷版连续出版物的序号，6000~8999 为网络连续出版物的序号，9000~9999 为有形的电子连续出版物（如光盘等）的序号。分类号用以说明连续出版物的主要学科范围，以便于对连续出版物的分类统计、订阅、陈列和检索。分类号置于国内统一连续出版物号 6 位数字之后，用一斜线"/"隔开。

中国标准连续出版物号应印在每期连续出版物显著的、固定的位置上。国际标准连续出版物号（ISSN）与国内统一连续出版物号（CN 号）可以分开印刷。当国际标准连续出版物号（ISSN）和国内统一连续出版物号（CN 号）一起印刷时，中国标准连续出版物号的印刷位置在出版物的封面右上角、版权页（块）或目次页和封四下方。国际标准连续出版物号（ISSN）独立印刷时，应印在封面的右上角、版权页（块）或目次页，也可与条码一起印刷。国内统一连续出版物号（CN 号）独立印刷时，应印在版权页（块）、目次页和封四下方。

(三) 中国标准音像制品编码

中国标准音像制品编码是参照采用《国际标准音像制品编码》（International Standard Recording Code，ISRC）制定的，一个中国标准音像制品编码由国际标准音像制品编码（ISRC）和类别代码两部分组成，其中 ISRC 编码是中国标准音像制品编码的主体，可以独立使用。一个 ISRC 码分为 5 段，由 12 个字符组成，各段之间用一个连字符"-"分隔，编码前面应冠以大写字母"ISRC"。类别代码用以说明一个音像制品整体记录的载体类型和学科分类。ISRC 码与类别代码之间以斜线"/"分隔。其结构关系为：ISRC 国家码-出版者码-录制年码-记录码-记录项码/类别代码。其中，国家码是标志音像制品出版者所在国家的名称代码，这些代码是由《世界各国和地区名称代码》（GB/T2569-2000）规定的，它一般由 2 个字符组成。根据 GB2569 中的二字符代码的规定，中国国家码以大写字母"CN"表示。中国的 ISRC 出版者码由 3 个字符的字母、数字组成，由中国的 ISRC 中心分配和管理，一个出版者码只允许分配给一个音像制品出版者，该出版者码不可以转让。录制年码是标志音像制品录制出版的年份代码，由录制出版年份的后 2 位数字组成。如 1996 年录制，录制年码则为 96。记录码是标志一个音像制品记录的整体代码，它可以决定一个音像制品出版者在一年之内最多可以出版的独立音像制品的数量。记录项码是标志一个音像制品记录中每一项独立节目的代码，根据这个代码可能对某一音像制品中的每一单独的节目进行识别。记录码和相应的记录项码的长度之和恒为 5 位数字。类别代码是对音像制品的载体类型和承载内容的识别代码，由载体代码和分类代码两部分组成。录音制品载体代码为"A"；录像制品载体代码为"V"。分类代码由 1~2 个字符组成，根据《中国图书馆图书分类法》确定。

中国标准音像制品编码（简称 ISRC，即"版号"）自 1993 年使用以来，对规范音像出版活动起到了较大作用。但随着音像载体的不断变化，特别是数字压缩技术和网络的发展，为了与国际接轨，2010 年 2 月我国修订实施了新版《中国标准录音制品编码》国家标准。新版 ISRC 编码仅在录音节目和音乐录像节目（如演唱会、MV、卡拉 OK 等）上使用，变制品登记为单曲登记，电影、电视剧等录像节目不再使用 ISRC 编码，只使用音像制品和电子出版物专用书号（ISBN）。在此办法施行前，按照《中国标准音像制品编码》（GB/T13396-1996）国家标准已进入出版生产环节的，可继续进行该制品的生产和销售。自 2013 年 1 月 1 日起，上述制品尚未生产或售出的，不得继续生产、销售。所有再版、重新复制和新版的音像制品中涉及录音制品或音乐录像制品的，均须申领、携载新版 ISRC 编码。电子出版物（含以硬盘、优盘、存储卡等形态出版的移动存储类电子出版物）涉及音乐作品的，参照此办法执行。

为了进一步规范《中国标准录音制品编码》（GB/T13396-2009）国家标准实施后对音像制品和电子出版物的管理，进一步完善音像电子出版物专用书号的管理方式，国家新闻出版广电总局于 2015 年组织修订了《音像电子出版物专用书号管理办法》，全国所有正式出版的音像制品或电子出版物，均应使用中国标准书号（以下简称 ISBN）作为出版物标识。音像制品使用音像制品专用书号，电子出版物使用电子出版物专用书号，其使用范围和分配原则，参照《中国标准书号》国家标准（GB/T5795-2006）和《中国标准书号使用手册》规定执行。

二、出版物条码系统

出版物条码系统包括中国标准书号（ISBN 部分）条码、中国标准连续出版物号（ISSN 部分）条码、中国标准音像制品条码。为了规范出版物条码管理，保证出版物条码质量，加快出版物条码推广应用，促进社会主义市场经济发展，根据国家有关规定，2000 年 3 月 29 日新闻出版署发布《出版物条码管理办法》，要求凡在中国注册并获准使用 ISBN、ISSN、ISRC 号的出版单位，必须办理和使用出版物条码。

（一）中国标准书号（ISBN 部分）条码

中国标准书号条码于 1991 年 5 月颁布，1992 年 1 月 1 日起在图书上使用条码。条码统一由新闻出版总署条码中心制作。1993年新闻出版署发布《关于在出版物上全面推广使用条码的通知》，在全国出版物上全面推广使用条码技术。1996年3月12日，新闻出版署发布《关于进一步在出版物上全面推广使用条码的通知》，要求"所有使用ISBN书号的出版物，包括再版书和重印书都必须使用条码。1996年6月1日以后出版的图书，未使用条码的，不得上市销售。违反者一律按违反出版管理规定，给予没收所得利润、罚款的处罚。各级出版行政主管部门要严格管理、加强检查"。2001年4月9日，我国国家质量技术监督局批准了新的国家标准《中国标准书号条码》（GB/T12906-2001），对中国标准书号条码进行了规范，该标准于2001年10月1日开始施行。要求凡使用中国标准书号的出版物，都应该使用中国标准书号条码。2008年1月9日，新闻出版总署条码中心正式发布《中国标准书号条码》（GB/T12906-2008），在规范性引用文件中增加了GB/T12508和GB/T18348；为更方便地使用标准，将GB12904中第5~9章的有关技术内容放入标准正文；根据《中国标准书号》（GB/T5795-2006）的要求，将条码印制位置作了适当调整，即将原来的《中国标准书号条码》（GBT12906-2001）规定的优选位置为封底（或护封与之对应位置）的左下角改为优选位置为封底（或护封与之对应位置）的右下角。该标准于2008年8月1日正式实施。

新闻出版总署条码中心自1994年6月成立以来，组织协调管理全国出版行业条码推广应用工作，提供条码技术支持与服务，承担全国各出版单位出版物条码软片的制作发放等职责。2010年5月，新闻出版总署根据我国文化事业大发展大繁荣以及新闻出版业改革创新、向新闻出版强国迈进的总体要求，调整了部分署直事业单位的机构和职能，恢复中国版本图书馆的建制，加挂新闻出版总署条码中心的牌子，更名为中国版本图书馆（新闻出版总署条码中心），首次将书号实名申领、条码制作、图书在版编目、馆藏样书编目和样书收藏管理等业务整合到中国版本图书馆，形成了一个从印前信息一直到样书管理的完整的工作链。①

中国标准书号条码的代码采用EAN. UCC代码结构，且有两种形式：其一，由13位数字（EAN-13）组成；其二，由主代码（EAN-13）+附加码组成，其结构如表7-6和表7-7。

表7-6　　　　　　　　　　　　　　　**代码结构1**

EAN-13		
前缀码	数据码	校验码
$Q_1Q_2Q_3$	$x_1x_2x_3x_4x_5x_6x_7x_8x_9$	c

表7-7　　　　　　　　　　　　　　　**代码结构2**

主代码（EAN-13）			附加码
前缀码	数据码	校验码	S_1S_2
$Q_1Q_2Q_3$	$x_1x_2x_3x_4x_5x_6x_7x_8x_9$	c	

---

① 中国版本图书馆［EB/OL］．［2023-02-01］．http：//www.capub.cn/bgjs/index.shtml.

EAN. UCC 前缀码是国际物品编码协会（GS1）指定给国际标准书号（ISBN）系统专用的三位数字。其中，3 位数字码中的第 1 位为前置码。数据码由 X_1—X_9 九位数字组成，它同前缀码和校验码一起构成与中国标准书号相同的由 13 位数字组成的中国标准书号条码的代码，见 GB/T5795。校验码 C 按 GB/T5795 附录 C 规定的方法计算得出。附加码由 S_1S_2 两位数字组成，用于表示同一中国标准书号的出版物价格变化的次数信息。

按《中国标准书号条码》（GB/T12906-2008）的规定条码符号上方以 OCR-B 字体印刷中国标准书号。图书上的条码印制优选位置为封底（或护封与之对应位置）的右下角。非纸封面的精装书的条码印刷在图书封二的左上角或图书的其他显著位置。条码符号条的方向与边线平行。音像出版物和电子出版物的条码印制在外包装背面的便于识读位置。

《图书质量保障体系》第 14 条规定，坚持中国标准书号和图书条码使用标准。中国标准书号是目前国际通用的一种科学合理的图书编码系统。条码技术是国际上通行的一种主要的信息标识技术与图书使用条码技术，有利于图书信息在销售中广泛、快捷地传播、使用。出版社必须严格按照国家标准和有关规定，正确使用中国标准书号和条码技术。

（二）中国标准连续出版物号（ISSN 部分）条码

中国标准连续出版物号（ISSN 部分）条码有主码和附加码两部分。主码由前缀码、数据码（ISSN 号）、年份码和校验码四部分构成。ISSN 号的权威管理机构——国际连续出版物数据系统（International Series Data System，ISDS）国际中心与国际物品编码协会签订协议，规定了国际标准连续出版物号系统专用的前缀码为 977；数据码由 7 位数组成，即不含校验码的中国标准连续出版物号 ISSN 部分；年份码用公历年份的最后两位数字表示；校验码是按 GB12904-1998 中规定的计算方法计算出来的。附加码为 2 位数字，表示连续出版物的系列号（即周或月份等序数）。条码的印刷位置为封面左下角或封底右下角。

（三）中国标准音像制品条码

为加强对音像出版的标准化管理，规范音像制品的经营活动，实施音像制品条码制度，2000 年 9 月 1 日，新闻出版署颁布了《音像制品条码实施细则》。

音像制品条码由 13 位数字组成，共分四段，第一段为出版物前缀（共 3 位），第二段为出版者前缀（共 6 位），第三段为出版物序号（共 3 位），第四段为校验码（共 1 位）。

音像出版单位的出版者前缀由新闻出版署分配，并向出版单位颁发《出版者前缀证书》。

出版物序号自实行条码之日起开始计算，不分年度，按出版单位的音像制品出版顺序依次累加。出版物序号使用完后，需重新申请出版者前缀。

音像制版单位申请版号时，须提交《音像制品条码（版号）使用目录》一式两份；申请出版者前缀时须填报《申请出版者前缀数据单》。

音像制品条码与中国标准音像制品编码（版号）是相互对应的，对于同一品种、不同载体的音像制品，将使用不同版号和条码，以保证条码的唯一性。

条码软片由新闻出版署条码中心统一制作，其他单位不得从事此项业务。条码软片制作费用按国家规定的标准，每个条码收取人民币 48 元。

各音像出版单位在接到新闻出版署分配的版号额度后，持批文和《音像制品条码申请单》到新闻出版署条码中心申办条码。新闻出版署条码中心收到条码申请单后，应在 3 个工作日内完成条码软片的制作。

条码须印制在彩封、封套背面的显著位置。条码软片的尺寸为 38 毫米×13 毫米。印制单位应当按规定印制条码，不得随意缩小。

音像制品条码自 2001 年 1 月 1 日起正式实施。自实施之日起，所有的音像制品均须使用音像制品条码。对不按规定使用条码者将按照《音像制品管理条例》《出版物条码管理办法》等有关规定进行处罚。

三、中国标准书号的管理

书号是图书走向市场的"通行证"，是政府宏观调控图书出版的重要杠杆。在我国，出版业是国家严格管理的行业，出版物合法与否的标志是有无国家有关管理部门授予的书号，而国家制定了明确的书号核定、核发政策对书号进行管理。因此，书号管理是出版物市场管理的重要内容，通过控制书号来控制全国图书的数量和质量，是我国现阶段出版宏观管理的措施之一。

（一）书号管理的发展历程

中华人民共和国成立后，在图书出版管理标识上长期实施的"国内统一书号"办法和1987 年过渡、1988 年起全面实施的"中国标准书号"办法，均明确规定经国家批准设立的出版单位根据出书类别、数量自行排列编定书号，直到 1993 年。在此期间，随着我国市场经济的不断发展，控制、管理严格的出版活动除受市场影响外，还受到不正常的市场运作的冲击，如协作出版政策被利用，并被演化为"买卖书号"或直接进行"买卖书号"的交易等，导致图书数量剧增，内容出现问题等，因此，为了抑制当时图书总体数量的盲目增长，减少低水平的重复出版，压缩低质量平庸图书品种，以期实现出版工作从规模数量增长向优质高效的阶段性转移，从 1994 年开始，我国实行书号总量的宏观调控政策。

1997 年实施的《图书质量保障体系》第 31 条规定，坚持书号使用总量宏观调控制度。合理控制书号使用总量，有利于优化选题，调整结构，提高质量，保证重点图书、学术著作的出版，也有利于出版资源的合理配置。各省、自治区、直辖市新闻出版局、出版社主管部门和出版社必须严格执行新闻出版署制定的有关对书号使用总量进行宏观调控的规定。

1998 年 12 月 2 日，新闻出版署颁发《关于加强书号总量宏观调控的通知》，强调要进一步增强书号总量宏观调控能力。

2008 年 7 月 15 日，我国出版界存在多年的书号发放制度彻底改革，新闻出版总署开展书号网上实名申领试点工作，由新闻出版总署条码中心等单位研制的"书号实名申领系统"投入运行。

2009 年 1 月 8 日，我国图书出版全面启用"书号实名申领"系统，采取书号网上实名申领取代原有面向出版单位定额发放的书号管理办法，全国出版单位通过网络申领 2009年度书号。

中国 ISBN 中心按照《中华人民共和国国家标准·中国标准书号》（GB/T5795-2002）关于"中国出版者号的设置"的规定，对每一个出版者分配一个与其出版量相适应的出版者号。出版者应为出版的每一种图书分配一个书名号，书名号必须按顺序使用，不得将一个书名号分配给两种或两种以上的图书。一个出版者号下的书名号用完时，可再向中国ISBN中心申请一个新的出版者号。

《中国标准书号》（GB/T5795-2006）规定，中国ISBN管理机构按照分配规则，根据出版者的出版计划，分配出版者号。出版者应向中国ISBN管理机构提供分配中国标准书号的出版物的元数据。一个中国标准书号在任何情况下均不能改变、替换或重复使用。

（二）国家对"买卖书号"现象的管理

1. "买卖书号"现象的产生及表现

书号的产生和在图书出版中的应用，说明书号是为了图书出版、统计、销售等方面业务工作的需要，是一个规范化、标准化的识别标志。[①] 由于我国规定只有经国家出版行政主管部门正式批准的出版单位才允许从事出版活动，才有资格领取书号，因此，书号成为国家赋予出版单位的特许权利，成为出版物的"准生证"。而不具有合法出版资格的集体或个人，是不能领取书号的。

所谓"买卖书号"，是一些出版社在协作出版政策的执行过程中，以管理费、书号费、刊号费、版号费或其他名义收取费用，出让国家出版行政主管部门赋予的权力，给不具备合法出版资格的单位或个人提供书号、刊号、版号和办理有关手续，放弃编辑、校对、印刷、复制、发行等任何一个环节的职责，使一些不法分子得以牟利的现象。书号本身并不是商品，不能像出版物一样进行交易。但由于我国出版物在从计划经济体制向市场经济体制转化过程中的特殊性，以及出版资源的稀缺性与市场需求日益扩张之间的缺口，使书号成为一些人牟取非法利益的工具。一些出版单位放弃职责，出卖书号，使一批平庸的、粗制滥造的读物得以出版，损害了读者的利益，导致图书出版总量失衡，败坏了社会主义出版事业的形象。尤其是少数不法分子利用买到的书号，出版有严重政治错误、泄露国家机密、损害民族团结、违反外交政策、宣扬封建迷信以及色情淫秽内容的图书，造成了很坏的社会影响，损害了社会主义精神文明的建设。一些单位或个人利用书号，无照经营，偷税、漏税，牟取暴利，损害了国家的利益。"买卖书号"的行为，违反了国家关于出版管理的规定，背离了社会主义市场经济的发展要求和出版事业发展的规律，造成许多严重后果。一方面"买卖书号"使非法出版活动披上了"合法化"的外衣，加大了国家打击非法出版活动的难度；另一方面，"买卖书号"还严重腐蚀了出版队伍，一些出版单位和个人，为捞取经济上的好处，贪污受贿，以权谋私，甚至与不法书商内外勾结，走上犯罪的道路。这是拜金主义和腐败现象在出版工作中的重要表现，是出版行业中突出的不正之风。

"买卖书号"的典型表现可分为"体内循环"和"体外循环"。"体内循环"的做法是：在编辑环节，一般由"协作"方进行先期编辑，出版单位进行"终审"；在出版印制环节，与"协作"方商定书的定价、印数后，由出版社安排印制（协作方也可推荐印刷厂，出版社审核其资格并与其签订印制协议），监督印制质量，结算印刷费用；在发行环节，出版单位多为图书的总发行，协作方"包销"若干册；费用，包括"编审费"和相

应的印制费用，"协作"方多于印刷前打入出版单位账户；作者稿酬由协作方直接支付或打入出版单位账户转付；出版单位销售的部分图书，多按 35% 左右结算。图书出版后的软片由出版社保存，遇有"协作"方重印，另付一定的租型费；出版社重印的，向协作方支付一定的费用。

"体外循环"的做法是：出版单位只收编审费和象征性地签发付印单（或将付印单交协作方自行签发），其他尽由协作方操作。或者编辑个人收取编审费，其他尽由协作方操作。这是典型的"买卖书号"，现在已较少见。伴随着国家有关法规的严厉禁止和各级相关管理部门的查处，书号直接买卖的程度有所减弱，但手法有所变化，书号买卖的变相程度提高。特别是各种名义的"出版工作室"的出现，使一些不规范的出版活动以某种合法身份掩盖而半公开，也使管理难度加大。

2. "买卖书号"的发展过程

国家为解决学术著作出版难而出台的协作出版政策出现于 20 世纪 80 年代，也称为委托出版或合作出书。1983 年年底、1984 年年初，湖北省、辽宁省的一些非出版单位（主要是科研单位）与出版社合作，将一些学术成果采取由科研单位支付出版费用，同时承担编辑、印刷、发行等任务，由出版社终审、终校并采用出版社书号出版的方式解决学术著作出版难的问题。这一方式在 1984 年 6 月原文化部出版局召开的哈尔滨全国地方出版工作会议上得到大多数人的赞同。

但这一方式一出现就与买卖书号搅在一起，其间整顿、恢复、再整顿，"剪不断，理还乱"，一直延续到 20 世纪 90 年代。

1985 年 1 月 1 日，文化部发出《关于在协作出版中需要注意的问题的通知》。文件肯定了"协作出版"这一方式，认为它"能补出版社编辑、印刷、发行力量之不足，从而能增加出书、缩短周期"，"不失为对出版社的一种有益补充"。"但个别出版社在进行协作出版时，只注意经济利益放弃了出版社应负的责任，出现了'卖书号''卖牌子'的现象，致使有些协作出版的书质量低劣，引起社会的批评。"为使协作出版健康发展，文件对"协作出版"提出了具体要求，要求协作出版应坚持四项基本原则，坚持出版方针；协作出版的选题应列入出版社年度出书计划（须注明为协作出版项目），报上级主管部门审批后，送文化部出版局备查；出版社应对书稿内容和质量负责；图书的定价和稿酬，由出版社按国家现行的有关规定制定和核发；出版社与协作单位应签订合同，明确规定各自的责任；严格禁止出版社"卖书号""卖牌子"等。

该文件对协作出版过程中应注意的事项作了规定，但对协作出版的单位和书稿内容范围没有界定。因此，在这一文件实施 4 个多月后，文化部在 5 月 2 日又发出了《关于开展协作出版业务的补充通知》。补充通知将协作出版作为一项改革措施提出来，认为"协作出版是出版改革中出现的新事物，对补充当前出版力量的不足，繁荣图书出版有积极作用"。因此，补充通知为协作出版规定了范围，即"协作出版应着力安排出版社力量不足的各类学术著作，以及社会急需的推广科研成果的读物，有利于发展生产的新科学技术的普及读物。此外，还可适当安排一些专业面窄、印量较少，但在教学、科研上确有需要的品种。超出以上范围的品种，不要安排协作出版"。还对"卖书号"的行为作了界定："出版社不认真负责进行终审，让供稿单位以出版社书号出书，出版社借此收钱，是'卖书号'的错误行为。"

协作出版的本意是为解决学术著作出版难等问题，为出版业增加活力。但在具体操作中，一些出版社对协作出版的图书在选题和内容上没有按照规定严格把关，致使图书质量降低，粗制滥造现象时有发生，引起社会批评。特别是有些出版社在协作出书中，突破本社专业分工，大量出版超出协作出版范围的图书，造成管理上的混乱。因此，国家出版局于 1986 年 6 月 5 日发出了《关于整顿协作出版工作的通知》，要求"各出版社一律暂停对协作出版业务的安排，进行检查和总结"。

整顿之后，为了适应改革的需要，1988 年 5 月 10 日，中共中央宣传部、新闻出版署在《关于当前出版社改革的若干意见》中指出："协作出版是出版改革中出现的一种新做法。根据前几年试行中的经验教训，协作出版图书的范围，目前应限于学术著作、自然科学和工程技术方面的著作；协作的对象目前应限于国家科研、教学单位、机关和国营企业单位，不能是集体和个人；协作出版的书稿要经过出版社终审终校；协作双方应事先签订合同。严禁出版社借协作出版之名出卖书号。"同时还提到了自费出版问题，认为："自费出版有利于解决学术著作出版难的问题，有条件的省、自治区、直辖市可以指定一家出版社统筹安排自费出版业务。有条件的中央一级出版社经新闻出版署审核同意后可办理自费出版业务。自费出版的图书目前限于学术著作、自然科学和工程技术方面的著作；自费出版者可以是单位，也可以是个人；自费出版著作的编、印、发全过程统一由出版社负责……"

但是，一些出版社违反出版管理规定，以协作出版或代印、代发的名义卖书号，致使一批格调不高、质量低劣甚至内容淫秽的图书经过协作出版或代印、代发进入了图书市场；一些出版单位超越规定的范围搞协作出版，造成出版管理的混乱。于是，新闻出版署于 1989 年 1 月 17 日发出了《关于协作出版和代印、代发的补充规定》，再次对协作出版图书的范围、协作对象作了强调，同时指出："出版社以协作出版名义卖书号的将给予处罚。凡超出规定范围搞协作出版或虽属协作出版范围，但出版社未认真负责地终审终校就把书号给协作单位的，均为卖书号行为。凡查实确属卖书号的，对出版社处以没收非法收入、罚款的处罚，情节严重的，可以停业整顿，撤销社号。"

经过对出版社的压缩、整顿和重新注册登记，1991 年 4 月 8 日新闻出版署发布了《关于缩小协作出版范围的规定》，指出："经过整顿，协作出版违反规定的情况有所好转，但仍存在问题，主要是协作出版范围过大，一些门类的图书进行协作出版，继续造成图书品种增长过快，图书质量下降，同时还有变相卖书号现象的发生。这同调整结构、优化选题、压缩品种、提高质量的要求是相抵触的。考虑到客观情况的变化，为了有利于压缩品种、提高质量，杜绝卖书号的行为，决定缩小协作出版的范围，并对审稿、发行等作出新的规定。"新规定将协作出版的范围限定于自然科学和工程技术类的图书，以及省级地方志办公室、省级党史资料办公室组织编纂和审定的地方志、党史资料；同时要求出版社执行三审制，对违反规定的"协作出版"以"非法出版活动"从严查处。但仍有部分出版社置若罔闻，继续出卖或变相出卖书号，导致图书质量下降，平庸书、粗制滥造图书泛滥，有严重政治错误、泄露国家机密、损害民族团结、违反外交政策、宣扬迷信以及有淫秽内容的图书不断出现。1993 年 6 月，12 位政协委员联名提案，建议严禁"买卖书号"。

3. "买卖书号"行为的查禁

为了继续深化出版改革，加快建立适应社会主义市场经济发展要求、符合社会主义物质文明和精神文明建设需要的出版管理体制和运行机制，进一步繁荣出版事业，1993 年 10 月 26 日，中共中央宣传部、新闻出版署联合发出了《关于禁止"买卖书号"的通知》，开始全面禁止"买卖书号"。1993 年 11 月 26 日，新闻出版署又发布了《关于贯彻执行中宣部、新闻出版署〈关于禁止"买卖书号"的通知〉的办法》，对清理、检查的范围、办法、原则作了明确的规定，通知规定"暂停新的协作出版业务"。此后，新闻出版署在一系列文件中，都涉及禁止"买卖书号"问题。

为了进一步加强出版管理，树立行业新风，繁荣出版事业，根据国务院颁布的《出版管理条例》和中宣部、新闻出版署的有关规定，1997 年 1 月 29 日新闻出版署发布《关于严格禁止买卖书号、刊号、版号等问题的若干规定》，采取坚决有力的措施，禁止各种形式买卖书号的行为。具体规定如下：

（1）严禁出版单位买卖书号、刊号、版号。凡是以管理费、书号费、刊号费、版号费或其他名义收取费用，出让国家出版行政主管部门赋予的权力，给外单位或个人提供书号、刊号、版号和办理有关手续，放弃编辑、校对、印刷、复制、发行等任何一个环节的职责，使其以出版单位的名义牟利，均按买卖书号、刊号、版号查处。

（2）严禁任何单位和个人以任何名义直接或间接地购买书号、刊号、版号，并参与出版、印刷、复制、发行等活动。凡购买书号、刊号、版号从事的出版活动均属非法出版活动，坚决予以取缔。

（3）出版工作者在组稿和编辑过程中，不得以任何名义，向供稿单位或个人索取和收受各种费用（如审稿费、编辑费、校对费等），不得索取和收受礼品、礼金或有价证券等。

（4）出版工作者不得在出版、印刷、复制、发行等经营活动中索取和收受回扣或提成。

（5）严禁出版工作者参与各种非法出版活动。出版工作者不得为不法书商提供证明材料和办理有关手续，以掩盖买卖书号、刊号、版号的非法行为。

（6）出版工作者不得利用职务之便在他人作品上署名，以谋取个人名利；不得利用职务之便以他人名义支取稿费、编审费、校对费等费用。

（7）出版单位要严格财务管理，严格审计制度，不得在出版、印刷、复制和发行活动中以任何名义搞任何形式的"体外循环"或虚假的"体内循环"。

（8）出版单位必须建立、健全严格的书号、刊号、版号的管理制度，指定专人负责书号、刊号、版号的管理。不得将书号、刊号、版号和经济创收指标等承包到编辑部或个人，不得在异地设立编辑机构。

（9）出版单位或个人不得以出版个人或企事业单位名录或约稿收费等名义，向供稿单位或个人以任何名义索取任何费用。

（10）出版单位印刷、复制出版物必须到有印刷许可证、复制许可证的印刷厂、复制厂印刷或复制；出版单位不得向没有一级批发权的任何发行单位转让或变相转让总发行权，也不得向非发行单位批发出版物。出版单位的一切印刷业务、复制业务和发行业务，必须严格遵守新闻出版署关于实行印刷委托书、复制委托书、书刊发行委托书的有关规定。

（11）出版单位的年度出版计划及涉及国家安全、社会稳定等方面重大选题，应严格按国家出版行政主管部门的具体规定，办理备案等手续。出版单位对书稿的初审、复审和终审工作要切实到位、严格把关，对编、排、校、印等环节进行全程监督。

（12）对违反上述规定的单位和个人，由国家出版行政主管部门，根据国务院颁布的《出版管理条例》和其他有关规定，视其情节轻重，给予行政处罚，触犯法律的，移交司法机关处理。

1997 年，国务院颁布《出版管理条例》，以行政法规的方式禁止买卖书号，明确提出对违犯者依法追究法律责任。随着出版业的不断发展，《出版管理条例》于 2001 年、2011 年、2013 年、2014 年、2016 年、2020 年经过六次修订，得到不断完善。

《出版管理条例》第 21 条明确规定："出版单位不得向任何单位或者个人出售或者以其他形式转让本单位的名称、书号、刊号或者版号、版面，并不得出租本单位的名称、刊号。"

《出版管理条例》第 62 条规定，明知或者应知他人出版含有本条例第 25 条、第 26 条禁止内容的出版物而向其出售或者以其他形式转让本出版单位的名称、书号、刊号、版号、版面，或者出租本单位的名称、刊号的，依照刑法有关规定，依法追究刑事责任；尚不够刑事处罚的，由出版行政主管部门责令限期停业整顿，没收出版物、违法所得，违法经营额 1 万元以上的，并处违法经营额 5 倍以上 10 倍以下的罚款；违法经营额不足 1 万元的，可以处 5 万元以下的罚款；情节严重的，由原发证机关吊销许可证。

《出版管理条例》第 66 条规定，出版单位出售或者以其他形式转让本出版单位的名称、书号、刊号、版号、版面，或者出租本单位的名称、刊号的，由出版行政主管部门责令停止违法行为，给予警告，没收违法经营的出版物和违法所得，违法经营额 1 万元以上的，并处违法经营额 5 倍以上 10 倍以下的罚款；违法经营额不足 1 万元的，可以处 5 万元以下的罚款；情节严重的，责令限期停业整顿或者由原发证机关吊销许可证。

（三）禁止中国标准书号"一号多用"

在书号使用过程中，有少数出版社不按照中国标准书号使用的有关规定使用书号，出现了一个书号多次使用，即"一号多用"的问题。特别是 1994 年下半年新闻出版署对各出版社的书号总量进行核定后，有些出版社为了多出书，"一号多用"问题更加突出。

"一号多用"主要表现为：多卷本的丛套书（含上、中、下册）在每卷册分别定价销售的情况下，全套书使用一个书号；内容相同但装帧形式不同、开本不同、版本不同和文种不同的图书使用一个书号；以出版图书的名义，用书号变相出版期刊等。

"一号多用"不仅违反了书号使用的规定，而且还对图书的出版管理、销售和馆藏造成了混乱，干扰了图书出版管理工作。1994 年 1 月，新闻出版署为了加强图书出版的管理，规范书号使用秩序，颁布《关于禁止中国标准书号"一号多用"的规定》；2001 年 6 月 13 日，新闻出版总署再一次发出《关于重申禁止中国标准书号"一号多用"规定的通知》，进一步对"一号多用"的问题作了规定。

1. 重申并补充了中国标准书号使用的规定

（1）每一种不同形式的图书应分别使用一个 ISBN 编号。

（2）同一种图书的不同装帧形式（精装、平装）、同一种图书的不同版本（修订版、年度版）、相同内容的不同开本图书、相同内容的不同文字版图书均应单独使用书号。

（3）多卷本的丛套书（含上、中、下册）在每卷册分别定价销售的情况下，各分卷册应单独使用书号；若丛套书的分卷册不分别定价销售，全套书只有一个总定价，可使用一个书号。

（4）重印或再版没有 ISBN 编号的库存图书，必须补编 ISBN 编号。

（5）各出版单位不得以任何形式，用书号变相出版期刊；凡属刊物必须按规定申报，经过批准才能出版。

2. 继续"一号多用"的处罚规定

在《关于重申禁止中国标准书号"一号多用"规定的通知》下发之后继续"一号多用"的，一律按违反出版管理规定，给予没收所得利润、罚款、视情节轻重核减出版社年度书号总量的处罚。各出版社的上级主管部门应加强对出版社书号使用的管理，要按上述规定对所辖出版社书号的使用进行认真检查，如有"一号多用"的图书应立即采取措施补编新的 ISBN 编号，并将情况上报新闻出版总署图书管理司。对违反出版管理规定的出版单位，将视具体情况作出处罚：

（1）对违反规定"一号多用"出书的出版单位，除核减其"一号多用"的书号量外，还要加罚一倍。例如，用 1 个书号出版了 6 种图书，除正常使用的 1 个书号外，要扣除 5 个书号并加罚扣除量的一倍（即 5×2 = 10 个书号）。

（2）对违反规定以书号出刊（即以书代刊）的出版单位，凡每出一个品种，即扣除该出版单位全年书号总量的 10%，依此累积计算。

（3）对违反规定的出版单位，新闻出版总署图书出版管理司还要对其发出违规通知单。对"一号多用"量特别严重者，将给予停发书号的处罚。

2003 年 10 月 23 日，在新闻出版总署条码中心在北京召开的全国出版物条码管理工作会议上公布的对图书书号、条码使用情况进行市场抽查的结果来看，有几个方面问题较为突出：一是一号多用，占抽查总册数 6% 的图书存在此问题。据各大书店反映，由于多种图书使用同一书号，造成书号不能作为图书的唯一标识代码进入书店的计算机销售管理系统，书店不得不再花大量人力、财力给这类图书贴店内码。北京图书大厦年均经营 15 万种图书及音像制品，其中 30% 的图书需重新贴店内码，既增加了图书销售的流动成本，又给管理带来不便。二是出版单位自制条码占抽查总册数的 10%。三是条码印制不规范，主要是任意缩放条码比例、条码印制位置及色彩不符合标准，书店计算机销售系统难以识别。这类图书占抽查总册数的 6.4%。四是用音像及电子出版物号段出版图书。①

可见，新闻出版总署条码中心必须进一步做好书号发放、条码软片的制作工作，加大监管力度，解决图书一号多用和出版单位自制条码的问题。

（四）书号实名申领制度

书号实名申领是指出版单位在图书出版活动中通过总署书号实名申领信息系统按书稿实名申领书号，一书一号，出版单位可随时通过网上申领书号。

2008 年 7 月 15 日，我国出版界存在多年的书号发放制度彻底改革，新闻出版总署开展书号网上实名申领试点工作，由新闻出版总署条码中心等单位研制的"书号实名申领系统"投入运行。北京、上海、重庆、湖北等地 56 家出版社作为第一批试点单位，实行网

---

① 金霞. 新闻出版总署：一号多用和自制条码叫停［N］. 中国图书商报，2003-11-10.

上书号实名申领。60 家试点单位开始通过网上书号实名申领信息系统申领书号。

截至 2009 年 1 月 5 日，已申领书号 5023 个。60 家试点单位开始通过网上书号实名申领信息系统申领书号。

2009 年 1 月 8 日，我国图书出版全面启用"书号实名申领"系统，采取书号网上实名申领取代原有面向出版单位定额发放的书号管理办法，全国出版单位通过网络申领 2009 年度书号。包括 60 家前期试点单位在内的 100 家出版单位从 2009 年 1 月 8 日起首批实行书号网上实名申领；第 2 批 239 家、第 3 批 240 家出版单位分别于 2009 年 2 月底、3 月底前实现网上书号实名申领。现在，我国所有图书出版单位已全部使用书号网上实名申领信息系统申领书号。

新闻出版总署署长柳斌杰用"标志着出版管理一个新的开端"来形容书号实名申领，并形象地将其比喻为："这相当于人口管理上的公安户口管理、计划生育管理上的出生证管理。"

1. 书号实名申领的原则

（1）总量调控，适度放开。

树立科学的出版发展观，坚持正确的出版导向，根据经济和社会发展的要求和出版产业发展的要求，结合出版物市场的需求情况，为了促进出版业的繁荣发展，不断满足人民群众日益增长的文化需求，实时放开对书号的严格管制，这也是新闻出版总署实行书号实名申领的初衷，但是在总量方面还是控制着，因此新闻出版总署还是会确定每年书号核发总量。

（2）实行分级分类管理。

第一，分级管理。根据现行管理体制和实际情况，书号实行两级管理办法，新闻出版总署负责全国书号总量调控，根据属地管理的原则，各省、自治区、直辖市新闻出版局在本地区出版单位书号总量的范围内负责核定配发。在京出版单位仍由新闻出版总署在核定的书号总量范围内负责书号的配发。

出版单位须按照出版法规，对所申报的书稿内容、书稿质量及其出版活动严格把关，承担相应责任。①出版单位在按规定完成书稿"三审"程序后，方可进行书号实名申领。②涉及党和国家领导人等重大题材作品和涉及国家安全、社会稳定等方面的重大选题，要严格执行重大革命和重大历史题材作品管理办法和图书重大选题备案办法，在履行重大选题备案手续后方可进行书号实名申领。③出版单位不得向任何单位或者个人出售或者以其他形式转让本单位的书号。

出版单位书号实名申领有下列行为之一的，由新闻出版总署或省、自治区、直辖市新闻出版行政部门责令改正，给予警告：①提供虚假出版信息的；②不按《中国标准书号》标准使用书号的；③书稿出版后不及时报送出版物信息的。出版单位出售或者以其他形式转让本单位书号的，按《出版管理条例》第 60 条和《图书出版管理规定》进行处罚。

第二，分类管理。为了保证书号核发坚持总量调控、强化监管，同时又能鼓励和支持多出好书，实行书号分类管理办法。制定对出版单位的社会效益、经济效益和综合情况等评价的科学指标，通过各项指标和数据的采集，进行定量分析，综合评估，使书号资源配置向优良出版单位倾斜。

书号实名申领是依照属地管理和谁主管谁负责的原则进行的，该原则强调并明确了出版单位主管和主办单位的管理责任。出版单位在图书出版活动中领取书号要进行书稿实名申领，有关部门见稿给号，一书一号。实行书号实名制后，在书号管理工作上，主要由省级新闻出版行政主管部门把关。新闻出版总署按照分级管理、属地管理的原则，加大各级出版行政管理部门和出版单位主管部门的责任，形成分级管理、职责明确、运行规范的管理体制。

英国、法国、德国、巴西、阿根廷等国家，基本上采取书号使用实名和信息注册方法。在使用书号前，必须呈报图书的各项真实情况。

2. 书号实名申领具体细分流程

出版单位完成书稿的终审终校，由总编辑签字后，按照实际书名、实际书号需求量通过网上直接申领书号。

具体的细分流程是：新闻出版总署确定图书出版单位年度书号总量→中国标准书号中心核定各出版单位年度书号起止段、编制书号、配置条码→各出版行政管理部门、出版社随时进入该系统，根据权限了解书号分配量、书号使用情况→出版社完成书稿三审后，将图书信息上传进入该系统→出版行政管理部门（省局）审阅出版社上传的图书信息，核发书号→出版社通过该系统直接在网上下载条码的电子版，补充修改出版物基本信息→新闻出版总署信息中心通过该系统获取制作 CIP 所需要的信息→出版社在图书出版 15 个工作日内将完成的"成书信息"上传至该系统，构成出版物数据库。

实行网络实名申领书号后，出版社在书稿完成三审之后，进入系统进行申报。系统要求填报确定的书名、作者等信息，"这些信息是确定不能再更改的"。这样，书号与具体的图书就实现了一一对应。

网络实名申领书号的审批时限是 7 天。申报图书系统里还设有紧急图书申报入口，可以加急特批。实质上，就是从原来的批量拿书号到现在一书一号、见书给号。

新闻出版总署负责全国出版单位的书号实名申领和发放工作。出版单位在完成书稿的"三审"程序后，随时通过网络进行书号实名申领。申领书号信息要完整、真实、准确。书稿出版后要向有关部门及时报送有关出版物信息，并按规定向出版行政主管部门送缴样本。

新闻出版总署出版管理司负责对书号实名申领工作进行管理、监督，发现问题及时纠正。新闻出版总署条码中心负责通过计算机信息系统进行书号编制和条码配发工作，对书号实名申领信息系统及出版物信息数据进行维护，保障其安全、稳定运行，并在条码制作、发放等方面探索与书号实名申领相适应的工作模式。

2009 年是中国书号"实名制"元年。以此为界点，书号管理由过去的"定额发放"转变成为现在的"实名申领"；以此为原点，书号管理转变成为服务市场的新手段，发生了自诞生之日起最重大的一次变革。

3. 音像电子出版物专用书号实名申领

为了进一步提高音像电子出版单位书号信息报送效率，加强音像电子出版物专用书号的规范管理，国家新闻出版广电总局委托中国版本图书馆（条码中心）开发建设了音像电子出版物专用书号实名申领信息系统，并于 2015 年 1 月 1 日在全国范围内正式上线运行。为了进一步规范申报工作，国家新闻出版广电总局组织修订了《音像电子出版物专用书号管理办法》，该办法自 2015 年 1 月 1 日起实施，新闻出版总署 2011 年 12 月 28 日下发的

《音像电子出版物专用书号管理办法》同时废止。该办法第 1 条规定，为了进一步规范《中国标准录音制品编码》（GB/T 13396-2009）国家标准实施后对音像制品和电子出版物的管理，进一步完善音像电子出版物专用书号的管理方式，特制定本办法。第 2 条规定，全国所有正式出版的音像制品或电子出版物，均应使用中国标准书号（以下简称 ISBN）作为出版物标识。音像制品使用音像制品专用书号，电子出版物使用电子出版物专用书号，其使用范围和分配原则，参照《中国标准书号》国家标准（GB/T 5795-2006）和《中国标准书号使用手册》规定执行。与 ISBN 对应的条码按照《中国标准书号条码》国际标准（GB/T 12906-2008）规定执行。

国家新闻出版广电总局全面负责全国音像电子出版单位书号申领和核发的管理工作。中国版本图书馆（条码中心）具体负责音像电子出版物专用书号实名申领信息系统的安全运行。

各省、自治区、直辖市出版行政主管部门按照属地管理原则负责本行政区域内出版单位的书号实名申领、发放工作，其中军队系统内出版单位由解放军总政治部新闻出版局负责，中央在京音像电子出版单位由北京市新闻出版广电局负责。各省级出版行政主管部门要切实履行选题审核把关的各项职能，设立专人专岗加强对音像制品和电子出版物专用书号的管理。选题、书号的审核环节应在 5 个工作日以内完成，ISBN 及条码配发在 2 个工作日以内完成。

出版单位应安排专人专岗使用"音像电子出版物书号实名申领信息系统"申领书号，专人培训合格后要为其办理管理员备案手续；要对所申报选题内容、出版物质量及其出版活动严格把关并承担相应责任；要完整、真实、准确和及时报送出版物信息。

出版单位已完成"三审"的选题可通过音像电子出版物专用书号实名申领信息系统进行书号申领。各省、自治区、直辖市出版行政主管部门和解放军总政治部新闻出版局对所辖出版单位的申请予以办理。

第三节　出版物质量管理

质量是出版物的生命和价值，出版物质量的好坏直接关系到出版物社会功能的发挥，也关系到出版发行企业的声誉和效益的好坏。质量好的出版物不仅使出版物成为经久不衰的传世之作，赢得读者、占领市场，而且可以提升出版发行企业的市场竞争力，扩大市场占有率，实现出版社会效益和经济效益的双丰收。

出版物的质量包括出版物的内在质量和外在质量两个方面。出版物内在质量是指它的思想性、科学性、艺术性、可读性及它的实用性和符号表达的通用性等，它是出版物质量的灵魂和核心，对读者的思想和实践活动最具影响。外在质量则包括它的装帧形式、印刷及用纸水平、色彩及耐用程度等，既能强化其内容特色，又可增加其欣赏、适用和保存的价值。[①]"出版物的内在质量（文化含量）是由出版人（编辑、审读人员）通过书稿的选择和加工提炼这一过程来决定的。出版物的外在质量（载体、印刷、装订）是由出版人通

---

① 朱静雯. 现代书业企业管理学 ［M］. 苏州：苏州大学出版社，2003：203-204.

过对出版物的印装工序来实现的。"①

为了保证出版物的质量，我国不仅制定了有关的国家标准，如《关于出版物汉字使用管理规定》、《中文书刊名称汉语拼音拼写法》（GB3259-92）、《标点符号用法》（GB/T15834-2011）、《出版物上数字用法的规定》（GB/15835-1995）、《社会科学期刊质量标准》《图书书名页》（GB12450-90）、《图书在版编目数据》（GB12451-90）、《校对符号及其用法》（GB/T14706-93）等；还制定了一系列的行政法规和规章，如《中华人民共和国通用语言文字法》《出版管理条例》《图书质量管理规定》《图书质量保障体系》《报纸期刊质量管理规定》《音像制品管理条例》《电子出版物出版管理规定》《网络出版服务管理规定》等。这些标准和规章对图书、报纸、期刊、音像制品、电子出版物的质量作出了明确的规定。

一、图书质量管理

为了保证我国图书的出版质量，1997 年 3 月 3 日新闻出版署颁布了《图书质量管理规定》，对经国务院出版行政主管部门批准设立并领取《出版许可证》的图书出版单位出版的图书提出了具体要求；1997 年 6 月 26 日，新闻出版署又出台了《图书质量保障体系》，要求建立和实施严格、有效、可操作的图书质量保障体系，实现图书出版从扩大规模数量为主向提高质量效益为主的转变，提高图书出版整体水平，繁荣社会主义出版事业。为建立健全图书质量管理机制，规范图书出版秩序，促进图书出版业的繁荣和发展，保护消费者的合法权益，2004 年，新闻出版署发布新版《图书质量管理规定》，于 2005 年 3 月 1 日开始实施，对图书的质量管理提出新的要求。

（一）图书质量管理的标准

图书质量包括内容、编校、设计、印制四项，分为合格、不合格两个等级。内容、编校、设计、印制四项均合格的图书，其质量属合格。内容、编校、设计、印制四项中有一项不合格的图书，其质量属不合格。

1. 图书内容质量标准

符合《出版管理条例》第 25、26 条规定的图书，其内容质量属合格。不符合《出版管理条例》第 25、26 条规定的图书，其内容质量属不合格。其中第 25 条规定，任何出版物不得含有下列内容：（1）反对宪法确定的基本原则的；（2）危害国家统一、主权和领土完整的；（3）泄露国家秘密、危害国家安全或者损害国家荣誉和利益的；（4）煽动民族仇恨、民族歧视，破坏民族团结，或者侵害民族风俗、习惯的；（5）宣扬邪教、迷信的；（6）扰乱社会秩序，破坏社会稳定的；（7）宣扬淫秽、赌博、暴力或者教唆犯罪的；（8）侮辱或者诽谤他人，侵害他人合法权益的；（9）危害社会公德或者民族优秀文化传统的；（10）有法律、行政法规和国家规定禁止的其他内容的。

第 26 条规定，以未成年人为对象的出版物不得含有诱发未成年人模仿违反社会公德的行为和违法犯罪的行为的内容，不得含有恐怖、残酷等妨害未成年人身心健康的内容。

2. 图书编校质量标准

---

① 于友先 . 现代出版产业发展论［M］. 苏州：苏州大学出版社，2003：185.

图书编校差错率，是指一本图书的编校差错数占全书总字数的比率，用万分比表示。实际鉴定时，可以依据抽查结果对全书进行认定如检查的总字数为 10 万，检查后发现两个差错，则其差错率为 0.2/10000。图书总字数的计算方法，一律以该书的版面字数为准，即，总字数：每行字数×每面行数×总面数。

差错率不超过万分之一的图书，其编校质量属合格。

差错率超过万分之一的图书，其编校质量属不合格。

图书编校质量差错的判定以国家正式颁布的法律法规、国家标准和相关行业制定的行业标准为依据。图书编校质量差错率的计算按照《图书编校质量差错率计算方法》执行。

除环衬等空白面不计字数外，凡连续编排页码的正文、目录、辅文等，不论是否排字，均按一面满版计算字数，分栏排版的图书，各栏之间的空白也计算版面字数。书眉（或中缝）、单排的页码、边码作为行数或每行字数计入正文，一并计算字数。目录、索引、附录等字号有变化时，分别按实际版面计算字数，用小号字排版的脚注文字超过 5 行不足 10 行，按该面正文字数加 15%计算；超过 10 行的，该面按注文满版计算字数。用小号字排版的夹注文字，可采用折合行数的方法，比照脚注文字进行计算。封一、封二、封三、封底、护封、封套、扉页，除空白面不计以外，每面按正文满版字数的 50%计算；版权页、书脊、有文字的勒口，各按正文的一个版面计算字数。正文中的插图、表格，按正文的版面字数计算；插图占一面的，按正文满版字数的 20%计算字数。以图片为主的图书，有文字说明的版面，按满版字数的 50%计算；没有文字说明的版面，按满版字数的20%计算。乐谱类图书、地图类图书，按满版字数全额计算。外文图书、少数民族文字图书，拼音图书的拼音部分，以对应字号的中文满版字数加 30%计算。图书的差错包括文字差错、标点符号和其他符号差错、格式差错等，按不同标准计算差错率。

3. 图书设计质量标准

图书的整体设计和封面（包括封一、封二、封三、封底、勒口、护封、封套、书脊）、扉页、插图等设计均符合国家有关技术标准和规定，其设计质量属合格。

图书的整体设计和封面（包括封一、封二、封三、封底、勒口、护封、封套、书脊）、扉页、插图等设计中有一项不符合国家有关技术标准和规定的，其设计质量属不合格。

4. 图书印制标准

符合中华人民共和国出版行业标准《印刷产品质量评价和分等导则》（CY/T2-1999）规定的图书，其印制质量属合格。

不符合中华人民共和国出版行业标准《印刷产品质量评价和分等导则》（CY/T2-1999）规定的图书，其印制质量属不合格。

关于书刊印制质量标准的详细规定，可以参见该出版行业标准和新闻出版署 1992 年11 月发布的《书刊印刷产品质量监督管理暂行办法》等规范性文件。①

（二）图书质量的监督管理制度

为了提高图书质量，新闻出版署在《图书质量管理规定》中还规定，新闻出版署负责

---

① 国家新闻出版广电总局出版专业职业资格考试办公室．出版专业基础（初级）［M］．武汉：崇文书局，2015：91．

全国图书质量管理工作，依照本规定实施图书质量检查，并向社会及时公布检查结果。各省、自治区、直辖市新闻出版行政主管部门负责本行政区域内的图书质量管理工作，依照本规定实施图书质量检查，并向社会及时公布检查结果。图书出版单位的主办单位和主管机关应当履行其主办、主管职能，尽其责任，协助新闻出版行政主管部门实施图书质量管理，对不合格图书提出处理意见。图书出版单位应当设立图书质量管理机构，制定图书质量管理制度，保证图书质量合格。新闻出版行政主管部门对图书质量实施的检查包括：图书的正文、封面（包括封一、封二、封三、封底、勒口、护封、封套、书脊）、扉页、版权页、前言（或序）、后记（或跋）、目录、插图及其文字说明等。正文部分的抽查必须内容（或页码）连续且不少于10万字，全书字数不足10万字的必须检查全书。新闻出版行政主管部门实施图书质量检查，须将审读记录和检查结果书面通知出版单位。出版单位如有异议，可以在接到通知后15日内提出申辩意见，请求复检。对复检结论仍有异议的，可以向上一级新闻出版行政主管部门请求裁定。对在图书质量检查中被认定为成绩突出的出版单位和个人，新闻出版行政主管部门给予表扬或者奖励。对图书内容违反《出版管理条例》第25、26条规定的，根据《出版管理条例》第56条实施处罚。

（三）图书质量检查

1998年2月10日，新闻出版署图书司发布《图书编辑工作基本规程》①。其中明确提出要开展"图书质量检查"。图书质量检查的具体内容包括：

1. 上机样检查

在图书临印前，组织专人对封面、正文进行检查，一是对在此以前的编辑工作质量进行监督，二是防止可能存在的质量差错，以免造成政治和经济损失。如发现问题，要尽快采取措施加以改正。

2. 图书成批装订前的样书检查

承印厂在图书印刷完毕、未成批装订以前，要先装订样书送出版社查验。出版社负责联系印刷的业务人员、责任编辑、责任校对及主管社领导，应从总体上对样书的质量进行审核。如发现问题，要及时通知印刷厂封存印成品，并根据情况提出处理意见。如无问题，要正式具文通知印刷厂开始装订。样书检查是对读者负责的表现，关系着出版社的声誉和形象。较之物质产品，精神产品更应严格质量要求。这样做，也可促使以前诸环节坚持制度，加强责任感。

3. 出书后的质量评审

出版社要成立由本社具有高级专业技术职务的人员（包括符合条件的离退休人员）和社会上的有关专家学者组成的图书质量评审委员会，定期对本社新出版的图书质量进行审读、评议。根据评议结果，奖优罚劣；对质量有问题的图书，根据有关规定，进行相应处理。

4. 图书质量检查

按照1997年新闻出版署颁布的《图书质量管理规定》，出版社须设立图书质量管理机

---

① 新闻出版署图书司. 图书编辑工作基本规程（图管字〔1998〕98号）[R]//全国出版专业职业资格考试办公室. 有关出版的法律法规选编 [M]. 北京：中国大百科全书出版社，2003：345-368.

构，制定图书质量管理制度，建立质量管理和质量保证体系，于每年1月31日前上报上一年度的图书质量检查结果和有关情况。经检查为质量不合格的图书，须采取技术处理或改正重印，方可继续在市场上销售。同时，应切实加强图书出版前的质量把关，把每一流程应做的工作认真做好。

5. 再版、重印图书检查

图书再版或重印，责任编辑须据样书检查和图书质量检查记录及作者修改过的样书，对图书进行检查。这是因为国内外形势的变化，政策的某些调整，学术研究的进展，图书引用材料的更新等，都会要求对图书内容作某些修改。图书内容要与科学技术发展和时代需要同步。再版、重印图书由责任编辑检查修改后，须组织具有高级专业技术职务的人员（含离退休者）进行审核，写出书面审核意见，经过复审、终审认可和作者同意，才可再版或重印；内容不需修改的，再版、重印也要征得作者同意授权，否则是一种侵犯著作权行为。

6. 严格依据标准进行检查

《图书质量管理规定》对图书质量的分级、标准、管理、奖罚作出了规定，并将编校质量差错率的计算方法加以量化，必须严格执行。审读者的专业修养和掌握标准宽严尺度不一，是质量分级不一致的重要原因。因此，审读者要严格依据标准进行检查，秉公办事，不徇私情。同时，出版社要按照条件认真物色、聘请审读员，并对审读员提出严格要求和实行监督。所有检查，不论内容质量、装帧设计质量、印刷装订质量、成品图书质量，都要具体填写差错记录，统计差错数量，划分质量等级并说明原因。成书经过检查仍存在差错的，对审读者要追究责任；检查中如有误判，责任编辑应提出异议。

7. 图书质量分析

出版社要定期公布质量检查情况，并充分利用质量检查的材料，进行综合分析，找出一定时期或某些方面的突出问题和倾向，总结经验教训，讨论制定改进措施。可以开展群众性的讨论或召开专题质量分析会，以充分发挥质量检查的作用。

同时，新闻出版署根据全国图书质量的实际情况及读者的反映，每年选取部分出版社的图书，组织审读员进行质量抽查。地方省级新闻出版局或新闻出版署对图书质量进行检查后，须将检查结果和审读记录以书面形式通知出版社。出版社如有不同意见，可在接到通知后的30日内提出申辩意见上报，请求复议。如有异议，报新闻出版署裁定。地方省级新闻出版局或新闻出版署对所检查图书质量的最终结果及处理决定，发出通报。

二、报纸质量管理

1990年12月25日，新闻出版署发布了《报纸管理暂行规定》，对报纸的定义、类型、刊登的内容、违反规定的责任等作了详细的规定。为促进我国报纸事业的繁荣和健康发展，进一步完善报纸的行政管理，保证报纸质量，1995年3月20日，新闻出版署发布了《报纸质量管理标准》（试行），从报纸的内容、印制、刊登广告、发行量等方面对报纸的质量作了具体规定。为了确定报纸的质量是否合格，新闻出版署1995年3月20日同时发布了《报纸质量管理标准实施细则》，规定对报纸质量管理使用抽查出版质量和限定最低发行量的评定方法。为促进我国报业的发展与繁荣，规范报纸出版活动，加强报纸出版管理，2005年，新闻出版总署发布了《报纸出版管理规定》，规定了报纸创办与报纸出版单位设立的条件。2020 年 6 月 18 日，国家新闻出版署发布《报纸期刊质量管理规定》，对报纸质量管理提出了新要求。

报纸质量包括内容质量、编校质量、出版形式质量、印制质量四项，分为合格和不合格两个等级。四项均合格的，其质量为合格；四项中有一项不合格的，其质量为不合格。

1. 报纸内容质量标准

符合《出版管理条例》第 25、26 条规定，并符合国家新闻出版主管部门批准的业务范围的，其内容质量为合格；不符合的，其内容质量为不合格。

其中《出版管理条例》第 25 条规定，任何出版物不得含有下列内容：（1）反对宪法确定的基本原则的；（2）危害国家统一、主权和领土完整的；（3）泄露国家秘密、危害国家安全或者损害国家荣誉和利益的；（4）煽动民族仇恨、民族歧视，破坏民族团结，或者侵害民族风俗、习惯的；（5）宣扬邪教、迷信的；（6）扰乱社会秩序，破坏社会稳定的；（7）宣扬淫秽、赌博、暴力或者教唆犯罪的；（8）侮辱或者诽谤他人，侵害他人合法权益的；（9）危害社会公德或者民族优秀文化传统的；（10）有法律、行政法规和国家规定禁止的其他内容的。第 26 条规定，以未成年人为对象的出版物不得含有诱发未成年人模仿违反社会公德的行为和违法犯罪的行为的内容，不得含有恐怖、残酷等妨害未成年人身心健康的内容。

2. 报纸编校质量标准

报纸编校差错率，是指在报纸编校质量检查中，编校差错数占检查总字数的比率，用万分比表示。如检查总字数为 2 万，检查后发现 2 个差错，则其差错率为 1/10000。

报纸编校差错率不超过万分之三的，其编校质量为合格；

差错率超过万分之三的，其编校质量为不合格。

报纸编校差错判定以相关法律法规、国家标准、行业标准及规范为依据。报纸编校差错率的计算按照《报纸编校差错率计算方法》执行。

3. 报纸出版形式质量标准

报纸出版形式差错数不超过三个的，其出版形式质量为合格；

差错数超过三个的，其出版形式质量为不合格。

报纸出版形式差错判定以相关法规规章、国家标准、行业标准及规范为依据。差错数的计算按照《报纸出版形式差错数计算方法》执行。

4. 报纸印制质量标准

报纸印制质量包括单份印制质量和批印制质量，报纸印制符合国家和行业现行标准及规定的，其印制质量为合格；不符合的，其印制质量为不合格。

三、期刊质量管理

据国家新闻出版署发布的《2020 年新闻出版产业分析报告》显示，2020 年全国共出版期刊 10192 种，总印数 20.4 亿册。[①] 为了提高期刊质量，我国也制定了行政法规和规章，以及一系列国家标准来予以规范。1988 年 11 月 24 日新闻出版署发布了《期刊管理暂

---

① 国家新闻出版署.2020 年新闻出版产业分析报告［EB/OL］.［2023-02-01］.http：//www.nppa.gov.cn/nppa/upload/files/2021/12/910c52660b947756.pdf.

行规定》，对期刊的定义、期刊的内容、期刊的登记与出版、违反规定的责任等作了详细规定。1991 年 6 月 5 日，国家科委、新闻出版署发布了《科学技术期刊管理办法》，对科学技术期刊的管理范围、管理职责等作了具体规定；1992 年 4 月 2 日国家科委、中共中央宣传部、新闻出版署共同发布了《科学技术期刊质量要求》，1995 年 6 月 13 日，新闻出版署发布了《社会科学期刊质量管理标准》（试行）。这两个标准对学术理论类期刊的业务标准作了要求，是出版行政主管部门从管理的角度对 5 大类科学技术期刊、7 大类社会科学期刊进行质量监管的依据。此外，原国家科委和新闻出版署分别发布的《五大类科技期刊质量要求及评估标准》《社会科学期刊质量标准及评估办法》，对每一类期刊的质量标准及评估办法都作了规定。为了促进我国期刊业的繁荣和发展，规范期刊出版活动，加强期刊出版管理，2005 年，新闻出版总署发布了《期刊出版管理规定》，具体规定了期刊创办和期刊出版单位设立的条件及期刊出版的要求。2020 年 6 月 18 日，国家新闻出版署发布《报纸期刊质量管理规定》，对期刊质量管理提出了新要求。

期刊质量包括内容质量、编校质量、出版形式质量、印制质量四项，分为合格和不合格两个等级。四项均合格的，其质量为合格；四项中有一项不合格的，其质量为不合格。

1. 期刊内容质量标准

符合《出版管理条例》第 25、26 条规定，并符合国家新闻出版主管部门批准的业务范围的，其内容质量为合格；不符合的，其内容质量为不合格。

其中《出版管理条例》第 25 条规定，任何出版物不得含有下列内容：（1）反对宪法确定的基本原则的；（2）危害国家统一、主权和领土完整的；（3）泄露国家秘密、危害国家安全或者损害国家荣誉和利益的；（4）煽动民族仇恨、民族歧视，破坏民族团结，或者侵害民族风俗、习惯的；（5）宣扬邪教、迷信的；（6）扰乱社会秩序，破坏社会稳定的；（7）宣扬淫秽、赌博、暴力或者教唆犯罪的；（8）侮辱或者诽谤他人，侵害他人合法权益的；（9）危害社会公德或者民族优秀文化传统的；（10）有法律、行政法规和国家规定禁止的其他内容的。第 26 条规定，以未成年人为对象的出版物不得含有诱发未成年人模仿违反社会公德的行为和违法犯罪的行为的内容，不得含有恐怖、残酷等妨害未成年人身心健康的内容。

2. 期刊编校质量标准

期刊编校差错率，是指在期刊编校质量检查中，编校差错数占检查总字数的比率，用万分比表示。如检查总字数为 2 万，检查后发现 2 个差错，则其差错率为 1/10000。

期刊编校差错率不超过万分之二的，其编校质量为合格；

差错率超过万分之二的，其编校质量为不合格。

期刊编校差错判定以相关法律法规、国家标准、行业标准及规范为依据。期刊编校差错率按照《期刊编校差错率计算方法》执行。

3. 期刊出版形式质量标准

期刊出版形式差错数不超过五个的，其出版形式质量为合格；

差错数超过五个的，其出版形式质量为不合格。

期刊出版形式差错判定以相关法规规章、国家标准、行业标准及规范为依据。差错数的计算按照本规定附件《期刊出版形式差错数计算方法》执行。

4. 期刊印制质量标准

期刊印制质量包括单册印制质量和批印制质量。期刊印制符合国家和行业现行标准及规定的，其印制质量为合格；不符合的，其印制质量为不合格。

四、音像制品、电子出版物、网络出版物质量管理

（一）音像制品

为了加强音像制品的管理，繁荣和发展音像事业，传播有益于经济发展和社会进步的思想、道德、科学技术和文化知识，1996 年 2 月 1 日，文化部、广播电影电视部共同发布了《音像制品内容审查办法》，由广播电影电视部和文化部共同组成音像制品内容审核机构，主管全国音像制品的内容审核工作。音像制品内容审核机构履行下列职责："（1）根据《音像制品管理条例》第 3 条的规定和本办法的有关规定，对进口音像制品和国产文艺类音像制品的内容实施审查，提出准予或不准予出版、复制、进口的意见；（2）对需删减修改后才准出版、复制、进口的音像制品，提出删减修改意见；（3）委托有关部门代行审查除进口的音像制品以外的音像制品；（4）将审查的音像制品情况，分别报送广播电影电视部、文化部和新闻出版署。"后因职能已调整，《音像制品内容审查办法》于 2010 年 11 月 12 日废止。

为了加强音像制品的管理，促进音像业的健康发展和繁荣，丰富人民群众的文化生活，促进社会主义物质文明和精神文明建设，新闻出版署于 2001 年发布《音像制品管理条例》，并于 2011 年、2013 年、2016 年、2020 年进行四次修订。

《音像制品管理条例》第 3 条规定，出版、制作、复制、进口、批发、零售、出租音像制品，应当遵守宪法和有关法律、法规，坚持为人民服务和为社会主义服务的方向，传播有益于经济发展和社会进步的思想、道德、科学技术和文化知识。

音像制品禁止载有下列内容：（1）反对宪法确定的基本原则的；（2）危害国家统一、主权和领土完整的；（3）泄露国家秘密、危害国家安全或者损害国家荣誉和利益的；（4）煽动民族仇恨、民族歧视，破坏民族团结，或者侵害民族风俗、习惯的；（5）宣扬邪教、迷信的；（6）扰乱社会秩序，破坏社会稳定的；（7）宣扬淫秽、赌博、暴力或者教唆犯罪的；（8）侮辱或者诽谤他人，侵害他人合法权益的；（9）危害社会公德或者民族优秀文化传统的；（10）有法律、行政法规和国家规定禁止的其他内容的。

出版含有禁止内容的音像制品，或者制作、复制、批发、零售、出租、放映明知或者应知含有禁止内容的音像制品的，依照刑法有关规定，依法追究刑事责任；尚不够刑事处罚的，由出版行政主管部门、公安部门依据各自职权责令停业整顿，没收违法经营的音像制品和违法所得；违法经营额 1 万元以上的，并处违法经营额 5 倍以上 10 倍以下的罚款；违法经营额不足 1 万元的，可以处 5 万元以下的罚款；情节严重的，并由原发证机关吊销许可证。

（二）电子出版物

对电子出版物的内容要求，我国也同样非常重视。新闻出版署 1997 年 12 月 30 日发布的《电子出版物管理规定》，对电子出版物的制作、出版、复制、进口、发行作出了具体的规定。2008 年 2 月 21 日，新闻出版总署发布《电子出版物出版管理规定》，取代

《电子出版物管理规定》，根据 2015 年 8 月 28 日国家新闻出版广电总局令第 3 号《关于修订部分规章和规范性文件的决定》修订。

其中第 3 条明确规定，电子出版物不得含有下列内容：（1）反对宪法确定的基本原则的；（2）危害国家统一、主权和领土完整的；（3）泄露国家秘密、危害国家的安全或者损害国家荣誉和利益的；（4）煽动民族仇恨、民族歧视，破坏民族团结，或者侵害民族风俗、习惯的；（5）宣扬邪教、迷信的；（6）扰乱社会秩序，破坏社会稳定的；（7）宣扬淫秽、赌博、暴力或者教唆犯罪的；（8）侮辱或者诽谤他人，侵害他人合法权益的；（9）危害社会公德或者民族优秀文化传统的；（10）有法律、行政法规和国家规定禁止的其他内容的。

以未成年人为对象的电子出版物不得含有诱发未成年人模仿违反社会公德的行为和违法犯罪的行为的内容，不得含有恐怖、残酷等妨害未成年人身心健康的内容。

对电子出版物的质量，《电子出版物出版管理规定》还要求：

出版电子出版物，必须按规定使用中国标准书号。同一内容，不同载体形态、格式的电子出版物，应当分别使用不同的中国标准书号。出版连续型电子出版物，必须按规定使用国内统一连续出版物号，不得使用中国标准书号出版连续型电子出版物。

电子出版物出版单位不得以任何形式向任何单位或者个人转让、出租、出售本单位的名称、电子出版物中国标准书号、国内统一连续出版物号。

电子出版物应当符合国家的技术、质量标准和规范要求。出版电子出版物，须在电子出版物载体的印刷标识面或其装帧的显著位置载明电子出版物制作、出版单位的名称，中国标准书号或国内统一连续出版物号及条码，著作权人名称以及出版日期等其他有关事项。境外著作权人授权的电子出版物，须在电子出版物载体的印刷标识面或其装帧的显著位置载明引进出版批准文号和著作权授权合同登记证号。

(三) 网络出版物

网络出版物，是指通过信息网络向公众提供的，具有编辑、制作、加工等出版特征的数字化作品，范围主要包括：（1）文学、艺术、科学等领域内具有知识性、思想性的文字、图片、地图、游戏、动漫、音视频读物等原创数字化作品；（2）与已出版的图书、报纸、期刊、音像制品、电子出版物等内容相一致的数字化作品；（3）将上述作品通过选择、编排、汇集等方式形成的网络文献数据库等数字化作品；（4）国家新闻出版广电总局认定的其他类型的数字化作品。

为了规范网络出版服务秩序，促进网络出版服务业健康有序发展，国家新闻出版广电总局与工业和信息化部于 2016 年 2 月 4 日公布的《网络出版服务管理规定》明确指出，网络出版服务单位实行编辑责任制度，保障网络出版物内容合法。网络出版服务单位实行出版物内容审核责任制度、责任编辑制度、责任校对制度等管理制度，保障网络出版物出版质量。在网络上出版其他出版单位已在境内合法出版的作品且不改变原出版物内容的，须在网络出版物的相应页面显著标明原出版单位名称以及书号、刊号、网络出版物号或者网址信息。

网络出版物不得含有以下内容：（1）反对宪法确定的基本原则的；（2）危害国家统一、主权和领土完整的；（3）泄露国家秘密、危害国家安全或者损害国家荣誉和利益的；

（4）煽动民族仇恨、民族歧视，破坏民族团结，或者侵害民族风俗、习惯的；（5）宣扬邪教、迷信的；（6）散布谣言，扰乱社会秩序，破坏社会稳定的；（7）宣扬淫秽、色情、赌博、暴力或者教唆犯罪的；（8）侮辱或者诽谤他人，侵害他人合法权益的；（9）危害社会公德或者民族优秀文化传统的；（10）有法律、行政法规和国家规定禁止的其他内容的。

为保护未成年人合法权益，网络出版物不得含有诱发未成年人模仿违反社会公德和违法犯罪行为的内容，不得含有恐怖、残酷等妨害未成年人身心健康的内容，不得含有披露未成年人个人隐私的内容。

网络出版服务单位发现其出版的网络出版物含有以上所禁止内容的，应当立即删除，保存有关记录，并向所在地县级以上出版行政主管部门报告。

网络出版服务单位出版涉及国家安全、社会安定等方面重大选题的内容，应当按照国家新闻出版广电总局有关重大选题备案管理的规定办理备案手续。未经备案的重大选题内容，不得出版。网络游戏上网出版前，必须向所在地省、自治区、直辖市出版行政主管部门提出申请，经审核同意后，报国家新闻出版广电总局审批。网络出版物的内容不真实或不公正，致使公民、法人或者其他组织合法权益受到侵害的，相关网络出版服务单位应当停止侵权，公开更正，消除影响，并依法承担其他民事责任。此外，网络出版物必须符合国家的有关规定和标准要求，保证出版物质量。网络出版物使用语言文字，必须符合国家法律规定和有关标准规范。

第八章　出版物市场行为管理

《出版管理条例》不仅对创办报社、期刊社和各类出版社（总称"出版单位"）规定了严格的审查批准程序，而且对设立出版单位的条件作了明确的限定。其第 11 条规定，设立出版单位应当"有符合国务院出版行政主管部门认定的主办单位及其主管机关""有确定的业务范围""有 30 万元以上的注册资本"等。新闻出版署在《关于出版单位的主办单位和主管单位职责的暂行规定》（1993）中规定，主办单位是指出版单位的上级领导部门，而主管单位是出版单位主办单位的上级主管部门，还规定了主管单位的行政级别。2001 年，中共中央办公厅、国务院办公厅下发的 17 号文件明确出版集团为事业单位。因此，我国出版单位的定位一直是实行企业化管理的事业单位，而不是企业。

2003 年召开的全国文化体制改革试点工作会议，按照党的十六大精神，把新闻出版单位分为两类：一类是社会公益性的事业单位，一类是经营性的企业单位。① 因此，从 2004 年起，我国 568 家出版社开始全面改革，各省、自治区、直辖市除保留人民出版社为事业单位以外，其余出版社全部转制为企业。除了中央的人民出版社、各省都可以保留一家人民出版社或者其他一家政策性的出版社，加强为公共事业的服务，这些出版社不以营利为目的，不能进行招商引资，也不能进行股份制改革，是纯粹的服务性事业单位。国家新闻出版总署署长柳斌杰认为，通过几十年的实践，保留这样一个（出版）单位，对地方出版业是有好处的，因为好多东西不适合竞争，比方说基础理论研究，一些政治宣传品，马克思主义理论著作的出版，这些不适合市场竞争的产品，就由人民出版社来出版。② 2010 年年底，我国出版社转企改制全面完成。

这样，在我国出版物市场上，出版环节就有了两类性质不同的主体：一类是社会公益性的出版事业单位，一类是经营性的出版企业单位。对于社会公益性的出版事业单位而言，虽然不以盈利为根本目的，但也不能无视经济规律自行其是，其市场行为也应遵从市场经济的基本法则，只有这样，出版单位才能生存和发展，才能做大做强。而另一类经营性的出版企业单位，其目的则是为了获取利润或者提高出版物市场产品占有率。在出版物经营环节，出版物的批发、零售、出租等主体则都是经营性的企业单位。

因此，我们这里要探讨的是对出版发行企业单位市场行为的管理。在出版发行企业单位取得合法的资格后，通常会采取一系列的行为，包括市场价格行为、市场交易行为、合同行为、竞争行为等去获取利润或者提高出版物市场产品占有率。如果出版物市场主体的

---

① 李籽力. 当前新闻出版业人事制度改革需要关注的问题［J］. 出版发行研究，2004（8）：5-9.

② 梁宏峰. 我国出版社全面改制，事业单位只保留人民出版社［EB/OL］.［2023-02-01］. http：//news. xinhuanet. com.

行为不合法，不仅会引起出版物市场的混乱，影响出版物市场各项功能的正常发挥，还会影响到整个社会经济利益的充分实现。因此，要加强对出版物市场主体行为的管理，保证出版物市场主体合法经营，维护出版物市场秩序。

第一节　出版物市场价格行为管理

出版物价格是出版物出版时所规定的零售价格，它一般是出版物价值的货币表现。在为特定目的而加以控制时，才会出现定价与价值、成本的背离。在市场经济条件下，出版单位通过出版物定价的实现取得相应的销售收入，以抵偿出版物的成本和交纳出版物税金，并有一定的盈利，从而保证出版物再生产（或扩大再生产）的继续进行。由于图书是我国出版物市场经营的主要商品，这里我们主要探讨对图书的价格管理。

一、我国图书价格管理的形式

价格的管理形式，根据定价主体的不同，通常情况下有三种：一是政府统一定价；二是政府指导价；三是企业自主定价。

我国图书的零售价格是明码标识于封底右下角和主书名页背面的。图书的定价，由于定价方法不同大致分为两种：按印张定价和按成本定价。按印张定价的出版物，其定价一般由正文、封面、插页三部分定价构成，且各有其定价单位和计算标准。正文以印张为计价单位，封面论个计价；如图书内有插页，用纸不同于正文者，论页计算，用纸与正文相同又一起印刷的则作正文计算。按成本定价的出版物，定价由直接成本、间接成本、发行折扣、税金和利润五个部分组成（税金主要指营业税，不包括所得税）。

由于我国出版发行体制的改革和图书市场的激烈竞争，国家对图书的价格管理形式经历了一个由国家统一定价发展到逐步放开，由出版社自行定价的过程。目前国家除对少数图书制定严格的价格标准进行管理外，其他图书基本实现出版社自行定价、国家出版行政主管部门宏观调控的格局。

（一）图书由政府统一定价阶段（1956—1984 年）

政府统一定价，即政府价格监管部门为实现特定的政治经济目的，而以法律形式统一确定权力范围内某市场客体价格的行为。[1] 图书价格是图书内在质量和外在质量所体现价值的综合反映。合理定价，不仅关系着读者的购买需求，而且影响着出版物市场以及出版业的良性发展。1984 年以前，在计划经济条件下，企业没有产品的定价权，我国图书的价格，一直由政府制定统一的标准来确定。

1950 年 12 月 25 日，中央人民政府教育部和出版总署联合发出了《关于 1951 年春季教科书的售价及生产供应办法的决定》，首先在教科书的售价上在全国实现了统一。

为了保障读者的消费利益，防止私商任意加价进行投机活动，出版总署于 1951 年起作出统一全国书刊定价的决定。规定同样一种书刊，在全国各地都必须一律按出版社的统

---

① 阎应福，郝玉柱. 市场管理概论［M］. 北京：中国物价出版社，2002：303.

一定价出售，不得有地区差价。①

　　1954 年，出版总署根据周恩来总理"出版业没有为国家积累资金的任务，只要能够解决自我发展的问题就行了，因此书价以尽可能低廉为宜"② 的指示，起草了第一个书籍定价标准，在中央一级出版社试行。

　　1956 年 2 月 18 日，文化部颁发全国杂志、书籍定价标准，确立了我国图书产品按印张分类别定价的计划价格模式。当时发布的中国第一个《全国出版社一般书籍、课本正文定价标准表》将书籍、课本分为 11 大类、26 小类，各出版社可根据图书的性质、内容、读者对象、印刷成本等，按印张分档计价。每印张定价从 4 分 6 厘到 2 角不等。其中，中小学课本和业余学校课本定价最低，每印张 0.046～0.049 元，儿童读物每印张 0.05 元，政策性文件、法令每印张 0.055 元，一般书籍每印张为 0.06～0.20 元，自然科学、工程技术专门书籍，每印张 0.20 元。这一标准的实施，不仅对贯彻"保本微利"的方针，稳定书价起到了重要作用，同时也是我国图书统一定价的开始，也是以正文印张计算定价办法的开始。这一定价标准一直执行到 1984 年，前后共 28 年。

　　在此期间内，文化部也曾对这个定价标准作过某些微调，但大多数是为了政治运动的需要，强调低书价政策。比如 1958 年 5 月，文化部通知降低书籍定价，并将书籍和课本的定价标准改为参考标准，要求平均降低定价标准 15% 左右。1962 年 8 月经全国物价委员会批准，文化部通知调整中小学课本定价标准，小学课本定价由每一个印张 0.046 元调整为 0.06 元，中学课本定价由每印张 0.049 元调整为 0.065 元。1963 年，又要求出版行业的利润比上年降低 18%。"文化大革命"期间，全国的文化事业都遭受了损害，出版业不能提"经济效益"，到 1973 年国务院出版局制定并下发了《图书定价试行标准》，把书籍分为 12 档、38 小类，分档按印张定价，图书价格比 1956 年的水平平均降低了 20%～25%。

　　这一时期的图书统一定价政策有其一定的合理性。比如它在商品经济不发达、居民生活水平低下和社会物价相对稳定的环境中，核算程序简便，容易管理，也容易被读者接受。但是，在僵化的价格管理体制下实行的这一人为的"冻结书价"，是不计成本、不问需求、不以质论价的。所谓的"保本微利"的定价原则，也只是从总体上和名义上讲的。实际上，由于不按成本定价，小印数图书不仅无法盈利，而且还亏本，甚至大亏本。因此，这种定价有违背图书生产规律和商品经济规律的一面，在一定程度上已经丧失了价格的市场功能，而仅仅作为图书实物计量的单位而存在。③

　　(二) 政府制定指导价阶段 (1984—1993 年)

　　政府指导价，是指政府有关价格行为监管机构为了调控市场价格水平和结构，在其权

　　① 《当代中国》丛书编辑委员会. 当代中国的出版事业 (上) ［M］. 北京：当代中国出版社，1993：51；《当代中国》丛书编辑委员会. 当代中国的出版事业 (中) ［M］. 北京：当代中国出版社，1993：516.

　　② 袁亮. 周恩来刘少奇朱德陈云与新闻出版 ［M］. 北京：中国书籍出版社，2003：162.

　　③ 卿家康. 我国图书定价改革与当前书价 ［J］. 出版发行研究，1996 (4).

力范围内以法律形式统一确定某市场客体价格或其波动范围的价格管理形式。① 在图书的价格管理方面，随着国家逐步取消对出版用纸的补贴，图书生产成本逐渐提高，图书发行体制改革带来的发行企业的高度竞争使基层书店在低书价、统一折扣的政策下发生生存危机，书业单位的企业化也引起书业单位的利益冲突，开放的环境培育了读者多样化的需求，这些变化都对图书定价改革提出了强烈要求。于是，政府开始试行图书的政府指导价格管理形式。

图书的政府指导价格管理形式主要有两种，一种是图书定价的分级管理形式，另一种是控制图书的定价利润率形式。

1. 图书定价的分级管理阶段（1984—1988 年）

图书定价的分级管理形式是在党的十一届三中全会以后，随着改革开放的进行与发展，纸张价格的不断上涨的情况下而推行的。1984 年 11 月，文化部下发经中央批准的《关于调整图书定价的通知》，对 1956 年的书价管理模式作了一些调整。这次调整继续贯彻"保本微利"的原则，既要考虑出版社维持再生产的需要，又要照顾读者的购买力，同时兼顾国家财力。调整的主要内容：一是统编中小学课本和省编课本的定价，由各省、自治区、直辖市根据本地的实际印制成本费用，按"保本微利"的原则自行制定，承担统编课本编辑业务的出版社提供参考性定价，供各地参考；二是对一般图书定价的管理进行了改革。各省、自治区、直辖市的图书定价，由各地根据"保本微利"的原则，自行制定。中央一级出版社按统一制定的图书定价标准幅度（社会科学和文学艺术类书籍，正文每印张定价幅度为 0.075~0.16 元；自然科学和生产技术类书籍，定价幅度为每印张 0.08~0.23 元；领袖像、年画，每对开印张 0.13~0.18 元），制定本单位的定价标准，报上级主管部门批准后实施。期刊可参照图书定价标准计价。②

这次图书定价的调整和改革，最主要的变化表现在两个方面：一是书刊定价权限的分级管理，国家对图书定价作了分级管理的改革，不再制定统一的定价标准，即定价权限改由中央和地方分管，中央一级出版社出版的图书定价由中央管理，地方的图书定价标准由地方自行掌握，各省、自治区、直辖市根据"保本微利"原则研究制定适合于本地区的图书定价标准，付诸实施。二是图书统一定价改为按大类确定每印张定价幅度的办法，就是将过去的 11 大类 26 小类改为两个大类——社会科学类和自然科学与生产技术类，出版社可在规定的幅度范围内根据实际情况制定具体的各类图书的定价。其计算公式是：

图书定价＝（每印张正文定价标准×印张数）＋（每页插页定价标准×插页数）＋封面定价

这些改革虽然使图书定价具有了一定的弹性，定价的集中程度有所松动，但并未从根本上改变定价权归国家的这一本质内容，还属于政府指导价格的管理形式。在高度集中的计划经济体制下，书业企业只能按照国家的计划价格体制运作，不能自主定价。③

2. 控制定价利润率管理阶段（1988—1993 年）

控制定价利润率管理形式是随着我国高度集中的计划经济体制向社会主义市场经济体

---

① 阎应福，郝玉柱. 市场管理概论［M］. 北京：中国物价出版社，2002：301.

② 《当代中国》丛书编辑委员会. 当代中国的出版事业（中）［M］. 北京：当代中国出版社，1993：517-518.

③ 方卿，姚永春. 图书营销学［M］. 太原：山西经济出版社，1998：244.

制过渡，国家原有的价格体制政策开始变革而推行的。以 1987 年 4 月吉林出版总社向该省物价局申请试行学术专著按成本定价为契机，同年 12 月，国家物价局同意科学出版社六类印数在 3000 册以下的图书，即学术专著、科学研究资料、最新学科介绍、各学科的工具书、著名科学家文集和世界科学名著可以参照成本定价。1988 年 3 月，新闻出版署向全国出版社转发了《同意印数在 3000 册以下学术著作和专业著作可参照成本定价》的通知，引用了田忆云同志的批示："对科学学术著作价格似应采取放开的政策，不宜采取补贴的办法，个别著作销量少，亏损较多的，可适当补贴。"各出版社在确定印数较少的学术和专业著作的价格时，既要核算成本，参照成本定价，又要考虑读者的承受能力，适当把握书价的上调幅度。① 这在局部范围内突破了按印张定价的模式。同年 8 月新闻出版署在《转发国家物价局〈关于改革书刊定价办法的意见〉》中规定，除中小学课本和大中专教材以外的书刊实行价格改革。改革后的定价原则仍按"保本微利"的原则掌握，具体价格水平采取控制定价利润率的办法，即一个出版单位年度图书定价的总利润率应控制在 5%～10% 的幅度内的办法，定价权仍由中央和地方的有关机关分别管理。为促进科学技术事业的发展，对有价值的学术专著，定价权下放给出版社，由其根据实际情况自行确定售价。具体定价时，出版社要把握一般图书全年的定价利润率不超过 10%；中小学课本最高定价利润率不超过 5%；大中专教材最高定价利润率不超过 10%。

这是图书定价政策的又一次重大改革。这次改革废除了我国沿袭近 30 年的按印张定价的办法，基本确立了国家控制定价利润率，各出版单位可根据成本等实际情况自行定价的办法。这一改革措施，有利于出版事业的发展，但也出现了提价幅度过大、书价偏高的问题，在某种程度上抑制了购买力。

（三）出版单位自主定价阶段（1993 年至今）

自主定价，是指市场主体根据供求状况，或以协商方式确定市场价格的行为。② 1992 年党的十四大明确提出建立社会主义市场经济体制，随着经济体制的转型，我国原有的价格体制政策也发生了变革。在图书价格管理方面，我国原来实行的按印张分类别定价以及控制定价利润率的计划定价模式得到基本改革。除中小学教科书等少数出版物仍实行国家指导定价外，其他各类图书的定价权都已下放到出版单位。在此基础上，我国基本建立起了以成本为导向的书业企业自主定价体制。③

1993 年 4 月，国家物价局重工司和新闻出版署计财司根据国家物价局有关文件精神，联合发出《关于改革书刊价格管理的通知》，这次改革进一步下放了定价权限，再次明确大中专教材和中小学课本价格仍按现行管理体制和管理权限实行国家定价，其他图书的价格基本放开，由出版单位自行制定。即国家和省级教育行政管理机关指定与中小学课本配套的教学参考书、复习资料、学生练习册以及中小学必备的字典，由出版单位提供印张定价标准和定价依据，并按照隶属关系报新闻出版管理部门和物价主管部门

---

① 吴江江，石峰，等. 中国出版业的发展与经济政策研究［M］. 武汉：湖北人民出版社，1994：472.

② 阎应福，郝玉柱. 市场管理概论［M］. 北京：中国物价出版社，2002：298.

③ 方卿，姚永春. 图书营销学［M］. 太原：山西经济出版社，1998：245.

批准执行；党和国家的重要文献按照微利原则由出版单位制定具体定价标准，报新闻出版署、国家物价局备案；其他图书的价格由出版单位根据纸张成本、印刷工价和发行册数自行制定定价标准；各级新闻出版主管部门和物价主管部门要加强对图书价格的宏观管理，引导出版单位正确定价，确保图书价格的稳定。这就明确规定了由出版单位根据纸张成本、印刷工价和发行册数制定价格标准。经过这次改革，我国一般图书的价格基本上放开了。

二、图书发行折扣的类型

折扣，即价格折扣，也称为让利，是指在商品买卖活动中一方经营者在所成交的价款上给对方以一定比例的减让而返还给对方的一种交易上的优惠。一般情况下，折扣是卖方给买方的一种让利。① 所谓图书发行折扣，是指图书发行实价与码价的差额。码价，也称为码洋，是指图书售出时未打折扣的总定价。码洋的"码"源于英文 Market（市场）一词的音译；"洋"出自中国旧时对银元的俗称。"码洋"一词是外来语与旧时俗称的结合，是中国出版业约定俗成的用语。中国出版会计制度中现使用"码价"一词。该词源于英文 Market Price（市场价格）。实价，也称为实洋，是图书售出的实售价或打了折扣后的批发价。② 当图书按定价直接售出时，其码价与实价是一致的；当代销或批发销售时，则因给予销售单位一定折扣，码价与实价就不同。例如，某书定价 10 元，出版社按 6.7 折批发给书店 10 册，对出版社来说，该批书销售码洋 100 元，销售实洋 67 元。

在我国，图书一般按书上标明的价格零售。但根据出版行政主管部门的有关规定，对不同的销售方式，允许有销售折扣上的优惠，因而实际销售收入是不同的。在出版社与书店之间，书店系统的发货店与销货店之间，大多采取折扣的办法来结算购销图书的货款。出版社按书价的一定比例给予发行部门的份额，即为发行折扣。发行折扣由两项要素构成：一是出版物在生产领域形成产品后，尚需从生产领域运到使用者领域，才能发挥效益。这一过程中所耗费的社会劳动（包括活劳动和物化劳动），理应追加到出版物价值中，成为出版物价格形成的一个因素。由于出版、发行的分工，这部分价格以发行折扣形式付出。二是对发行部门开展出版物经营活动所必需的补偿。按照现行政策，发行折扣的类型有两种：一种是由国家出版行政主管部门统一规定的折扣，另一种是浮动折扣。③

1. 统一发行折扣阶段

统一规定的发行折扣，是由国家出版行政主管部门发布，在全国范围内实施，视不同的购销形式而有所不同的折扣。④ 在计划经济体制下，企业不以营利为目的，没有生产经营的自主权，批发者、零售者赚多赚少一个样，互相之间没有利益冲突，因此，由国家出版行政主管部门统一规定批发者的销售价格，目的是完成图书的发行任务，这在计划经济

---

① 黄先蓉. 书业法律基础［M］. 太原：山西经济出版社，2001：188.

② 边春光. 编辑实用百科全书［M］. 北京：中国书籍出版社，1994：472.

③ 边春光. 编辑实用百科全书［M］. 北京：中国书籍出版社，1994：468.

④ 边春光. 编辑实用百科全书［M］. 北京：中国书籍出版社，1994：468.

体制下是可行的。

　　早在 1951 年 1 月 1 日新华书店总店在北京成立，出版与发行实行分工专业化之后，时任中共中央宣传部部长胡乔木在一次会议上指出：新华书店总店与人民出版社的关系应该是"亲兄弟，明算账"。本着这个精神，社店双方于 3 月 1 日签订了产销合同。其要点是：人民出版社的出版物由新华书店总店总发行，不得委托第三方发行；购销形式分订货、寄售两种，以订货为主，寄售为辅；出版社按 6.5 折向总店收款，出书第二个月起，每月付 25%，四个月付清；寄售书按月实销实结。产销合同的鉴证人是出版总署办公厅。这个合同符合书刊产销规律，社店关系比较顺，促进了出版发行事业的发展。①

　　1953 年出版总署决定降低书价，并对新华书店减少发行折扣，实行征订包销制度，图书出版后新华书店立即向出版社付清全部书款，改变了原来的产销协议。当时纸张、印刷成本无法减少，只好采取行政命令减少 5% 的发行折扣。发货店从 6.5 折进货改为 7.0 折进货。发货店给各地新华书店的调拨折扣也减少 5%。从 1954 年起，总店的进发货业务部门改制为北京发行所以后，就逐渐实行这种办法。这种征订包销体制一直延续到 20 世纪 80 年代，30 年没有大的改变。②

　　1982 年 7 月 10 日，文化部发布《关于出版社和新华书店业务关系的若干原则规定》，对出版社与新华书店之间的购销形式、征订包销形式的具体做法、征订包销形式下出版社自办发行办法作了明确规定："征订包销的图书，发货店在图书入库后五天，按规定折扣（一般图书为 7.0 折，马列著作、毛泽东著作暂为 8.0 折）向出版社划拨货款"；"出版社自办发行的图书，批发折扣原则上应与新华书店的批发折扣统一，零售价格应与新华书店一致，售书时间原则上应与基层店一致"。③

　　为进一步推动图书发行体制改革，理顺出版社和书店之间的关系，调动各方面的积极性，使图书的出版与发行最大限度地满足广大读者的需要，根据中央关于经济体制改革的决定和加强出版工作的决定精神，国家出版局 1986 年 7 月 1 日发布了《关于推行图书多种购销形式的试行方案》，方案规定：凡包销的图书，除中小学课本和大中专教材仍为 7.0 折进货，7.8 折发货外，其余（党和国家领导人著作，党和国家的重要文献，以及由党和政府统一规定学习的政治理论书籍；年画、年历、挂历、台历；内部发行的图书；出版行政主管部门规定控制发行数量的图书）均调整为 6.8 折进货，7.5 折发货。提高的进销差价部分，全部转让给销货店，以利于基层书店扩大批发和零售。

　　实行经销的图书，由出版社负责总发行，新华书店负责经销，折扣为 6.7 折进货，7.5 折发货。实行寄销的图书，由出版社负责总发行，新华书店负责寄销，折扣为 6.9 折进货，7.7 折发货。统一规定的发行折扣如表 8-1。④

　　①　中国新华书店协会．店史述真·新华史话（二）·胜利发展中的十年（1947—1956）［EB/OL］．［2023-02-01］．http：//www.xinhuabookstores.com.

　　②　《当代中国》丛书编辑委员会．当代中国的出版事业（中）［M］．北京：当代中国出版社，1993：395.

　　③　中国出版年鉴社．中国出版年鉴［M］．北京：中国出版年鉴社，1983.

　　④　边春光．编辑实用百科全书［M］．北京：中国书籍出版社，1994：468.

表 8-1　　　　　　　　　　　　　　　　统一规定的发行折扣

折扣项目 购销形式		出版社批给发货店 （即书店进货折扣）	发货店发货折扣		
			市、县（区）书店	直辖市书店	省（区）店备货
征订包销	课本教材	7.0	7.8	7.5	7.4
	一般图书	6.8	7.5	7.3	7.2
经销		6.7	7.5	7.2	7.1
寄销		6.9	7.7	7.4	

另外，出版社对基层国营书店、集体、个体书店和对自办或合办的门市部的批销折扣，应与发货店对基层书店的发货折扣一致。少数民族文字图书的进发货折扣，由各地参照本方案自行协商确定。基层新华书店对集体、个体书店、农村供销社或其他图书销售点的批发折扣，现款批发不退货的调整为 8.2~8.3 折（即销货店的进货和批发差价一般应为 7%）；对农村供销社的经销包退货的批销折扣调整为 8.3~8.5 折。

出版社和书店双方的零售价格应保持一致。除在重要节日，举办图书展销、书市或建社（店）纪念活动时可以给读者以最多不超过 10% 的优惠折扣外，未经当地出版行政主管部门批准，不得随意给予优惠折扣或降低零售价格（滞销书降价处理除外）。

1986 年 9 月 5 日，国家出版局发布《关于推行图书多种购销形式的试行方案》的补充规定，规定了图书进发货折扣调整后，新华书店内部相关的发货折扣调整为：

（1）新华书店北京、上海发行所对北京、天津、上海三个直辖市书店（二级转发）的发货折扣，可按"试行方案"规定的发货折扣适当调低：包销图书（除课本、教材外）折扣调低两个点（即由 7.5 折调为 7.3 折）；经销图书折扣调低三个点（即由 7.5 折调为 7.2 折）；寄销图书折扣调低三个点（即由 7.7 折调为 7.4 折）。货款结算时间按规定办理。

（2）照顾历史延续关系，支援少数民族地区的图书发行工作，新华书店北京、上海发行所给新疆、内蒙古、西藏自治区书店的包销、经销图书的发货折扣一律由 7.5 折调整为 7.2 折，寄销图书由 7.7 折调整为 7.4 折，货款结算时间按规定办理。

（3）对省级书店备货的发货折扣调整为：包销图书除课本、教材外按 7.2 折发货；经销图书按 7.1 折发货。

（4）对实行二级进货的地市书店的发货折扣和委托其他省市书店代发货的费用，由发货店和有关书店协商确定。

2. 浮动发行折扣阶段

浮动发行折扣是指在国家出版行政主管部门统一规定的发行折扣的基础上，允许由社、店双方协商，在一定范围和幅度内上下浮动的折扣。上浮就是提高批发价，即减少发行折扣；下浮就是降低批发价，增加发行折扣。增加部分又称为优惠折扣。①

根据国家新闻出版署 1991 年 8 月 16 日发布的《关于图书发行浮动折扣的试行办法》，允许实行浮动折扣的范围和幅度是：

---

① 边春光. 编辑实用百科全书［M］. 北京：中国书籍出版社，1994：468.

（1）国家规定的包销类以外的图书，包括书籍、画册、挂历、年历、年画和台历等，出版社、发货店可以在规定的幅度内实行浮动折扣（或批量折扣）。包销类图书不实行浮动折扣。

（2）实行浮动折扣的图书，批发对象限于新华书店、外文书店和古旧书店的销货店。对其他发行单位不实行。

（3）出版社或发货店对销货店的批发折扣不得高于7.5折和低于7.2折。但经出版社与发货店双方协商一致，或经新闻出版署批准举办的全国性的图书展销会、订货会、书市，其批发折扣的幅度可再向下浮，但不得低于7.0折。

（4）经出版社、发货店双方协商一致，发货店向出版社的进货折扣也可适当浮动。

（5）自然科学、工程技术类图书（不含生活类图书），印数少、读者面窄的学术著作，经出版社、发货店协商一致或当地省级以上（含省级）新闻出版行政主管部门同意，其批发折扣和批发对象可不受限制。

1991年12月12日，新闻出版署和财政部联合发布了《关于调整少数民族省（区）图书发行折扣的若干规定》，规定要求：凡发往少数民族省的一般图书（指除中小学课本和大中专教材以外的各类图书、挂历、年画、年历、台历等），出版社一律以6.5折向新华书店发货店供货，发货店一律以7.0折向少数民族省销货书店发货。发往其他地区图书的进发货折扣不变。出版社自办发行部门直接向少数民族省新华书店供应的，一律以7.0折发货。

1992年1月27日，为便于各地贯彻执行《关于调整少数民族省（区）图书发行折扣的若干规定》的内容，新闻出版署发布了《关于调整少数民族省（区）图书发行折扣的补充规定》，要求：少数民族省（区）书店的添货，不执行"若干规定"调整的折扣，仍按现行进发货折扣执行。为简化手续，发货店对少数民族省（区）店发货，一律先按7.5折制票、发货、结算；每半年清算一次（当年7月和次年1月各一次），由发货店按发货总额的5%主动汇付给少数民族省（区）店。

在一般情况下，实行浮动折扣的目的主要是鼓励竞争，扩大图书销售额，促进出版发行企业改善经营管理，支持发行企业进行更多的宣传促销以扩大销售。在实践中，上浮的，即减少发行折扣的，主要是对市场紧俏的畅销书的添进；下浮的，即增加发行折扣的主要是一些大型套书，印装浩繁的图书，有一定季节性的图书，以及展销用的图书等。目的是弥补大量进货可能发生的存货积压风险，或者是弥补举办书市展销或展销活动的场地开支等，鼓励经营者扩大销售，提高出版物的社会效益和经济效益，以满足读者需要。

三、对出版物市场价格行为的管理

在我国，由于大中专教材和中小学课本价格仍按现行管理体制和管理权限实行国家定价，其他图书的价格基本放开，由出版单位自行制定，图书发行的折扣也由出版单位与发行单位协商，因此，我国在出版物市场价格行为的管理上，对中小学教材和一般图书有所不同。

（一）对中小学教材教辅价格的管理

中小学教材（以下简称教材）是指列入教育部和省级教育行政部门颁布的《中小学

教学用书目录》的学生用书。中小学教材的编写、出版、发行和管理，是普及九年义务教育和推进素质教育的一个关键环节。多年来，教育、新闻出版行政主管部门和价格主管部门加强中小学教学用书价格的管理，保证了教育事业的发展。但是，近些年来，中小学教材价格居高不下，教辅材料过多、过滥的现象突出，严重增加了学生家长特别是农村学生家长的经济负担，社会反映强烈，不利于九年义务教育的普及。为加强中小学教学用书管理，切实减轻农民负担，全面推进素质教育，2001年，《国务院办公厅转发体改办等部门关于降低中小学教材价格深化教材管理体制改革意见的通知》，就降低中小学教材价格，深化教材管理体制改革提出了几点意见。这之后，2001年6月7日，经报请国务院同意后，国家计委、教育部、新闻出版署制定了《中小学教材价格管理办法》，要求各地价格主管部门、教育、新闻出版行政主管部门对中小学教材编写、出版和发行等环节进行一次全面清理整顿，坚决取缔各种乱收费。

1. 改革教材价格管理体制

加强对中小学教材价格的管理，主要从两方面着手：一方面深化教材出版发行体制改革，打破垄断，引入竞争机制；另一方面改革教材价格管理体制。

（1）深化教材出版发行体制改革，打破垄断，引入竞争机制。

深化教材出版发行体制改革主要是按照出版发行管理体制改革精神，改革中小学教材指定出版方式和单一渠道发行的体制。规定"教材的出版发行由符合教材出版发行资质的出版发行机构（或出版发行联营机构），在价格主管部门制定的价格范围内，在保证'课前到书，人手一册'的前提下，通过竞标进行"。教材出版发行机构的资质由新闻出版总署确认。本着保证质量、公平竞争、降低成本的原则，引入新华书店以外的发行机构参与教材的发行。中小学教材的出版发行以省、自治区、直辖市为单位，由省、自治区、直辖市人民政府负责，省级新闻出版行政部门牵头、教育行政部门和价格主管部门参加，面向全国招标。

（2）改革教材价格管理体制。

对教材价格坚持实行中央和省、自治区、直辖市两级管理原则。进行教材出版发行改革试点的地区，中小学教材的价格在价格主管部门规定的基准价及其浮动幅度内，由出版发行机构竞标产生。教材基准价按租型、出版、发行等环节发生的行业平均成本和5%的成本利润率核定，实行中央和省、自治区、直辖市两级管理。国家课程教材和跨省、自治区、直辖市流通的地方课程教材的基准价和浮动幅度，由国家计委会同新闻出版总署和教育部制定；地方课程教材的基准价和浮动幅度，由省、自治区、直辖市人民政府价格主管部门会同同级新闻出版和教育行政部门制定，并报国家计委备案。

2. 规定教材零售价格

由于教材零售价格直接面对全国广大的中小学学生，事关九年义务教育的普及，国家计委、新闻出版总署要求各地区要按照《关于核定2001年秋季中小学教材价格有关问题的通知》的要求，取缔不合理教材费用项目，调减租型费率和发行折扣率，严格控制教材出版环节的利润率水平，降低2001年秋季教材价格。各地区教材价格核定的具体情况，报国家计委备案。2002年起，教材价格按照保本微利的原则，以租型、出版、发行等环节发生的行业平均成本和5%的成本利润率为基础，核定教材印张绝对金额，进一步核减教材价格。

根据《中小学教材价格管理办法》的规定，教材零售价格由省、自治区、直辖市人民政府价格主管部门会同新闻出版行政主管部门根据国家规定的印张指导价和教材的印张数量、封面价格、插页价格以及出版发行环节的增值税确定。计算公式为：

教材零售价格＝（印张单价×印张数量+封面价格+插页价格×插页数量）×（1+增值税率）

（1）印张单价。

印张单价实行政府指导价，由省、自治区、直辖市人民政府价格主管部门会同新闻出版行政主管部门在国家规定的印张中准价和浮动幅度范围内，根据纸张价格、印装工价、发行数量、发行距离等因素，制定具体印张单价。印张中准价和浮动幅度也由国家计委会同新闻出版总署制定，印张中准价为不含增值税的价格，由租型费和出版发行环节的行业平均成本费用、利润两部分构成。

①租型属于著作权使用许可和专有出版权再授权许可的行为。租型费由著作权使用费和版型制作过程中发生的直接支出、间接费用、合理分摊的期间费用构成，由国家计委会同新闻出版总署与国家版权行政部门制定。

②出版环节的成本费用由出版单位的生产经营成本和合理分摊的期间费用构成。生产经营成本包括稿费、编录费用、校对排版费用、纸张材料费用、印刷装订费用（制版、上版、印刷、装订）等各项直接支出（不含前项规定的租型费）和间接支出。期间费用包括销售费用、管理费用、财务费用。

③发行环节的成本费用由发行单位的经营成本费用和合理分摊的期间费用构成。

印刷和纸张材料相同的本版教材与租型版教材实行同一印张单价。租型版教材不支付稿酬费用。省、自治区、直辖市人民政府价格主管部门违反规定，对印刷和纸张材料相同的本版教材和与租型教材规定两种价格的，由国家计委责令其纠正。

教材的成本费用要严格依据有关财务会计制度核算。任何部门和单位不得向出版、发行单位收取未经法律、法规明确规定的费用。

教材出版发行实行保本微利原则。印张中准价的利润为印张成本费用的5%。

（2）教材封面价格和插页价格。

教材封面价格和插页价格由制作封面和插页实际发生的成本费用、利润构成。利润率按成本费用的5%计算。具体价格由省、自治区、直辖市人民政府价格主管部门会同新闻出版行政主管部门制定。

省、自治区、直辖市人民政府价格主管部门会同新闻出版行政主管部门制定的教材印张单价、零售价格以及教材封面价格、插页价格，报国家计委备案。

在教材生产经营成本发生较大变化时，价格主管部门要会同新闻出版行政主管部门及时调整印张指导价和教材零售价。

制定或调整印张中准价和教材零售价格应当进行价格、成本费用调查，听取学生家长、出版发行单位和有关方面的意见。价格主管部门进行价格、成本费用调查时，出版发行单位应当如实反映情况，提供必需的账簿、文件以及其他相关资料。

出版单位应在教材版权页中标明零售价格、印张数量、印刷数量等内容。

3. 对违反规定的处罚

租型、出版、发行单位有下列行为之一的：（1）不执行政府定价、政府指导价的；（2）提前或者推迟执行政府定价、政府指导价的；（3）擅自制定属于政府定价、政府指导价范围内教材价格的；（4）违反《中小学教材价格管理办法》的其他行为等，价格主管部门应责令其改正，没收违法所得，并可处违法所得 5 倍以下的罚款；没有违法所得的可处 2 万元以上 20 万元以下的罚款；情节严重的，责令停业整顿。

租型、出版、发行单位、有关部门和单位违反《中小学教材价格管理办法》规定，有下列情形之一的：（1）有禁不止，屡查屡犯的；（2）伪造、涂改或转移、销毁证据资料的；（3）转移与价格违法行为有关资金的；（4）其他性质严重、情节恶劣、社会影响较大的，应从重处罚。

2006 年，国家发展改革委、新闻出版总署发布《关于进一步加强中小学教材价格管理等有关事项的通知》，降低教材正文印张基准价格，取消价格上浮政策，根据教材正文印张生产成本变化情况，下调教材正文印张基准价格。要求各省、自治区、直辖市价格主管部门会同新闻出版行政主管部门根据规定的教材正文印张基准价格，在下浮 5% 的浮动幅度内，制定本地区教材印张单价。

为促进资源节约，推动中小学教材循环使用工作，保证循环教材出版印刷质量，维护广大学生切身利益，2012 年 6 月 12 日，国家发展改革委、新闻出版总署、教育部就中小学循环使用教材价格政策问题发布《关于中小学循环使用教材价格政策问题的通知》，考虑到循环使用教材特殊性以及印制、装订要求相对较高，循环使用教材正文可使用 105 克纸张；循环使用教材正文印张、封面、插页价格按《国家发展改革委、新闻出版总署关于进一步加强中小学教材价格管理等有关事项的通知》相应基准价格上浮 20% 执行。

2015 年 6 月 3 日，国家发展改革委、教育部、司法部、新闻出版广电总局发布《关于下放教材及部分服务价格定价权限有关问题的通知》，规定列入中小学用书目录的教科书和列入评议公告目录的教辅材料印张基准价及零售价格，由省、自治区、直辖市人民政府价格主管部门会同同级出版行政主管部门按照微利原则确定。自此中小学教材退出国家统一定价，定价权下放各省。

2015 年 11 月 30 日，国家新闻出版广电总局、教育部、国家发展改革委发布《中小学教辅材料管理办法》，对中小学教辅材料价格管理作出了规定：（1）各省、自治区、直辖市评议公告目录内的教辅材料价格管理按国家有关规定执行。各省、自治区、直辖市物价主管部门要会同新闻出版行政主管部门，加强对列入本地区评议公告目录的教辅材料价格监管。（2）对各省、自治区、直辖市评议公告目录以外的教辅材料，由出版单位自主定价。在每学期开学前，出版单位要在本单位互联网页显著位置，向社会公开所出版的所有中小学教辅材料价格情况，包括开本、印张数、印张单价、零售价格等情况，主动接受社会监督。

（二）对一般图书价格的管理

1. "高定价，低折扣"现象

一般图书是指除中小学教材以外的各类图书。关于一般图书的定价，现在的政策仍然沿用的是 1993 年新闻出版署、国家物价局联合制定的"放开图书价格，除大中专、中小学教材由国家定价、中国共产党与国家重要文献报总署备案外，其他图书都是出版单位自行定价"的规定，而关于图书发行的折扣，也是根据新闻出版署 1991 年发布的文件《关于图书发行浮动折扣的试行办法》的规定，国营书店的折扣不得低于 7.0 折，书商、民营书店的折扣与出版社自行商定。"在市场规范的情况下，图书发行折扣若稳定在 6.5 折到 6.8 折之间，读者、发行、出版三方的利益都会比较合理。"① 然而，现在图书发行市场"折扣战"早已冲破这一"合理"临界点，出现了"高定价、低折扣"的现象，既有"新书一上市就打折"的怪现象，也存在各种各样的特价书市。这些现象的出现，严重扰乱了出版物市场正常的经营秩序，滋生了流通环节的腐败，损害了读者的利益，阻碍了出版物市场健康、有序的发展，因此，出版行政主管部门应建立出版物市场价格行为的约束制度，对市场主体的价格行为进行合理的约束，对这种不规范的市场竞争行为加强管理。

（1）"高定价、低折扣"图书的特点。

"高定价、低折扣"图书，也称为"一折书"，是人们对那些脱离成本核算标准超高定价，又以与定价不成比例的折扣超低价销售的出版物的专用称谓。② 它们的特征主要表现在以下几方面：一是盗版、盗印或盗用出版社的名义出版的非法出版物；二是由书商或印刷厂非法加印的；三是由部分出版社和社会上一些文化工作室合作出版的；四是出版社违规卖书号出版的；五是一些出版单位削减库存的图书，特别是近年来兴起的礼品书。

除了"高定价、低折扣"这个显著的特点外，通常还表现为：①内容上以大型工具书、古典名著、史学典籍、绘画艺术、名人传记、百科全书等为主；②装帧精美，看似具有收藏和装潢价值；③多以套书、大书形式出现；④一般在图书批发市场、特价书市、民营图书发行公司等地出售，有时甚至是集贸市场；⑤粗制滥造——缺页、少字、错字、颜色套印参差等现象，看上去包装非常精美的书，看不了几天就散页。当然其中不乏很高珍藏价值的礼品书。

这些大部头的图书，很容易做大，定价自然就很容易定得很高。面对高定价的大部头图书，再施以特价"一折"的杀手锏，很少有人能抵挡住诱惑。比如，一套《孙子兵法连环画丛书》，原定价是 78 元。经过重新包装后，"丛书"看上去豪华多了，定价"水涨船高"，变成了 680 元。经过一折左右的特价打折，卖价是 80 元。如果仅看折扣，定价 680 元的大部头书，花 80 元就能买下，实在是划算。可事实上与原先的定价 78 元相比，吃亏的还是读者，读者不但没捡到便宜，反而比以往多花了两元钱。③

"一折书"的突出特点是大部头、字号大、定天价、卖地价，售价往往只有定价的 1/10，甚至还不到定价的 1/10。这类图书的生产、定价、销售模式与普通图书不同。目前，我国图书多是按成本定价，印刷费、纸张成本、版税以及营业税等约占书价的 30%～40%，再加上 30%左右的流通费用，通常的图书一个印张的定价在 1.2～1.5 元，一些专业书可能略高。而"一折书"由于大多是古典名著、世界名著等畅销书，不需要付稿酬，大批量印刷和整套推出更在印制环节上节省了成本，"一折书"一个印张的定价可达 10 元以上，给此类图书留出了一个相当大的利润空间。出版者由此制定出一条类似传销机制的价值链条，经销者不断发展自己的下线，即使图书最终卖到一折，也依然有利可图。

（2）造成"高定价、低折扣"现象的原因。

① 鲍晓倩. 书业竞争重蹈家电业覆辙？出版业亟须自救［EB/OL］.［2023-02-01］. http：//news. xinhuanet. com/.

② 方菲. 定价制将封杀一折书［N］. 中国图书商报，2003-03-21.

③ 李艳. 冷眼看一折书［EB/OL］.［2023-02-01］. http：//www. jhnews. com. cn.

图书价格是由生产过程中所耗费的生产资料价值和支付给劳动者的劳动报酬以及管理费、发行费用、税金和利润构成的，这是我国图书价格的构成标准。改革开放以来，生产资料价格和人员费用即生产成本都有所上涨，这是图书价格上涨的根本原因，有着客观必然性，是其合理因素。但是图书价格上涨过猛，幅度过大，让读者难以承受，其非合理因素成分也很多，如企业定价行为不规范，其中最突出的是垄断发行和高折扣，主要是一些学习材料、统编文件、政治读物，其发行依靠行政权力自上而下，而购买者多是单位，因此出版社定高价以获得垄断利润。高折扣，高价低卖，破坏了图书明码实价的权威性，有的甚至价格畸高，严重背离了价值。出现这种现象，其原因恰恰在出版单位自身。在机构臃肿、冗员过多、负担很重且经营管理水平不高的情况下，要保持出版社较好的经营效益，最简便的办法就是提高书价，虽然这是一种以牺牲市场为代价的短期行为，但十分有效。出版单位所以能够通过提高书价来保证较高的利润和掩盖自身经营管理水平的低下，究其原因有以下两点：

一是出版业的图书价格机制不科学、不合理，根源在于宏观管理的问题。从我国的国情出发，为保证出版事业坚持正确的政治方向，坚持正确的舆论导向和积极的社会效益，国家对出版业实行保护政策，这对于贯彻党的基本路线，繁荣和发展出版事业起了积极的作用，但同时也给图书价格机制的形成带来了一定的负面影响。如果在宏观管理上对价格放松监管，就有可能使价格失控。我国的出版行业中既缺少价格控制，又不能公平竞争。在国家实行保护政策和严格控制市场准入的条件下，出版单位享有国家赋予的出版专营权，又可以不受成本价格控制，自行定价，使他们成为一种特殊的价格形成主体。

二是图书定价仍沿袭传统的方法。从图书单价看，在生产成本、发行费用等一定的情况下，图书价格的高低取决于印数的多少，即图书单价=（生产成本+发行费用+利润+税金）/印数。从上式可以看出，图书单价与印数成正比，而印数的多少由读者需求量决定。目前，从总的情况看，出版社没有考虑市场的需求和市场竞争的需要，仍然采用计划经济时期成本加成定价法，即在成本的基础上加一定的利润确定图书定价。有些出版社则采用更简单的定价方法——印张定价。同时，一些出版社既没有制定严格的图书定价程序及定价原则，也没有严格的成本核算制度，定价的随意性很大。有的出版社甚至放任不管，将定价权下放给责任编辑或承包部门。

（3）对"高定价、低折扣"行为的管理。

近几年来，图书价格偏高的问题越来越突出，书价一路上涨，图书价格上涨幅度超出物价平均上涨水平，难怪在全国政协十届一次会议上，政协委员们要痛斥"买不起书、吃不起药、住不起房"三大价格虚高现象，[1] 认为"'一折书'有七宗罪：买卖书号、巨额价差、价格欺诈、扰乱市场、诱导犯罪、造成公款流失、部分书籍质量低劣（见表8-2），并准备在下一届两会上提出提案讨论整治天价图书问题"。[2] 尽管有的出版社认为"书价并没有虚高"，"虚高"是一种错觉，并以国内10年前的状况与国外的现状进行"纵"

---

① 李术峰，张景勇．书价、药价、房价，政协委员痛斥三大虚高［EB/OL］．［2023-02-01］．http：//house，focus，cn．

② 记者陈文定，摄影记者徐文阁，编辑廖明．一折书七宗罪——"特价书展"内幕揭秘［N］．南方都市报，2002-12-13．

"横"比较；也有的出版社自称本社出版的图书印张价格在 1.20~2.00 元，还有的称只在 1.00 元左右，甚至最低会到 0.39~0.50 元，但据调查统计，85%的读者认为书价过高，想买的书买不起，只能"望书兴叹"。①

表 8-2　　　　　　　　　　　　　　"一折书"七宗罪

序号	罪　状	具体描述
1	出卖书号	出版社将书号卖给书商，由书商印刷包销
2	巨额价差	标价高，售价低，扰乱市场
3	价格欺诈	书商对天价图书的要价不一，有的 100 元，有的上千元，可以由着性子蒙人
4	扰乱市场	天价图书的"畅销"，使多数遵纪守法的出版社和书店同样蒙受损失，破坏了公正合法竞争的图书市场
5	诱导犯罪	出版社高额的标价，为虚开发票等损公肥私的行为提供了"合理"的外衣和"合法"的保护伞
6	造成公款流失	一些部门买来低折扣的书，但虚开发票报账，甚至开全价发票，使巨额公款流入个人腰包
7	部分书籍质量低劣	部分天价图书是错误百出的东拼西凑之作，有的几乎页页都有错，有的错字率超标上百倍

对于任何产业而言，质量和价格是两大竞争要素。然而，出版物市场上"高定价、低折扣"图书的出现，却使得价格成为出版业竞争中的主要因素（这里的价格是图书在发行时的折扣率，而不是图书的定价）。在出版物市场上，出版物批发者、零售者一般以折扣率作为进货或陈列售卖的主要衡量标准，都希望拿到更低的折扣率，获取更大的利润。而对于出版社来说，要扩大发行量，不得不一再压低折扣率，出版社的利润空间压缩到前所未有的地步。有的出版社为了提高利润，往往会将一部分利润损失通过种种手段转嫁给读者，常见的就是提高图书定价。于是，"高定价、低折扣"的现象成为当前出版业竞争的一大怪现状。出版物发行折扣低——出版利润少——图书定价高，形成了一个恶性循环的怪圈，在这个怪圈中，各级图书经销商获得了较高的利润，读者成为了最终的受害者。

2000 年以来，全国各地兴起的"高定价、低折扣"图书展销活动，使出版行业成为人们心中的暴利行业。据《青年时讯》和《英才》评出的 2003 年十大暴利行业，出版业再次位列其中，并高居第四。② 本来是"保本微利"经营的文化行业，却成为一些不法分子攫取暴利的工具。出版物定价的严肃性和权威性荡然无存，书价开始面临中华人民共和国成立后前所未有的信用危机。

在这种情况下，国家计委和国家新闻出版总署分别于 2002 年 11 月底和 12 月初发出

---

① 谢静．书价真的"虚高"吗？［N］．新华读书报，2003-03-28（4）.

② 魏雅华，等．2003 十大暴利行业，出版位列第四［EB/OL］．［2023-02-01］．http：//www. 5book. com.

紧急通知，要求"对图书市场价格进行调研"，"各省市新闻出版局对本行政区域的出版物订货、展销活动认真清查，对未经批准的出版物订货、展销活动坚决予以取缔，对其主办者、承办者按照有关规定予以处罚"。新闻出版总署发布的《关于进一步规范出版物订货、展销活动的紧急通知》指出，近一段时间以来，不少地方出现了所谓"特价"图书展销活动，举办者多为一些不具备主办出版物订货、展销活动资格的单位和个人。展销的出版物多为高定价、低折扣的大部头图书。这些图书不少为买卖书号出版，还有不少非法出版物混迹其中，成了非法出版活动的庇护所和销赃地……严重扰乱了出版物市场的正常秩序，阻碍了出版物市场健康、有序的发展。为了进一步规范出版物订货、展销活动，净化出版物市场，新闻出版总署在紧急通知中，重申各类出版物订货、展销活动，必须严格履行审批和备案程序。未经批准和备案的一切活动都被视为非法活动，必须坚决取缔，对参展的出版物一律扣留审查，对非法出版物依法收缴，并追根溯源，对其主办者、承办者按照有关规定予以处罚。① 国家发展计划委员会发出的《关于开展图书市场价格调研的通知》，要求各地对图书市场价格进行调研，进一步规范图书市场价格秩序。两部委认定"高定价、低折扣"行为带来的"一折书"现象，严重违背了价格法的原则，涉嫌价格欺诈，是不正当的经营行为，必须加以整顿。②

在新闻出版总署下文制止"一折书"销售行为的同时，时任副署长柳斌杰在"2003年书业高峰论坛"上，就出版业的政策走向发表讲话时也指出："目前出版物市场价格极不规范，要为发展创造一个良好的环境，就要研究、制定出版产业发展的税收政策、价格政策。"③

书价偏高，一方面抑制了消费，妨碍了文化的普及和全民族素质的提高；另一方面也使市场竞争不规范的行为难以纠正，出版资源大量浪费和大批图书化为纸浆所带来的损失。市场行为仍需要政府的引导与约束。

针对图书价格偏高的现状，各级管理部门应加强管理，对放开的图书价格要适度控制。特别是在我国市场经济体制还不健全、尚未成熟的情况下，出版物市场还难以开展自由竞争，竞争机制还难以充分发挥作用，难以对图书价格进行自由的调节和制约。因此，在现行的出版发行体制下，国家应在放开微观价格权限的同时，加强价格的宏观管理和调控，以市场作为定价的基本标尺，最大限度地引入课本、教材出版发行的招投标制和价格听证制度，切实推进政企分离和出版物流通大市场的建设，使出版单位真正把出书成本降下来，以最终符合政府和人民的利益。具体可以采取如下措施：

第一，适当强化图书价格的宏观调控。政府及有关价格管理部门应加强与出版部门的联系，对图书价格适度控制，对出版社的价格行为进行约束，禁止通过图书出版牟取暴利的行为。同时将发行量这一因素考虑进去，遵循市场规律要求，允许价格随市场供求变化而变化。

第二，把垄断性出版的图书纳入图书价格政府管制范围，以促进市场的开放和竞争。

---

① 李艳. 冷眼看一折书［EB/OL］.［2023-02-01］. http：//www. jhnews. com. cn.

② 刘颖."一折书"触犯众怒［N］. 中国图书商报，2002-12-13.

③ 汪晓军，王建平. 走出价格误区——转型期图书的国家定价方略浅议［J］. 出版广角，2003（12）.

目前，中小学教材及列入省级教育行政主管部门制定目录管理中的教学辅导材料，其价格实行政府定价，其他图书均实行市场调节价格。这个价格管理范围从实际工作中来看，是远远不够的，各种职称、职位、学历考试用书及各级党政领导机关下发通知的指定政治学习书籍，无论是从其垄断性还是对读者的影响都可以与中小学教材相提并论。因此，这些具有实际上的垄断地位的垄断性出版资源的出版物应当纳入政府定价的范围，将其置于与教材等专营出版物同样的竞争规则之中。

第三，国家应该对学术著作和科技类图书的出版进行一定的政策扶持。例如：国家每年都给一些科研课题下拨一部分经费，如果能够建立国家级的或地方性的出版基金，将一定数目的出版基金与科研经费一样经严格审批后附加在课题中，拨给出版社，以鼓励有一定学术价值并以著作的形式结题的科研课题得以出版。

第四，引导企业自我约束。市场经济条件下，企业是定价的主体。引导企业规范价格行为，是规范市场价格行为的一项重要内容。指导企业建立、完善价格管理制度，以引导企业价格行为科学化、制度化、规范化，同时参与指导价格协调工作，防止出现价格垄断。引导企业洞察市场动态，遵守价格法规，提高经济效益。总之，要深化改革，强化管理，使图书价格机制更加合理、科学。

2. 图书价格战

随着电子商务的发展，各种电商纷纷将业务拓展到图书领域。网上书店突破了陈列空间与时间的限制，不仅可以随时向读者提供数量庞大的图书品种，并且可以做到长时间、无限制的陈列。网上书店利用其特有的优势，不断降低价格，与实体书店之间展开价格战，极大地扰乱了出版物市场的秩序，损害了实体书店、出版社及消费者的利益。

（1）图书"价格战"的表现。

图书价格战主要发生在实体书店与实体书店之间、实体书店与网上书店之间、网上书店与网上书店之间。近几年来，读者在网上书店购书的习惯业已形成，网上书店成为图书"价格战"的主要阵地。为了提升自身的影响，扩大市场占有率，各电商通常会在节假日、店庆日举行大规模的促销活动，而促销活动一般都以"低价售书的形式"呈现，例如"买200减100""买100减20""买三免一""全场四折起"。参与促销活动的图书涉及文学、经管、童书等多个领域，还包括最新上市的畅销书。

（2）图书价格战的危害。

首先，价格战扰乱了出版物市场的秩序，不利于出版物市场的健康发展。价格战作为一种市场竞争手段，其显在效应是使读者在短期内受惠，但就根本和长远的角度而言，会导致行业整体和社会公众的利益受损。为了扩大降价空间，出版商要么降低成本，要么提高定价。降价越来越多，分销商的利润在降低，为了生存和获利，分销商向出版商要求越来越多的折扣。为了应对这种要求，出版商会提高图书定价以给书商更多的折扣，由此形成恶性循环。①

其次，价格战不利于实体书店的发展。同一本书，实体书店按原价销售，而网上书店按照7折甚至6折出售，有的电商甚至会通过促销活动将价格降至4折，以低于成本的价格进行出售。价格战挤压了实体书店本就微薄的利润，迫于房租、水费、电费的压力，实

①　杨闯，吴赟. 我国出版市场"价格战"探析［J］. 编辑学刊，2014（6）：25.

体书店难以为继，纷纷倒闭。2010 年 1 月 20 日，全国最大的民营书店北京第三极书局停业；2011 年 6 月，拥有 16 年历史的民营学术书店风入松书店停业；2011 年 9 月，广州仅余的两家三联书店宣布关门；2011 年 11 月，号称拥有全国最大连锁渠道的民营连锁书店光合作用书房也关张歇业。① 这些实体书店多为当地的文化地标，它们的倒闭也给文化产业带来不小的损失。

再次，价格战不利于出版社的发展。实体书店和网上书店为了争得读者，扩大市场占有率，必然会通过价格战的方式进行促销。网上书店因批量购买图书，进价相对较低。而一些传统书店迫于生存压力，会从网上书店进购图书，然后将书店剩余库存退还给出版社，从中赚取"差价"。长此以往，出版社的分销渠道只会越来越单一，最终会慢慢失去图书定价的话语权。

最后，价格战损害了读者的利益。从短期来看，电商之间的价格战，让消费者能够买到物美价廉的书籍。但从长远来看，价格战会让读者误以为图书行业为暴利行业，养成低价买书的习惯，非打折书籍不买。为了在价格战中争得一席之地、迎合市场对优惠折扣的需求，某些出版社会从定价入手，把折扣作为定价的重要参考值，这样只会导致劣质图书越来越多，图书价格虚高。网上书店为了博取读者的眼球，一味购进低价图书，这些图书中必然充斥着较多的劣质图书，如果读者只是看折扣买书，就很容易买到质量低劣的图书，这样一来，读者是价格战最终的"买单者"。

（3）行业内的应对措施。

图书价格战扰乱了出版市场的价格秩序，严重损害了出版社的利益，不少出版社意识到联合维权的重要性。2011 年 5 月，某电商打出促销广告，宣称对商城 5 万种少儿图书进行 4 折封顶销售。24 家少儿社迅速联合起来向此电商发出律师函，并在媒体上发表要求其停止不正当竞争行为的严正声明。

2010 年 1 月 8 日，中国出版工作者协会、中国书刊发行业协会、中国新华书店协会起草制定并出台了《图书公平交易规则》，从订货、供货、退货、促销、结算等环节对图书交易行为进行了全面规范。《图书公平交易规则》规定新版图书出版一年（以版权页出版时间为准）内，进入零售市场时，须按图书标定的价格销售，不得打折销售。在特殊情况下，经销商可进行优惠促销，但优惠价格不得低于版权页定价的 85%。但因为部分条款被国家发改委认为涉嫌违反《反垄断法》的相关规定，须作修改。2012 年，国家发改委就制定《关于豁免新版图书出版发行纵向协议的规定》（试行）征求意见，同意以三个协会的名义起草该规定的实施细则，从"建立科学、公正、和平的图书定价体系""新版图书（出版 12 个月内）固定销售价格""设定新版图书优惠销售最低价格""对各类书店统一供货折扣"四个方面作出明确规定。

出版社的联合维权以及行业协会联合发布《图书公平交易规则》抵制图书价格战都在一定程度反映了出版行业希望建立一个健康、公正、有序的图书价格体系。然而，仅仅依靠出版社与行业协会无法对抗强大的电商，这就需要政府的支持。政府可以借鉴西方的统一定价制度，从法律的层面规范我国图书价格制度，从而推动图书价格朝着更正确的方向

---

① 田慎鹏. 实体书店发展的三种选择［N/OL］.［2023-02-01］. http：//news. xinhuanet. com/newmedia/2011-11/16/c_122290399. htm.

发展。行业协会应该继续加强自己在市场中的地位及影响力，来保障出版社的合法权利；出版社应坚持创新，减少生产同质化图书，形成差异化的优势，通过优质服务来对抗价格战。

第二节 出版物市场交易行为管理

市场交易行为是在供给与需求双方平等协商的基础上，实现确定范围和数量财产权利交换的市场行为，① 是生产者、经营者和消费者在市场交易活动中围绕市场客体买卖进行的以签约和履约为中心展开的一系列购买和销售行为。它体现的是一种"纵向"秩序，即原材料供应者与生产者、生产者与经营者、经营者与消费者之间的纵向交易关系。经营者在市场上进行商品买卖活动是为了实现货币资本向生产资本或商品资本的转换，使经过生产后增值的商品转化为带增加值的货币，实现产品的价值。如果市场交易行为规范，商品买卖就能顺利实现，各类企业的资金循环和周转就能顺利进行，社会生产和再生产就能健康发展。因此，市场交易是实现社会再生产良性循环的重要环节，也是实现社会主义生产目的的必要手段。②

市场交易发生在商品的买者和卖者之间，产生的是商品交换关系；出版物市场交易则发生在出版物的生产者、经营者和读者之间，产生的是出版物商品交换关系。出版物市场交易行为包括出版物的发行行为和契约行为。契约行为即合同行为，后面我们专门论述，这里主要探讨对出版物发行行为的管理，特别是出版物发行单位设立管理和出版物出版发行活动管理以及违反规定的责任等。

一、出版物发行的概念及其发展

出版物发行，是把图书、报刊、音像制品等出版物发送到读者的一系列流通和储运活动的总称。

(一) 出版物发行的概念

在我国出版业的发展过程中，出版物发行这一概念的变化深刻地反映了出版发行体制改革的深化，以及我国成为 WTO 成员的现实，带有鲜明的时代特征。

1991 年 5 月 11 日，新闻出版署、国家工商行政管理局联合发布的《图书总发行管理的暂行规定》对图书的总发行作了界定，认为"图书总发行（即总批发、总经销），是指图书印制完成后统一归某个出版单位或发行单位承担发行的总责，组织一级批发的发行事宜"。

1999 年 11 月 8 日，新闻出版署发布的《出版物市场管理暂行规定》认为："发行，包括出版物的征订、储运、批发、零售（包括邮购）、投递及互联网上购销等经营行为。总发行是指出版物印制（复制）完成后，统一由具有总发行资格的出版物发行单位负责该出版物在全国发行的经营行为。批发是指以一定折扣、批量，在一定区域内向出版物发行

---

① 阎应福，郝玉柱. 市场管理概论 [M]. 北京：中国物价出版社，2002：322.
② 申长友. 市场管理行为规范论 [M]. 北京：法律出版社，1999：121-122.

单位销售出版物的经营行为。零售是指直接向用户或读者销售出版物的经营行为。邮购是通过邮送方式向用户或读者销售出版物的经营行为。投递是指将出版物递送至用户或读者的经营行为。"

《出版物市场管理规定（修正）》（2004 年 6 月 16 日新闻出版总署第 2 次署务会议《关于修改出版物市场管理规定的决定》）认为："发行，包括总发行、批发、零售以及出租、展销等活动。总发行，是指出版物总发行单位统一包销出版物。批发，是指向其他出版物经营者销售出版物。零售，是指直接向消费者销售出版物。出租，是指以收取租金的形式向读者提供出版物。展销，是指在固定场所或者以固定方式于一定时间内集中展览、销售、订购出版物。"

2011 年《出版物市场管理规定》认为："发行，包括总发行、批发、零售以及出租、展销等活动。总发行是指由唯一供货商向其他出版物经营者销售出版物。批发是指供货商向其他出版物经营者销售出版物。零售是指经营者直接向消费者销售出版物。出租是指经营者以收取租金的形式向读者提供出版物。展销是指主办者在一定场所、时间内组织出版物经营者集中展览、销售、订购出版物。"

2016 年《出版物市场管理规定》认为："发行，包括批发、零售以及出租、展销等活动。批发是指供货商向其他出版物经营者销售出版物。零售是指经营者直接向消费者销售出版物。出租是指经营者以收取租金的形式向消费者提供出版物。展销是指主办者在一定场所、时间内组织出版物经营者集中展览、销售、订购出版物。"

（二）出版物发行的发展

1991 年，出版物的总发行还只局限于图书，称为图书的总发行或者总批发、总经销，是在图书印制完成后统一归某个出版单位或发行单位承担发行的总责。为了促进出版发行事业的繁荣，加强对图书总发行工作的管理，建立稳定、良好的图书市场秩序，当时规定，只有国营的出版单位或省级新华书店能够享有这一权利，从事的图书批发，称为一级批发；基层新华书店、集体书店不能从事图书的总发行或一级批发，但它们可以从事图书的批发，称为二级批发。二级批发是指从一级批发商那里批的图书进行转批。[①] 当时从事图书二级批发的单位很多，主要有全国各级基层新华书店，经批准的国有发行单位和集体发行机构。这些二级批发单位多是地方性的图书批发机构，其服务对象主要是当地的零售书店和零售摊点。

1999 年新闻出版署依照《出版管理条例》的法律规定和原则，颁布的《出版物市场管理暂行规定》，是我国第一部出版物市场管理方面的专门行政规章。它适用于出版物的总发行、批发、零售等发行业务及监督管理，也适用于出版物的出租、散发、附送等行为，暂行规定还对读者俱乐部、连锁经营、中外合资、中外合作零售企业作了原则规定，反映了出版物市场随着时代变迁在经营内容和经营方式上的巨大变化。

2001 年我国加入世界贸易组织以后，承诺一年内开放北京、上海、天津、广州、大连、青岛和 5 个特区的书、报刊零售市场；第二年开放重庆、宁波及所有省会城市的书、

---

① 全国出版专业职业资格考试办公室.出版专业理论与实务（中级）[M].上海：上海辞书出版社，2002：281.

报刊零售市场；第三年开放所有城市的书、报刊批发和零售市场，并取消对外资分销企业在数量、地域、股权方面的限制。在对外资开放的同时，也对国内市场开放。而暂行规定中将发行定义为"包括出版物的征订、储运、批发、零售（包括邮购）、投递及互联网上购销等经营行为"，既不能与国际通行表述接轨，在内容上，征订、储运、投递、互联网上购销等与批发、零售等概念也存在交叉重复现象，因此，2003 年颁布的新规定将"发行"的定义更改为："包括总发行、批发、零售以及出租、展销等活动"，对"征订"不再表述，将"储运、投递、互联网上购销、书友会、读者俱乐部、连锁经营"等作为发行活动的一种手段或组织形式，参照"总发行、批发、零售"的有关规定进行审批和管理。同时规定"依法设立的出版物发行单位和经批准从事出版物发行业务的个人可以依法从事出版物出版发行活动，非依法律规定，任何单位和个人不得干涉"。可见，我国民营出版物发行企业或以出版物发行为主营业务的企业，只要单位具备规定的条件，可以获得出版物的发行权，设立出版物发行企业或者从事出版物发行业务。①

2013 年 9 月，根据《国务院关于取消和下放一批行政审批项目等事项的决定》和《国务院关于取消和下放 50 项行政审批项目等事项的决定》的规定，取消"设立出版物全国连锁经营单位审批"和"从事出版物全国连锁经营业务的单位变更《出版物经营许可证》登记事项，或者兼并、合并、分立审批"等项目。2014 年 1 月 28 日，《国务院关于取消和下放一批行政审批项目的决定》取消了出版物总发行设立及从事出版物总发行业务单位变更《出版物经营许可证》登记事项，或者兼并、合并、分立的审批。

2014 年 7 月，《出版管理条例》进行了相应的修订。之后 2016 年《出版物市场管理规定》所作的修订，也是为了做好与《出版管理条例》的衔接。"出版物总发行"概念之所以被删除，主要因为它是计划经济的产物，这一做法导致一些有规模的批发单位即使在市场竞争中脱颖而出，也会因尚未取得出版物总发行资质而不能从事总发行业务。条文的调整旨在进一步发挥市场的调节作用，使任一出版物批发单位均可与出版单位合作，从事某一出版物的总发行，即统一包销业务。

二、出版物出版发行活动管理

出版物发行单位取得相应资格以后，要进行出版物的批发、零售、出租和展销等业务活动，在开展这些业务活动的过程中，应遵守国家的法律法规以及新闻出版行政主管部门相关行政规章的规定。

（一）对出版物出版发行活动的限制

按照 2016 年发布的《出版物市场管理规定》的要求，现在，在我国，出版物发行单位应遵守以下规定：

1. 任何组织和个人不得发行下列出版物

（1）含有《出版管理条例》禁止内容的违禁出版物；

（2）各种非法出版物，包括：未经批准擅自出版、印刷或者复制的出版物，伪造、假

---

① 全国出版专业职业资格考试办公室. 出版专业理论与实务（初级）［M］. 武汉：崇文书局，2004：280.

冒出版单位或者报刊名称出版的出版物，非法进口的出版物；

（3）侵犯他人著作权或者专有出版权的出版物；

（4）新闻出版行政主管部门明令禁止出版、印刷或者复制、发行的出版物。

2. 从事出版物发行业务的单位和个人，必须遵守规定

从事出版物发行业务的单位和个人在发行活动中应当遵循公平、合法、诚实守信的原则，依法订立供销合同，不得损害消费者的合法权益。

（1）从依法取得出版物批发、零售资质的出版发行单位进货；发行进口出版物的，须从依法设立的出版物进口经营单位进货；

（2）不得超出新闻出版行政主管部门核准的经营范围经营；

（3）不得张贴、散发、登载有法律、法规禁止内容的或者有欺诈性文字、与事实不符的征订单、广告和宣传画；

（4）不得擅自更改出版物版权页；

（5）出版物经营许可证应在经营场所明显处张挂；利用信息网络从事出版物发行业务的，应在其网站主页面或者从事经营活动的网页醒目位置公开出版物经营许可证和营业执照登载的有关信息或链接标识；

（6）不得涂改、变造、出租、出借、出售或者以其他任何形式转让出版物经营许可证和批准文件。

3. 建立发行出版物的网络交易平台规定

为出版物发行业务提供服务的网络交易平台应向注册地省、自治区、直辖市人民政府出版行政主管部门备案，接受出版行政主管部门的指导与监督管理。提供出版物发行网络交易平台服务的经营者，应当对申请通过网络交易平台从事出版物发行业务的经营主体身份进行审查，核实经营主体的营业执照、出版物经营许可证，并留存证照复印件或电子文档备查。不得向无证无照、证照不齐的经营者提供网络交易平台服务。为出版物发行业务提供服务的网络交易平台经营者应建立交易风险防控机制，保留平台内从事出版物发行业务经营主体的交易记录两年以备查验。对在网络交易平台内从事各类违法出版物发行活动的，应当采取有效措施予以制止，并及时向所在地出版行政主管部门报告。

（二）批发进场

"批发进场"是对新华书店、外文书店和出版单位直接进行批发业务以外的其他批发单位的统一要求，凡不具备独立设置经营场所（营业面积不少于 500 平方米）的批发企业必须进入各省、市、自治区新闻出版行政主管部门批准设立的批发市场从事批发业务，批发市场一般为进入批发市场的单店提供营业面积不少于 50 平方米的批发场所。1995 年 5月 25 日新闻出版署发布的《关于加强书刊市场管理的通知》要求："凡进场销售的书刊必须经当地书刊市场管理部门审查批准。未经报审而擅自进货销售者，所售书刊予以没收，对情节严重者可给予停业整顿或吊销许可证、营业执照的处罚。各地书刊市场管理部门应配备充足的人员，建立规范的工作制度，提高办事效率，对送审的书刊，一般应在 72 小时之内予以答复；如遇特殊情况，要及时向上级主管部门报告，对于涉嫌非法出版、盗版和内容有问题的书刊，书刊市场管理部门有权暂时封存。" 如果具备了独立设置经营场所（营业面积不少于 500 平方米）的条件，则可申请出场进行批发业务，出场批发企业不再

实行售前送审。

这是因为进场批发企业和不进场批发企业实行了不同的经营面积准入条件，本着区别准入、区别管理的原则，对不进场企业不再实行售前送审，而对进场批发企业仍旧实行售前送审制度。即"进入出版物批发市场的经营单位在出版物销售前，须将出版物样本报送批发市场管理机构审验，报送审验的出版物样本必须与所销售的出版物一致"。

(三) 特殊出版物的发行管理

1. 内部资料性出版物

内部资料性出版物，是指在本系统、本行业、本单位内部，用于指导工作、交流信息的非卖性单本成册或连续性折页、折页或散页印刷品，不包括机关公文性的简报等信息资料。内部资料分一次性内部资料和连续性内部资料。这些内部资料性出版物的分发范围限定在本系统、本行业、本单位内部，以适应指导工作、交流业务、进行教学、开展科研、组织学习的需要，编印前须报当地新闻出版行政部门批准，取得准印证。这种内部资料性出版物作为正式出版物的补充，目前在我国大量存在，如教学参考书、讲义、科研资料、专业文献汇编等。

为了加强内部资料性出版物的管理，根据《印刷业管理条例》和《出版物印刷管理规定》，1997 年 12 月 30 日，新闻出版署制定颁布了《内部资料性出版物管理办法》。2015 年 4 月 1 日，国家新闻出版广电总局颁布新版《内部资料性出版物管理办法》规定对内部资料的编印，实行核发《内部资料性印刷品准印证》（以下简称《准印证》）管理。未经批准取得《准印证》，任何单位和个人不得从事内部资料的编印活动。编印内部资料，应当向所在地省、自治区、直辖市新闻出版行政主管部门提出申请，经审核批准，领取《准印证》后，方可从事编印活动。

申请编印一次性内部资料，须符合以下条件：（1）申请方应为党政机关、企事业、社会团体等单位；（2）编印目的及发送范围符合《内部资料性出版物管理办法》第 2 条的规定，编印内容与编印单位的性质和能力相一致；（3）稿件内容符合《内部性资料出版物管理办法》第 13 条的规定；（4）拟委托印刷的单位为出版物印刷企业。

申请编印连续性内部资料，须符合以下条件：（1）申请方应为党政机关、企事业、社会团体等单位；（2）有确定的名称，名称应充分体现编印宗旨及地域、行业或单位特征；（3）有确定的编印目的和固定的发送对象，编印目的应限于与编印单位业务相一致的工作指导、信息交流；编印内容应与编印单位的性质和能力相一致；企业编印散页连续性内部资料，应主要用于指导本企业的生产经营、企业文化和精神文明建设；（4）有适应编印活动需要的人员；（5）有稳定的资金来源和固定的办公场所；（6）拟委托印刷的单位为出版物印刷企业。

具有下列情形之一的，不予核发内部资料《准印证》：（1）不符合《内部性资料出版物管理办法》第 2 条、第 5 条或第 7 条规定的审批条件的；（2）广告印刷品、介绍推广本单位基本情况的宣传资料，或者仅含有历法信息及广告内容的挂历、台历、年历等无须申领《准印证》的一般印刷品；（3）中小学教科书及教辅材料、地图、个人画册、个人文集等应由出版单位出版的作品。

同时规定，内部资料必须在封面完整印刷标注《准印证》编号和"内部资料，免费交流"字样，并在明显位置（封面、封底或版权页）标明编印单位、发送对象、印刷单位、印刷日期、印数等，连续性内部资料还须标明期号。连续性内部资料不得使用"××报""××刊"或"××杂志""记者××""期刊社""杂志社""刊号"等字样，不得在内文中以"本报""本刊"自称。

编印内部资料，需严格遵守以下规定：（1）按照批准的名称、开本（开版）、周期印制，不得用《准印证》印制其他内容，一次性内部资料不得一证多期，连续性内部资料不得一期多版；（2）严格限定在本行业、本系统、本单位内部交流，不得标价、销售或征订发行，不得在公共场所摆放，不得向境外传播；不得将服务对象及社会公众作为发送对象，也不得以提供信息为名，将无隶属关系和指导关系的行业、企事业单位作为发送对象；（3）不得以工本费、会员费、版面费、服务费等任何形式收取任何费用，不得刊登广告，不得搞经营性活动；编印单位不得利用登记、年检、办证、办照、评奖、验收、论证等工作之便向服务和管理对象摊派或变相摊派；（4）不得将内部资料承包给其他组织和个人，不得与外单位以"协办"等其他形式进行编印和发送。

内部资料性出版物所设的有关机构，不具有法人资格。内部资料性出版物严格限定在本系统、本行业、本单位内部交流，不得收取任何费用。

2011 年的《出版物市场管理规定》第 25 条也强调："内部资料性出版物须在本系统、本行业或者本单位内部免费分发，任何组织和个人不得发行。"

2. 内部发行的出版物

内部发行的出版物，是指限国内发行或者内部发行的出版物，是正式出版物之一种，一般是出于保密考虑，对一部分正式出版的出版物限定其读者对象和发行范围。这种内部发行的出版物，不同于内部资料性出版物，一般在出版物上标明"内部发行""限国内发行"字样。区别公开发行的正式出版物与内部发行的出版物、内部资料性出版物，在版权记录上有明显标志。公开发行的正式出版物，在出版物上除印有书名、著译者、出版者、印刷者等全部记录项目外，还印有中国标准书号及标准书号条形码，在报刊上印有国内统一刊号。内部资料性出版物仅印有批准机关编发的内部资料准印证编号；而内部发行的出版物则在版权页上印有版权标志，并在显著位置标明了"内部发行""限国内发行"字样，表明这一类出版物只能在国内指定范围征订、陈列、销售，不能在社会上公开发行。

2000 年 7 月新闻出版署发布的《关于进一步加强出版物发行管理的通知》指出："按规定内部发行的出版物，应由省、自治区、直辖市新闻出版局核准的出版物发行单位或者出版单位在内部出售，其他出版物发行单位及个人均不得经营。内部发行的出版物，禁止在公开发行的报刊、广播、电视等宣传媒体上宣传和刊登广告，禁止在门市部公开陈列。"

2011 年《出版物市场管理规定》第 23 条进一步强调："内部发行的出版物不得公开宣传、陈列、展示和销售。"

2016 年《出版物市场管理规定》第 21 条规定："内部发行的出版物不得公开宣传、陈列、展示、征订、销售或面向社会公众发送。"

3. 中小学教科书

中小学教科书是指列入国务院和省级教育行政部门颁布的《中小学教学用书目录》的学生课本和教师用书，不包括供中小学生使用的各种学习辅导、考试辅导等方面的图书。教科书是中小学教师进行教学的主要依据，中小学学生获取知识、发展智能的主要渠道。

因此，中小学教科书是提高中小学教育质量的重要因素，是实现教育目标的重要工具。

对于中小学教科书的出版发行，我国一直都非常重视。中华人民共和国成立初期，中小学教科书由出版总署编审，分别由华北联合出版社和上海联合出版社出版供应。1950年，全国中小学教材由人民教育出版社编辑出版，统一由新华书店发行。1957年，由于中小学生人数增多，对教材的需要量不断增加，为保证教材的及时供应，中小学课本改由人民教育出版社提供纸型，各省、市、自治区出版单位租型自行印造。到1962年，中小学教材全都实行各地租型造货。"文化大革命"期间中断，1978年以后恢复。1982年为提高教材印制质量，根据国家出版局意见，由人民教育出版社和中国印刷公司负责每年进行一次质量检查评比。

20世纪90年代初，教育系统为提高质量，教材逐步向国际标准靠拢。随着国际标准大开本、彩色版教材的推广以及1996年纸张价格飞涨，经国务院批准，全国中小学教材价格普遍上调，无形中使广大学生家长尤其是农村地区学生家长的经济负担加重。为了从根本上彻底解决这一问题，贯彻落实国务院体改办《关于降低中小学教材价格深化教材管理体制改革的意见》的文件精神，教育部、国家计委、新闻出版总署联合出台《关于印发中小学教材价格管理办法的通知》。2001年10月，经国务院同意，由新闻出版总署、教育部、国家计委共同发布了《关于推广使用中小学经济适用型教材的意见》《中小学教材出版招标投标试点实施办法》和《中小学教材发行招标投标试点实施办法》，至此，《关于降低中小学教材价格深化教材管理体制改革的意见》及其9个配套文件已全部发出，全面启动了牵动全国上下的教材出版发行改革。作为这场改革的主要执行者，新闻出版总署全系统共同努力，将整个系统教材出版发行的利润从行业平均值13%下调至达到或接近成本利润率的5%，仅这一项，全系统付出的就有8亿多元人民币的码洋。①

《中小学教材发行招标投标试点实施办法》规定中小学教材的发行必须保证"课前到书，人手一册"，中小学教材发行招标投标应积极稳妥地推进。中小学教材的发行招标投标试点以省、自治区、直辖市为单位，面向本地区进行。参加中小学教材发行招标的投标人的资质由国务院新闻出版行政主管部门确认。中小学教材发行招标投标应遵循公开、公平、公正和诚实信用的原则。任何单位或个人不得以任何形式干涉中小学教材发行招标投标活动。招标项目是试点省、自治区、直辖市区域内使用的中小学教材全部品种的总发行权。总发行权是指承担中小学教材征订、储备、配送、调剂、添货、零售和结算。投标取得中小学教材总发行权的有效期限原则上不少于两学年。2001年，我国已在重庆、福建、安徽进行了中小学教材发行招标投标的试点。

中小学教材出版发行体制改革本着"以民为本"、市场运作的原则，继2001年中小学教材出版发行招标试点工作在重庆、福建、安徽三省市进行后，2002年上半年三省市部分中小学教材出版发行的中标人确定，教材招投标试点工作开始实施，标志着长期以来教材发行由新华书店一家垄断的局面被打破，教材发行进入了市场竞争时代。新闻出版总署在总结三省市中小学教材发行招投标试点工作经验的基础上，经过反复征求各省新闻出版局意见，修订了《全国中小学教材发行招标投标试点实施办法》，为中小学教材发行招投标

---

① 书业拿出8个亿为农民减负［EB/OL］.［2023-02-01］. http：//news，xinhua-net. com/book/2003-02/13/content_727358. htm.

试点工作在全国开展做好准备。①

2011 年《出版物市场管理规定》第 29 条规定："中学小学教科书发行单位应当具有适应教科书发行业务需要的资金、组织机构和人员等条件，并取得新闻出版总署批准的教科书发行资质。纳入政府采购范围的中小学教科书，其发行单位还须按照《中华人民共和国政府采购法》的有关规定确定。其他任何单位或者个人不得从事中小学教科书的发行业务。"

2016 年《出版物市场管理规定》第 11 条规定："单位从事中小学教科书发行业务，应取得国家新闻出版广电总局批准的中小学教科书发行资质，并在批准的区域范围内开展中小学教科书发行活动。"

第 12 条规定："单位申请从事中小学教科书发行业务，须报国家新闻出版广电总局审批。国家新闻出版广电总局应当自受理之日起 20 个工作日内作出批准或者不予批准的决定。批准的，由国家新闻出版广电总局作出书面批复并颁发中小学教科书发行资质证。不予批准的，应当向申请单位书面说明理由。"

从事中小学教科书发行业务，必须遵守下列规定：

（1）从事中小学教科书发行业务的单位必须具备中小学教科书发行资质；

（2）纳入政府采购范围的中小学教科书，其发行单位须按照《中华人民共和国政府采购法》的有关规定确定；

（3）按照教育行政主管部门和学校选定的中小学教科书，在规定时间内完成发行任务，确保"课前到书，人手一册"。因自然灾害等不可抗力导致中小学教科书发行受到影响的，应及时采取补救措施，并报告所在地出版行政和教育行政主管部门；

（4）不得在中小学教科书发行过程中擅自征订、搭售教学用书目录以外的出版物；

（5）不得将中小学教科书发行任务向他人转让和分包；

（6）不得涂改、倒卖、出租、出借中小学教科书发行资质证书；

（7）中小学教科书发行费率按照国家有关规定执行，不得违反规定收取发行费用；

（8）做好中小学教科书的调剂、添货、零售和售后服务等相关工作；

（9）应于发行任务完成后 30 个工作日内向国家新闻出版广电总局和所在地省级出版行政主管部门书面报告中小学教科书发行情况。

中小学教科书出版单位应在规定时间内向依法确定的中小学教科书发行单位足量供货，不得向不具备中小学教科书发行资质的单位供应中小学教科书。

4. 进口出版物

进口出版物，是指由出版物进口经营单位进口的，在外国以及在中国香港特别行政区、澳门特别行政区和台湾地区出版的图书、报纸（含过期报纸）、期刊（含过期期刊）、音像制品、电子出版物等。

（1）书报刊的进口专营制度。

《出版管理条例》第 41 条规定，出版物进口业务，由依照本条例设立的出版物进口经营单位经营。出版物进口经营单位负责对其进口的出版物进行内容审查。省级以上人民政府出版行政主管部门可以对出版物进口经营单位进口的出版物直接进行内容审查。

---

① 邵燕. 当前我国出版物发行市场的现状分析 [J]. 中国出版, 2003 (7)：16-18.

《出版管理条例》第47条规定，发行进口出版物的，必须从依法设立的出版物进口经营单位进货。

目前，我国经批准的出版物进出口公司共有42家，其中经国务院出版行政主管部门指定，经营进口报刊的进出口公司有：中国图书进出口（集团）公司、中国国际图书贸易总公司、中国出版对外贸易总公司、中国教育图书进出口公司、上海外文图书贸易公司、北京中科进出口公司。

（2）音像制品成品进口专营制度。

音像制品成品，是指完成制作、出版、生产和包装等各个环节的工作可以直接进入市场销售的音像制品。

音像制品成品进口，是指由国家指定的音像制品成品进口经营单位以经营为目的，从我国境外直接购买音像制品到境内销售（即音像制品成品进口），或者由依法批准设立的音像制品进口单位以版权贸易等方式从我国境外进口音像节目用于出版发行的活动。

《音像制品管理条例》第27条规定，音像制品成品进口业务由国务院出版行政主管部门批准的音像制品成品进口经营单位经营；未经批准，任何单位或者个人不得经营音像制品成品进口业务。

（3）出版物进口备案制度。

《出版管理条例》第46条规定，出版物进口经营单位应当在进口出版物前将拟进口的出版物目录报省级以上人民政府出版行政主管部门备案；省级以上人民政府出版行政主管部门发现有禁止进口的或者暂缓进口的出版物，应当及时通知出版物进口经营单位并通报海关。对通报禁止进口或者暂缓进口的出版物，出版物进口经营单位不得进口，海关不得放行。

2017年1月22日国家新闻出版广电总局、海关总署公布《出版物进口备案管理办法》（以下简称《办法》），《办法》自2017年3月1日起实施。

《办法》第4条规定："出版物进口经营单位应当按照《出版管理条例》及本办法的要求，向省级以上出版行政主管部门办理进口出版物备案手续。出版物进口经营单位提供备案材料不齐备或不真实的，不予备案。负责备案的省、自治区、直辖市出版行政主管部门应将相关备案信息报国家新闻出版广电总局。国家新闻出版广电总局对省、自治区、直辖市出版行政主管部门的备案工作进行检查指导。"

第5条规定："进口图书的，出版物进口经营单位应当于进口前向省级以上出版行政主管部门申请办理进口备案手续。申请备案时，需提交备案申请和出版物进口经营单位出具的审查意见，备案申请包括以下信息：（一）图书名称；（二）出版机构；（三）进口来源国家（地区）；（四）作者；（五）国际标准出版代码（ISBN）；（六）语种；（七）数量；（八）类别；（九）进口口岸；（十）订购方；（十一）需要提交的其他材料。"

第6条规定："省级以上出版行政主管部门在受理出版物进口经营单位进口图书备案申请材料之日起20个工作日内完成图书目录的备案手续。准予备案的，负责备案的出版行政主管部门为出版物进口经营单位出具通关函。出版物进口经营单位应当向海关交验通关函，海关按规定办理报关验放手续，没有通关函海关不予放行。"

第7条规定："进口音像制品（成品）及电子出版物（成品）的，出版物进口经营单位应当按照《音像制品进口管理办法》《电子出版物出版管理规定》的要求，履行相应进口审批手续。出版物进口经营单位应当向海关交验批准文件，海关按规定办理报关验放手续，没有批准文件海关不予放行。

第 8 条规定："出版物进口经营单位进口音像制品（成品）及电子出版物（成品）后 15 个工作日内报国家新闻出版广电总局备案。报送备案时，需按音像制品（成品）及电子出版物（成品）的实际进口情况提交以下信息：（一）名称；（二）出版机构；（三）进口来源国家（地区）；（四）国际标准音像制品编码（ISRC）或电子出版物编码等；（五）语种；（六）数量；（七）类别；（八）进口口岸；（九）载体形式；（十）进口通关放行日期；（十一）进口批准文号；（十二）订购方；（十三）需要提交的其他材料。"

第 10 条规定："进口报纸、期刊的，出版物进口经营单位应当按照《订户订购进口出版物管理办法》的要求，履行相应进口审批手续。出版物进口经营单位应当向海关交验批准文件，海关按规定办理报关验放手续，没有批准文件海关不予放行。"

第 11 条规定："出版物进口经营单位进口报纸、期刊后，每季度报国家新闻出版广电总局备案，同时抄送所在地省、自治区、直辖市出版行政主管部门。报送备案时，需按照实际进口情况提交以下信息：（一）报刊名称；（二）出版机构；（三）进口来源国家（地区）；（四）国际标准连续出版物号（ISSN）；（五）语种；（六）数量；（七）类别；（八）进口口岸；（九）刊期；（十）进口通关放行日期；（十一）订户；（十二）需要提交的其他材料。"

第 12 条规定："通过信息网络进口到境内的境外数字文献数据库，必须由国务院出版行政主管部门批准的有境外数字文献数据库网络进口资质的出版物进口经营单位进口。出版物进口经营单位办理境外数字文献数据库进口时，应当严格按照《出版管理条例》《音像制品管理条例》《订户订购进口出版物管理办法》等法规规章及相关规定，对其进口的境外数字文献数据库进行内容审查（含进口前内容审查和进口后更新内容审查），分类办理数字文献数据库进口备案、审批手续。"

第 13 条规定："出版物进口经营单位进口境外数字文献数据库后，于每个自然年年末报国家新闻出版广电总局备案。报送备案时，需按境外数字文献数据库实际进口信息提供以下材料：（一）名称；（二）境外供应商；（三）进口来源国家（地区）；（四）语种；（五）用户数量；（六）类别；（七）开通时间；（八）当前合同起止年月；（九）进口金额；（十）国内订购单位；（十一）动态监管人员；（十二）监管设施的 IP 地址；（十三）监管方式；（十四）需要提交的其他材料。"

（4）订户订购进口出版物的管理。

2004 年 12 月 31 日，新闻出版总署颁布《订户订购进口出版物管理办法》，该办法于 2011 年 3 月 17 日修订。

"订户"，是指通过出版物进口经营单位订购进口出版物的国内单位和个人、在华外国机构、外商投资企业和在华长期工作、学习、生活的外籍人士以及港、澳、台人士。

"订购"，是指订户为满足本单位或者本人的阅读需求，向出版物进口经营单位预订购买进口出版物。

（四）出版物发行统计资料管理

为加强新闻出版统计管理，保障新闻出版统计资料的准确性和及时性，根据《中华人民共和国统计法》（以下简称《统计法》）及其实施细则的有关规定，1997年1月1日新闻出版署结合新闻出版行业的实际情况，制定了《新闻出版统计管理办法》。该办法修订后于2004年5月8日新闻出版总署第1次署务会议及2004年12月30日国家统计局第8次局务会议通过，2005年2月7日颁布。2016年5月5日国家新闻出版广电总局公布《新闻出版统计管理办法》，该办法自2016年7月1日起施行，原新闻出版总署、国家统计局于2005年2月7日颁布的《新闻出版统计管理办法》同时废止。该办法第2条规定，新闻出版统计是指各级新闻出版行政主管部门为满足新闻出版行业管理工作需要，依法对新闻出版统计调查对象组织实施的各项统计活动。新闻出版统计调查对象包括各级新闻出版行政主管部门、从事新闻出版（版权）活动的企业事业单位、其他组织以及个体工商户等。第3条规定，新闻出版统计的基本任务是对新闻出版（版权）活动的相关情况进行统计调查和统计分析，提供统计资料和统计咨询意见，实行统计监督。

《出版物市场管理规定》第30条规定，从事出版物发行业务的单位、个人应当按照出版行政主管部门的规定接受年度核验，并按照《中华人民共和国统计法》《新闻出版统计管理办法》及有关规定如实报送统计资料，不得以任何借口拒报、迟报、虚报、瞒报以及伪造和篡改统计资料。

（五）出版物展销活动管理

所谓展销，是指在固定场所或者以固定方式于一定时间内集中展览、销售、订购出版物。出版物展销活动是指举办国内外出版单位的各类图书（含书籍、画册、挂历、年历、年画、台历等）的展销会、订货会、交易会、书市等活动。

1.《关于举办国内图书展销活动的暂行规定》（1992年发布，1996年废止）

早在1992年5月，为了加强对图书展销活动的管理，维护图书市场秩序，新闻出版署发布了《关于举办国内图书展销活动的暂行规定》，明确指出："各省、自治区、直辖市、计划单列市新闻出版行政主管部门和中国出版工作者协会、中国书刊发行业协会、新华书店总店可以申请主办全国性的或两省（自治区、直辖市）以上联合举办的图书展销活动。""具有图书总发行权的出版单位、发行单位，省级出版、发行业协会，可以单独或联合申请主办与其业务范围相符的专业图书的全国性的或两省（自治区、直辖市）以上联合举办的图书展销活动；可以申请单独或联合主办本省（自治区、直辖市）的图书展销活动；可以接受委托承办全国性的或两省（自治区、直辖市）以上联合举办的图书展销活动。""具有二级批发权的全民所有制的发行单位，可以申请就地主办与其业务范围和经营形式相符的图书展销活动。"并强调"非全民所有制的发行单位，不得单独或联合举办任何形式的图书展销活动"。

举办图书展销活动，主办单位应在举办前3个月，向新闻出版行政主管部门提出申请，经批准方可举办。报批程序如下：（1）全国性的图书展销活动，报新闻出版署批准。（2）两省（自治区、直辖市）以上联合举办的图书展销活动，由举办地的省级新闻出版局征求各联办单位所在地的省级新闻出版局意见后批准，报新闻出版署备案。（3）举办本省（自治区、直辖市）的图书展销活动，须经主办单位的主管机关核准，报当地省级新闻出版局批准。（4）省级以下新闻出版行政主管部门举办的图书展销活动，须报上一级新闻出版行政主管部门批准。（5）具有二级批发权的全民所有制的发行单位就地举办图书展销活动，须报当地新闻出版行政主管部门批准。（6）军队系统的出版单位申请举办图书展销活动，报军队主管部门核准后，须按照本规定相关要求办理。

2.《关于举办国内图书展销活动的管理规定》（1996年发布，2004年废止）

1996年3月11日，新闻出版署颁布的《关于举办国内图书展销活动的管理规定》（《关于举办国内图书展销活动的暂行规定》同时废止），将图书展销活动分为全国性展销活动和地方性展销活动，要求全国性展销活动应冠以"××××年全国图书××会"的名称，地方性展销活动应冠以"××××年××省（自治区、直辖市）图书××会"字样。全国性的图书展销活动每一年可以举办一次，地方性的图书展销活动，各省（自治区、直辖市）每一年可以举办一次。

（1）关于举办全国性展销活动资格的规定："各省、自治区、直辖市、计划单列市新闻出版局和中国出版工作者协会、中国书刊发行业协会可以申请主办全国性的图书展销活动。""具有图书总发行权的出版、发行单位，省级出版、发行业协会，可以申请主办本省的地方性图书展销活动；可以接受委托承办全国性的图书展销活动。"

（2）关于举办地方性展销活动资格的规定：各省、自治区、直辖市举办的地方性图书展销活动，原则上限于主办省的出版、发行单位参加，经当地省级新闻出版局批准，可适当邀请邻省的国有书店参加。

（3）关于举办图书展销活动的申报规定：主办单位应提前6个月向新闻出版行政主管部门申请，经审核批准后方可举办。全国性的图书展销活动，报新闻出版署审批。地方性的图书展销活动，须经主办单位的主管机关同意，报当地省新闻出版局审批，并报新闻出版署备案。

（4）举办图书展销活动必须遵守的原则：坚持为人民服务，为社会主义服务的方针，把社会效益放在首位；展销的图书不得有违背我国宪法和有关法律、法规的内容；严格遵守出版发行的有关规定，不得任意提高或降低批发折扣，严禁收受回扣或赠送钱物和以任何名义搞公费旅游等活动，禁止场外交易；实事求是地宣传和评介展销的图书；讲信誉，守合同，收费合理，热忱服务。

（5）重申举办图书展销活动，原则上不评选优秀畅销书，因特殊需要而进行评选的，须按有关规定办理手续。评选出的优秀畅销书，不得冠以"全国"或"中国"字样。

3.《关于举办各类图书展销活动应注意的几个问题的通知》（1998年发布，2008年废止）

由于不少地方，特别是社会上个别非书刊经营单位违反规定，擅自组织所谓"特价书市"之类的图书展销活动，一些不法书商混迹其间，乘机兜售非法出版物，扰乱了书刊市场秩序，社会影响很坏。一些"特价书市"将新书降价零售，给广大读者以价格误导，对书刊零售业造成严重冲击，引起出版社与国有书店的矛盾，甚至导致图书定价进一步提高的不良后果。为了维护书刊市场的正常秩序，规范交易行为，加强对各类图书展销活动的管理，1998年8月14日，新闻出版署特就举办图书展销活动（包括"特价书市""降价书市"）又颁布了《关于举办各类图书展销活动应注意的几个问题的通知》。"通知"要求：

（1）各新闻出版行政主管部门要遵守《关于举办国内图书展销活动的管理规定》，严格审查主办和承办单位资格，凡不具备资格的，一律不得主办和承办各类图书展销活动

（包括"特价书市""降价书市"）。今后凡出版时间未超过 12 个月的图书（含重印书），不得在各类图书展销活动（包括"特价书市""降价书市"）中降价或打折零售。

（2）各级新闻出版行政主管部门要严格遵守和坚守审批权限，审批图书展销活动（包括"特价书市""降价书市"）。审批机关要根据"谁审批谁负责"的原则，加强管理，负责到底，对图书展销活动中出现的违法违规行为，要按照有关规定从严处理。对未经批准举办的"图书展销活动"（包括"特价书市""降价书市"），新闻出版行政主管部门应坚决及时予以制止。

4.《关于归口管理参加国际书展及展销会的通知》（1998 年发布，现行有效）

1998 年 12 月 11 日，新闻出版署为了认真履行《国务院办公厅关于印发国家新闻出版署（国家版权局）职能配置内设机构和人员编制规定的通知》中确定的"负责新闻出版和著作权对外交流与合作的有关工作；管理、协调书报刊和电子出版物的进出口贸易"，"管理、协调书报刊和电子出版物出国（境）、来华（进境）展览、展销和进出口贸易"的管理职能，经商外交部，颁布了《关于归口管理参加国际书展及展销会的通知》，要求今后凡组织举办以下展览、展销等活动，须经举办单位上级主管部门同意后，报新闻出版署审批：（1）出国、出境参加国际书报刊、电子出版物展览及展销会；（2）出国、出境举办华文书报刊、电子出版物展览及展销会；（3）来华、进境举办书报刊、电子出版物展览、展销会、出版贸易洽谈会等。

5.《出版物市场管理暂行规定》（1999 年发布，2003 年废止）

1999 年 11 月 8 日，新闻出版署颁布《出版物市场管理暂行规定》，明确规定："省、自治区、直辖市新闻出版局和全国性出版、发行行业协会，可以申请主办全国性的出版物订货、展销活动。具有出版物总发行权的出版、发行单位，省级出版、发行行业协会，可以申请主办本省的地方或专业性出版物订货、展销活动，可以接受委托承办全国性的出版物订货、展销活动。不具有出版物总发行权的发行单位，不得主办或接受委托承办任何出版物订货、展销活动。"举办全国性出版物订货、展销活动，主办单位应提前 6 个月报新闻出版署审核批准。举办地方或专业性的出版物订货、展销活动，应提前 4 个月报当地省级新闻出版行政主管部门审批，并报新闻出版署备案。

6.《关于进一步规范出版物订货、展销活动的紧急通知》（2002 年发布，2011 年废止）

2002 年，我国不少地方出现了一些不具备主办出版物订货、展销活动资格的单位和个人举办的"特价"图书展销活动，展销的出版物多为买卖书号出版的高定价、低折扣的大部头图书，甚至是非法出版物，展销活动成了非法出版活动的庇护所和销赃地，严重扰乱了出版物市场的正常秩序，阻碍了出版物市场健康、有序的发展。为了进一步规范出版物订货、展销活动，净化出版物市场，新闻出版总署于 2002 年 11 月 27 日向各省、自治区、直辖市新闻出版局发出《关于进一步规范出版物订货、展销活动的紧急通知》。要求：

（1）各类出版物订货、展销活动，要按照《出版物市场管理暂行规定》严格履行审批和备案程序。未经批准，任何单位和个人均不得从事此项活动。

（2）要对出版物订货、展销活动加强管理，切实负责，严格审查参展单位和出版物。订货、展销活动应在规定的范围内进行，不得随意扩大。

（3）请各省、自治区、直辖市新闻出版局对本行政区域内的出版物订货、展销活动进行认真清查。对未经批准的出版物订货、展销活动坚决予以取缔，对所参展的出版物一律扣留审查；对非法出版物依法收缴。并追根溯源，严厉打击非法出版活动；对其主办者、承办者按照有关规定予以处罚。

7.《出版物市场管理规定》（2003年发布，2004年修订）

2003年7月16日新闻出版总署颁布，2004年6月16日修正的《出版物市场管理规定（修正）》重申了有关出版物展销活动的规定，即"省、自治区、直辖市新闻出版行政主管部门和全国性出版、发行行业协会，可以申请主办全国性的出版物订货、展销活动。省级以上出版、发行协会可以申请主办地方性出版物订货、展销活动；全国性出版、发行行业协会可以申请主办跨省专业性出版物订货、展销活动，其下属各专业委员会可接受委托承办"。"举办全国性出版物订货、展销活动，主办单位须至少提前6个月报新闻出版总署审批，新闻出版总署应当在收到申请之日起2个月内作出决定，并通知主办单位。举办地方性或者专业性的出版物订货、展销活动，主办单位须在活动举办前一个月持活动方案、参展单位名单、展场位置图、组委会人员名单等有关材料报所在地省、自治区、直辖市新闻出版行政主管部门备案"等。

8.《出版物市场管理规定》（2011年修订）

省、自治区、直辖市新闻出版行政主管部门和全国性出版、发行行业协会，可以申请主办全国性的出版物展销活动，并须提前6个月报新闻出版总署审批。全国性出版、发行行业协会可以主办跨省专业性出版物展销活动；市、县级新闻出版行政主管部门和省级出版、发行协会可以主办地方性的出版物展销活动；主办单位须提前2个月报所在地省、自治区、直辖市新闻出版行政主管部门备案。

9. 国务院办公厅《关于印发国家新闻出版广电总局主要职责内设机构和人员编制规定的通知》（2013年发布）

通知规定，取消举办全国性出版物订货、展销活动审批；取消在境外展示、展销国内出版物审批。

10.《出版物市场管理规定》（2016修订）

《出版物市场管理规定》（2016）第27条规定，省、自治区、直辖市出版行政主管部门和全国性出版、发行行业协会，可以主办全国性的出版物展销活动和跨省专业性出版物展销活动。主办单位应提前2个月报国家新闻出版广电总局备案。市、县级出版行政主管部门和省级出版、发行协会可以主办地方性的出版物展销活动。主办单位应提前2个月报上一级出版行政主管部门备案。

备案材料包括下列书面材料：（1）展销活动主办单位；（2）展销活动时间、地点；（3）展销活动的场地、参展单位、展销出版物品种、活动筹备等情况。

举办全国性出版物订货、展销活动，主办单位应提前2个月报新闻出版广电总局备案。

举办地方性或者专业性的出版物订货、展销活动，主办单位应提前2个月报上一级出版行政主管部门备案。

三、《出版物市场管理规定》在市场监管方面的特点

（一）行政处罚的种类

行政处罚是指依法享有行政处罚权的主体对不够刑事处分的行政违法者所做的处罚。

出版物市场管理的行政处罚，就是新闻出版行政主管部门依法对出版物市场经营主体的违法行为所作的处罚制裁。出版物市场管理行政处罚的种类主要有：

（1）警告、通报批评。这是对违法情节较轻或尚未造成损害后果的一种处罚。

（2）罚款、没收违法所得、没收非法财物。罚款是对违法行为的一种经济上的处罚，一般处违法经营额若干倍的罚款。

没收违法所得，没收非法财物。这是将违法所得、非法财物及非法活动的专用工具和设备等收归国有的处罚。没收的出版物需要销毁的，纸质出版物应当化浆，其他出版物应当以适宜的方式销毁。新闻出版行政主管部门应当指派专人负责销毁事宜，监督销毁过程，核查销毁结果，防止应当销毁的出版物流失。

（3）暂扣许可证件、降低资质等级、吊销许可证件。这是新闻出版行政主管部门依据法律法规作出的暂扣、降低出版物市场主体资质等级，或者取消从事出版物经营行为资格的一种处罚。

（4）限制开展生产经营活动、责令停产停业、责令关闭、限制从业。这是针对市场主体出现的具体情况强制其停止生产、停止经营，以解决内部问题的处罚形式，直到问题完全解决后再恢复正常运作。如果停业整顿没有解决问题，则会吊销许可证或者吊销营业执照。

（5）行政拘留。这是依据行政法律作出的行政处罚，适用于按照相应的行政法律应予以惩戒，但其违法行为尚不构成刑事犯罪的人。行政拘留的目的是处罚和教育一般违法行为的人，行政拘留的最长期限是15天。

（6）法律、行政法规规定的其他行政处罚。

（二）具体处罚措施

2016年修订的《出版物市场管理规定》对具体处罚措施规定得非常详细，操作性较强。

（1）未经批准，擅自从事出版物发行业务的，依照《出版管理条例》第61条处罚。即未经批准，擅自设立出版物的出版、印刷或者复制、进口单位，或者擅自从事出版物的出版、印刷或者复制、进口、发行业务，假冒出版单位名称或者伪造、假冒报纸、期刊名称出版出版物的，由出版行政主管部门、工商行政管理部门依照法定职权予以取缔；依照刑法关于非法经营罪的规定，依法追究刑事责任；尚不够刑事处罚的，没收出版物、违法所得和从事违法活动的专用工具、设备，违法经营额1万元以上的，并处违法经营额5倍以上10倍以下的罚款，违法经营额不足1万元的，可以处5万元以下的罚款；侵犯他人合法权益的，依法承担民事责任。

（2）发行违禁出版物的；发行国家新闻出版署禁止进口的出版物，或者发行未从依法批准的出版物进口经营单位进货的进口出版物；发行其他非法出版物和出版行政主管部门明令禁止出版、印刷或者复制、发行的出版物的，依照《出版管理条例》第62、63、65条处罚。触犯刑律的，依照刑法有关规定，依法追究刑事责任；尚不够刑事处罚的，由出版行政主管部门责令限期停业整顿，没收出版物、违法所得，违法经营额1万元以上的，并处违法经营额5倍以上10倍以下的罚款；违法经营额不足1万元的，可以处5万元以下的罚款；情节严重的，由原发证机关吊销许可证；发行违禁出版物或者非法出版物的，当事人对其来源作出说明、指认，经查证属实的，没收出版物和非法所得，可以减轻或免除其他行政处罚。

（3）违反《出版物市场管理规定》发行侵犯他人著作权或者专有出版权的出版物的，依照《中华人民共和国著作权法》和《中华人民共和国著作权法实施条例》的规定处罚。

（4）在中小学教科书发行过程中违反《出版物市场管理规定》，有下列行为之一的，依照《出版管理条例》第65条处罚。

①发行未经依法审定的中小学教科书的；

②不具备中小学教科书发行资质的单位从事中小学教科书发行活动的；

③未按照《中华人民共和国政府采购法》有关规定确定的单位从事纳入政府采购范围的中小学教科书发行活动的。

（5）出版物发行单位未依照规定办理变更审批手续的，依照《出版管理条例》第67条处罚。

（6）单位、个人违反《出版物市场管理规定》被吊销出版物经营许可证的，其法定代表人或者主要负责人自许可证被吊销之日起10年内不得担任发行单位的法定代表人或者主要负责人。

（7）违反《出版物市场管理规定》，有下列行为之一的，由出版行政主管部门责令停止违法行为，予以警告，并处3万元以下罚款：

①未能提供近2年的出版物发行进销货清单等有关非财务票据或者清单、票据未按规定载明有关内容的；

②超出出版行政主管部门核准的经营范围经营的；

③张贴、散发、登载有法律、法规禁止内容的或者有欺诈性文字、与事实不符的征订单、广告和宣传画的；

④擅自更改出版物版权页的；

⑤出版物经营许可证未在经营场所明显处张挂或者未在网页醒目位置公开出版物经营许可证和营业执照登载的有关信息或者链接标识的；

⑥出售、出借、出租、转让或者擅自涂改、变造出版物经营许可证的；

⑦公开宣传、陈列、展示、征订、销售或者面向社会公众发送规定应由内部发行的出版物的；

⑧委托无出版物批发、零售资质的单位或者个人销售出版物或者代理出版物销售业务的；

⑨未从依法取得出版物批发、零售资质的出版发行单位进货的；

⑩提供出版物网络交易平台服务的经营者未按《出版物市场管理规定》履行有关审查及管理责任的；

⑪应按《出版物市场管理规定》进行备案而未备案的；

⑫不按规定接受年度核验的。

（8）在中小学教科书发行过程中违反《出版物市场管理规定》，有下列行为之一的，由出版行政主管部门责令停止违法行为，予以警告，并处3万元以下罚款：

①擅自调换已选定的中小学教科书的；

②擅自征订、搭售教学用书目录以外的出版物的；

③擅自将中小学教科书发行任务向他人转让和分包的；

④涂改、倒卖、出租、出借中小学教科书发行资质证书的；

⑤未在规定时间内完成中小学教科书发行任务的；

⑥违反国家有关规定收取中小学教科书发行费用的；

⑦未按规定做好中小学教科书的调剂、添货、零售和售后服务的；

⑧未按规定报告中小学教科书发行情况的；

⑨出版单位向不具备中小学教科书发行资质的单位供应中小学教科书的；

⑩出版单位未在规定时间内向依法确定的中小学教科书发行企业足量供货的；

⑪在中小学教科书发行过程中出现重大失误，或者存在其他干扰中小学教科书发行活动行为的。

（9）征订、储存、运输、邮寄、投递、散发、附送《出版物市场管理规定》第20条所列出版物的，按照《出版物市场管理规定》第32条进行处罚。

（10）未按《出版物市场管理规定》第30条报送统计资料的，按照《新闻出版统计管理办法》有关规定处理。

第三节　市场合同行为管理

随着市场经济的发展和出版物市场的完善，平等的市场经济关系越来越依靠平等的契约关系——合同来保证。在出版物市场交易行为，主要是出版物发行行为实施的过程中，为保证发行能够按照供求主体的愿望进行，必须依法订立出版物市场交易合同。出版物市场交易合同是在出版物发行过程中，为明确供给主体、需求主体之间以出版物为标的的权利义务关系而共同达成的供求协议。

出版物市场经营主体在从事出版物的总发行、批发、零售、出租、进口等经营行为时，一般都会签订具有法律效力、明确相互权利义务关系的合同或者协议，并严格按照合同或者协议来行使自己的权利，履行自己的义务。

对出版物市场合同行为进行管理主要包括对合同的订立、合同的履行、合同权利义务的变更和终止、违约责任以及合同纠纷的解决等方面进行管理。应该说，出版物市场上各方当事人之间的平等关系，是靠合同来维系的，而合同也是出版物市场秩序得以稳定的基础，因此，出版行政部门应加强对合同行为的管理，以保证统一开放、竞争有序的出版物市场的形成。

一、合同订立管理

合同的订立，是指合同双方当事人进行协商，使各方的意思表示趋于一致，达成协议的过程。出版物市场主体在进行市场行为时，都会依靠合同来确定各方的权利义务关系。因此，出版物市场合同的订立管理主要包括订立合同的主体资格管理、合同的内容管理、合同的效力管理等方面。

（一）订立合同的主体资格管理

2020年5月28日第十三届全国人民代表大会第三次会议通过，并于2021年1月1日起实施的《中华人民共和国民法典》（以下简称《民法典》）第 143 条规定，行为人具有相应的民事行为能力，其民事法律行为有效。第 161 条规定，民事主体可以通过代理人实施民事法律行为。这就对订立合同的主体资格作了明确的规定，即订立合同的人必须具备独立的表达自己意思和理解自己行为性质和后果的能力，这就要求合同主体应该具备一定的民事权利能力和民事行为能力。自然人和法人（含其他组织）作为合同主体在民事权利能力和民事行为能力方面的要求不同。

自然人的权利能力，始于出生，终于死亡；而行为能力则根据其年龄和智力不同而有所不同。法人和其他组织一般都具有订立合同的行为能力。由于法律对法人和其他组织往往都规定了其各自的经营、活动范围，这也就对法人和其他组织的权利能力作了限制。因此，法人和其他组织在订立合同时应考虑自身的权利能力。法人和其他组织超越经营范围订立的合同可能导致合同无效。

（二）合同的内容管理

合同的内容，即合同的条款，是指合同当事人协商一致的产物，主要记载着合同当事人双方的权利与义务，是合同的核心部分。

合同的条款通常由当事人协商决定。我国《民法典》第 470 条明确规定："合同的内容由当事人约定，一般包括以下条款：（1）当事人的姓名或者名称和住所；（2）标的；（3）数量；（4）质量；（5）价格或者报酬；（6）履行期限、地点和方式；（7）违约责任；（8）解决争议的方法。当事人可以参照各类合同的示范文本订立合同。"这些条款中，应该说关于合同的标的和数量的条款是各类合同不可缺少的内容。因为没有标的，权利义务就失去了目标，当事人之间就不可能建立起权利义务关系；而数量是确定合同标的的具体条件，是合同得以正确、全面履行的保障，这类条款的缺乏也不可能通过合同解释及法律的推定性条款来弥补。因而，关于标的、数量的条款是合同的必要条款。至于其他条款，即使合同没有约定或者约定不明确，当事人也可以事后补充或者按照合同的有关条款、交易习惯或法律的补充性规定来确定，我国《民法典》第 510 条、第 511 条也对此作了明确规定，因而它们不是合同的必要条款，而是合同的普通条款。

在出版物发行过程中，征订单是广泛存在于出版物发行过程中的凭证。根据《民法典》的规定，征订单是一种合同。因为它具备了合同的必要条款，即征订单上一般都有要发行的出版物的名称、著者、版别、定价等要素，还留有一栏或两栏空白，以便需求方填写订数或金额。如表 8-3 所示。

表 8-3 出版物征订单①

订户单位		联系人	
通信地址		邮政编码	
联系电话		传真	

---

① 赛迪网．中国 IT 市场情报中心［EB/OL］．［2023-02-01］．http：//market．ccidnet．com．

续表

《世界 IT 研究》480 元/份	份数		金额	
《电子信息产品出口研究报告》27 元/本				
《国家城市信息化试点案例汇编》50 元/本				
《信息产业与我国经济社会发展》22 元/本				
《电子信息产业发展基金使用指南》70 元/本				
合计（大写）				

征订办法：

(1) 请填写征订单，办理汇款手续，并将征订单及汇款凭证复印件寄至：××市××路××号

(2) 邮政汇款：××市××路××号

(3) 银行汇款：开户名称：××××；开户行：××××；银行账号：××××

(4) 联系人及联系电话：××××

（三）合同的效力管理

合同的效力，又称合同的法律效力，即合同所具有的法律拘束力，是指法律赋予依法有效的合同对其当事人及其效力所涉及的第三人具有拘束力。

合同的生效，是指依法有效的合同在当事人之间开始发生了法律拘束力。《民法典》第502条规定："依法成立的合同，自成立时生效，但是法律另有规定或者当事人另有约定的除外。"

对于大多数合同而言，合同成立的同时合同生效。合同成立是合同生效的前提条件，如果合同不成立就谈不上合同生效的问题。合同成立以后，在合同符合生效条件时合同才能生效。因此，依法有效的合同何时生效，应取决于其是否具备了生效条件。

《民法典》第143条规定，民事法律行为应当具备以下生效条件：行为人具有相应的民事行为能力；意思表示真实；不违反法律、行政法规的强制性规定，不违背公序良俗。一般情况下，依法成立的合同，具备法定的有效条件，即合同依法有效，这样的合同自成立时起生效。但是有下列情形除外：（1）依照法律、行政法规的规定，合同应当办理批准等手续的，依照其规定。未办理批准等手续影响合同生效的，不影响合同中履行报批等义务条款以及相关条款的效力。应当办理申请批准等手续的当事人未履行义务的，对方可以请求其承担违反该义务的责任。依照法律、行政法规的规定，合同的变更、转让、解除等情形应当办理批准等手续的，适用前款规定。（2）民事法律行为可以附条件，但是根据其性质不得附条件的除外。附生效条件的民事法律行为，自条件成就时生效。附解除条件的民事法律行为，自条件成就时失效。附条件的民事法律行为，当事人为自己的利益不正当地阻止条件成就的，视为条件已经成就；不正当地促成条件成就的，视为条件不成就。民事法律行为可以附期限，但是根据其性质不得附期限的除外。附生效期限的民事法律行为，自期限届至时生效。附终止期限的民事法律行为，自期限届满时失效。

凡不符合生效条件的合同，即使已经成立，也不能产生合同的法律效力，而属于可撤

销的合同，或者效力未定的合同，或者无效合同。

可撤销合同主要是当事人意思表示不真实的合同。相对于绝对无效的无效合同来说，可撤销合同是一种相对无效的合同，其效力取决于当事人的意志。

可撤销合同具有如下特征：第一，可撤销合同已经成立，但欠缺法定生效要件。法定生效要件的欠缺，主要表现为当事人意思表示的不真实性。第二，可撤销合同的撤销权，由享有撤销权的一方当事人来行使，而且是否行使撤销权也由权利人自由决定，其他任何单位或个人都无权主张撤销，人民法院或仲裁机关也不得依职权主动撤销。第三，可撤销合同在未被撤销之前，仍然有效。一旦被撤销则自始无效。

关于合同可撤销、可变更的原因，大多数国家或地区的立法一般规定得比较广泛。我国《民法典》也在第147、148、149、150、151条规定：基于重大误解实施的民事法律行为，行为人有权请求人民法院或者仲裁机构予以撤销；一方以欺诈手段，使对方在违背真实意思的情况下实施的民事法律行为，受欺诈方有权请求人民法院或者仲裁机构予以撤销；第三人实施欺诈行为，使一方在违背真实意思的情况下实施的民事法律行为，对方知道或者应当知道该欺诈行为的，受欺诈方有权请求人民法院或者仲裁机构予以撤销；一方或者第三人以胁迫手段，使对方在违背真实意思的情况下实施的民事法律行为，受胁迫方有权请求人民法院或者仲裁机构予以撤销；一方利用对方处于危困状态、缺乏判断能力等情形，致使民事法律行为成立时显失公平的，受损害方有权请求人民法院或者仲裁机构予以撤销。

效力待定的合同，又称为效力未定的合同，是指合同的效力取决于第三人同意的合同。这类合同虽已成立，但因其不完全符合有关合同生效要件的规定，致使其效力能否发生尚未确定，一般须经有权人表示追认才能生效。

效力待定合同主要是因为有关当事人缺乏缔约能力、代订合同的资格和处分能力所造成的。因此效力待定的合同可能因有权人的追认而有效，也可能因有权人的不追认而无效。如《民法典》第145条规定，限制民事行为能力人实施的纯获利益的民事法律行为或者与其年龄、智力、精神健康状况相适应的民事法律行为有效；实施的其他民事法律行为经法定代理人同意或者追认后有效。相对人可以催告法定代理人自收到通知之日起三十日内予以追认。法定代理人未作表示的，视为拒绝追认。民事法律行为被追认前，善意相对人有撤销的权利。撤销应当以通知的方式作出。

无效合同，是相对于有效合同而言的，是指已经成立，但因欠缺法定有效要件，在法律上确定的当然自始不发生法律效力的合同。无效合同主要具有以下特征：第一，无效合同虽已成立，但欠缺法定有效要件；第二，无效合同自始无效，即无效合同从合同成立时就无效；第三，无效合同当然无效，这是指合同无效不以任何人的意志为转移，它不问当事人意思如何，既不需要当事人主张其无效，也不须经过任何程序；第四，无效合同确定无效，即无效合同确定无疑地无效，这与效力待定合同的效力由权利人确定不同，无效合同不仅成立时不发生效力，而且以后也绝无再发生法律效力的可能。

关于无效合同的原因，我国《民法典》第144、146、153、154条的规定给人民法院判定合同是否有效提供了法律依据。无民事行为能力人实施的民事法律行为无效。行为人与相对人以虚假的意思表示实施的民事法律行为无效。以虚假的意思表示隐藏的民事法律行为的效力，依照有关法律规定处理。违反法律、行政法规的强制性规定的民事法律行为无效。但是，该强制性规定不导致该民事法律行为无效的除外。违背公序良俗的民事法律行为无效；行为人与相对人恶意串通，损害他人合法权益的民事法律行为无效。

二、合同的履行管理

合同的履行，是指在合同生效以后，合同当事人依照合同的约定或者法律的规定，全面适当地完成合同义务的行为，是当事人实施给付义务的过程。合同的履行是合同效力的集中体现，也是合同消灭的最主要的原因。

合同的履行以有效合同为前提和依据，是合同法律约束力的首要表现，因此合同的履行是有关合同法律规定的核心内容。具体表现为：当事人订立合同的目的，就是为了通过履行合同而实现自己的权利；合同的效力是合同履行的依据所在；合同的变更和转让是为了更好地履行合同，并不是对合同履行的否定；合同的终止与合同的履行在保护当事人的合法权益上是一致的；违约责任的规定则是为了更好地督促债务人履行合同。

（一）合同履行的原则

合同履行的原则，是法律规定的、所有种类的合同当事人在履行合同的整个过程中都必须遵循的一般准则。合同签订生效以后，各方当事人必须恪守信用，严格履行，并要遵循一定的原则。根据我国《民法典》及司法实践，合同履行除应遵循平等、公平等基本原则外，还应遵循合同履行的特有原则，即全面履行和诚实信用原则。

1. 全面履行原则

全面履行原则，又称正确履行原则或适当履行原则，是指合同当事人必须按照合同约定的标的以及数量、质量、价格或者报酬、履行期限、地点、方式等要求，全面完成合同义务。《民法典》第509条规定："当事人应当按照约定全面履行自己的义务。"

法律确定全面履行原则的目的在于指导和督促当事人保质、保量、按时、正确地履行合同规定的义务，防止违约情况的发生，保护双方当事人的利益，实现当事人订立合同的目的。

2. 诚实信用原则

《民法典》特别强调诚实信用原则在合同履行中的重要作用。诚实信用原则是民法典的基本原则，该原则当然适用于合同履行。《民法典》第509条规定："当事人应当遵循诚实信用原则，根据合同的性质、目的和交易习惯履行通知、协助、保密等义务。""当事人在履行合同过程中，应当避免浪费资源、污染环境和破坏生态。"

（二）合同履行的规则

合同履行的规则，是指法律规定的适用于某类合同或某种情形，当事人履行合同时必须共同遵守的具体准则。合同履行的规则是合同履行原则的具体体现。根据我国《民法典》的规定，合同履行的规则主要有：

1. 合同条款约定不明时的履行规则

合同条款约定不明时的履行规则，是指合同的非主要条款没有约定或者约定不明确时，用以确定这些条款的方法和原则。根据我国《民法典》第510条和第511条的规定，合同生效后，当事人就质量、价款或者报酬、履行地点等内容没有约定或者约定不明确的，可以协议补充；不能达成补充协议的，按照合同相关条款或者交易习惯确定。当事人就有关合同内容约定不明确，依据前条规定仍不能确定的，适用下列规定：

①质量要求不明确的，按照强制性国家标准履行；没有强制性国家标准的，按照推荐性国家标准履行；没有推荐性国家标准的，按照行业标准履行；没有国家标准、行业标准的，按照通常标准或者符合合同目的的特定标准履行。

②价款或者报酬不明确的，按照订立合同时履行地的市场价格履行；依法应当执行政府定价或者政府指导价的，依照规定履行。

③履行地点不明确，给付货币的，在接受货币一方所在地履行；交付不动产的，在不动产所在地履行；其他标的，在履行义务一方所在地履行。

④履行期限不明确的，债务人可以随时履行，债权人也可以随时请求履行，但是应当给对方必要的准备时间。

⑤履行方式不明确的，按照有利于实现合同目的的方式履行。

⑥履行费用的负担不明确的，由履行义务一方负担；因债权人原因增加的履行费用，由债权人负担。

2. 合同履行过程中价格发生变动时的履行规则

合同履行过程中价格发生变动的履行规则，是指执行政府定价或政府指导价的合同，在政府价格发生变动时确定标的物价格的方法和原则。我国《民法典》第513条规定了合同履行过程中价格发生变动时的履行规则：执行政府定价或政府指导价的，在合同约定的交付期限内政府价格调整时，按照交付时的价格计价。逾期交付标的物的，遇价格上涨时，按照原价格执行；价格下降时，按照新价格执行。逾期提取标的物或者逾期付款的，遇价格上涨时，按照新价格执行；价格下降时，按照原价格执行。

3. 债务人向第三人履行债务的规则

我国《民法典》第522条规定，当事人约定由债务人向第三人履行债务的，债务人未向第三人履行债务或者履行债务不符合约定，应当向债权人承担违约责任。

4. 第三人向债权人履行债务的规则（第三人代为履行规则）

第三人向债权人履行债务，是指经当事人约定，由第三人代替债务人向债权人履行债务，简称第三人代为履行。通常情况下，合同义务要由债务人向债权人履行，即应符合亲自履行原则，但这也并不排除由第三人代为履行。第三人替代债务人履行债务，只要不违反法律规定和合同约定，且未给债权人增加费用或造成损失，这种履行在法律上应该是有效的。既然允许第三人代为履行，那就应该遵循一定的规则。我国《民法典》第523条规定："当事人约定由第三人向债权人履行债务的，第三人不履行债务或者履行债务不符合约定的，债务人应当向债权人承担违约责任。"

5. 同时履行规则

同时履行规则，是指当事人互相负有债务，没有先后履行顺序的，应当同时履行，否则，可行使同时履行抗辩权的规则。我国《民法典》第525条规定："当事人互负债务，没有先后履行顺序的，应当同时履行。一方在对方履行之前有权拒绝其履行要求。一方在对方履行债务不符合约定时，有权拒绝其相应的履行要求。"

6. 顺序履行规则

顺序履行规则，是指当事人互负债务，但有先后履行顺序时，当事人履行合同的规则。我国《民法典》第526条规定："当事人互负债务，有先后履行顺序，应当先履行一方未履行的，后履行一方有权拒绝其履行要求。先履行一方履行债务不符合规定的，后履行一方有权拒绝其相应的履行要求。"

7. 债权人发生变化时的履行规则

债权人发生变化时的履行规则，是指债权人分立、合并或者变更住所时的履行规则。我国《民法典》第529条规定："债权人分立、合并或者变更住所没有通知债务人，致使履行债务发生困难的，债务人可以中止履行或者将标的物提存。"

根据这一规定，债权人发生变化时的履行规则包括两个方面：（1）债权人发生分立、合并或者变更住所时，应当通知债务人，以便债务人能够及时履行债务。（2）债权人分立、合并或者变更住所没有通知债务人，致使履行债务发生困难的，债务人可以中止履行或者将标的物提存。

8. 债务人提前履行规则

债务人提前履行，是指债务人在合同履行期限到来之前就开始履行自己的合同义务。我国《民法典》第530条规定："债权人可以拒绝债务人提前履行债务，但提前履行不损害债权人利益的除外。债务人提前履行债务给债权人增加的费用，由债务人负担。"这就明确规定了债务人提前履行债务的效力规则。

9. 债务人部分履行规则

部分履行，是指债务人在合同履行期限内没有按照合同约定全部履行合同义务，而只是履行了一部分义务。我国《民法典》第531条规定："债权人可以拒绝债务人部分履行债务，但部分履行不损害债权人利益的除外。债务人部分履行债务给债权人增加的费用，由债务人承担。"这是关于债务人部分履行的效力规则。

10. 合同当事人的某些变动不影响合同履行规则

合同当事人的某些变动，是指合同生效以后，当事人的姓名、名称的变更或者法定代表人、负责人、承办人的变动。我国《民法典》第532条规定："合同生效后，当事人不得因姓名、名称的变更或者法定代表人、负责人、承办人的变动而不履行合同义务。"这就明确规定了合同当事人的某些变动不影响合同履行的效力规则。

（三）合同履行的抗辩管理

合同履行的抗辩管理，是规定合同主体在履行合同的过程中享有的抗辩权利。在合同履行的过程中，各方主体应按照合同履行的基本原则，努力履行合同中规定的各项义务，以取得相互之间的充分信任。但是，在某方出现可能导致规定的义务不能履行的状况时，对方则享有相对应的抗辩权。合同履行中的抗辩权主要有同时履行抗辩权、顺序履行抗辩权和不安抗辩权。

1. 同时履行抗辩权

同时履行抗辩权，又称为不履行抗辩权，是指在双务合同中，没有规定先后履行顺序的，当事人应当同时履行，一方在对方当事人履行之前有权拒绝其履行请求，一方在对方当事人履行债务不符合约定时有权拒绝其相应的履行请求。这在我国《民法典》的第525条有所规定。

同时履行抗辩权的适用条件是：第一，由同一双务合同产生的互负的债务。第二，在合同中未约定履行顺序，即"没有先后履行顺序"，在这种情况下往往要求当事人同时履行。第三，对方当事人未履行债务或者未按约定正确履行债务。"未履行"就是没有履行；"未按约定履行"，是指履行债务有瑕疵，即交付的标的物有瑕疵。第四，对方的对待履行须是可能履行的义务。同时履行抗辩权制度的价值在于促使双务合同的当事人同时履行债务。

2. 顺序履行抗辩权

顺序履行抗辩权，又称为后履行抗辩权，是指在双务合同中，有先后履行顺序的，先履行的一方未履行的，后履行的一方有权拒绝其履行要求。先履行一方履行债务不符合约定的，后履行一方有权拒绝其相应的履行要求。这在我国《民法典》的第526条也有规定。

顺序履行抗辩权确立的法律根据在于维护诚实信用原则和后顺序履行人的合法权益，也是对本应先履行一方未先履行或者已先履行但不符合约定的一种法律制裁。

顺序履行抗辩权的适用条件为：第一，由同一双务合同产生的互负的债务；第二，债务的履行有先后顺序，这种先后顺序一般由当事人在合同中约定或者根据交易习惯确定；第三，应该先履行的一方未履行或者履行债务不符合约定；第四，应该先履行的债务有可能履行，如果不可能履行则谈不上抗辩权。

3. 不安抗辩权

不安抗辩权，又称拒绝权，是指在双务合同中，应当先履行债务的一方当事人在有确切证据证明后履行债务的一方当事人财产状况恶化，足以影响对待给付的情形下，可以中止履行合同或者解除合同。

根据我国《民法典》第527、528条的规定，不安抗辩权的适用条件是：第一，适用于双务合同中，合同双方互负债务，且双方约定了履行的先后顺序。第二，后履行债务的一方当事人的债务尚未届履行期限。第三，后履行债务的一方当事人有丧失或可能丧失履行债务能力的情形。具体情形是：（1）经营状况严重恶化。即后履行债务的当事人，其经营状况出现了恶劣的变化从而导致财产大量减少，引起履行债务的能力丧失或可能丧失。经营状况恶化到难以履行债务的程度才是严重恶化。（2）转移财产、抽逃资金，以逃避债务。即后履行债务的当事人以逃避债务为目的，将自己的财产转移到其他地方或者将自己对企业投入的资金撤回。（3）丧失商业信誉。即后履行债务的当事人在商业行为上已经给人留下了失去诚实信用的感觉。（4）有丧失或者可能丧失履行债务能力的其他情形，如提供劳务的一方丧失劳动能力等。（5）先履行债务的一方当事人有确切的证据证明对方有丧失或者可能丧失履行债务能力的情形。即行使不安抗辩权的一方要有确切的证据，否则，会出现不安抗辩权的滥用。

不安抗辩权的法律效果：第一，只要具备不安抗辩权成立的条件，先履行债务的当事人就可行使不安抗辩权，中止履行。第二，中止履行后，对方在合理期限内未恢复履行能力并且未提供适当担保的，中止履行的一方可以解除合同。

（四）合同履行的保全制度

合同履行的保全制度，是指法律为防止债务人的财产不当减少而给债权人的债权带来危害，允许债权人代债务人之位向第三人行使债务人的权利，或者请求法院撤销债务人与第三人的法律行为的法律制度，其中前者为代位权制度，后者为撤销权制度。

1. 代位权

代位权，是指当债务人怠于行使其对第三人享有的到期债权而危及债权人的债权时，债权人为保全自己的债权，以自己的名义代债务人行使权利的权利。我国《民法典》第535 条规定："因债务人怠于行使其债权或者与该债权有关的从权利，影响债权人的到期债权实现的，债权人可以向人民法院请求以自己的名义代位行使债务人对相对人的权利，但是该权利专属于债务人自身的除外。""代位权的行使范围以债权人的到期债权为限。债权人行使代位权的必要费用，由债务人负担。"

代位权的行使对债权人和债务人都会产生一定的法律效力。对于债权人而言，表现在两个方面：其一债权人行使代位权的必要费用，由债务人负担；其二是当债务人的债务人向债务人履行债务，债务人拒绝受领时，债权人有权代债务人受领。但是在接受之后，不能独占该财产并用该财产自行抵销债务人对自己的债务，而是应该将财产给债务人。对于债务人而言，代位权行使的直接效果应归属于债务人。如债务人仍怠于受领，债权人可代位受领。债权人受领之后，债务人仍有权请求债权人交付所受领的财产。同时，债权人受领后，也不得直接以此财产清偿自己的债权。当债务人不主动履行债务时，债权人可请求强制履行而受偿。

2. 撤销权

撤销权，是指债权人对于债务人所为的危害债权实现的行为，有请求人民法院撤销该行为的权利。我国《民法典》第538、539、540 条规定：债务人以放弃其债权、放弃债权担保、无偿转让财产等方式无偿处分财产权益，或者恶意延长其到期债权的履行期限，影响债权人的债权实现的，债权人可以请求人民法院撤销债务人的行为；债务人以明显不合理的低价转让财产、以明显不合理的高价受让他人财产或者为他人的债务提供担保，影响债权人的债权实现，债务人的相对人知道或者应当知道该情形的，债权人可以请求人民法院撤销债务人的行为；撤销权的行使范围以债权人的债权为限。债权人行使撤销权的必要费用，由债务人负担。我国《民法典》第541 条规定：撤销权自债权人知道或者应当知道撤销事由之日起 1 年内行使。自债务人的行为发生之日起 5 年内没有行使撤销权的，该撤销权消灭。

撤销权的行使对债务人、受让人、债权人都会产生法律效力。对债务人而言，被撤销的债务人的行为归于消灭，并被视为自始无效。债权人行使撤销权的必要费用，由债务人负担。对受让人而言，受让人因该行为而取得的财产，应返还给债务人，如果债务人对返还的财产不行使请求权的，债权人可以行使代位权。对债权人而言，行使撤销权的债权人有权请求受让人向自己返还所得利益，并有义务将收取的利益加入债务人的一般财产，作为全体一般债权人的共同担保，但无优先受偿的权利。至于行使撤销权的费用，作为管理事务的费用，有权请求债务人偿还。

法律在规定债权人享有一定撤销权的同时，也对这种权利进行了时间上的限制，即规定了除斥期间。目的是维持交易的稳定状态，维护各方当事人利益的平衡。撤销权行使的除斥期间有两种：第一种是时间为 1 年的除斥期间，适用于债权人知道或者应当知道撤销事由的情况，其起算点为债权人知道或者应当知道之日；第二种是时间为 5 年的除斥期间，适用于债权人不知道撤销事由的情况，其起算点为债务人的行为发生之日。

三、合同权利义务的变更和终止

合同依法成立以后，已经生效的合同其规定的内容是具有法律效力的，各合同主体应该严格履行合同规定的义务，不允许单方面擅自变更或终止合同。否则会影响到合同各方主体的利益甚至市场的整体利益。但是，社会经济是不断发展变化的，可能由于主客观情况的变化，有时会产生使原合同的全部或部分内容履行成为不必要或不可能的情况，这时，如果具备了变更或终止合同的法定条件时，可以按照法律制度规定的程序进行变更或终止。

（一）合同的变更管理

合同的变更，有广义和狭义之分。广义的合同变更是指合同的主体和内容发生变化；狭义的合同变更仅指合同成立以后，在尚未履行或尚未完全履行之前，当事人经过协议对合同内容进行的修改和补充。我国《民法典》所称的合同变更是指狭义上的合同变更，至于合同主体的变化则称之为合同转让。

当事人变更合同应具备以下条件：（1）当事人之间原已存在有效的合同关系。合同的变更是在原合同的基础上改变合同的一些内容，如果没有合同关系的存在就谈不上变更合同的问题。（2）合同的变更应该根据当事人的约定或法律的规定。合同的变更主要是通过当事人的协商而产生，因而我国《民法典》第543条规定："当事人协商一致，可以变更合同。"另外，合同变更还可依法律的规定而发生。如我国《民法典》第533条规定，合同成立后，合同的基础条件发生了当事人在订立合同时无法预见的、不属于商业风险的重大变化，继续履行合同对于当事人一方明显不公平的，受不利影响的当事人可以与对方重新协商；在合理期限内协商不成的，当事人可以请求人民法院或者仲裁机构变更或者解除合同。人民法院或者仲裁机构应当结合案件的实际情况，根据公平原则变更或者解除合同。（3）必须有合同内容的变化。合同的变更为合同内容的变化，也就是说，合同内容的变化是合同变更不可缺少的条件，如果合同内容没有发生变化，就谈不上合同的变更。（4）必须遵守法定的形式。我国《民法典》第502条规定："依照法律、行政法规的规定，合同的变更、转让、解除等情形应当办理批准等手续的，适用前款规定。"

合同的变更是在保持原合同关系的基础上，合同的某项或者某部分内容的变化。因此，在合同发生变更后，当事人应当按照变更后的合同内容来履行合同义务，否则将构成违约。

合同的变更原则上是向将来发生法律效力。未变更的合同的权利义务继续有效，已经履行的债务不因合同的变更而失去法律依据。

合同的转让，是合同主体的变更，是指合同的一方当事人将合同的全部或者部分权利义务转让给第三人，而合同的内容并不发生变化。合同转让具有如下特征：（1）合同转让并不改变原合同的内容。它只是对原合同有效的合同权利或合同义务的转让，且转让不引起原合同内容的变更。（2）合同转让将发生合同主体的变化。合同主体的变化导致原合同关系消灭，新合同关系产生。（3）合同转让涉及两种不同的法律关系，即原合同当事人双方之间的关系和转让人与受让人之间的关系。

合同转让，按照其转让的权利义务的不同，可分为债权转让、债务转移和合同权利义务一并转让三种类型。

债权转让，是指债权人将债权的全部或者部分转让给第三人。我国《民法典》第545条规定，债权人可以将债权的全部或者部分转让给第三人，但是有下列情形之一的除外：（1）根据债权性质不得转让；（2）按照当事人约定不得转让；（3）依照法律规定不得转让。当事人约定非金钱债权不得转让的，不得对抗善意第三人。当事人约定金钱债权不得转让的，不得对抗第三人。第546条规定，债权人转让债权，未通知债务人的，该转让对债务人不发生效力。债权转让的通知不得撤销，但是经受让人同意的除外。第547条规定，债权人转让债权的，受让人取得与债权有关的从权利，但是该从权利专属于债权人自身的除外。受让人取得从权利不应该从权利未办理转移登记手续或者未转移占有而受到影响。第548条规定，债务人接到债权转让通知后，债务人对让与人的抗辩，可以向受让人主张。第549条规定，有下列情形之一的，债务人可以向受让人主张抵销：（1）债务人接到债权转让通知时，债务人对让与人享有债权，且债务人的债权先于转让的债权到期或者同时到期；（2）债务人的债权与转让的债权是基于同一合同产生。第550条规定，因债权转让增加的履行费用，由让与人负担。

债务转移，是指债务人将债务的全部或者部分转移给第三人。我国《民法典》第551条规定，债务人将债务的全部或者部分转移给第三人的，应当经债权人同意。债务人或者第三人可以催告债权人在合理期限内予以同意，债权人未作表示的，视为不同意。第552条规定，第三人与债务人约定加入债务并通知债权人，或者第三人向债权人表示愿意加入债务，债权人未在合理期限内明确拒绝的，债权人可以请求第三人在其愿意承担的债务范围内和债务人承担连带债务。第553条规定，债务人转移债务的，新债务人可以主张原债务人对债权人的抗辩；原债务人对债权人享有债权的，新债务人不得向债权人主张抵销。第554条规定，债务人转移债务的，新债务人应当承担与主债务有关的从债务，但是该从债务专属于原债务人自身的除外。

合同权利义务一并转让，当事人一方经对方同意，可以将自己在合同中的权利和义务一并转让给第三人，这是我国《民法典》第555条规定的。第556条规定，合同的权利和义务一并转让的，适用债权转让、债务转移的有关规定。

（二）合同的终止管理

合同的终止，即合同权利义务的终止，是指由于一定的法律事实的发生，使原来设定的债权债务关系在客观上不再存在。

合同权利义务的终止不同于合同的中止。合同的中止是合同效力的暂时停止，如基于债务人的抗辩，合同的请求权暂时停止，待抗辩权消灭后，合同即恢复原有的效力。合同权利义务的终止，也不同于合同的变更。合同权利义务的终止是原来存在的债权债务关系消灭，而合同变更是合同内容的变更，合同关系依然存在。

合同权利义务的终止须有法律上的原因，原因一经发生，则自原因发生之时起，合同关系在法律上当然消灭，并不须当事人主张。我国《民法典》第557条规定："有下列情形之一的，债权债务终止：（1）债务已经履行；（2）债务相互抵销；（3）债务人依法将标的物提存；（4）债权人免除债务；（5）债权债务同归于一人；（6）法律规定或者当事人约定终止的其他情形。合同解除的，该合同的权利义务关系终止。"

四、违约责任

违约责任，是指当事人一方不履行合同义务或者履行合同义务不符合约定的，应当承担继续履行、采取补救措施或者赔偿损失等违约责任。

我国《民法典》对违约责任一般采取无过错责任原则，但也例外地承认过错责任。如《民法典》第590条规定："当事人一方因不可抗力不能履行合同的，根据不可抗力的影响，部分或全部免除责任，但是法律另有规定的除外。因不可抗力不能履行合同的，应当及时通知对方，以减轻可能给对方造成的损失，并应当在合理期限内提供证明。当事人迟延履行后发生不可抗力的，不免除其违约责任。"这种当事人迟延履行后发生不可抗力而承担的责任就是过错责任。因为迟延履行时，债务人已有过错，法律规定债务人承担迟延履行期间不可抗力所致后果，是对不可抗力发生前已构成违约及违约责任的认可。

无过错责任原则，是指无论违约方主观上有无过错，只要其违反合同债务的行为给对方当事人造成了损害，依法应承担违约责任的仍应承担违约责任。无过错责任原则具有如下特点：第一，无过错责任原则不以行为人主观上有过错为责任的构成要件。违约方主观上既可能有过错也可能无过错，但违约方主观上有无过错对其承担民事责任没有任何影响。第二，非违约方主张权利时，对违约方主观上有无过错不负举证责任，违约方也不能以自己没有过错为由主张抗辩，法院在处理有关纠纷时也无须对是否存在过错作出判定。第三，违约方也有权根据法律规定或当事人约定的免责事由主张免责。第四，在无过错责任原则中，责任的确定主要从违约方一方的损害程度来考虑，并从适当限制无过错责任承担者的责任程度出发，对这种责任规定有赔偿或限制赔偿范围。

过错责任原则，是指在一方当事人违反合同规定的义务，不履行或者不适当履行合同时，以过错作为确定责任承担的决定性因素。过错责任原则的特点是：第一，以行为人主观上有过错作为责任的构成要件，即违约方只有在主观上有过错的情况下，才可能承担民事责任，无过错即无责任。第二，实行举证责任倒置原则，一般采取推定过错的方式，即由违约当事人负举证责任，证明其没有过错。第三，违约方对第三人的过错导致的违约也要负责，过错程度对确定违约当事人的责任范围有时有直接影响。

根据违约行为违反合同义务的性质和特点，可以将违约行为分为预期违约和实际违约两种，预期违约包括明示的预期违约和默示的预期违约两种；实际违约包括不履行和不完全履行。此外，违约形态还可分为一方违约和双方违约。

承担违约责任的具体方式有支付违约金、赔偿损失和继续履行、支付定金等。

违约金，是指当事人在合同中约定的或者法律所规定的，一方违约时应支付给对方的一定数量的货币。可见，违约金依合同约定或法律规定而产生，目的是在债务人失去清偿能力的情况下，补偿受害方的损失或制裁教育违约方。但违约金的适用并不意味着免除债务人继续履行的义务。如果债权人要求履行的，债务人还得继续履行。我国《民法典》第585条规定，当事人可以约定一方违约时应当根据违约情况向对方支付一定数额的违约金，也可以约定因违约产生的损失赔偿额的计算方法。约定的违约金低于造成的损失的，人民法院或者仲裁机构可以根据当事人的请求予以增加；约定的违约金过分高于造成的损失的，人民法院或者仲裁机构可以根据当事人的请求予以适当减少。当事人就迟延履行约定违约金的，违约方支付违约金后，还应当履行债务。

赔偿损失，是合同一方当事人因不履行或不完全履行合同义务给对方造成损失时，依法或根据合同规定应承担赔偿对方当事人所受的损失。赔偿损失是一种民事法律责任，是当事人不履行或不完全履行原合同债务所产生的法律后果，目的在于补偿受害人的全部损失。赔偿损失责任一般采取完全赔偿原则。根据完全赔偿原则，违约方不仅应赔偿受害人遭受的全部实际损失，还应赔偿可得利益的损失。所谓可得利益，是指如果合同得以履行可以实现和取得的财产利益。我国《民法典》第583条规定，当事人一方不履行合同义务或者履行合同义务不符合约定的，在履行义务或者采取补救措施后，对方还有其他损失的，应当赔偿损失。第584条规定，当事人一方不履行合同义务或者履行合同义务不符合约定，造成对方损失的，损失赔偿额应当相当于因违约所造成的损失，包括合同履行后可以获得的利益；但是，不得超过违约一方订立合同时预见到或者应当预见到的因违约可能造成的损失。

继续履行合同，是指违约方不履行合同时，不论是否已经承担了违约金或者赔偿损失的责任，都必须根据对方的要求，在自己能够履行的条件下，对原合同未履行的部分继续履行。继续履行是一种违约责任形式。因为它已经被赋予了国家强制性。即不论违约方是否愿意，只要受害人有继续履行的要求，违约方有继续履行的可能，就必须履行合同债务。

定金，是为了保证合同债权的实现，合同当事人一方在应该给付的数额内预先支付给对方的款项。定金与违约金一样，是一种民事责任形式。但在当事人既约定违约金，又约定定金的情况下，只能选择适用违约金和定金条款中的一种作为承担违约责任的方式，即二者不能并用。我国《民法典》第586条规定，当事人可以约定一方向对方给付定金作为债权的担保。定金合同自实际交付定金时成立。定金的数额由当事人约定；但是，不得超过主合同标的额的百分之二十，超过部分不产生定金的效力。实际交付的定金数额多于或者少于约定数额的，视为变更约定的定金数额。第587条规定，债务人履行债务的，定金应当抵作价款或者收回。给付定金的一方不履行债务或者履行债务不符合约定，致使不能实现合同目的的，无权请求返还定金；收受定金的一方不履行债务或者履行债务不符合约定，致使不能实现合同目的的，应当双倍返还定金。第588条规定，当事人既约定违约金，又约定定金的，一方违约时，对方可以选择适用违约金或者定金条款。定金不足以弥补一方违约造成的损失的，对方可以请求赔偿超过定金数额的损失。

免责事由，是指法律规定的或者合同约定的当事人对其不履行合同债务不承担违约责任的条件。我国《民法典》第590条规定："当事人一方因不可抗力不能履行合同的，根据不可抗力的影响，部分或全部免除责任，但是法律另有规定的除外。因不可抗力不能履行合同的，应当及时通知对方，以减轻可能给对方造成的损失，并应当在合理期限内提供证明。当事人迟延履行后发生不可抗力的，不免除其违约责任。"

五、合同纠纷的解决

在合同履行过程中，难免会发生纠纷。在纠纷发生以后，一般要选择一种办法来解决双方之间的争议，我国《民法典》第593规定："当事人一方和第三人之间的纠纷，依照法律规定或者按照约定处理。"第594条规定："因国际货物买卖合同和技术进出口合同争议提起诉讼或者申请仲裁的时效期间为四年。"《民法典》第233条规定了物权纠纷解决方式：物权受到侵害的，权利人可以通过和解、调解、仲裁、诉讼等途径解决。根据这些规定，纠纷的解决办法一般有：和解、调解、仲裁和诉讼等。

（1）和解。

和解，也称为协商，是指合同纠纷发生以后，由合同双方当事人在自愿、平等的基础上，在互谅互让的气氛中就合同争议的问题进行磋商，在彼此都认为可以接受的基础上达成和解协议的方式。在大多数情况下，这种私了的办法是有效的。在实际中，很多纠纷均是当事人通过协商解决的。但应注意的是，协商并不是灵丹妙药，在有些情况下，协商并不能解决问题，相反，会给当事人利益带来损害。比如，当争议双方分歧严重时，协商、和解很难达成一致；另外，当争议双方力量悬殊时，通过讨价还价来达成协议往往于弱者不利。

（2）调解。

调解，是指合同当事人自愿将合同纠纷提交给一个双方都可以接受的第三者，在第三者的主持下进行协商以解决合同争议的方式。一般情况下，作为调解人的第三者，可以是民间的个人或者组织，也可以是仲裁机构或者法庭。但是调解必须以自愿为前提，而且不论是哪一种调解人，都必须为双方当事人所认可、接受；不论是哪一种调解人，在进行调解时，都应该秉公办事，不能偏袒任何一方。

（3）仲裁。

仲裁，也称为公断，是指合同当事人根据仲裁协议将合同争议提交仲裁机构并由仲裁机构作出裁决的方式。仲裁协议有两种类型：一种是双方当事人在争议发生前订立的，表示愿意将将来发生的争议提交仲裁机构解决的协议，这种协议一般包括在合同条款中，作为合同的一项条款，被称为仲裁条款；另一种是当事人在争议发生后订立的表示愿意将合同争议提交仲裁机构解决的协议。仲裁协议的内容一般包括仲裁的内容、仲裁地点、仲裁机构等。

仲裁和调解相比，虽然它们都是双方一致选定的，但两者仍具有较大的不同。比如，调解人只能提供建议，并劝说双方接受他的建议，而争议双方均可以不接受他的建议；而作为仲裁者，只要争议双方一致请他仲裁，他就可以自作主张，无须征得任何一方的同意，而他作出的裁决对双方都具有法律约束力。在我国，仲裁法的适用范围是"平等主体的公民、法人和其他组织之间发生的合同纠纷和其他财产权益纠纷"。仲裁依法独立进行，不受行政机关、社会团体和个人的干涉。仲裁委员会不属于任何行政机关，与行政机关没有任何隶属关系。仲裁权属于司法权范畴，因此，仲裁委员会属于司法机构。

如果争议双方当事人愿意选择仲裁作为解决他们之间纠纷的方法，那么，他们首先应该达成仲裁协议，然后依仲裁程序作出裁决并执行裁决。

（4）诉讼。

诉讼，是指合同当事人为了解决合同纠纷向人民法院提出请求，由人民法院依法作出判决，以解决合同纠纷的方式。主动提出该请求的当事人称为原告，受原告控告的当事人称为被告。

诉讼和仲裁一样，都是由当事人以外的第三方以公正权威的身份出现，依照一定的法定程序对当事人的争议进行公正的裁判，作出的判决均具有相同的法律效力。

以上几种解决合同纠纷的办法，各有其优缺点。在合同发生纠纷后，到底采用哪一种办法来解决双方的争议，由当事人自己决定。

第四节　市场竞争行为管理

市场竞争是在市场经济条件下，出版物市场主体为最大限度地实现自身经济利益而相互争取更有利的供给或需求条件的行为。市场竞争可以使各市场主体时刻面临竞争的压力，迫使其不断降低生产经营成本，提高生产经营质量和效率。因此，竞争是市场经济的核心和内在的动力。对市场竞争行为进行管理必须坚持鼓励和保护正当竞争的原则，保护经营者和读者的合法权益，维护正常的市场经济秩序。

对出版物市场上的竞争行为进行管理主要表现在规定市场竞争的原则和采取有关措施来对市场竞争行为进行保护。

一、市场竞争的原则

市场竞争的原则是不同的市场主体之间进行市场竞争行为时应遵循的原则。其主要原则有平等竞争原则、公平竞争原则、自由竞争原则和诚实信用原则等。

（一）平等竞争原则

平等竞争原则，是指各市场主体的竞争地位和竞争过程必须平等。平等首先是就主体地位而言的，意指人的地位处于同一标准或水平，如我们全社会倡导的"法律面前人人平等"就是指人的主体地位平等。

（二）公平竞争原则

公平竞争原则，是指在市场竞争过程中，要以公平观念来调整各方当事人之间的权利义务关系。公平，属于一种主观的评价，是指人们从正义的角度，以人们公认的价值观、是非观作为标准来判断公平与否，包括人们公认的经济利益上的"公正""合理"。公平竞争原则要求各方当事人应本着公平的观念参与市场竞争，兼顾他人利益。

（三）自由竞争原则

自由竞争原则，是指各市场主体的竞争意志必须是自由的。它要求竞争行为必须符合市场行为主体的主观愿望，他人不得强迫其实施特定的竞争行为。各方竞争主体必须能够充分表达自己的真实意愿，能根据自己的实际意愿进行市场交易活动。市场主体可以自主决定是否参与某市场竞争，其他市场主体和政府部门都无权干涉。市场主体可以在法律规定的范围内，自由选择交易对象、交易内容以及所采取的交易方式。

（四）诚实信用原则

诚实信用原则，是指市场主体在从事市场行为的活动中应该诚实、守信用。诚实信用原则在大陆法系常被称为债法中的最高指导原则，或者被称为"帝王条款"，是一项极为重要的民法的基本原则。该原则要求各市场主体以对待自己事务的注意对待他人的事务，保证各市场主体都能得到自己应得的利益。在各市场主体与社会的利益关系中，诚实信用原则要求市场主体不得通过自己的行为损害第三人和社会的利益。另外，市场主体还必须遵守公认的商业道德和商业惯例。

二、市场竞争行为的保护

竞争是在市场经济条件下，商品生产者、销售者以及相互之间，为谋求有利的产销条件和经济利益而进行的斗争。它是市场经济发展的必然现象，是价值规律得以贯彻和实现的条件，也是市场经济推动生产力发展的基本动力。竞争就是为了给经营者以动力和压力，促使其优胜劣汰。在激烈的市场竞争中，经营者只有积极主动地改善经营管理、提高服务质量，才能占领市场、拓展市场。如果采取与商业道德相悖的不正当竞争手段，不仅会破坏公平竞争秩序，而且会影响市场经济的健康发展。

为保障社会主义市场经济健康发展，鼓励和保护公平竞争，制止不正当竞争行为，保护经营者和消费者的合法权益，1993 年 9 月 2 日，第八届全国人民代表大会常务委员会第三次会议通过了《中华人民共和国反不正当竞争法》（以下简称《反不正当竞争法》），该法自 1993 年 12 月 1 日起施行。2017 年 11 月 4 日，第十二届全国人民代表大会常务委员会第三十次会议对该法进行了修订。之后，又根据 2019 年 4 月 23 日第十三届全国人民代表大会常务委员会第十次会议《关于修改〈中华人民共和国建筑法〉等八部法律的决定》进行了修正。

为了保护正常的竞争秩序，必须对市场主体正当的竞争行为予以保护。我国《反不正当竞争法》第二章列举的 7 种不正当竞争行为，是判断经营者在市场交易中的行为是否属不正当竞争行为的法律依据。根据这些规定对市场竞争行为的保护内容，主要包括禁止混淆行为；禁止贿赂行为；禁止引人误解的虚假商业宣传行为；禁止侵犯商业秘密的行为；禁止有奖销售行为；禁止诽谤竞争对手的行为；禁止网络上的不正当竞争行为等。

（一）禁止混淆行为

《反不正当竞争法》第 6 条规定：经营者不得实施下列混淆行为，引人误认为是他人商品或者与他人存在特定联系：（1）擅自使用与他人有一定影响的商品名称、包装、装潢等相同或者近似的标识；（2）擅自使用他人有一定影响的企业名称（包括简称、字号等）、社会组织名称（包括简称等）、姓名（包括笔名、艺名、译名等）；（3）擅自使用他人有一定影响的域名主体部分、网站名称、网页等；（4）其他足以引人误认为是他人商品或者与他人存在特定联系的混淆行为。

混淆行为在出版物市场上主要表现为假冒出版社名称，或擅自使用出版社的名称或者作者姓名，使人误认为是某出版社的出版物或者某作者的作品；擅自使用与知名、畅销的出版物近似的名称、装帧，造成和其他出版社的知名、畅销出版物相混淆，使读者误认为是该知名、畅销的出版物等。

比如，某出版社出版的《读者精华本》、某出版社出版的《读者精华文摘》直接盗用国内知名期刊《读者》的刊名，《读者精华本》除盗用甘肃《读者》杂志的刊名外，封面设计照搬《读者》杂志，正文目录及栏目设计还照搬《读者文摘》精华本，蒙骗读者，在读者中产生了恶劣的影响。"当代中国杰出人才丛书编委会"盗用当代中国出版社的名义，编写《工运之光——当代中国工会主席风采》，并向被收录者收取费用，就损害了当代中国出版社的名誉。又如，20 世纪 80 年代以来，国内出现了经久不衰的武侠小说热，武侠小说大师金庸的作品被介绍到内地，金庸的所有武侠小说只有 15 部，而市场上一方面有大肆翻印或盗印的金庸先生的作品，另一方面有近 400 部署名"全庸""金唐""金康"的作品。同样，梁羽生、古龙、琼瑶等人的作品也难逃厄运，也是一方面被翻印或盗印，另一方面被仿冒。一时间，"梁诩生""梁羽飞""梁羽杰""占龙""吉龙""古尤""崇瑶""琼遥"等名字满天飞，书籍遍"地"（地摊）都是。还有些不法分子更狡猾，他们在只有两个字的著名作者的姓名后加上"原""新""巨"等字，使"金庸原""金庸新""金庸巨""琼瑶原""琼瑶新"等成为姓名，与表示作品著作方式的"著"字连在一起，让读者产生这些作品是金庸、琼瑶的"原著""新著""巨著"等错觉，这些擅自使用出版单位的名称，或将其他人的作品署上名家的名字出版，或仿冒名家的姓名的做法都严重损害了出版社、作者的利益，应该在被禁止之列。在图书市场上，一些不法分子为推销非法出版物，也常在出版物上擅自使用或冒用名优标志。如标出"××获奖图书""××唯一指定教材""××入选图书""全国优秀畅销书"等，这些都属不正当竞争行为。①

（二）禁止贿赂行为

贿赂，是指经营者在市场交易活动中，为了争取交易机会，特别是为了争取相对于竞争对手而言更大的市场优势，通过秘密给付财物或者其他报偿等不正当手段收买交易相对方的工作人员、受交易相对方委托办理相关事务的单位或者个人、利用职权或者影响力影响交易的单位或者个人，影响市场交易竞争公平性的行为。

贿赂具有以下特征：第一，贿赂的主体是从事市场交易的经营者，可以是卖方，也可以是买方。第二，贿赂是经营者在主观上出于故意和自愿进行的行为，目的是排挤竞争对手抢占市场竞争优势。第三，贿赂在客观上表现为违反了国家有关财务、会计及廉政等方面的法律、法规的规定，秘密给付财物或其他报偿，具有很大的隐蔽性。第四，贿赂的形式除了金钱回扣外，还有其他一些形式，如提供免费度假、旅游、高档宴席，赠送昂贵物品，提供房屋装修以及解决子女、亲属入学、就业，甚至提供色情服务等。

贿赂是市场竞争过程中经常出现的一种消极现象，它不仅阻碍市场机能的正常发挥，影响社会资源的合理配置和物质、技术的进步，而且是滋生腐败的温床。

我国《反不正当竞争法》第 7 条规定，经营者不得采用财物或者其他手段贿赂下列单位或者个人，以谋取交易机会或者竞争优势：（1）交易相对方的工作人员；（2）受交易相对方委托办理相关事务的单位或者个人；（3）利用职权或者影响力影响交易的单位或者个人。经营者在交易活动中，可以以明示方式向交易相对方支付折扣，或者向中间人支付佣金。经营者向交易相对方支付折扣、向中间人支付佣金的，应当如实入账。接受折扣、佣金的经营者也应当如实入账。经营者的工作人员进行贿赂的，应当认定为经营者的行为；但是，经营者有证据证明该工作人员的行为与为经营者谋取交易机会或者竞争优势无关的除外。

我国出版物市场上，一些不法书商为了推销非法出版物，大肆行贿，以高折扣推销非

①　黄先蓉. 出版法律基础［M］. 武汉：武汉大学出版社，2013：216.

法出版物。如"唐葆春非法出版案"中，唐葆春等人以 15%～20% 的回扣贿赂某县教育局装备室人员，使其为他人推销了 38 万册的《小学生序列训练》。① 有一段时间，挂历市场极度混乱，高定价、高回扣已成为公开的秘密。许多挂历经销商为争夺市场，采取不断压低批发折扣或给购买者高额回扣的方式，最终受损害的依然是国家和消费者。近几年来，图书市场也出现了高定价、低折扣现象，一些地方的新华书店负责人，由于接受了不法分子的贿赂，利用读者对新华书店的信任，帮助不法分子出售非法出版物等，也造成了很坏的影响。②

（三）禁止引人误解的虚假商业宣传行为

引人误解的虚假商业宣传包括虚假商业宣传和引人误解的商业宣传两种类型。就宣传的内容而言，包括商品的性能、功能、质量、销售状况、用户评价、曾获荣誉等任何一项或几项的虚假或引人误解。所谓"虚假商业宣传"，是指商品宣传的内容与商品的实际情况不相符合，如将国产商品宣传为进口商品等。所谓"引人误解的商业宣传"，是指就社会公众的一般、合理判断而言，宣传的内容会使接受宣传的人或受宣传影响的人对被宣传的商品产生错误的认识，从而作出错误的购买决定的商品宣传。

我国《反不正当竞争法》第 8 条规定，经营者不得对其商品的性能、功能、质量、销售状况、用户评价、曾获荣誉等作虚假或者引人误解的商业宣传，欺骗、误导消费者。经营者不得通过组织虚假交易等方式，帮助其他经营者进行虚假或者引人误解的商业宣传。

在图书市场上，图书宣传是提高图书知名度，增加图书销路的最有效途径。但一些不法书商却在图书广告中故意夸大其词，以达到误导读者的目的。图书市场上的虚假宣传一般包括：制作虚假广告、在图书的封面、封底、内容简介、编者说明等处作不符合实际情况的说明等。其中最常用的技法，就是将质量平平甚至低劣的著作，标榜为"佳作""权威""最全面的""空前绝后"等；或是标有虚假的吹捧信息，如"西点军校人手一本""时代杂志最佳评选"等；或是对作者加以吹捧，如将水平一般的青年诗人称为"中国的莎士比亚"，把刚发表过几篇小说的作者称为"国际知名作家"等，以迷惑引导不明真相的读者作出购买行为等。③ 2005 年，出版业曾因"伪书"风波遭遇诚信危机，严重影响了中国出版界的声誉，在国内外造成了不良影响。经行政部门治理，伪书之风得以刹住，书业欺骗消费者的虚假作风得到遏制。然而时隔几年，另一种虚假宣传的图书营销手法"打榜"，又被越来越多的书商甚至正规出版社竞相效仿，在图书出版业蔓延成风，有时甚至成了图书出版业的常规营销手段。④

（四）禁止侵犯商业秘密的行为

商业秘密，是指不为公众所知悉、具有商业价值并经权利人采取相应保密措施的技术

---

① 华颂瑞．唐葆春非法出版案的初步剖析［J］．出版发行研究，1997（5）：25-27．
② 张志强．现代出版学［M］．苏州：苏州大学出版社，2003：152．
③ 黄先蓉．出版法律基础［M］．武汉：武汉大学出版社，2013：235-236．
④ 常晓武．出版业出现诚信危机图书排行榜也要打假［EB/OL］．［2023-02-01］．http：//culture.people.com.cn/GB/87423/18070418.html.

信息、经营信息等商业信息。我国《反不正当竞争法》第9条规定，经营者不得实施下列侵犯商业秘密的行为：（1）以盗窃、贿赂、欺诈、胁迫或者其他不正当手段获取权利人的商业秘密；（2）披露、使用或者允许他人使用以前项手段获取的权利人的商业秘密；（3）违反约定或者违反权利人有关保守商业秘密的要求，披露、使用或者允许他人使用其所掌握的商业秘密。第三人明知或者应知商业秘密权利人的员工、前员工或者其他单位、个人实施前款所列违法行为，仍获取、披露、使用或者允许他人使用该商业秘密的，视为侵犯商业秘密。

在图书市场中，为了策划出适合市场需求的畅销书，某些图书公司会通过挖掘同行人才来窃取同行作者资源及图书创意，也会通过所谓"洽谈业务""合作开发""学习取经"等活动套取他人的商业秘密，导致不正当竞争。

（五）禁止有奖销售行为

有奖销售是指经营者以提供奖品或者奖金的手段推销商品的行为。我国《反不正当竞争法》第10条规定，经营者进行有奖销售不得存在下列情形：（1）所设奖的种类、兑奖条件、奖金金额或者奖品等有奖销售信息不明确，影响兑奖；（2）采用谎称有奖或者故意让内定人员中奖的欺骗方式进行有奖销售；（3）抽奖式的有奖销售，最高奖的金额超过5万元。

有奖销售的不正当竞争行为主要表现为报刊的赠品促销。某省一份报纸在正式面世第4天便宣称："订一份报纸赠送128元大礼包"，礼包内容包括白酒、饮料、山茶油等。一些报纸在发行中夹送传单，打出"送米送油不如送现金"的广告标题，宣称订一份报可得到某大型商场100元赠券。一些报社采取有奖促销，提出天天送手机、周周奖汽车，更有甚者提出订1000份报纸奖一套价值8万元左右的二手房。[1] 各种时尚杂志的赠品随刊赠送作为一种促销手段在国内期刊市场司空见惯，而各家期刊迫于市场压力不得不一再提高赠品的价值，以致在期刊市场上被动营造了无节制的赠品攀比的恶性竞争环境。期刊社的经营成本因此居高不下，利润摊薄，严重影响了产业发展。在这种环境下，相当一批读者不再关心期刊内容质量，而是盲目追捧超值赠品，这种赠品战和价格战已经严重扰乱了正常发行秩序，大大损害了期刊社的核心竞争能力。[2]

2006年，中宣部、国务院纠风办、新闻出版总署联合下发《关于开展规范报刊发行秩序工作的通知》，要求有关部门要采取切实措施，规范报刊发行秩序，报刊出版单位要严格自律，自觉维护报刊发行秩序，加强督促检查，建立长效机制。中国报业协会特向全国各会员单位报社发出倡议：自觉维护各地报刊发行秩序，不对征订（含零售）对象以提成回扣、赠送钱物（含报刊）、有价证券、有奖征订、出国考察、公费旅游或赠送广告等各种有偿促销手段征订报刊。期刊市场赠品促销得到有效遏制，为我国期刊市场的健康发展创造了较好的环境。

---

[1] 赵华. 业界人士细数报刊发行"怪现状"［EB/OL］.［2023-02-01］. http：//www. hn. xinhuanet. com/2005-09/1l/content_5100464. htm.

[2] 许金晶. 四部委协力整顿期刊市场［N］. 第一财经日报，2006-09-06.

（六）禁止诽谤竞争对手的行为

我国《反不正当竞争法》第 11 条规定："经营者不得编造、传播虚假信息或者误导性信息，损害竞争对手的商业信誉、商品声誉。"商业信誉、商品声誉，正如公民的名誉一样，是立身之本。对经营者来说，商业信誉、商品声誉是从商业角度对其能力、品德或对其商品品质的一种积极的社会评价。经营者要树立良好的商业信誉和商品声誉，一般要经过大量的市场调查、市场研究、技术开发、广告宣传、公关活动和一系列优质服务活动才能形成。如果良好的商业信誉和商品声誉被竞争对手诽谤，将在市场竞争中处于不利的地位。好的信誉是出版社的金字招牌，能够帮助其吸引更多的作者与读者。在出版市场中，难免会存在同行业竞争，有些出版社通过诋毁竞争对手的信誉来获得自身发展，不仅伤害竞争对手，也危害了市场竞争秩序，属于不正当竞争行为，需要严格制止。

（七）禁止网络上的不正当竞争行为

我国《反不正当竞争法》第 12 条规定，经营者利用网络从事生产经营活动，应当遵守本法的各项规定。经营者不得利用技术手段，通过影响用户选择或者其他方式，实施下列妨碍、破坏其他经营者合法提供的网络产品或者服务正常运行的行为：（1）未经其他经营者同意，在其合法提供的网络产品或者服务中，插入链接、强制进行目标跳转；（2）误导、欺骗、强迫用户修改、关闭、卸载其他经营者合法提供的网络产品或者服务；（3）恶意对其他经营者合法提供的网络产品或者服务实施不兼容；（4）其他妨碍、破坏其他经营者合法提供的网络产品或者服务正常运行的行为。

第九章　国外出版物市场管理

西方一些发达国家在出版单位的设立上采取登记制，即任何符合法律规定条件的个人均可申请成立出版机构，从事出版活动。表面看来，这些国家具有极大的出版自由。但事实上，这种出版自由是建立在遵守该国的法律、法规基础上的。以出版物为例，出版物在出版发行前不会受到政府的任何限制和干预，出版发行后，一旦发现出版的内容含有法律、法规禁止刊登的内容或有侵权盗版等行为，即属违法，要依法追究法律责任。

第一节　国外出版物市场管理概述

西方发达国家出版物市场管理制度的形成经历了一个较长的演变过程，在这一过程中，政府针对出版物所采取的各种措施与国家当时所处的历史背景、政治背景及人文因素有关，最终形成了独特的特点。

一、外国出版物市场管理简史

西方国家的出版物市场管理始于16世纪。16世纪初，实施以预防制为主要特征的管理体制；17世纪中叶，开始实行对书报刊严格的审查制度和创办出版单位的特许制度；18世纪以后，对出版物的市场管理逐步变化，政府对出版的直接干预有所减少；到了19世纪，从预防制演变为追惩制。其中最为典型的是英国，英国的皇帝亨利八世早在1528年就颁布命令，限制外国出版商在英国再设新厂，已有外国出版商的学徒人数不得超过2人。1530年特许希顿（Thomas Hitton）经销《圣经》，这是英国特许制度的开始。1534年，颁布保护国内出版商法，1538年正式建立皇家特许制度，规定所有出版物均须经过特许；① 1559年，伊丽莎白女王发布禁令规定，除非她本人及枢密院中的某些人或教会中某些显要人物的特许，任何书刊都不得出版。1586年，英国法院规定，除牛津、剑桥各设一个出版社外，伦敦以外的任何地方都不得设立出版社，并禁止未经批准的著作出版。1558年，英国当局任命12人发放出版书刊的特许证。17世纪，英国出版管理体制仍继续执行预防制。1643年，议会颁布法令，除非经议会任命的官员批准，任何书刊都不能出版。这种特许制度一直延续到1694年。② 到18世纪以后，英国的出版管理体制才逐步有点变化，对出版的直接干预有所减少，但是，对某些出版物仍然实施检查制度，更多地运用法律手段来管理出版物市场，在1709年英国颁布了世界上第一部版权法——《安妮法》，1857

---

① 魏玉山，杨贵山. 西方六国出版管理研究 ［M］. 北京：中国书籍出版社，1995：1-2.
② 魏玉山，杨贵山. 西方六国出版管理研究 ［M］. 北京：中国书籍出版社，1995：3.

年颁布了《淫秽出版物法》。①

西方国家的出版管理体制，从古到今，大体上有两种形式，即预防制（也有叫预惩制）和追惩制。具体到某些国家，也有综合采取这两种形式中某些措施的。预防制，是对出版物出版之前实施管理，包括检查制、特许制（批准制）、登记制、保证金制度等。各种出版物出版前要经政府检查后方可出版，创办出版机构要经政府批准和登记后方能成立。追惩制，即对出版物在出版前不实行干预，但在出版后发现有违法问题就要依法追究。当然，实行预防制的，也并不放弃追惩措施；实行追惩制的，也仍实行预防制中的某些措施。②

西方国家在出版管理体制由预防制转变到追惩制的同时，管理手段也随之发生了变化，即由单一的直接的行政管理办法，转变到综合运用多种手段、直接管理和间接管理相结合的办法。这些手段包括法律的、行政的、经济的、舆论的、行业的、社会监督等多种形式，在诸多手段中，法律手段是基础。无论是否有专门的出版法，他们都把依法管理作为基点。从宪法到其他有关法律，都对出版活动作了种种规定。

在实行追惩制以后，行政手段的运用大大减少了，主要是把过去相当多的行政管理任务，转移到行业协会管理或半官方、半民间机构去管理。其中，行业协会的管理居于突出地位。国外出版的行业管理是比较严格和规范化的，也是比较全面系统的，它在许多方面代替了政府管理的职能。加强行业管理，不仅减少了政府的行政事务，减少了政府与出版部门较易发生的某些矛盾，而且这种管理在一定程度上更方便、更有效。西方国家实行的出版行业管理，从维护会员利益到协调会员之间以及会员与其他部门之间的关系；从规范出版经营活动到评审监督出版物的内容；从加强职业道德、行业自律到要求会员遵守国家法律；从组织出版物的评奖活动到出版人员的培训工作；从组织书展到沟通出版信息；从开展出版科研到组织会员单位进行对外出版活动，几乎涉及出版活动的全部内容。③

二、外国出版物市场管理的特点

在经历了长期的市场竞争后，西方一些发达国家已经形成了严格的出版管理制度。他们在出版物市场管理方面，形成了依法管理、行业自律、社会监督的特点。

（一）依法管理

西方国家对出版物市场管理的最大特征就是运用法律手段来管理，通过法律对出版自由进行界定，如英国的"大宪章""权利请求法案""权利法案"等宪章性文件，就规定了公民享有出版言论自由权利，也规定了公民应尽的义务和职责。法国政府于1881年7月颁布《出版自由法》规范出版行为。通过出版物法，对出版物内容进行限定，如《淫秽出版物法》就规定了无论文章还是出版物，如果从整体上来看体现腐化读者的趋势，均被认定是淫秽出版物，不得出版。《诽谤法》规定任何书刊不能有"引起人们厌恶的、猥

---

① 杨贵山，林成林，姜乐英，等．世界出版观潮［M］．沈阳：辽宁出版集团、辽宁人民出版社，2002：61-65.

② 魏玉山，杨贵山．西方六国出版管理研究［M］．北京：中国书籍出版社，1995：3.

③ 魏玉山，杨贵山．西方六国出版管理研究［M］．北京：中国书籍出版社，1995：13-14.

亵的或是诽谤他人"的内容。依法管理还表现在通过版权法对侵权行为进行处罚。英国在1709 年颁布了世界上第一部版权法——《安妮法》，明确了作者、出版者和书店三者的关系；1911 年对版权法进行了修改，将版权的保护扩展至音乐和绘画作品；1956 年颁布新的版权法，将版权保护期限定为作者有生之年加去世后 50 年。[①]

归纳起来，西方国家运用法律手段对出版物市场进行管理主要体现在以下几个方面：

1. 对出版物思想内容的调控和管理

法律保护出版自由，但不等于出版物的内容可不受控制，各国为了防止对出版自由权利的滥用，都通过法律对出版自由的范围进行了限制。这种限制主要表现在三个方面：[②]第一，不能生产和传播破坏本国宪法规定的基本制度、颠覆宪法政府（指合法政府）、侮辱国家元首和政府机构、煽动叛国和暴乱、泄露国家机密、诽谤他人的出版物。第二，不能生产和传播宣扬色情、淫秽、暴力、有害于青少年健康成长的出版物。第三，在出版经营活动中，要遵守有关的经济法律法规，违反者要受处罚。如德国法律规定，实行"书名保护"措施，出版社须在指定的刊物上公开刊登书名，首家宣布后他人不得再使用，宣布后 6 个月内不出书则自动作废。

目前大多数西方国家对出版物内容的管理主要采用追惩制，即事后处罚的出版管理制度。出版物在出版发行前不受限制，政府管理机构不作干预。出版物在出版发行后，有关机关审读样本，或者接受社会舆论监督，发现违法行为，政府有关机构依法惩处。比如，法国于 1870 年在法兰西共和国成立后，结束原稿审查制，实行追惩制。法国对出版物内容的监管主要是通过法律的形式。一般情况下，如果出版物在内容上出现了叛国、煽动暴乱、诽谤、荒淫猥亵、伪证、泄露国家机密和侵犯隐私等现象是违法的。[③]

2. 对市场竞争和垄断的调控和管理

各国都有保护竞争、限制垄断的法律，有的法律甚至规定得很具体。例如，美国于1890 年率先颁布了限制垄断的法律——《谢尔曼反托拉斯法》，1914 年美国国会修改补充了该法，通过了《克莱顿法》和《联邦贸易委员会法》等，对美国企业的垄断进行限制，这些法律也适用于出版业，反对通过经济和财政手段对舆论进行垄断和控制，妨害出版自由。

再如，英国于 1980 年颁布的《竞争法》授予公平交易局进行调查和控制"反竞争行为"。该法规定，无论是公司或集团，只要限制或趋于限制行为的均认定为违法，但市场占有率低于 25%、年营业额不足 1000 万英镑的可以不受此法约束。公平交易局的调查一般是悄悄进行的，因此，具有极强的威慑力量。如果进行正式介入调查，那么就可以肯定是违法行为了。[④]

3. 对出版物生产和销售的管理

主要是规范和管理出版发行的业务活动，将出版物的出版发行纳入市场经济的正常轨

① 杨贵山，林成林，姜乐英，等.世界出版观潮 [M].沈阳：辽宁出版集团、辽宁人民出版社，2002：61-64.

② 魏玉山，杨贵山.西方六国出版管理研究 [M].北京：中国书籍出版社，1995：10-11.

③ 李祥洲.国外出版业宏观管理体系探析 [J].出版科学，2004（5）：42-46.

④ 杨贵山，林成林，姜乐英，等.世界出版观潮 [M].沈阳：辽宁出版集团、辽宁人民出版社，2002：75-76.

道。出版物的出版发行活动要遵守有关市场经济的法律规定，这些法律包括：《反不正当竞争法》《消费者权益保护法》《产品质量责任法》《广告法》和《反倾销法》等。比如，法国的《竞争法》、关于新闻多样化和公开性的法律，日本的《禁止垄断法》《大规模零售店铺法》，德国的《卡特尔法》、英国的《垄断与合并法》《竞争法》，加拿大的《竞争法》等都对出版物市场的自由、公正及秩序作了法律意义上的规范。德国的《反不诚实竞争法》，英国的《星期日贸易法》等，对图书出版及发行销售作了规定。美国的《公平交易法》、日本的《反垄断法》、英国的《图书贸易限制法》、德国的《竞争限制法》、法国的《雅克·朗法》等，对图书定价作出了规定。法国在 1953 年废除了定价销售制度，放开了图书价格，但实行了一段时间之后，因为书价上涨，导致书业不稳，独立书商的利益受到损害，不利于法国的利益，1981 年又恢复了定价销售制度。根据 1981 年 8 月 10 日法国制定的《雅克·朗法》，法国全国实行统一书价，不许随意降价售书。对出版物市场的管理，西方国家主要实行综合治理，几乎没有一个"主管部门"。不同的法律执行的部门各异。属于哪个范畴的就由哪个方面来依法管理。①

（二）行业自律

通过行业协会对出版物市场进行管理是西方国家出版管理的一个重要特点。在图书的编、印、发，以及音像制品的制作、编辑、出版、发行的各个环节，都有各自的行业组织。

外国与图书出版有关的行业协会有很多，其中具有代表性的：如英国，有英国出版商协会（PA）、英国书商协会（BA）、英国全国图书联盟、英国印刷工业联合会；美国，有美国出版商协会（AAP）、美国书商协会（ABA）、美国大学出版社委员会、全国图书委员会等；德国，有德国名录出版商委员会、德国旧书商联合会、德国车站书商联合会；日本，有日本书籍出版协会、日本杂志协会、日本全国教科书供给协会等。

国外出版行业协会大多属于非营利的法人组织，可以进行正常的商业活动。从组织机构来看，行业协会的最高权力机构是会员代表大会。出版行业协会大多实行理事会管理。理事会由会员选举产生。理事会的成员来自会员单位，他们在行业内有举足轻重的地位。理事会负责任命和约束协会的总裁/CEO，后者负责协会的日常管理，领导协会的一般员工。协会各个岗位人员职责有非常详细的规定。各协会根据不同分工情况，下设不同的委员会或分会，经理事会授权负责处理协会的各种事务。②

国外出版行业协会主要有如下特点：①机构设置合理，组织较为严密，比较正规。各个组织有许多规定，最高机构是会员代表大会，执行机构是理事会或常务理事会，理事会选举产生理事长和副理事长等，理事会一般 3~5 年改选一次。②功能齐全，在一定程序上代行行政管理职能。出版业一般无上级行业主管机关，一般只是全国大协会；内部设置齐全，如财务处、注册处、法律处、情报处、统计处、职业教育处等。③数量多，分类清晰。大一些的出版发行印刷公司都参加全国性的大协会，地方性协会的成员是一些规模较小的公司。这些协会既有涵盖整个出版行业的，又有仅包括出版教育在内的协会，它们侧

---

① 李祥洲. 国外出版业宏观管理体系探析 [J]. 出版科学，2004（5）：42-46.
② 李祥洲. 国外出版业宏观管理体系探析 [J]. 出版科学，2004（5）：42-46.

重的范围不一，代表的利益也不尽相同。

这些行业协会在出版物市场管理中扮演了非常重要的角色，其基本职能有 5 项：维权、服务、沟通、公正和监督。主要作用有：①维护会员的合法权益，与损害会员利益的行为作斗争，向政府建议制定有关保护和发展行业行为的政策；②为会员提供多种多样的服务，如经济信息、市场预测、技术指导、投资导向、法律咨询、人员培训等；③协调行业内部的关系，如根据市场规则制定行规或公约，制定专业或者行业标准，反对不公平竞争等。比如美国出版商协会的主要作用是作为行业代表，维护会员利益，在国内和国际出版事务中发挥作用；协调各会员之间的关系，进行行业自律；交流市场信息，为会员提供有价值的行业信息，如政府的行为和政策、立法提议和其他与本行业相关的新闻；举办图书展览，运用各种媒体扩大美国图书和其他出版物的市场，提高美国出版物在国内的发行量；参加书业国际活动，增加会员的图书或其他出版物的出口；倡导群众阅读，组织图书评奖，指导出版方向；开展科学研究，提供各种实际项目，对会员职工进行培训，提供各种信息以帮助会员进行企业管理。① 有一些国家，例如英国、意大利等，新闻出版组织的行业自律规则被授予准法律的地位。比如英国新闻出版界的自律机构"报业投诉委员会"及"广播电视道德标准委员会"是英国议会通过立法程序设立的，具有作出准法律效力决定的权力。②

（三）社会监督

由于出版业是一种特殊行业，它兼有商业性和文化性双重使命。图书出版涉及社会的各个领域，具有广泛的社会性，因此图书出版也受到了来自社会各种因素的制约。在国外的出版物市场管理中，社会监督发挥了相当重要的作用。比如英国的出版业投诉委员会作为一个完全独立的民间组织，对出版业行使监督职能，任何读者买到、看到认为损害自己利益的图书都可以向该委员会投诉，出版社、报社也可投诉。这个委员会的影响力相当大，它可就某个问题搞大众辩论，在报刊上引起争鸣。有时它的决定可以左右社会舆论，它甚至能够搞臭搞倒某家刊物。③

美国的图书出版也处处受到来自社会不同层次势力的监督和制约。美国的学校、宗教团体、社团、基金组织和其他机构对出版业的影响正在日益加强。比如，美国的社会团体或是向学生家长游说，再由家长向学校当局施压，以将他们不喜欢的图书从书架上撤走；或是向当地居民灌输观念，再由民众向当地书商施压等。其他机构如教堂、企业等提供资金支持出版，甚至直接付钱出版某些图书，或是出资买下一期杂志。当然这种资助也是有条件的。④

总的来说，西方国家政府一般不直接干预出版问题，但他们制定经济和法律文件指导贸易。一般来说，大多数国家有一系列的法律限制色情、泄露国家机密、毁坏名誉（诽谤）等方面的出版物，但不同的国家限制也不同。通常，出版社出版任何图书不必事先获

①　李祥洲. 国外出版业宏观管理体系探析［J］. 出版科学，2004（5）：42-46.
②　李祥洲. 国外出版业宏观管理体系探析［J］. 出版科学，2004（5）：42-46.
③　魏玉山，杨贵山. 西方六国出版管理研究［M］. 北京：中国书籍出版社，1995：18.
④　魏玉山，杨贵山. 西方六国出版管理研究［M］. 北京：中国书籍出版社，1995：44-46.

得批准或者提交审查。不过，如果被受害人起诉，或者受到政府的处罚，出版社、作者，也许还有印刷商和书商必须承担法律责任。结果常常是经济罚款，更严重的可能是坐牢。在西方国家，从事出版不需要得到任何正式批准或许可（国际图书标准书号是为了方便识别，并非官方的许可），只需按照法律规定进行登记。像出版商协会这样的全国性组织也不是官方机构，不能管理它们的成员。这些自愿组织的协会只是给它们的成员提供讨论共同关心问题的场所，作为发言人，代表其成员的利益与政府部门、书商和其他机构进行讨论。有时候，大多数公司宣布退出行业协会，因为它们不同意协会的政策或者感到参加协会并没有获得任何好处。而各种社会力量对出版业的监督使得出版商不得不谨慎从事。这也说明西方国家社会监督机制对出版业的影响正在日益加强。

第二节　美国的出版物市场管理

美国对出版物市场的管理，在不断的发展中逐渐形成了以法律手段为主，经济手段和行业协会管理为辅，政府干预、社会监督并举的管理体制。得益于美国出版物市场管理体制的完善，使美国无论传统出版物还是数字出版物，在世界范围内都独占鳌头。

一、美国的出版物市场管理机构

依法管理是美国对出版业管理的一大特点，对出版物市场的管理也不例外。美国政府对出版物市场的管理，主要通过已有的法律法规和以往的判例；对出版物的管理，主要是针对出版物内容是否违法。因而，在美国政府职能机构的设置中，并没有专门管理出版物市场甚至整个出版业的机构。当然，这并不代表美国政府对出版物市场放任自流，而是根据政府各职能部门的职责范围进行管理。例如，警察机关对色情、淫秽、盗版出版物的查处，税收机关对出版物进行税收管理，教育部门对教材教辅（教科书）出版物进行管理，情报、国防、海关等部门对泄露国家机密的出版物进行管理等。

此外，美国政府虽不设管理机关对出版物市场进行直接管理，但设有专门支持出版业发展的机构——美国新闻署。该署设有一个常规项目"出版物翻译计划"，其目的是将美国的文学作品、学术作品等提供给世界各地的学者、教育工作者和研究者。同时，美国新闻署还与美国出版商协会密切合作，积极鼓励和资助美国出版企业参与在世界各地举办的国际图书博览会。①

二、美国出版物市场管理的方法

美国政府主要通过法律的强制、经济的调控、行业协会的协调等方法对出版物市场进行管理。

（一）法律手段

法律手段具有规范性、强制性、稳定性的特点，因而，通过法律对出版物市场进行管理是美国政府使用最多的一种方法。在美国，虽然没有直接针对出版物市场的法律，但可

---

① 余敏. 国外出版业宏观管理体系研究［M］. 北京：中国书籍出版社，2004：35-36.

以适用的相关法律却有很多。如《反猥亵法》《康斯托克法》《国家保密法》等。美国政府通过法律对出版物市场管理主要体现在以下几个方面：

1. 对出版物市场自由竞争的保护

自由竞争对出版物市场的发展十分重要，为此美国颁布了相关法律对市场竞争和垄断进行调控和管理，这些法律包括《谢尔曼反托拉斯法》《克莱顿法》《联邦贸易委员会法》等，其中《谢尔曼反托拉斯法》严厉打击对任何契约以托拉斯形式或其他形式的联合、共谋，用来限制州际或与外国之间的贸易和商业行为，以促进自由竞争；《克莱顿法》《联邦贸易委员会法》主要是对企业的垄断进行限制，防止通过经济和财政手段对舆论实行垄断和控制，妨碍言论、出版自由。

2. 对出版物价格和内容的管理

出版物合理的价格有利于出版物市场的健康发展。美国对出版物实行非定价销售制度，出版物的价格应该由市场决定。但美国会出台相关法律进行制约，如《公平交易法》就要求包括出版物在内的所有商品制定合理的价格。同时，美国还作出规定，禁止出版商统一商定图书发行折扣。

美国对出版物内容的管理实行追惩制，对出版物内容的限制主要体现在对影响国家安全的内容和淫秽、色情内容的限制等。在国家安全方面，1917年通过的《间谍法》规定，对制造、传播虚假报告或情报，妨碍美军成功或助敌成功，或引起美军抗命者要罚款或判刑，对邮寄鼓吹叛国、暴动、武力反抗美国法律的物品者处以重罪；1985年制定的《国家保密法》规定，任何出版物不得泄露国家机密，不能损害国家利益。在限制出版物内容淫秽、色情方面，1842年制定的《反猥亵法》对淫秽、色情出版物进行限制，禁止淫秽图片流入美国；1873年颁布的《康斯托克法》禁止邮寄猥亵印刷品等。除此之外，美国的内政、公安、海关、邮政机关、税务部门、情报、国防、教育等部门都可以从其所管辖的角度进行对出版物内容的审查，但必须在法律的框架下通过司法程序展开。美国对出版物内容管理所依据的法律具有较为明显的特点：① 一是《宪法》第一修正案是美国出版物内容管理活动的最高法律依据和准则，二是联邦和各州都有与出版物内容管理有关的立法，三是与出版物内容管理有关的法律多种多样，涉及经济法、刑法、民法、隐私法等。

3. 对数字出版物的管理与保护

随着数字技术、网络技术的发展，数字出版早已成为出版业的发展潮流。数字出版物的增多，随之而产生的问题也越来越多，其中最突出的问题是版权保护问题。针对数字出版物的版权保护，美国政府先后出台了有关法律，形成了较为完善的数字出版法律制度。如1998年颁布实施的《千禧年数字版权法》详细规定了技术保护措施及版权管理系统，并对互联网提供商的侵权责任进行限制；2000年颁布的《防止数字化侵权即强化版权补偿法》加强了针对侵犯版权人版权行为的民事处罚力度；2002年出台的《规范对等网络法》重在保护传输中享有版权的作品，对传输者的责任进行限制；2005年通过的《数字媒体消费者权利法》则针对消费者使用数字作品所享有的豁免，该法规定，如果消费者不是以侵犯版权为目的而绕过版权保护技术，则不应受到禁止，另外在不侵犯版权的前提下使用的硬件及软件的开发与发布应视为合法。其他的相关的法律还有《家庭娱乐与版权

---

① 田智．美国出版物内容管理的特点分析［J］．出版广角，2013（17）：76.

法》（2005）、《数字消费者知情权法》（2009）等。① 这些法律的制定及实施，对数字出版物市场乃至整个出版物市场都产生了较大影响。就这些法律的实施效果而言，其适应了数字时代的发展要求，在保护数字出版物版权的同时，也促进了知识的共享与传播，维护了数字环境下出版物市场的正常秩序，为美国出版物市场的良好发展提供了健全的法律制度保障。

（二）经济手段

通过税收政策、销售制度等方式对出版物市场进行调控和管理也是美国政府惯用的经济手段，利用经济手段对出版物市场进行管理，往往会收到利用其他手段无法达到的效果。

1. 税收政策

美国政府通过对不同性质的出版企业和不同类型的出版物征收不同的税率，以优化出版资源配置，引导出版物市场朝着符合国家利益的方向发展。由于美国对出版单位的成立采用登记制，不需要获得国家许可，只要到经济管理部门登记，遵守税务及工商管理等方面的有关规定即可成立出版企业，因而大多数的出版企业是营利性私营企业，只有少数的大学出版社、社会和协会出版社等为非营利性出版机构。对于这两类不同性质出版机构，美国政府采取的税收政策也不相同。对营利性出版机构，美国联邦政府会根据利润征收企业所得税，税率在15%~34%，不过部分州政府对此类出版机构征收的税率不高于12%；同时美国联邦政府对出版物不征收产品销售税，各州政府征收3%~7.5%的零售税。②

对于非营利性出版机构，美国政府除不征税外，还有许多资助。这些资助可以分为两种，一种是直接资助，即美国政府相关部门如国家科学基金会、国家人文基金会、国会等，直接拨款到非营利性的出版机构或政府有关出版部门，如大学出版社和美国政府印刷局等机构，以资助其相关出版物的出版和发表。这种资助有很明显的针对性，国家科学基金会资助的范围包括自然科学、工程技术及人文科学等学科的科学研究和科技成果的出版和发表，国家人文基金会主要资助人文科学研究和科研成果的出版与发表，国会主要资助美国政府印刷局的出版活动。另一种是间接资助，即政府部门通过对科学机构、学校、图书馆的资助等间接资助出版业，这种间接资助的受益者不仅包括非营利性的出版机构，也包括营利性的商业出版机构。

另外，美国政府对进出口图书也有优惠政策，如对进口图书免征进口税，对出口图书免征增值税和营业税。

2. 销售制度

销售制度中最重要的是出版物的价格制度。上文提到美国出台《公平交易法》要求出版物价格的制定要合理。美国政府认为图书价格应该由市场来决定，而非出版商来决定，因而对出版物实行非定价销售制度。而且，由于美国图书馆业非常发达，如果实行统一书价，书价过高的话，将会失去一部分消费者，使他们去图书馆借书，反过来也会影响出版物的销售和出版物市场的发展。此外美国对出版物的邮寄也采取非常优惠的政策，通常比

---

① 黄先蓉，李魏娟. 美国数字出版法律制度的现状与趋势［J］. 中国出版，2012（17）：59-62.

② 余敏. 国外出版业宏观管理体系研究［M］. 北京：中国书籍出版社，2004：43-44.

同类邮寄品优惠 30% 左右。

（三）行业协会

通过行业协会对出版物市场进行管理也是美国管理出版物市场的一个手段。在美国，最重要的出版行业协会是美国出版商协会，除此之外，出版业涉及的任何一个领域都有出版协会。以美国学术出版领域为例，该领域就有 50 多个专业协会和学术团体，其中包括美国化学协会、美国心理学科学会、美国现代语言协会等。[①] 美国出版行业协会虽没有英国、德国等国的行业协会作用那么强大，但作为法律手段、经济手段的补充，也能对出版物市场起到一定的作用。

首先，各出版行业协会的行业自律能够对行业进行规范和管理，从而在一定程度上规范出版物市场的发展。其次，出版行业协会通过倡导群众阅读、畅销书排行、组织图书评奖等活动，对出版物的导向进行指导。如美国出版商协会和美国书商协会会定期举办各种图书周；美国书商杂志《书商》早在 1985 年就开始编制"热门书目"；行业协会每年组织和承担各种出版物的评奖，获奖出版物的销量会有明显提升，客观上对出版物的导向和出版物市场的发展起到了指导作用。

第三节 英国的出版物市场管理

英国作为出版强国，在大众、教育、学术和专业出版方面有着庞大的国内市场，而且得益于语言的优势，英国出版物在国际市场也占有较大份额。就国内出版物市场而言，英国政府主要通过财政、立法对出版物市场进行管理，另外行业协会和社会团体在出版物市场管理中也发挥重要的作用。

一、英国的出版物市场管理机构

英国政府没有专门的出版管理部门，也没有专门的内容审查机构。但作为特殊的商品，英国政府不会也不可能放弃对出版物的管理。与出版物市场管理相关的机构主要有以下几个：

1. 出版登记所

出版登记所主要负责全国出版公司的登记工作，它是英国财政部的下属机构。在英国，成立出版公司，只要到该机构进行登记注册即可，但注册时必须提供相应的出版计划、出版规模、经营方式、注册资金等，并且所有出版机构都必须定期如实向该机构上报经营情况和出版情况，否则将被重罚。[②]

2. 贸易工业部

贸易工业部主要对英国工业负有战略责任，出版传媒是其重要组成部分。在出版物市场管理方面，它的工作主要是负责收集进出口数据，对行业的重点领域进行或委托调查。英国出版商协会每年发布的出版业统计数据多出自该部门。同时该机构一直支持英国政府

---

① 叶文芳. 美国出版业的发展对我国出版体制改革的借鉴 [J]. 科技与出版, 2010 (5)：51.

② 余敏. 国外出版业宏观管理体系研究 [M]. 北京：中国书籍出版社, 2004：69-70.

对印刷出版物实行免除增值税的政策。①

除上述两个政府机构外，英国还有几个依靠政府和法律建立的半官方性质的机构，如图书馆学会在图书馆馆藏书目上制定了严格的审查制度，所有进入馆藏的书刊必须经过它的审查；英国工会发挥对图书出版的监督作用，未经它认可的书刊，其会员将拒绝印刷。

二、英国出版物市场管理的方法

虽然英国政府没有设立专门的出版管理部门，但一旦出版物内容出现违禁内容或有损国家利益时，政府相关部门便会介入，运用行政手段进行惩罚和处置，除此之外，英国政府更多地运用法律、经济手段、行业自律和社会团体的监督对出版物市场进行管理。

(一) 法律手段

英国是世界上法律制度较为健全的国家之一，其健全的程度在出版业表现尤为突出。英国虽然没有直接针对出版物市场管理的法律法规，但涉及出版物市场相关内容的法律法规却有很多，如《公平交易法》（1973）、《诽谤法》（1996）、《通信法》（2003）等。英国运用法律手段对出版物市场进行管理体现在对出版物内容、出版物的生产销售以及出版物市场秩序的管理等方面。

1. 对出版物内容的管理

英国政府为防止对出版自由的滥用，在多部法律中都有相关条文来规范和制约人们的言论。如1857年通过的《淫秽出版物法》于1959年修订，该法规定，无论是文章、出版物或杂志，如果从整体上看是具有腐化读者趋势的，均可认定为淫秽出版物，同时规定出版淫秽作品即是犯罪；1911年颁布的《官方机密法》于1989年进行修订，该法规定，任何涉及政府或国家机密的出版物，如果损害政府安全和国家利益，均被认定为违法；1996年颁布的《诽谤法》规定，作者、编辑、出版者故意出版的出版物中含有诽谤性文字，并且存在明确的诋毁名誉的意图，即有可能构成诽谤罪；1986年颁布的《公共秩序法》于1996年修订，该法主要用于惩治挑起种族仇恨、使用猥亵、恶意或伤害字眼出版、展示、发行或录音等资料的行为。上述几部法律同样适用于对网络环境下数字出版内容的规定。如1996年修订后的《公共秩序法》针对网上言论指出，意图煽动种族、宗教仇恨的侮辱性言辞和表演犯罪化即是违反了本法，本法能够对恐怖分子通过网络传播恐怖思想和美化粉饰恐怖行为进行制裁。②

此外，对出版物内容的管理，英国还有《破坏名誉法》《恢复冒犯者地位法》等。

2. 对出版物流通的管理

作为商品的出版物为实现其价值，必然在市场上产生流通，这样又会涉及买卖双方。随着出版物流通的发展，为平衡买卖双方之间的利益，减少利益纠纷，英国在1893年制定了《商品销售法》，并于1979年进行修订，2015年10月1日进行最新修订。该法主要为企业之间如出版社与书店、出版社与出版物批发公司之间、出版社与出版社之间等业务

---

① 余敏. 国外出版业宏观管理体系研究 [M]. 北京：中国书籍出版社，2004：69-70.

② 杨贵山，林成林，姜乐英，等. 世界出版观潮 [M]. 沈阳：辽宁出版集团、辽宁人民出版社，2002：65-70.

合同提供法律依据，1987 年制定的《消费者保护法》为保护消费者合法利益，要求产品生产者必须保证产品质量，并对产品给消费者造成的损失或危害负法律责任（这里的产品主要是电子出版物和儿童出版物，因为电子出版物如 CD 或多媒体软件可能含有病毒，给消费者造成损失；儿童出版物中包含的手工制品、玩具等也有可能给儿童造成伤害）。除此之外还有《虚假展示法》（1967）、《贸易描述法》（1968）、《不平等条款法》（1977）、《消费者合同不平等条例》（1994）等，这些法律法规基本上涵盖了出版物流通中涉及的方方面面，使对出版物流通的管理都有法可依。

3. 对出版物市场秩序的管理

对出版物市场秩序的管理主要体现在对出版物市场竞争与垄断的调控和对数字出版物版权的保护。在对出版物市场竞争与垄断的调控方面，英国政府为保护出版物市场竞争、限制垄断，先后颁布了《贸易活动限制法》（1976）、《转卖价格法》（1976）、《公平交易法》（1973）、《竞争法》（1980）等。其中，《贸易活动限制法》规定某些类型的限制性协议如果到公平交易局注册登记后是可以被认作不违反竞争法律的；① 《公平交易法》赋予垄断与兼并委员会对"垄断行为"进行调查的权力，该法规定，占有 25% 的商品供货如果出自一个人或供给一个人、一家公司或一个集团，那么其"垄断行为"即告成立，该委员会有权介入调查。垄断可以是购买性垄断也可以是销售性垄断。

在对数字出版物版权保护方面，英国目前使用的有关版权的法律法规有 1988 年出台的《版权、设计和专利法》、1997 年颁布的《数据库版权与权利条例》、2003 年出台的《版权与相关权条例》以及 2010 年 4 月国会通过的《数字经济法》。其中《版权、设计和专利法》将计算机软件视为"文字作品"而给予版权保护，并扩大出租权的范围，以防止软件租赁业对软件生产者造成利益损害；② 《数字经济法》是为弥补《版权、设计和专利法》在应对网络侵权时的不力，该法规定了音乐、多媒体、游戏等网络出版物的内容版权保护，同时对网络出版物内容的版权保护程序也进行了规定，并且以立法的形式将惩罚之手延伸至网络用户，以便更有效地保护版权所有人的权益。③

（二）经济手段

税收政策是各国政府对出版物市场进行调控的经济手段。英国政府通过对出版物实行优惠的税收政策，使出版物市场乃至出版业朝着符合国家利益的方向发展。

英国政府对一般商品征收 17.5% 的增值税，而对出版物实行零增值税政策，同时对图书免征进出口税。事实上，英国政府对出版物实行的零增值税政策已有一百多年的历史，这种对出版物实行的特殊政策，使其图书在欧洲大陆乃至世界范围内具有很强的竞争力，从而也带动了整个出版业持续而稳定的发展。为鼓励学术著作的出版，英国政府对一些大学出版社等非营利性出版机构给予免税优惠，如牛津大学出版社除享受图书零增值税待遇

① 杨贵山，林成林，姜乐英，等. 世界出版观潮［M］. 沈阳：辽宁出版集团、辽宁人民出版社，2002：75.

② 黄先蓉，冯博. 英国数字出版法律制度的现状与趋势［J］. 出版科学，2013（1）：81-84.

③ 黄先蓉，冯博. 英国《数字经济法》及对我国数字版权立法的启示［J］. 中州大学学报，2013（1）：53-55.

外，还免交营业税和企业所得税。此外，英国政府在鼓励其他行业发展的同时，从侧面对出版物市场相关内容给予税收优惠，如为鼓励高新技术的发展，英国政府对高新技术企业研发成果出版物的版权采用分期赋税制度，在一定程度上也是对出版物采取的税收优惠政策。

（三）行业协会

在英国，出版行业协会享有较高的权威，集中表现在它不仅能够协助政府管理出版业，还能代表出版业向政府提出相关诉求以促进整个行业的发展。

英国的出版行业协会与出版相关的政府机构如贸易工业部等有良好的沟通机制，这样能够保证及时向会员传递与行业相关的政治动向，以实时调整发展方案和战略部署，并能最大限度获得政府在财政和税收方面的支持。

英国出版行业协会还通过开展图书促销、评奖和展览活动影响出版物市场，如英国书商协会与全国购书代币券公司（national book tokens）合作售卖购书卡以扩大销售，通过举办展览或参加展览扩大出版物的出口等。

在数字出版方面，英国政府还依靠一些相关行业协会的行业自律规范来控制数字出版物的有害内容，如英国网络服务商自发成立的互联网监督基金会，这是一个半官方性质的行业自律组织，主要负责搜寻非法网络出版物，并将发布这些信息的网站通报给网络服务商以便采取相关措施。与此相关的行业自律规范有《R3 安全网络：分级·检举·责任》《从业人员行为守则》等。①

（四）社会监督

英国有关社会团体在出版物市场管理中也发挥了较为重要的作用，这些团体包括英国图书馆协会、学校和社会团体、出版业投诉委员会、工会以及基金会。以英国图书馆协会为例，该协会是英国图书馆界的重要行业组织，它代表全英国图书馆的利益，管理和指导各地图书馆的运转。它在图书馆馆藏书目上制定了严格的审查制度，未经它认可的书刊不得进入图书馆馆藏书目。因为图书馆是出版社的重要贸易伙伴，其购书量非常大，所以协会的某些决定对出版物市场会产生重大影响。英国的妇女组织、宗教组织等社会团体经常会对某些图书内容向出版社提出抗议，对出版社在选题方面产生重要影响。

第四节 法国的出版物市场管理

法国的文化政策以国家干预为主要特征，② 最典型的例子莫过于 20 世纪 90 年代初，法国在关贸总协定"乌拉圭回合"谈判中提出的"文化例外"，到 20 世纪 90 年代末提出的"文化多样性"概念逐渐取代了"文化例外"。无论"文化例外"还是"文化多样性"，

---

① 黄先蓉，冯博. 英国数字出版法律制度的现状与趋势［J］. 出版科学，2013（1）：81-84.
② 姚岚. 从"文化例外"到"文化多样性"——1993—2005 年国际谈判中的法国文化政策［D］. 上海：上海外国语大学，2014.

都是法国政府为保护本国文化作出的努力，其中不仅有政治和文化方面的考虑，在经济和社会方面也有着重要意义。作为文化重要组成部分的出版业，法国通过多种手段进行支持，这点突出地表现在对出版物市场的管理上。

一、法国的出版物市场管理机构

法国是西方发达国家中为数不多的设立专门管理出版业机构的国家之一。在法国，管理出版业的政府机构是设在文化部的图书与阅览司，其主管法国商业出版社和书商以及国家的图书馆（教育部主管的大学图书馆除外），并且通过国家图书中心来实现对出版业在税收、投资、补贴等方面的支持。2008 年，法国文化部对其内部机构进行了大规模的调整，将原有的 10 个司整合为 3 个，原图书与阅览司和媒体发展司合并为文化经济与媒体发展司，负责图书、报纸、期刊等文化产业领域的管理。[1]

管理机构的合并延续了原来的政策导向，对出版物市场的管理主要体现在：（1）在政策上给予出版物的创作、出版、宣传、销售和出口等事项以支持，并在财政和税收上给予资助和优惠。如资助中小出版社和独立书店，使其摆脱困境。2007 年创立"样板独立书店"标示制度，为小众需求的高雅文化和学术书籍发行市场提供保护，给予优惠的税率和政府特别补贴，以保障和促进出版物市场的活力。（2）对出版物市场进行调查研究和经济统计，并及时向上级部门汇报，同时与相关行业协会组织保持联系，以便开展活动实施政策，如统一法国图书价格、调整作者税收制度等。（3）通过对国家图书馆等公共图书馆的管理，一方面完善出版物的版本备案制度，扩大公共图书馆的馆藏数量，提高图书的分类水平，另一方面馆藏数量的提高，不仅刺激了出版物市场的发展，也促进群众性阅读活动的开展。此外，还通过财政支持本国图书参加和举办国际书展、资助翻译法国作品和在其他国家销售法国图书等。

二、法国出版物市场管理的方法

出版法制化是法国出版业的主要特征。尽管法国设有专门管理出版的政府机构，但其对出版物市场的管理乃至出版业的管理多以服务和财政上的支持为主，法国政府对出版物市场的管理以法律为基本手段，辅以经济手段和行业协会管理。

（一）法律手段

法国的出版法律制度较为健全，与出版物以及出版物市场相关的法律主要有《新闻出版自由法》（1881）、《图书统一定价法》（1981）、《关于新闻多样化和公开性的法律》（1984）、《未成年人保护法》（2000 年修订版）、《电子书统一定价法》（2011）等。法国通过法律对出版物市场的管理主要体现在对出版物内容、青少年出版物、出版物价格、出版物市场管理等方面。

1. 对出版物及其内容的管理

对出版物及其内容的管理主要体现在相关法律的规定以及法国政府实行的版本备案制、内容追惩制。1881 年颁布的《新闻出版自由法》第一章第 1 条就作出规定：印刷和

---

① 郝振省. 国际出版业发展报告：2010 年版 [M]. 北京：中国书籍出版社，2012：78.

出版都是自由的。该法对印刷商和出版商的自由和义务都有明确的规定，并对违法出版物的责任人应受到的惩罚作了明确的规定。1970 年修订的《刑法》中对个人私生活的保护有明确的规定：当某人处于自己生活的空间时，未经本人同意，通过新闻出版途径披露这方面内容是禁止的，同时该法规定，禁止出版和传播未经政府许可公开的军事情报和为了国家安全而由政府掌握的各种文件、物品等档案资料。

关于版本备案制，法国 1881 年 7 月 29 日规定了出版商有向行政机关送缴出版物样本的义务。根据《1943 年 6 月 21 日法》和《1960 年 11 月 21 日法》的相关规定，法国成立了全国文献中心以保证出版物和艺术作品的收藏。根据该制度，出版商要在出版物发行和销售前 48 小时之内，向国家图书馆送缴出版物样本。

关于内容追惩制，自 1870 年法兰西第三共和国成立后，法国结束原稿审查制，实行内容追惩制。法国政府为防止行政部门对该权力的滥用，规定该权力属于司法部门，警察机关须得到法院的允许才能行使这些权力。如果出版物有叛国、煽动暴乱、诽谤、荒淫猥亵、泄露国家机密、侵犯隐私等内容，根据相关法律，可以对出版物及其相关责任人作出没收、扣押、禁止发行或查封等处罚。

2. 对青少年出版物的管理

法国政府十分重视对青少年的保护，从创办青少年出版物出版社到青少年出版物内容都有明确规定。

法国于法兰西第三共和国成立后就逐步结束对出版社的特许制，改为登记制。任何人和机构创办出版社，只需按照普通法要求的程序办理即可。但创办青少年出版物出版社还有些特殊的条件，如此类出版社不能由个人创办，只能由一些商业团体和行业协会创办，并且在创办之前，要向社会声明不以此类出版物作为营利的工具；担任此类出版物的负责人至少有 3 人，这些人应为法国国籍，享有公民权，并且在其教育生涯中没有不轨行为或受处分的污点记录等。

有关青少年出版物内容的法律有很多，如《1949 年 7 月 16 日法》《1955 年 11 月 28 日法》《1965 年 9 月 28 日法》《1980 年 12 月 23 日法》《1981 年 7 月 29 日法》等。其中《1949 年 7 月 16 日法》规定，青少年出版物的内容不能包含正面肯定抢劫、谎言、强奸、仇恨、荒淫以及一切具有犯罪性质的行为、具有腐蚀青少年思想性质的行为、具有煽动种族偏见性质的行为和包含这些行为的任何插图、文字叙述、传闻、说明。依据该法，法国还专门成立了一个负责管理青少年出版物的特别委员会——审读委员会，为青少年出版物的内容把关。①

3. 对出版物价格的管理

对出版物的价格，法国也出台了相应的法律。1981 年，法国文化部部长雅克·朗就主持制定了《图书统一定价法》（又称《雅克·朗法》②），对图书实行统一定价，以规范图书价格防止一些大型超市和图书连锁集团大幅降价对中小零售书店的生存构成威胁。随着数字出版的发展，为统一数字出版物的价格，法国于 2011 年 5 月 26 日颁布《电子书统

---

①　余敏. 国外出版业宏观管理体系研究［M］. 北京：中国书籍出版社，2004：98.

②　张潇. 法国图书定价制度研究［J］. 出版参考，2022（5）：28-32；张书卿. 法国图书定价制度的变迁［J］. 出版发行研究，2004（4）：76-77.

一定价法》，① 该法延续了 1981 年开始实行的图书统一定价规则，同时新的电子书销售的折扣不得超过 5%——即使从法国本土以外引进的电子书也需要遵循该规定。该法保护了实体中小独立书店的利益，维护了由中小独立书店和大型连锁书店构成的密集多样化的零售网络，保证了图书销售渠道的多样性，同时抗击了来自亚马逊网络图书销售巨头的冲击，维持了法国包括数字图书在内的出版物市场的多样性。

4. 对出版物市场秩序的管理

对出版物市场秩序的管理，主要是对出版物市场竞争和垄断进行调控，这些法律有《竞争法》（1930）、《关于新闻多样化和公开性的法律》（1984）② 等。其中《关于新闻多样化和公开性的法律》有防止大型出版集团垄断的明确条款，如该法规定：全国固定的地方性的报业集团控制的日报发行量均不得超过同类日报发行总量的 15%，如果该报业集团在巴黎和外省均有经营活动，那么上述的限制降低为 10%。

网络时代，针对网络书店如亚马逊网络图书公司给独立书店带来的重重危机，法国议会于 2014 年通过《反亚马逊法》，禁止线上书商为客户包邮，只可在原定的邮寄费的基础上实行优惠，最高不得超过 5%。但亚马逊等网站经常仅收取 0.01 欧元来逃避必须收取邮费的规定。为了弥补这一漏洞，法国政府于 2021 年通过一项法律，对图书销售的邮费设置固定的价格底线；2022 年 9 月，法国政府宣布将引入最低 3 欧元（约合 2.92 美元）的图书配送费用，以帮助小型书商与零售巨头亚马逊竞争（尚未执行，需在欧盟委员会批准 6 个月后引入最低费用）。③ 该规定降低了网络书店对传统中小独立书店的冲击，增进了图书市场上各销售渠道之间的竞争，维护了图书市场秩序的稳定，也确保了法国图书市场的活力以及多样性。

（二）经济手段

法国主要通过税收和财政资助等经济手段对出版物市场进行调控。

1. 税收政策

税收政策是一项重要的经济手段，税收的优惠力度往往能够反映政府对产业的支持力度，并对产业的发展产生最直接的影响。近年来，法国政府对出版物的税率一再下调，显示了法国对出版业的重视。20 世纪 80 年代，法国对图书、报纸、期刊等出版物征收 7% 的增值税；到 20 世纪 90 年代，法国将对图书、报纸、期刊的增值税率分别下调到 5.5%、2.1%、4%，而一般商品的增值税率为 18.6%。同时，法国对出口的书报刊不仅免征税，还实行出口补贴。

为发展数字出版，法国于 2008 年颁布了"2012 年法兰西数字计划"，该计划提出"通过全局性的思考来确定市场调节机制，尤其对数字内容的定价提出措施；在欧洲范围内进行降低数字化图书增值税的讨论，同时考虑给予数字图书出版以物质支持"。从 2012

① 王吉英，刘赵晶. 基于"文化例外"理论的法国图书统一定价制度 [J]. 出版科学，2017（1）：110-114.

② 刘大年. 当代西方出版产业政策：变迁与趋势 [J]. 现代出版，2015（4）：10-13.

③ The Verge [EB/OL]. [2023-02-01]. https：//www. theverge. com/2022/9/23/23368219/france-minimum-book-delivery-fee-booksellers-amazon-competition.

年开始，电子书可以同纸质图书一样享受5.5%的优惠税率，而此前该税率高达19.6%。①

2. 财政资助

法国历来重视出版业的发展，在文化多样性原则的指导下更是如此，其通过多种财政资助方式保护出版物市场的多样化发展。例如为防止大型出版集团和连锁书店形成市场垄断，法国政府每年都会拿出一部分资金用于扶持中小出版社和中小书店。同时根据1995年时任法国文化部部长雅克·杜邦和商企部部长阿兰·麦德林签署的一项协议，法国政府每年从连锁企业上缴的税金中提出3亿法郎来扶持和保护小书店的生存和发展，而且营业面积不足400平方英尺的书店可获70万法郎的资助。②

为保护出版物的多样化，防止出版物受市场需求影响过大，法国对学术著作和其他一些小印数的出版物进行补贴，这些出版物包括诗歌、剧本、进口翻译著作、成本昂贵的文学名著、重大纪念活动出版物等。

（三）行业协会

由于出版业竞争的激烈，法国的一般出版企业都会加入行业组织。法国出版行业协会起着代表、服务、协调和自律作用，在出版物市场的管理中也发挥着重要作用。其中行业协会的自律对出版物市场的规范和管理作用十分明显，一方面出版行业协会制定行业规定，对出版物市场经营活动进行约束，以维持正常的市场秩序；另一方面制定对出版从业人员的伦理纲领，对出版物内容进行自律管理。

行业协会会协助会员及时了解国内外出版物市场，大力推动本国出版物开拓海外市场。行业协会每年组织出版物的评选活动，如法国年度期刊奖由法国杂志和信息工会负责评选和颁发，文人协会奖由法国文人协会评选和颁发等。这些活动将优秀的出版物评选出来在全国范围内进行推广，这些出版物一般都针对本土文化，客观上宣传了主流文化，并对出版物的内容进行了引导。

第五节　德国的出版物市场管理

作为世界三大图书出版市场之一的德国，出版业在其国内占有重要地位。早在15世纪中叶，德国人谷登堡发明铅活字印刷，掀起了一场出版业的革命，从那时起就使德国成为欧洲出版和印刷中心。创办于1949年，被称为"出版业奥运会"的法兰克福书展，是当今世界最大的书展，它不仅对德国出版业具有重要意义，而且影响着整个世界的出版动态。20世纪70年代崛起的贝塔斯曼集团，通过在世界范围内的收购兼并和实施多元化的经营战略，其势力已扩展到欧美的40多个国家，其经营范围也从书报刊扩展到音乐、电影、造纸、印刷等多个领域。得益于完善的出版管理体制，德国的出版业才取得如此成就。

---

① 黄先蓉，刘菡，刘玲武．法国数字出版法律制度的现状与趋势［J］．科技与出版，2015（6）：71.

② 杨贵山，林成林，姜乐英，等．世界出版观潮［M］．沈阳：辽宁出版集团、辽宁人民出版社，2002：84.

一、德国的出版物市场管理机构及其职能

德国是一个文化联邦主义国家，有关文化的职能都属于各州的文化主权范畴，因此与出版物市场管理相关的部门主要是各州的文化教育部门。对出版物市场管理集中体现在对出版物行政审批和对出版物内容的行政干预。

（一）对出版物的行政审批

德国对出版物行政审批主要集中于教材出版领域。出版社出版的教材只有通过州文化教育部门的审批，并以教材目录的方式正式公布之后，才能在学校供师生使用。同时，由于基础教育的立法权属于各州的司法管辖权范畴，联邦政府无权干涉各州的具体教育事务，对中小学教育的规划和控制也都掌握在州教育行政主管部门，这些部门是德国教材制度的权力基础和核心，并和州文化部门直接管理中小学教材的出版。

例如，德国黑森州文化部颁布的《中小学教材审批条例》，对教材的审批制度作了全面而具体的规定。另外，根据黑森州《学校法》的相关规定，教材的审批权分别掌握在州文化部、地方学校行政管理部门和学校校长手中。其中，后两者的审批权源于州文化部的授权。[1]

（二）对出版物内容的行政干预

德国联邦政府和州政府都设有政治进修中心，主要负责政治教育工作。该中心下设出版物检查中心，负责审核出版物的政治倾向问题；同时，该中心的另外一项重要任务是针对不同对象编辑出版政治教育图书、期刊等，而且针对中小学生的期刊是每个在校生必须阅读的。德国各州文化部除审批教材外，还对查处危害国家利益的图书和宣扬色情暴力图书负有部分责任。

对出版物内容的行政干预还体现在德国联邦政府对青少年出版物内容的审查。德国联邦专门设立了联邦青少年媒体审定处，主要职责是防止媒体内容的不良倾向，对可能影响青少年的出版物内容进行审查。其宗旨是促进有良好价值取向的媒体教育，加强公共媒体保护青少年的意识和敏感性，主要针对暴力内容、性误导、美化纳粹等方面的内容。[2]

二、德国出版物市场管理的方法

从上述德国出版物市场管理的机构可以看出，德国政府虽然在行政管理上较为分散，但与其他发达国家相比，对出版物的管理力度较强，控制范围也更为广泛。德国较为完备的法律制度和多种经济政策为出版物市场管理提供了法律和政策依据。此外德国出版行业协会绝无仅有的权威性在出版物市场管理中也扮演了重要角色。

（一）法律手段

德国有关出版物及其市场规定的法律非常多，上至联邦法律，下至州一级法律都有涉

---

①　余敏. 国外出版业宏观管理体系研究 ［M］. 北京：中国书籍出版社，2004：110-111.
②　余敏. 国外出版业宏观管理体系研究 ［M］. 北京：中国书籍出版社，2004：116-117.

及。联邦法律如 1949 年通过、2021 年最新修订的德国宪法《德国基本法》（*Grundgesetz für die Bundesrepublik Deutschland*），1965 年颁布、2021 年最新修订的《著作权法与邻接权法》，即《著作权法》，1984 年通过的《出版法》，2002 年颁布的《限定图书价格法》等；州一级法律如黑森州颁布的《学校法》，北莱茵—威斯特伐利亚州颁布的《新闻法》等。德国通过法律手段对出版物市场进行管理主要体现在保障市场秩序、版权保护以及出版物内容管理等方面。

1. 保障市场秩序

德国制定的《反不诚实竞争法》《竞争限制法》《出版社法》和《限定图书价格法》等都是保障出版物市场正常秩序的法律。《反不诚实竞争法》针对图书出版作了明确的规定；《竞争限制法》对出版物价格作出相关规定，该法规定图书的价格由出版社决定；《出版社法》则调节出版商与作者签订出版合同而产生的法律关系。

根据《限定图书价格法》，德国一直实行书价统一制度，这种制度主要是为保证市场的公平竞争，防止市场垄断的产生，以保障出版物市场乃至整个出版业合理的产业结构。近年来，该制度已延伸至电子书领域，即所有上架新书一律统一标价，无论在大型书店、小型书店，还是网上购书，新书发行的前 18 个月价格统一，电子书的价格与该书精装本的价格相同。① 这种规定强调图书的内容价值，避免由电子书带来的恶性竞争，还可以阻止图书的商品化，维护文化的特殊性，同时维护作者、出版社和零售商的权益。

2. 版权保护

有关版权保护的法律有很多，如《著作权法》（2021）、《著作权法实施法》（1965）、《反盗版法》（1990）、《电信服务法》（1997）、《电信媒体法》（2007）、《电信法》（2020）、《电信和电信媒体的数据保护和隐私法》（2021）等。在传统出版环境下，由于《著作权法》在德国得到了完全的贯彻实施，再加上德国良好的法律环境，一度使德国没有出现盗版问题。但随着网络信息技术的发展，网络侵权也时有发生，为此，德国政府致力于数字版权的保护。

在对出版物市场管理过程中，最突出的问题莫过于版权问题，特别是随着新技术在出版业的广泛运用，数字出版俨然成为各国参与国际竞争的战略选择。针对数字版权问题，在公共利益和著作权人合法权益的博弈中，德国选择更多地维护著作权人的利益。例如，德国《著作权法》第 53 条 a 规定："其他电子形式的复制和传送仅限于图片格式，仅为了教学目的或科学研究，不以营利为目的。除此之外的电子形式的复制和传送只有在社会公众不能在自己选择的时间、地点，依据合同协议以合理的条件取得作品或已出版作品的部分时才被允许。"还规定："网络传播权的例外不适用于图书馆，图书馆向读者在线提供作品，必须向版权人征得授权或缴纳版权使用费。"②

3. 出版物内容管理

德国对出版物内容的管理，集中体现在对青少年读物内容的审查和对数字出版内容的管理。

---

① 百道网. 德国电子书市场持续增长［EB/OL］.［2023-02-01］. http：//www.bookdao.com/article/4707.

② 史楠. 德国著作权法修改及实施研究［D］. 北京：中国政法大学，2011：26-28.

对青少年读物内容的审查，德国于 2003 年颁布了《青少年媒体保护州际协议》（Jugendmedienschutz Staatsvertrag，JMSt V），保护青少年免受网络媒体中有害内容的危害。如该协议第 4 条详细规定了互联网上不允许向青少年提供的十种有害内容，包括《德国刑法典》第 86 条所禁止的内容，以及煽动民族仇恨、美化战争、暴力色情等内容，为网络服务提供商提供了明确的内容指引。根据该协议授权，由 jugendschutz. net、青少年媒体保护委员会和联邦危害青少年媒体检查处三者相互协作，共同形成德国青少年媒体保护链。①

对数字出版内容的管理，主要是针对网络服务提供商应承担相应的责任。1997 年，德国颁布《电信服务法》（Teledienstegesetz，TDG），该法第 5 条设立了电信服务提供者的责任，建立了长久以来德国法中网络服务提供者责任体系的雏形。其内容为：（1）服务提供者对于自己所提供的内容，按照一般的法律承担责任；（2）对于他人提供的内容，只有当服务提供者对这些内容具有认识，并且阻止提供这些内容在技术上是可能的且具有可期待性时，他才承担责任；（3）对于他人提供的内容，服务提供者如果仅仅提供了接入通道，则不承担责任。基于用户请求而自动、短暂提供他人内容的行为，被视为接入通道提供行为；（4）如果服务提供者在维护通信秘密过程中，按照《电信通讯法》第 85 条的规定，对违法内容具有了认识，并且其对该内容进行封锁在技术上是可能且可期待的，那么按照一般法律产生的封锁违法内容的义务不受影响。②

2007 年，德国通过了《电信媒体法》（Telemediengesetz，TMG），以此取代原来的《电信服务法》，第 7 条规定：（1）服务提供者对自己提供的内容按照一般性的法律来承当责任；（2）第 8 条至 10 条意义上的服务提供者，没有义务监督其所传输和存储的信息，也没有义务根据提示违法活动的情形去调查这些信息。③

2020 年 6 月 24 日，德国为实施《欧盟数字化单一市场版权指令》第 17 条的内容，新设《版权服务提供商法》来专门规定网络服务提供商的权利与义务。④ 该法的主要内容是通过对网络服务提供商设定免责条款来促使其履行一定的过滤义务，以平衡版权产业中各方主体之间的利益关系。⑤

2021 年 5 月 31 日，德国增订《网络内容分享服务业者著作权责任法》，依期完成《欧盟数字化单一市场版权指令》第 17 条的内容。⑥

（二）经济手段

德国运用税收和财政资助等经济手段对出版物市场进行管理。

---

① 黄志雄，刘碧琦. 德国互联网监管：立法、机构设置及启示［J］. 德国研究，2015，30（3）：54-71，126-127.

② German Law Archive［EB/OL］.［2023-02-01］. https：//germanlawarchive. iuscomp. org/？p=694.

③ Gesetze im Internet［EB/OL］.［2023-02-01］. https：//www. gesetze-im-internet. de/tmg/BJNR017910007. html#BJNR017910007BJNG000300000.

④ Gesetze im Internet［EB/OL］.［2023-02-01］. http：//www. gesetze-im-internet. de/englisch_urhdag/.

⑤ 杜娟. 德国《版权服务提供商法案》的解读及对我国的借鉴［J］. 科技与出版，2020（11）：91-98.

⑥ Gesetze im Internet［EB/OL］.［2023-02-01］. http：//www. gesetze-im-internet. de/englisch_urhdag/.

1. 税收优惠

与其他发达国家一样，德国对图书征收的增值税要比一般商品低得多。对一般商品征收的增值税率为15%，而图书仅为7%，而且这一税率同样适用于书店，对中小书店的发展起到了重要扶持作用。对其他出版物，如音像制品征收14%的增值税。对出口图书、期刊等出版物免征增值税；对进口图书、期刊征收7%的进口税，对进口音像制品征收的进口税比图书、期刊要低一些，在3%~5.4%。

2. 财政资助

德国对出版物的资助主要是对学术著作的出版印刷补贴。德国联邦研究与技术部领导下的德国研究协会设立"印刷补贴"基金，[1] 该基金直接补贴给出版社，用于资助学术著作和学术期刊的出版。

(三) 行业协会

德国行业协会在出版物市场管理中发挥的作用是世界任何一个国家的行业协会无法比拟的。在德国，出版物市场中涉及的出版商、书商、批发商和出版发行商一直都从属于同一个协会——德国书商及出版商协会，即布尔森协会。[2] 尽管也有其他一些与出版业关系密切的行业组织，但都没有布尔森协会的影响力大。德国政府对出版物市场进行的行政干预措施和立法程序在很大程度上也会受到该协会决策的影响。布尔森协会的核心任务是制定图书政策。德国出版业现行的大多数政策都是由行业协会提出，经政府有关部门批准后成为出版业的既定规范。在所有政策中，图书价格制度最为重要。行业协会在提出该制度后，经政府采纳已成为法律。这些政策是由协会成员共同讨论制定，因而非常符合实际，从根本上保证了政策的实施，保障了中小书店、出版社的利益和出版物市场的正常秩序。

第六节　日本的出版物市场管理

日本的现代出版业在第二次世界大战后拉开序幕。战后，强调"主权在民""放弃战争"的日本新宪法的实施，推崇"言论、出版自由"的社会保障体制的建立，基本形成了日本现代出版业的基盘。[3] 在此基础上，日本政府对出版业进行调整，使日本出版业从战后到20世纪90年代间的发展水平和速度远远超过同期经济的发展。20世纪90年代中期，随着日本泡沫经济的破灭，出版业首次出现负增长，进而导致"日本出版大崩溃"的出现，直到2004年出现短暂的反弹回升，之后又进入连续下降状态。尽管如此，日本依旧是出版大国，是世界上最重要的图书市场之一。对出版物市场的管理，无论在政府机构的设置还是管理手段方面，日本政府都形成了不同于西方其他发达国家的特点。

一、日本的出版物市场管理机构

"二战"前，日本对出版物市场的管理主要依靠行政手段，由专门的政府机构内务省

① 莫金莲，李广民. 现代德国大众文化 [M]. 北京：中国经济出版社，2000：214-215.

② 陈丽，潘文年. 发达国家出版业"走出去"政策分析及启示 [J]. 出版广角，2021 (21)：4.

③ 杨贵山，林成林，姜乐英，等. 世界出版观潮 [M]. 沈阳：辽宁出版集团、辽宁人民出版社，2002：96.

负责；"二战"期间，日本对出版物市场的管理更加严格，成立了日本出版物协会，该协会为出版控制机关，对出版机构统一管理，还对批发公司进行整合，形成日本出版物配给株式会社，唯一一家出版批发企业；"二战"后，日本未设置专门出版管理机构，而是根据出版工作的不同方面，分别由不同的政府部门负责。①

日本政府部门中与出版物市场相关的部门主要有文部科学省、财务省、经济产业省。②

文部科学省是日本政府主管教育、科学技术、学术、文化及体育事业的行政机构，与出版业的联系最为紧密。其主要任务是审查中小学教材、制定并实施出版资助政策。

财务省是日本政府的财政机构，对出版物市场的管理主要体现在对出版税收政策的制定。另外，大藏省还设立了政府印刷局，主要负责出版政府机关编辑的出版物。

经济产业省主要负责管理出版机构的登记、限制不合法的交易，同时也对出版物市场发展乃至出版业的发展提供资助。

除上述几个主要部门外，总务省和法务省对淫秽出版物也有干涉。

二、日本出版物市场管理的方法

日本对出版物市场的管理主要通过行政手段、法律手段以及行业协会来实现。

(一) 行政手段

日本对出版物市场管理的部门设置的特点之一就是分散且众多，但日本管理机构对自己的定位为服务机构，而非管理机构。这一点具体体现在对出版物市场的管理之中，例如，每年春天，日本出版协会、劳工联合会都会组织出版社集体向政府施压，要求调整社会福利等方面政策，政府会根据出版社意愿进行政策的调整。③ 此外，日本政府对出版物市场的行政管理主要体现在对出版物内容的审查、出版物的分级管理。

1. 对出版物内容的审查

对出版物内容的审查主要集中在教材方面。尽管日本宪法明文规定禁止审查出版物内容，但作为出版物的教材却置于该规定之外。如上文所述，对教材的审查主要由文部科学省负责，只有经文部科学省批准后，才可列入"审定教材"之列，之后才有被定为正式教材的可能。同时，文部科学省不仅对教材的内容有干预权，而且也直接干预教材的印数。④ 这样使教材的出版在政治利益和经济效益上都能确保政府意志的贯彻与执行。

2. 对出版物的分级管理

对出版物的分级管理实质上也是日本对出版物内容管理的方法。在日本，法律并未禁止有关暴力和色情出版物的出版，为保护青少年身心健康，凡涉及性内容的出版物都要求

---

① 孙洪军. 日本出版产业论 [M]. 北京：中国传媒大学出版社，2009：135-138.

② Prime Minister's Office of Japan [EB/OL]. [2023-02-01]. https：//www. kantei. go. jp/cn/link/org/index. html.

③ 余敏. 国外出版业宏观管理体系研究 [M]. 北京：中国书籍出版社，2004：159-160.

④ 孙洪军. 日本出版产业论 [M]. 北京：中国传媒大学出版社，2009：138-139.

在显著位置统一标识允许阅读的年龄。以动漫出版物为例，日本对动漫出版物分为三个级别：一级出版物指适合任何年龄儿童阅读，但在一定程度上有少量性成分及一定程度的暴力行为的漫画；二级出版物指不适合 21 岁以下人群观看的涉及成人性行为及暴力行为，但未达到违反国际共同法规的内容的漫画；三级出版物指内容中性与暴力行为超出了国际共同法规的界限，极度不适合一切年龄人士观看的作品。①

日本对出版物分级管理的规定执行相当严格，对于违反分级管理规定，日本政府绝不手软，坚决予以制裁。日本这种分级管理制度将涉及暴力、色情出版物的流通控制在一定范围内，能够有效保护青少年。

（二）法律手段

日本的法律制度较为完善，涉及出版物及其市场方面的法律很多。如《著作权法》，最近一次修订是 2014 年 5 月 8 日参议院表决通过的《著作权法修正案》，于 2015 年 1 月施行；②《关于以发行报纸为目的的股份公司股权转让限制的法律》（日语简称为《日刊新闻法》），最后修订于 2001 年；还有《禁止私人垄断和确保公平交易法》③《大规模零售店铺法》等。日本通过法律手段对出版物市场的管理主要表现在对出版物内容管理、对出版物市场秩序的维护以及对出版物市场价格的调控等方面。

1. 对出版物内容的管理

对出版物内容管理的规定分散在《刑法》《关税法》《青少年保护条例》《学校教育法》等法律条文中，前三种法律主要对色情、淫秽出版物进行限制，第四种法律主要是对学校教材内容的审查。

日本《刑法》规定，对淫秽图书的制作、传播者处 2 年以下有期徒刑或处 250 万日元以下的罚金。《关税法》规定，禁止进口伤风败俗的书刊、画报、雕塑及其他物品，同时规定，无论日本人还是外国人，均不得把露骨的图片带入日本，违反者处 5 年以下有期徒刑或处 50 万日元的罚款。《青少年保护条例》是日本地方政府根据国会有关防止青少年犯罪的决议和日本政府要求地方政府"必须采取防止青少年不良倾向"的措施而制定的，旨在保护青少年身心健康的条例。《学校教育法》规定，小学必须使用经文部大臣审定或以文部科学省名义编著的教材。④

2. 对出版物市场秩序的维护

日本在自由的竞争市场中，一方面使图书这种文化出版物极度商品化，"大量生产、大量宣传、大量销售、大量消费"的出版理念构成日本出版的基本状况；⑤ 另一方面也使出版资本进一步集中到一些大的企业，导致出版物市场垄断的出现。为此，日本颁布了《禁止私人垄断和确保公平交易法》《大规模零售店铺法》等法律，通过法律手段对垄断进行制约，对竞争进行保护。

---

① 陈磊. 日本动漫产业优势分析［J］. 传媒，2008（3）：32.

② 日本《著作权法修正案》加强数字版权保护［R/OL］.［2023-02-01］. http：//www.ncac.gov. cn/chinacopyright/contents/519/201694. html.

③ 孟雁北. 反垄断法规制平台剥削性滥用的争议与抉择［J］. 中外法学，2022，34（2）：327-345.

④ 孙洪军. 日本出版产业论［M］. 北京：中国传媒大学出版社，2009：142-143.

⑤ 程三国. 理解现代出版业（下）——兼析"日本出版大崩坏"［J］. 中国图书商报，2002（10）.

其中，《禁止私人垄断和确保公平交易法》规定书报刊零售价格统一制度，使出版物在价格统一方面取得法律依据，避免了市场的恶性竞争。《大规模零售店铺法》对书店店铺面积作出规定，如果超过 500 平方米，需要向当地政府提出申请，并经当地的零售市部审议会审议，看店铺大小是否会损害其他零售店的利益，如有影响，当地政府有权作出减少建筑面积、推迟开业日期或缩短经营时间的规定，以维护其他零售店铺的利益。①

3. 对出版物市场价格的调控

除上述《禁止私人垄断和确保公平交易法》对出版物价格作出规定外，日本政府还制定了《再贩卖价格维持契约》，对出版物的市场价格进行管理，该契约规定图书必须统一售价。但统一价格的实施也带来负面影响，如过季，畅销书就无法以低折扣出售，从而退货率上升。一些书店开始以向读者提供赠品的方式变相降价，针对这种情况，日本政府也出台了新的法令，限制赠品的价格。

近年来，随着数字技术的发展，日本数字出版发展较快，这也得益于日本完善的法律制度。面对新形势下出现的新问题，日本政府又陆续制定了多部新的法律，如《IT 基本法》《内容促进法》等。

（三）行业协会

日本出版行业协会大多为民办协会，只有极少数属于官民联办协会。这些协会建立的主要目的是联络政府及相关团体，对出版业存在的问题进行调查研究，促进出版社之间的友好合作，增进出版文化的国际交流。这些协会除章程中规定的工作外，它们另一项重要的工作就是制定"会规"，这些"会规"使其在出版物市场管理中发挥不可替代的作用。

1. 制定行业规定

日本出版行业协会制定的行业规定主要是对经营活动进行约束，以维护出版物市场乃至出版业的正常秩序，这些规定主要有《关于限制出版物零售业提供赠品、公平竞争的规定》《出版物零售业公平交易规约》《关于限制杂志业提供赠品、公平竞争规约》《新书统一销售日制度》《统一书款结算日制度》《统一折扣制度》等。其中《关于限制出版物零售业提供赠品、公平竞争的规定》明确指出：凡是用赠送高价物品引诱读者购书的做法都是不当的。②

2. 制定伦理纲领

日本出版行业协会制定的伦理纲领，主要为加强编辑、出版、发行等行业自律，这些伦理纲领有《出版伦理纲领》《出版物批发伦理纲领》《出版销售伦理纲领》《杂志编辑伦理纲领》③ 等。其中《出版伦理纲领》要求，出版物必须有助于学术的进步、文化艺术的繁荣、教育的普及、人们精神境界的提高，出版物必须要以理智和情操为基础，必须有助于民众生活的健康形成，并能使其清新的创意得以发挥等；《出版物批发伦理纲领》要求，从事出版物批发销售者要意识到出版物批发职业所担负的使命和责任，必须以诚实为宗旨

---

① 余敏. 国外出版业宏观管理体系研究［M］. 北京：中国书籍出版社，2004：168-169.

② 孙洪军. 日本出版产业论［M］. 北京：中国传媒大学出版社，2009：144-145.

③ 孙洪军. 日本出版产业论［M］. 北京：中国传媒大学出版社，2009：145-146.

去完成，要根据出版物的社会功能特点，在积极谋求普及、渗透的同时，对于公共利益给予足够的尊重和关注，要遵守公平交易秩序等；《出版销售伦理纲领》要求出版物销售者，必须按照出版物具有的社会使命，为出版物的普及供给而积极努力，拒绝舆论不满意的出版物，反对通过销售方面进行的对言论出版自由的压制和干涉，遵守正常的销售秩序、商业习惯和定价销售制度等。

出版管理条例

（2001 年 12 月 25 日中华人民共和国国务院令第 343 号公布；根据 2011 年 3 月 19 日《国务院关于修改〈出版管理条例〉的决定》第一次修订；根据 2013 年 7 月 18 日《国务院关于废止和修改部分行政法规的决定》第二次修订；根据 2014 年 7 月 29 日《国务院关于修改部分行政法规的决定》第三次修订；根据 2016 年 2 月 6 日《国务院关于修改部分行政法规的决定》第四次修订；根据 2020 年 11 月 29 日《国务院关于修改和废止部分行政法规的决定》第五次修订）

第一章 总 则

第一条 为了加强对出版活动的管理，发展和繁荣有中国特色社会主义出版产业和出版事业，保障公民依法行使出版自由的权利，促进社会主义精神文明和物质文明建设，根据宪法，制定本条例。

第二条 在中华人民共和国境内从事出版活动，适用本条例。

本条例所称出版活动，包括出版物的出版、印刷或者复制、进口、发行。

本条例所称出版物，是指报纸、期刊、图书、音像制品、电子出版物等。

第三条 出版活动必须坚持为人民服务、为社会主义服务的方向，坚持以马克思列宁主义、毛泽东思想、邓小平理论和"三个代表"重要思想为指导，贯彻落实科学发展观，传播和积累有益于提高民族素质、有益于经济发展和社会进步的科学技术和文化知识，弘扬民族优秀文化，促进国际文化交流，丰富和提高人民的精神生活。

第四条 从事出版活动，应当将社会效益放在首位，实现社会效益与经济效益相结合。

第五条 公民依法行使出版自由的权利，各级人民政府应当予以保障。

公民在行使出版自由的权利的时候，必须遵守宪法和法律，不得反对宪法确定的基本原则，不得损害国家的、社会的、集体的利益和其他公民的合法的自由和权利。

第六条 国务院出版行政主管部门负责全国的出版活动的监督管理工作。国务院其他有关部门按照国务院规定的职责分工，负责有关的出版活动的监督管理工作。

县级以上地方各级人民政府负责出版管理的部门（以下简称出版行政主管部门）负责本行政区域内出版活动的监督管理工作。县级以上地方各级人民政府其他有关部门在各自的职责范围内，负责有关的出版活动的监督管理工作。

第七条 出版行政主管部门根据已经取得的违法嫌疑证据或者举报，对涉嫌违法从事出版物出版、印刷或者复制、进口、发行等活动的行为进行查处时，可以检查与涉嫌违法活动有关的物品和经营场所；对有证据证明是与违法活动有关的物品，可以查封或者扣押。

第八条 出版行业的社会团体按照其章程，在出版行政主管部门的指导下，实行自律管理。

第二章 出版单位的设立与管理

第九条 报纸、期刊、图书、音像制品和电子出版物等应当由出版单位出版。

本条例所称出版单位，包括报社、期刊社、图书出版社、音像出版社和电子出版物出版社等。

法人出版报纸、期刊，不设立报社、期刊社的，其设立的报纸编辑部、期刊编辑部视为出版单位。

第十条 国务院出版行政主管部门制定全国出版单位总量、结构、布局的规划，指导、协调出版产业和出版事业发展。

第十一条 设立出版单位，应当具备下列条件：

（一）有出版单位的名称、章程；

（二）有符合国务院出版行政主管部门认定的主办单位及其主管机关；

（三）有确定的业务范围；

（四）有30万元以上的注册资本和固定的工作场所；

（五）有适应业务范围需要的组织机构和符合国家规定的资格条件的编辑出版专业人员；

（六）法律、行政法规规定的其他条件。

审批设立出版单位，除依照前款所列条件外，还应当符合国家关于出版单位总量、结构、布局的规划。

第十二条 设立出版单位，由其主办单位向所在地省、自治区、直辖市人民政府出版行政主管部门提出申请；省、自治区、直辖市人民政府出版行政主管部门审核同意后，报国务院出版行政主管部门审批。设立的出版单位为事业单位的，还应当办理机构编制审批手续。

第十三条 设立出版单位的申请书应当载明下列事项：

（一）出版单位的名称、地址；

（二）出版单位的主办单位及其主管机关的名称、地址；

（三）出版单位的法定代表人或者主要负责人的姓名、住址、资格证明文件；

（四）出版单位的资金来源及数额。

设立报社、期刊社或者报纸编辑部、期刊编辑部的，申请书还应当载明报纸或者期刊的名称、刊期、开版或者开本、印刷场所。

申请书应当附具出版单位的章程和设立出版单位的主办单位及其主管机关的有关证明材料。

第十四条 国务院出版行政主管部门应当自受理设立出版单位的申请之日起60日内，作出批准或者不批准的决定，并由省、自治区、直辖市人民政府出版行政主管部门书面通知主办单位；不批准的，应当说明理由。

第十五条　设立出版单位的主办单位应当自收到批准决定之日起60日内，向所在地省、自治区、直辖市人民政府出版行政主管部门登记，领取出版许可证。登记事项由国务院出版行政主管部门规定。

出版单位领取出版许可证后，属于事业单位法人的，持出版许可证向事业单位登记管理机关登记，依法领取事业单位法人证书；属于企业法人的，持出版许可证向工商行政管理部门登记，依法领取营业执照。

第十六条　报社、期刊社、图书出版社、音像出版社和电子出版物出版社等应当具备法人条件，经核准登记后，取得法人资格，以其全部法人财产独立承担民事责任。

依照本条例第九条第三款的规定，视为出版单位的报纸编辑部、期刊编辑部不具有法人资格，其民事责任由其主办单位承担。

第十七条　出版单位变更名称、主办单位或者其主管机关、业务范围、资本结构，合并或者分立，设立分支机构，出版新的报纸、期刊，或者报纸、期刊变更名称的，应当依照本条例第十二条、第十三条的规定办理审批手续。出版单位属于事业单位法人的，还应当持批准文件到事业单位登记管理机关办理相应的登记手续；属于企业法人的，还应当持批准文件到工商行政管理部门办理相应的登记手续。

出版单位除前款所列变更事项外的其他事项的变更，应当经主办单位及其主管机关审查同意，向所在地省、自治区、直辖市人民政府出版行政主管部门申请变更登记，并报国务院出版行政主管部门备案。出版单位属于事业单位法人的，还应当持批准文件到事业单位登记管理机关办理变更登记；属于企业法人的，还应当持批准文件到工商行政管理部门办理变更登记。

第十八条　出版单位中止出版活动的，应当向所在地省、自治区、直辖市人民政府出版行政主管部门备案并说明理由和期限；出版单位中止出版活动不得超过180日。

出版单位终止出版活动的，由主办单位提出申请并经主管机关同意后，由主办单位向所在地省、自治区、直辖市人民政府出版行政主管部门办理注销登记，并报国务院出版行政主管部门备案。出版单位属于事业单位法人的，还应当持批准文件到事业单位登记管理机关办理注销登记；属于企业法人的，还应当持批准文件到工商行政管理部门办理注销登记。

第十九条　图书出版社、音像出版社和电子出版物出版社自登记之日起满180日未从事出版活动的，报社、期刊社自登记之日起满90日未出版报纸、期刊的，由原登记的出版行政主管部门注销登记，并报国务院出版行政主管部门备案。

因不可抗力或者其他正当理由发生前款所列情形的，出版单位可以向原登记的出版行政主管部门申请延期。

第二十条　图书出版社、音像出版社和电子出版物出版社的年度出版计划及涉及国家安全、社会安定等方面的重大选题，应当经所在地省、自治区、直辖市人民政府出版行政主管部门审核后报国务院出版行政主管部门备案；涉及重大选题，未在出版前报备案的出版物，不得出版。具体办法由国务院出版行政主管部门制定。

期刊社的重大选题，应当依照前款规定办理备案手续。

第二十一条　出版单位不得向任何单位或者个人出售或者以其他形式转让本单位的名称、书号、刊号或者版号、版面，并不得出租本单位的名称、刊号。

出版单位及其从业人员不得利用出版活动谋取其他不正当利益。

第二十二条　出版单位应当按照国家有关规定向国家图书馆、中国版本图书馆和国务院出版行政主管部门免费送交样本。

第三章　出版物的出版

第二十三条　公民可以依照本条例规定，在出版物上自由表达自己对国家事务、经济和文化事业、社会事务的见解和意愿，自由发表自己从事科学研究、文学艺术创作和其他文化活动的成果。

合法出版物受法律保护，任何组织和个人不得非法干扰、阻止、破坏出版物的出版。

第二十四条　出版单位实行编辑责任制度，保障出版物刊载的内容符合本条例的规定。

第二十五条　任何出版物不得含有下列内容：

（一）反对宪法确定的基本原则的；

（二）危害国家统一、主权和领土完整的；

（三）泄露国家秘密、危害国家安全或者损害国家荣誉和利益的；

（四）煽动民族仇恨、民族歧视，破坏民族团结，或者侵害民族风俗、习惯的；

（五）宣扬邪教、迷信的；

（六）扰乱社会秩序，破坏社会稳定的；

（七）宣扬淫秽、赌博、暴力或者教唆犯罪的；

（八）侮辱或者诽谤他人，侵害他人合法权益的；

（九）危害社会公德或者民族优秀文化传统的；

（十）有法律、行政法规和国家规定禁止的其他内容的。

第二十六条　以未成年人为对象的出版物不得含有诱发未成年人模仿违反社会公德的行为和违法犯罪的行为的内容，不得含有恐怖、残酷等妨害未成年人身心健康的内容。

第二十七条　出版物的内容不真实或者不公正，致使公民、法人或者其他组织的合法权益受到侵害的，其出版单位应当公开更正，消除影响，并依法承担其他民事责任。

报纸、期刊发表的作品内容不真实或者不公正，致使公民、法人或者其他组织的合法权益受到侵害的，当事人有权要求有关出版单位更正或者答辩，有关出版单位应当在其近期出版的报纸、期刊上予以发表；拒绝发表的，当事人可以向人民法院提起诉讼。

第二十八条　出版物必须按照国家的有关规定载明作者、出版者、印刷者或者复制者、发行者的名称、地址，书号、刊号或者版号，在版编目数据，出版日期、刊期以及其他有关事项。

出版物的规格、开本、版式、装帧、校对等必须符合国家标准和规范要求，保证出版物的质量。

出版物使用语言文字必须符合国家法律规定和有关标准、规范。

第二十九条　任何单位和个人不得伪造、假冒出版单位名称或者报纸、期刊名称出版出版物。

第三十条　中学小学教科书由国务院教育行政主管部门审定；其出版、发行单位应当具有适应教科书出版、发行业务需要的资金、组织机构和人员等条件，并取得国务院出版行政主管部门批准的教科书出版、发行资质。纳入政府采购范围的中学小学教科书，其发行单位按照《中华人民共和国政府采购法》的有关规定确定。其他任何单位或者个人不得从事中学小学教科书的出版、发行业务。

第四章　出版物的印刷或者复制和发行

第三十一条　从事出版物印刷或者复制业务的单位，应当向所在地省、自治区、直辖市人民政府出版行政主管部门提出申请，经审核许可，并依照国家有关规定到工商行政管理部门办理相关手续后，方可从事出版物的印刷或者复制。

未经许可并办理相关手续的，不得印刷报纸、期刊、图书，不得复制音像制品、电子出版物。

第三十二条　出版单位不得委托未取得出版物印刷或者复制许可的单位印刷或者复制出版物。

出版单位委托印刷或者复制单位印刷或者复制出版物的，必须提供符合国家规定的印刷或者复制出版物的有关证明，并依法与印刷或者复制单位签订合同。

印刷或者复制单位不得接受非出版单位和个人的委托印刷报纸、期刊、图书或者复制音像制品、电子出版物，不得擅自印刷、发行报纸、期刊、图书或者复制、发行音像制品、电子出版物。

第三十三条　印刷或者复制单位经所在地省、自治区、直辖市人民政府出版行政主管部门批准，可以承接境外出版物的印刷或者复制业务；但是，印刷或者复制的境外出版物必须全部运输出境，不得在境内发行。

境外委托印刷或者复制的出版物的内容，应当经省、自治区、直辖市人民政府出版行政主管部门审核。委托人应当持有著作权人授权书，并向著作权行政管理部门登记。

第三十四条　印刷或者复制单位应当自完成出版物的印刷或者复制之日起2年内，留存一份承接的出版物样本备查。

第三十五条　单位从事出版物批发业务的，须经省、自治区、直辖市人民政府出版行政主管部门审核许可，取得《出版物经营许可证》。

单位和个体工商户从事出版物零售业务的，须经县级人民政府出版行政主管部门审核许可，取得《出版物经营许可证》。

第三十六条　通过互联网等信息网络从事出版物发行业务的单位或者个体工商户，应当依照本条例规定取得《出版物经营许可证》。

提供网络交易平台服务的经营者应当对申请通过网络交易平台从事出版物发行业务的单位或者个体工商户的经营主体身份进行审查，验证其《出版物经营许可证》。

第三十七条　从事出版物发行业务的单位和个体工商户变更《出版物经营许可证》登记事项，或者兼并、合并、分立的，应当依照本条例第三十五条的规定办理审批手续。

从事出版物发行业务的单位和个体工商户终止经营活动的，应当向原批准的出版行政主管部门备案。

第三十八条　出版单位可以发行本出版单位出版的出版物，不得发行其他出版单位出版的出版物。

第三十九条　国家允许设立从事图书、报纸、期刊、电子出版物发行业务的外商投资企业。

第四十条 印刷或者复制单位、发行单位或者个体工商户不得印刷或者复制、发行有下列情形之一的出版物：

（一）含有本条例第二十五条、第二十六条禁止内容的；

（二）非法进口的；

（三）伪造、假冒出版单位名称或者报纸、期刊名称的；

（四）未署出版单位名称的；

（五）中学小学教科书未经依法审定的；

（六）侵犯他人著作权的。

第五章 出版物的进口

第四十一条 出版物进口业务，由依照本条例设立的出版物进口经营单位经营；其他单位和个人不得从事出版物进口业务。

第四十二条 设立出版物进口经营单位，应当具备下列条件：

（一）有出版物进口经营单位的名称、章程；

（二）有符合国务院出版行政主管部门认定的主办单位及其主管机关；

（三）有确定的业务范围；

（四）具有进口出版物内容审查能力；

（五）有与出版物进口业务相适应的资金；

（六）有固定的经营场所；

（七）法律、行政法规和国家规定的其他条件。

第四十三条 设立出版物进口经营单位，应当向国务院出版行政主管部门提出申请，经审查批准，取得国务院出版行政主管部门核发的出版物进口经营许可证后，持证到工商行政管理部门依法领取营业执照。

设立出版物进口经营单位，还应当依照对外贸易法律、行政法规的规定办理相应手续。

第四十四条 出版物进口经营单位变更名称、业务范围、资本结构、主办单位或者其主管机关，合并或者分立，设立分支机构，应当依照本条例第四十二条、第四十三条的规定办理审批手续，并持批准文件到工商行政管理部门办理相应的登记手续。

第四十五条 出版物进口经营单位进口的出版物，不得含有本条例第二十五条、第二十六条禁止的内容。

出版物进口经营单位负责对其进口的出版物进行内容审查。省级以上人民政府出版行政主管部门可以对出版物进口经营单位进口的出版物直接进行内容审查。出版物进口经营单位无法判断其进口的出版物是否含有本条例第二十五条、第二十六条禁止内容的，可以请求省级以上人民政府出版行政主管部门进行内容审查。省级以上人民政府出版行政主管部门应出版物进口经营单位的请求，对其进口的出版物进行内容审查的，可以按照国务院价格主管部门批准的标准收取费用。

国务院出版行政主管部门可以禁止特定出版物的进口。

第四十六条 出版物进口经营单位应当在进口出版物前将拟进口的出版物目录报省级

以上人民政府出版行政主管部门备案；省级以上人民政府出版行政主管部门发现有禁止进口的或者暂缓进口的出版物的，应当及时通知出版物进口经营单位并通报海关。对通报禁止进口或者暂缓进口的出版物，出版物进口经营单位不得进口，海关不得放行。

出版物进口备案的具体办法由国务院出版行政主管部门制定。

第四十七条 发行进口出版物的，必须从依法设立的出版物进口经营单位进货。

第四十八条 出版物进口经营单位在境内举办境外出版物展览，必须报经国务院出版行政主管部门批准。未经批准，任何单位和个人不得举办境外出版物展览。

依照前款规定展览的境外出版物需要销售的，应当按照国家有关规定办理相关手续。

第六章　监督与管理

第四十九条 出版行政主管部门应当加强对本行政区域内出版单位出版活动的日常监督管理；出版单位的主办单位及其主管机关对所属出版单位出版活动负有直接管理责任，并应当配合出版行政主管部门督促所属出版单位执行各项管理规定。

出版单位和出版物进口经营单位应当按照国务院出版行政主管部门的规定，将从事出版活动和出版物进口活动的情况向出版行政主管部门提出书面报告。

第五十条 出版行政主管部门履行下列职责：

（一）对出版物的出版、印刷、复制、发行、进口单位进行行业监管，实施准入和退出管理；

（二）对出版活动进行监管，对违反本条例的行为进行查处；

（三）对出版物内容和质量进行监管；

（四）根据国家有关规定对出版从业人员进行管理。

第五十一条 出版行政主管部门根据有关规定和标准，对出版物的内容、编校、印刷或者复制、装帧设计等方面质量实施监督检查。

第五十二条 国务院出版行政主管部门制定出版单位综合评估办法，对出版单位分类实施综合评估。

出版物的出版、印刷或者复制、发行和进口经营单位不再具备行政许可的法定条件的，由出版行政主管部门责令限期改正；逾期仍未改正的，由原发证机关撤销行政许可。

第五十三条 国家对在出版单位从事出版专业技术工作的人员实行职业资格制度；出版专业技术人员通过国家专业技术人员资格考试取得专业技术资格。具体办法由国务院人力资源社会保障主管部门、国务院出版行政主管部门共同制定。

第七章　保障与奖励

第五十四条 国家制定有关政策，保障、促进出版产业和出版事业的发展与繁荣。

第五十五条 国家支持、鼓励下列优秀的、重点的出版物的出版：

（一）对阐述、传播宪法确定的基本原则有重大作用的；

（二）对弘扬社会主义核心价值体系，在人民中进行爱国主义、集体主义、社会主义和民族团结教育以及弘扬社会公德、职业道德、家庭美德有重要意义的；

（三）对弘扬民族优秀文化，促进国际文化交流有重大作用的；

（四）对推进文化创新，及时反映国内外新的科学文化成果有重大贡献的；

（五）对服务农业、农村和农民，促进公共文化服务有重大作用的；

（六）其他具有重要思想价值、科学价值或者文化艺术价值的。

第五十六条 国家对教科书的出版发行，予以保障。

国家扶持少数民族语言文字出版物和盲文出版物的出版发行。

国家对在少数民族地区、边疆地区、经济不发达地区和在农村发行出版物，实行优惠政策。

第五十七条 报纸、期刊交由邮政企业发行的，邮政企业应当保证按照合同约定及时、准确发行。

承运出版物的运输企业，应当对出版物的运输提供方便。

第五十八条 对为发展、繁荣出版产业和出版事业作出重要贡献的单位和个人，按照国家有关规定给予奖励。

第五十九条 对非法干扰、阻止和破坏出版物出版、印刷或者复制、进口、发行的行为，县级以上各级人民政府出版行政主管部门及其他有关部门，应当及时采取措施，予以制止。

第八章 法 律 责 任

第六十条 出版行政主管部门或者其他有关部门的工作人员，利用职务上的便利收受他人财物或者其他好处，批准不符合法定条件的申请人取得许可证、批准文件，或者不履行监督职责，或者发现违法行为不予查处，造成严重后果的，依法给予降级直至开除的处分；构成犯罪的，依照刑法关于受贿罪、滥用职权罪、玩忽职守罪或者其他罪的规定，依法追究刑事责任。

第六十一条 未经批准，擅自设立出版物的出版、印刷或者复制、进口单位，或者擅自从事出版物的出版、印刷或者复制、进口、发行业务，假冒出版单位名称或者伪造、假冒报纸、期刊名称出版出版物的，由出版行政主管部门、工商行政管理部门依照法定职权予以取缔；依照刑法关于非法经营罪的规定，依法追究刑事责任；尚不够刑事处罚的，没收出版物、违法所得和从事违法活动的专用工具、设备，违法经营额 1 万元以上的，并处违法经营额 5 倍以上 10 倍以下的罚款，违法经营额不足 1 万元的，可以处 5 万元以下的罚款；侵犯他人合法权益的，依法承担民事责任。

第六十二条 有下列行为之一，触犯刑律的，依照刑法有关规定，依法追究刑事责任；尚不够刑事处罚的，由出版行政主管部门责令限期停业整顿，没收出版物、违法所得，违法经营额 1 万元以上的，并处违法经营额 5 倍以上 10 倍以下的罚款；违法经营额不足 1 万元的，可以处 5 万元以下的罚款；情节严重的，由原发证机关吊销许可证：

（一）出版、进口含有本条例第二十五条、第二十六条禁止内容的出版物的；

（二）明知或者应知出版物含有本条例第二十五条、第二十六条禁止内容而印刷或者复制、发行的；

（三）明知或者应知他人出版含有本条例第二十五条、第二十六条禁止内容的出版物而向其出售或者以其他形式转让本出版单位的名称、书号、刊号、版号、版面，或者出租本单位的名称、刊号的。

第六十三条 有下列行为之一的，由出版行政主管部门责令停止违法行为，没收出版物、违法所得，违法经营额 1 万元以上的，并处违法经营额 5 倍以上 10 倍以下的罚款；违法经营额不足 1 万元的，可以处 5 万元以下的罚款；情节严重的，责令限期停业整顿或者由原发证机关吊销许可证：

（一）进口、印刷或者复制、发行国务院出版行政主管部门禁止进口的出版物的；

（二）印刷或者复制走私的境外出版物的；

（三）发行进口出版物未从本条例规定的出版物进口经营单位进货的。

第六十四条 走私出版物的，依照刑法关于走私罪的规定，依法追究刑事责任；尚不够刑事处罚的，由海关依照海关法的规定给予行政处罚。

第六十五条 有下列行为之一的，由出版行政主管部门没收出版物、违法所得，违法经营额 1 万元以上的，并处违法经营额 5 倍以上 10 倍以下的罚款；违法经营额不足 1 万元的，可以处 5 万元以下的罚款；情节严重的，责令限期停业整顿或者由原发证机关吊销许可证：

（一）出版单位委托未取得出版物印刷或者复制许可的单位印刷或者复制出版物的；

（二）印刷或者复制单位未取得印刷或者复制许可而印刷或者复制出版物的；

（三）印刷或者复制单位接受非出版单位和个人的委托印刷或者复制出版物的；

（四）印刷或者复制单位未履行法定手续印刷或者复制境外出版物的，印刷或者复制的境外出版物没有全部运输出境的；

（五）印刷或者复制单位、发行单位或者个体工商户印刷或者复制、发行未署出版单位名称的出版物的；

（六）印刷或者复制单位、发行单位或者个体工商户印刷或者复制、发行伪造、假冒出版单位名称或者报纸、期刊名称的出版物的；

（七）出版、印刷、发行单位出版、印刷、发行未经依法审定的中学小学教科书，或者非依照本条例规定确定的单位从事中学小学教科书的出版、发行业务的。

第六十六条 出版单位有下列行为之一的，由出版行政主管部门责令停止违法行为，给予警告，没收违法经营的出版物、违法所得，违法经营额 1 万元以上的，并处违法经营额 5 倍以上 10 倍以下的罚款；违法经营额不足 1 万元的，可以处 5 万元以下的罚款；情节严重的，责令限期停业整顿或者由原发证机关吊销许可证：

（一）出售或者以其他形式转让本出版单位的名称、书号、刊号、版号、版面，或者出租本单位的名称、刊号的；

（二）利用出版活动谋取其他不正当利益的。

第六十七条 有下列行为之一的，由出版行政主管部门责令改正，给予警告；情节严重的，责令限期停业整顿或者由原发证机关吊销许可证：

（一）出版单位变更名称、主办单位或者其主管机关、业务范围，合并或者分立，出版新的报纸、期刊，或者报纸、期刊改变名称，以及出版单位变更其他事项，未依照本条例的规定到出版行政主管部门办理审批、变更登记手续的；

（二）出版单位未将其年度出版计划和涉及国家安全、社会安定等方面的重大选题备案的；

（三）出版单位未依照本条例的规定送交出版物的样本的；

（四）印刷或者复制单位未依照本条例的规定留存备查的材料的；

（五）出版进口经营单位未将其进口的出版物目录报送备案的；

（六）出版单位擅自中止出版活动超过 180 日的；

（七）出版物发行单位、出版物进口经营单位未依照本条例的规定办理变更审批手续的；

（八）出版物质量不符合有关规定和标准的。

第六十八条 未经批准，举办境外出版物展览的，由出版行政主管部门责令停止违法行为，没收出版物、违法所得；情节严重的，责令限期停业整顿或者由原发证机关吊销许可证。

第六十九条 印刷或者复制、批发、零售、出租、散发含有本条例第二十五条、第二十六条禁止内容的出版物或者其他非法出版物的，当事人对非法出版物的来源作出说明、指认，经查证属实的，没收出版物、违法所得，可以减轻或者免除其他行政处罚。

第七十条 单位违反本条例被处以吊销许可证行政处罚的，其法定代表人或者主要负责人自许可证被吊销之日起 10 年内不得担任出版、印刷或者复制、进口、发行单位的法定代表人或者主要负责人。

出版从业人员违反本条例规定，情节严重的，由原发证机关吊销其资格证书。

第七十一条 依照本条例的规定实施罚款的行政处罚，应当依照有关法律、行政法规的规定，实行罚款决定与罚款收缴分离；收缴的罚款必须全部上缴国库。

第九章 附　则

第七十二条 行政法规对音像制品和电子出版物的出版、复制、进口、发行另有规定的，适用其规定。

接受境外机构或者个人赠送出版物的管理办法、订户订购境外出版物的管理办法、网络出版审批和管理办法，由国务院出版行政主管部门根据本条例的原则另行制定。

第七十三条 本条例自 2002 年 2 月 1 日起施行。1997 年 1 月 2 日国务院发布的《出版管理条例》同时废止。

附录二：

出版物市场管理规定

（2016 年 4 月 26 日国家新闻出版广电总局局务会议通过、并经商务部同意，自 2016 年 6 月 1 日起施行）

第一章　总　　则

第一条　为规范出版物发行活动及其监督管理，建立全国统一开放、竞争有序的出版物市场体系，满足人民群众精神文化需求，推进社会主义文化强国建设，根据《出版管理条例》和有关法律、行政法规，制定本规定。

第二条　本规定适用于出版物发行活动及其监督管理。本规定所称出版物，是指图书、报纸、期刊、音像制品、电子出版物。

本规定所称发行，包括批发、零售以及出租、展销等活动。

批发是指供货商向其他出版物经营者销售出版物。

零售是指经营者直接向消费者销售出版物。

出租是指经营者以收取租金的形式向消费者提供出版物。

展销是指主办者在一定场所、时间内组织出版物经营者集中展览、销售、订购出版物。

第三条　国家对出版物批发、零售依法实行许可制度。从事出版物批发、零售活动的单位和个人凭出版物经营许可证开展出版物批发、零售活动；未经许可，任何单位和个人不得从事出版物批发、零售活动。

任何单位和个人不得委托非出版物批发、零售单位或者个人销售出版物或者代理出版物销售业务。

第四条　国家新闻出版广电总局负责全国出版物发行活动的监督管理，负责制定全国出版物发行业发展规划。

省、自治区、直辖市人民政府出版行政主管部门负责本行政区域内出版物发行活动的监督管理，制定本省、自治区、直辖市出版物发行业发展规划。省级以下各级人民政府出版行政主管部门负责本行政区域内出版物发行活动的监督管理。

制定出版物发行业发展规划须经科学论证，遵循合法公正、符合实际、促进发展的原则。

第五条　国家保障、促进发行业的发展与转型升级，扶持实体书店、农村发行网点、发行物流体系、发行业信息化建设等，推动网络发行等新兴业态发展，推动发行业与其他相关产业融合发展。对为发行业发展作出重要贡献的单位和个人，按照国家有关规定给予奖励。

第六条 发行行业的社会团体按照其章程，在出版行政主管部门的指导下，实行自律管理。

第二章　申请从事出版物发行业务

第七条 单位从事出版物批发业务，应当具备下列条件：

（一）已完成工商注册登记，具有法人资格；

（二）工商登记经营范围含出版物批发业务；

（三）有与出版物批发业务相适应的设备和固定的经营场所，经营场所面积合计不少于 50 平方米；

（四）具备健全的管理制度并具有符合行业标准的信息管理系统。

本规定所称经营场所，是指企业在工商行政主管部门注册登记的住所。

第八条 单位申请从事出版物批发业务，可向所在地地市级人民政府出版行政主管部门提交申请材料，地市级人民政府出版行政主管部门在接受申请材料之日起 10 个工作日内完成审核，审核后报省、自治区、直辖市人民政府出版行政主管部门审批；申请单位也可直接报所在地省、自治区、直辖市人民政府出版行政主管部门审批。

省、自治区、直辖市人民政府出版行政主管部门自受理申请之日起 20 个工作日内作出批准或者不予批准的决定。批准的，由省、自治区、直辖市人民政府出版行政主管部门颁发出版物经营许可证，并报国家新闻出版广电总局备案。不予批准的，应当向申请人书面说明理由。

申请材料包括下列书面材料：

（一）营业执照正副本复印件；

（二）申请书，载明单位基本情况及申请事项；

（三）企业章程；

（四）注册资本数额、来源及性质证明；

（五）经营场所情况及使用权证明；

（六）法定代表人及主要负责人的身份证明；

（七）企业信息管理系统情况的证明材料。

第九条 单位、个人从事出版物零售业务，应当具备下列条件：

（一）已完成工商注册登记；

（二）工商登记经营范围含出版物零售业务；

（三）有固定的经营场所。

第十条 单位、个人申请从事出版物零售业务，须报所在地县级人民政府出版行政主管部门审批。

县级人民政府出版行政主管部门应当自受理申请之日起 20 个工作日内作出批准或者不予批准的决定。批准的，由县级人民政府出版行政主管部门颁发出版物经营许可证，并报上一级出版行政主管部门备案；其中门店营业面积在 5000 平方米以上的应同时报省级人民政府出版行政主管部门备案。不予批准的，应当向申请单位、个人书面说明理由。

申请材料包括下列书面材料：

（一）营业执照正副本复印件；

（二）申请书，载明单位或者个人基本情况及申请事项；

（三）经营场所的使用权证明。

第十一条 单位从事中小学教科书发行业务，应取得国家新闻出版广电总局批准的中小学教科书发行资质，并在批准的区域范围内开展中小学教科书发行活动。单位从事中小学教科书发行业务，应当具备下列条件：

（一）以出版物发行为主营业务的公司制法人；

（二）有与中小学教科书发行业务相适应的组织机构和发行人员；

（三）有能够保证中小学教科书储存质量要求的、与其经营品种和规模相适应的储运能力，在拟申请从事中小学教科书发行业务的省、自治区、直辖市、计划单列市的仓储场所面积在 5000 平方米以上，并有与中小学教科书发行相适应的自有物流配送体系；

（四）有与中小学教科书发行业务相适应的发行网络。在拟申请从事中小学教科书发行业务的省、自治区、直辖市、计划单列市的企业所属出版物发行网点覆盖不少于当地 70%的县（市、区），且以出版物零售为主营业务，具备相应的中小学教科书储备、调剂、添货、零售及售后服务能力；

（五）具备符合行业标准的信息管理系统；

（六）具有健全的管理制度及风险防控机制和突发事件处置能力；

（七）从事出版物批发业务五年以上。最近三年内未受到出版行政主管部门行政处罚，无其他严重违法违规记录。

（八）审批中小学教科书发行资质，除依照前款所列条件外，还应当符合国家关于中小学教科书发行单位的结构、布局宏观调控和规划。

第十二条 单位申请从事中小学教科书发行业务，须报国家新闻出版广电总局审批。

国家新闻出版广电总局应当自受理之日起 20 个工作日内作出批准或者不予批准的决定。批准的，由国家新闻出版广电总局作出书面批复并颁发中小学教科书发行资质证。不予批准的，应当向申请单位书面说明理由。

（一）申请材料包括下列书面材料：

（二）申请书，载明单位基本情况及申请事项；

（三）企业章程；

（四）出版物经营许可证和企业法人营业执照正副本复印件；

（五）法定代表人及主要负责人的身份证明，有关发行人员的资质证明；

（六）最近三年的企业法人年度财务会计报告及证明企业信誉的有关材料；

（七）经营场所、发行网点和储运场所的情况及使用权证明；

（八）企业信息管理系统情况的证明材料；

（九）企业发行中小学教科书过程中能够提供的服务和相关保障措施；

（十）企业法定代表人签署的企业依法经营中小学教科书发行业务的承诺书；

（十一）拟申请从事中小学教科书发行业务的省、自治区、直辖市、计划单列市人民政府出版行政主管部门对企业基本信息、经营状况、储运能力、发行网点等的核实意见；

（十二）其他需要的证明材料。

第十三条 单位、个人从事出版物出租业务，应当于取得营业执照后 15 日内到当地县级人民政府出版行政主管部门备案。

备案材料包括下列书面材料：

（一）营业执照正副本复印件；

（二）经营场所情况；

（三）法定代表人或者主要负责人情况。

相关出版行政主管部门应在 10 个工作日内向申请备案单位、个人出具备案回执。

第十四条 国家允许外商投资企业从事出版物发行业务。

设立外商投资出版物发行企业或者外商投资企业从事出版物发行业务，申请人应向地方商务主管部门报送拟设立外商投资出版物发行企业的合同、章程，办理外商投资审批手续。地方商务主管部门在征得出版行政主管部门同意后，按照有关法律、法规的规定，作出批准或者不予批准的决定。予以批准的，颁发外商投资企业批准证书，并在经营范围后加注"凭行业经营许可开展"；不予批准的，书面通知申请人并说明理由。

申请人持外商投资企业批准证书到所在地工商行政主管部门办理营业执照或者在营业执照企业经营范围后加注相关内容，并按照本规定第七条至第十条及第十三条的有关规定到所在地出版行政主管部门履行审批或备案手续。

第十五条 单位、个人通过互联网等信息网络从事出版物发行业务的，应当依照本规定第七条至第十条的规定取得出版物经营许可证。

已经取得出版物经营许可证的单位、个人在批准的经营范围内通过互联网等信息网络从事出版物发行业务的，应自开展网络发行业务后 15 日内到原批准的出版行政主管部门备案。

备案材料包括下列书面材料：

（一）出版物经营许可证和营业执照正副本复印件；

（二）单位或者个人基本情况；

（三）从事出版物网络发行所依托的信息网络的情况。

相关出版行政主管部门应在 10 个工作日内向备案单位、个人出具备案回执。

第十六条 书友会、读者俱乐部或者其他类似组织申请从事出版物零售业务，按照本规定第九条、第十条的有关规定到所在地出版行政主管部门履行审批手续。

第十七条 从事出版物发行业务的单位、个人可在原发证机关所辖行政区域一定地点设立临时零售点开展其业务范围内的出版物销售活动。设立临时零售点时间不得超过 10 日，应提前到设点所在地县级人民政府出版行政主管部门备案并取得备案回执，并应遵守所在地其他有关管理规定。

备案材料包括下列书面材料：

（一）出版物经营许可证和营业执照正副本复印件；

（二）单位、个人基本情况；

（三）设立临时零售点的地点、时间、销售出版物品种；

（四）其他相关部门批准设立临时零售点的材料。

第十八条 出版物批发单位可以从事出版物零售业务。

出版物批发、零售单位设立不具备法人资格的发行分支机构，或者出版单位设立发行本版出版物的不具备法人资格的发行分支机构，不需单独办理出版物经营许可证，但应依法办理分支机构工商登记，并于领取营业执照后 15 日内到原发证机关和分支机构所在地出版行政主管部门备案。

备案材料包括下列书面材料：

（一）出版物经营许可证或者出版单位的出版许可证及分支机构营业执照正副本复印件；

（二）单位基本情况；

（三）单位设立不具备法人资格的发行分支机构的经营场所、经营范围等情况。

相关出版行政主管部门应在 10 个工作日内向备案单位、个人出具备案回执。

第十九条 从事出版物发行业务的单位、个人变更出版物经营许可证登记事项，或者兼并、合并、分立的，应当依照本规定到原批准的出版行政主管部门办理审批手续。出版行政主管部门自受理申请之日起 20 个工作日内作出批准或者不予批准的决定。批准的，由出版行政主管部门换发出版物经营许可证；不予批准的，应当向申请单位、个人书面说明理由。

申请材料包括下列书面材料：

（一）出版物经营许可证和营业执照正副本复印件；

（二）申请书，载明单位或者个人基本情况及申请变更事项；

（三）其他需要的证明材料。

从事出版物发行业务的单位、个人终止经营活动的，应当于 15 日内持出版物经营许可证和营业执照向原批准的出版行政主管部门备案，由原批准的出版行政主管部门注销出版物经营许可证。

第三章 出版物发行活动管理

第二十条 任何单位和个人不得发行下列出版物：

（一）含有《出版管理条例》禁止内容的违禁出版物；

（二）各种非法出版物，包括：未经批准擅自出版、印刷或者复制的出版物，伪造、假冒出版单位或者报刊名称出版的出版物，非法进口的出版物；

（三）侵犯他人著作权或者专有出版权的出版物；

（四）出版行政主管部门明令禁止出版、印刷或者复制、发行的出版物。

第二十一条 内部发行的出版物不得公开宣传、陈列、展示、征订、销售或面向社会公众发送。

第二十二条 从事出版物发行业务的单位和个人在发行活动中应当遵循公平、守法、诚实、守信的原则，依法订立供销合同，不得损害消费者的合法权益。

从事出版物发行业务的单位、个人，必须遵守下列规定：

（一）从依法取得出版物批发、零售资质的出版发行单位进货；发行进口出版物的，须从依法设立的出版物进口经营单位进货；

（二）不得超出出版行政主管部门核准的经营范围经营；

（三）不得张贴、散发、登载有法律、法规禁止内容的或者有欺诈性文字、与事实不符的征订单、广告和宣传画；

（四）不得擅自更改出版物版权页；

（五）出版物经营许可证应在经营场所明显处张挂；利用信息网络从事出版物发行业务的，应在其网站主页面或者从事经营活动的网页醒目位置公开出版物经营许可证和营业执照登载的有关信息或链接标识；

（六）不得涂改、变造、出租、出借、出售或者以其他任何形式转让出版物经营许可证和批准文件。

第二十三条 从事出版物发行业务的单位、个人，应查验供货单位的出版物经营许可证并留存复印件或电子文件，并将出版物发行进销货清单等有关非财务票据至少保存两年，以备查验。

进销货清单应包括进销出版物的名称、数量、折扣、金额以及发货方和进货方单位公章（签章）。

第二十四条 出版物发行从业人员应接受出版行政主管部门组织的业务培训。出版物发行单位应建立职业培训制度，积极组织本单位从业人员参加依法批准的职业技能鉴定机构实施的发行员职业技能鉴定。

第二十五条 出版单位可以发行本出版单位出版的出版物。发行非本出版单位出版的出版物的，须按照从事出版物发行业务的有关规定办理审批手续。

第二十六条 为出版物发行业务提供服务的网络交易平台应向注册地省、自治区、直辖市人民政府出版行政主管部门备案，接受出版行政主管部门的指导与监督管理。

备案材料包括下列书面材料：

（一）营业执照正副本复印件；

（二）单位基本情况；

（三）网络交易平台的基本情况。

省、自治区、直辖市人民政府出版行政主管部门应于10个工作日内向备案的网络交易平台出具备案回执。

提供出版物发行网络交易平台服务的经营者，应当对申请通过网络交易平台从事出版物发行业务的经营主体身份进行审查，核实经营主体的营业执照、出版物经营许可证，并留存证照复印件或电子文档备查。不得向无证无照、证照不齐的经营者提供网络交易平台服务。

为出版物发行业务提供服务的网络交易平台经营者应建立交易风险防控机制，保留平台内从事出版物发行业务经营主体的交易记录两年以备查验。对在网络交易平台内从事各类违法出版物发行活动的，应当采取有效措施予以制止，并及时向所在地出版行政主管部门报告。

第二十七条 省、自治区、直辖市出版行政主管部门和全国性出版、发行行业协会，可以主办全国性的出版物展销活动和跨省专业性出版物展销活动。主办单位应提前2个月报国家新闻出版广电总局备案。

市、县级出版行政主管部门和省级出版、发行协会可以主办地方性的出版物展销活动。主办单位应提前2个月报上一级出版行政主管部门备案。

备案材料包括下列书面材料：

（一）展销活动主办单位；

（二）展销活动时间、地点；

（三）展销活动的场地、参展单位、展销出版物品种、活动筹备等情况。

第二十八条 从事中小学教科书发行业务，必须遵守下列规定：

从事中小学教科书发行业务的单位必须具备中小学教科书发行资质；

纳入政府采购范围的中小学教科书，其发行单位须按照《中华人民共和国政府采购法》的有关规定确定；

按照教育行政主管部门和学校选定的中小学教科书，在规定时间内完成发行任务，确保"课前到书，人手一册"。因自然灾害等不可抗力导致中小学教科书发行受到影响的，应及时采取补救措施，并报告所在地出版行政和教育行政主管部门；

（一）不得在中小学教科书发行过程中擅自征订、搭售教学用书目录以外的出版物；

（二）不得将中小学教科书发行任务向他人转让和分包；

（三）不得涂改、倒卖、出租、出借中小学教科书发行资质证书；

（四）中小学教科书发行费率按照国家有关规定执行，不得违反规定收取发行费用；

（五）做好中小学教科书的调剂、添货、零售和售后服务等相关工作；

（六）应于发行任务完成后 30 个工作日内向国家新闻出版广电总局和所在地省级出版行政主管部门书面报告中小学教科书发行情况。

中小学教科书出版单位应在规定时间内向依法确定的中小学教科书发行单位足量供货，不得向不具备中小学教科书发行资质的单位供应中小学教科书。

第二十九条 任何单位、个人不得从事本规定第二十条所列出版物的征订、储存、运输、邮寄、投递、散发、附送等活动。

从事出版物储存、运输、投递等活动，应当接受出版行政主管部门的监督检查。

第三十条 从事出版物发行业务的单位、个人应当按照出版行政主管部门的规定接受年度核验，并按照《中华人民共和国统计法》《新闻出版统计管理办法》及有关规定如实报送统计资料，不得以任何借口拒报、迟报、虚报、瞒报以及伪造和篡改统计资料。

出版物发行单位、个人不再具备行政许可的法定条件的，由出版行政主管部门责令限期改正；逾期仍未改正的，由原发证机关撤销出版物经营许可证。

中小学教科书发行单位不再具备中小学教科书发行资质的法定条件的，由出版行政主管部门责令限期改正；逾期仍未改正的，由原发证机关撤销中小学教科书发行资质证。

第四章 法 律 责 任

第三十一条 未经批准，擅自从事出版物发行业务的，依照《出版管理条例》第六十一条处罚。

第三十二条 发行违禁出版物的，依照《出版管理条例》第六十二条处罚。

发行国家新闻出版广电总局禁止进口的出版物，或者发行未从依法批准的出版物进口经营单位进货的进口出版物，依照《出版管理条例》第六十三条处罚。

发行其他非法出版物和出版行政主管部门明令禁止出版、印刷或者复制、发行的出版物的，依照《出版管理条例》第六十五条处罚。

发行违禁出版物或者非法出版物的，当事人对其来源作出说明、指认，经查证属实的，没收出版物和非法所得，可以减轻或免除其他行政处罚。

第三十三条 违反本规定发行侵犯他人著作权或者专有出版权的出版物的，依照《中华人民共和国著作权法》和《中华人民共和国著作权法实施条例》的规定处罚。

第三十四条 在中小学教科书发行过程中违反本规定，有下列行为之一的，依照《出版管理条例》第六十五条处罚：

（一）发行未经依法审定的中小学教科书的；

（二）不具备中小学教科书发行资质的单位从事中小学教科书发行活动的；

（三）未按照《中华人民共和国政府采购法》有关规定确定的单位从事纳入政府采购范围的中小学教科书发行活动的。

第三十五条 出版物发行单位未依照规定办理变更审批手续的，依照《出版管理条例》第六十七条处罚。

第三十六条 单位、个人违反本规定被吊销出版物经营许可证的，其法定代表人或者主要负责人自许可证被吊销之日起 10 年内不得担任发行单位的法定代表人或者主要负责人。

第三十七条 违反本规定，有下列行为之一的，由出版行政主管部门责令停止违法行为，予以警告，并处 3 万元以下罚款：

（一）未能提供近两年的出版物发行进销货清单等有关非财务票据或者清单、票据未按规定载明有关内容的；

（二）超出出版行政主管部门核准的经营范围经营的；

（三）张贴、散发、登载有法律、法规禁止内容的或者有欺诈性文字、与事实不符的征订单、广告和宣传画的；

（四）擅自更改出版物版权页的；

（五）出版物经营许可证未在经营场所明显处张挂或者未在网页醒目位置公开出版物经营许可证和营业执照登载的有关信息或者链接标识的；

（六）出售、出借、出租、转让或者擅自涂改、变造出版物经营许可证的；

（七）公开宣传、陈列、展示、征订、销售或者面向社会公众发送规定应由内部发行的出版物的；

（八）委托无出版物批发、零售资质的单位或者个人销售出版物或者代理出版物销售业务的；

（九）未从依法取得出版物批发、零售资质的出版发行单位进货的；

（十）提供出版物网络交易平台服务的经营者未按本规定履行有关审查及管理责任的；

（十一）应按本规定进行备案而未备案的；

（十二）不按规定接受年度核验的。

第三十八条 在中小学教科书发行过程中违反本规定，有下列行为之一的，由出版行政主管部门责令停止违法行为，予以警告，并处 3 万元以下罚款：

（一）擅自调换已选定的中小学教科书的；

（二）擅自征订、搭售教学用书目录以外的出版物的；

（三）擅自将中小学教科书发行任务向他人转让和分包的；

（四）涂改、倒卖、出租、出借中小学教科书发行资质证书的；

（五）未在规定时间内完成中小学教科书发行任务的；

（六）违反国家有关规定收取中小学教科书发行费用的；

（七）未按规定做好中小学教科书的调剂、添货、零售和售后服务的；

（八）未按规定报告中小学教科书发行情况的；

（九）出版单位向不具备中小学教科书发行资质的单位供应中小学教科书的；

（十）出版单位未在规定时间内向依法确定的中小学教科书发行企业足量供货的；

（十一）在中小学教科书发行过程中出现重大失误，或者存在其他干扰中小学教科书发行活动行为的。

第三十九条　征订、储存、运输、邮寄、投递、散发、附送本规定第二十条所列出版物的，按照本规定第三十二条进行处罚。

第四十条　未按本规定第三十条报送统计资料的，按照《新闻出版统计管理办法》有关规定处理。

第五章　附　　则

第四十一条　允许香港、澳门永久性居民中的中国公民依照内地有关法律、法规和行政规章，在内地各省、自治区、直辖市设立从事出版物零售业务的个体工商户，无需经过外资审批。

第四十二条　本规定所称中小学教科书，是指经国务院教育行政主管部门审定和经授权审定的义务教育教学用书（含配套教学图册、音像材料等）。

中小学教科书发行包括中小学教科书的征订、储备、配送、分发、调剂、添货、零售、结算及售后服务等。

第四十三条　出版物经营许可证和中小学教科书发行资质证的设计、印刷、制作与发放等，按照《新闻出版许可证管理办法》有关规定执行。

第四十四条　本规定由国家新闻出版广电总局会同商务部负责解释。

第四十五条　本规定自 2016 年 6 月 1 日起施行，原新闻出版总署、商务部 2011 年 3 月 25 日发布的《出版物市场管理规定》同时废止。本规定施行前与本规定不一致的其他规定不再执行。

中华人民共和国成立以来
国家新闻出版署历史变革一览表

部门 时间	国家新闻出版署	国家广播电影电视局
1949 年	中央人民政府新闻总署、中央人民政府出版总署	中宣部中央广播事业管理处、中央电影事业管理局（广播与电影分开管理）
1952 年	2 月，撤销新闻总署	中央人民政府新闻总署广播事业局、文化部电影局（广播与电影分开管理）
1954 年	9 月，撤销出版总署	中央广播事业局、文化部电影局（广播与电影分开管理）
1957 年	组建文化部出版事业管理局	无变化
1967 年	设立出版口	无变化
1975 年	恢复国家出版事业管理局	无变化
1977 年	无变化	中央广播事业局、文化部电影事业管理局（广播电视与电影分开管理）
1982 年	7 月，国家出版局划归文化部，成立文化部出版事业管理局	1982 年撤销中央广播事业局，设立广播电视部、文化部电影事业管理局（广播电视与电影分开管理）
1986 年	恢复国家出版局为国务院直属机构	改为广播电影电视部
1987 年	成立新闻出版署，直属国务院	无变化
1998 年	设置国家新闻出版署	改组为国家广播电影电视总局
2001 年	更名为新闻出版总署，为正部级机构	无变化
2013 年	国家新闻出版总署与国家广播电影电视总局合并，组建国家新闻出版广电总局	
2018 年	将国家新闻出版广电总局的新闻出版管理职责划入中宣部，中央宣传部对外加挂国家新闻出版署（国家版权局）牌子	组建国家广播电视总局，不再保留国家新闻出版广电总局

参 考 文 献

一、著作类

[1] 彭建炎. 出版学概论 ［M］. 长春：吉林大学出版社，1991.
[2] 罗紫初. 出版学原理 ［M］. 武汉：武汉大学出版社，1999.
[3] 中国大百科全书编委会. 中国大百科全书·新闻出版 ［M］. 北京：中国大百科全书出版社，1990.
[4] ［日］布川角左卫门. 简明出版百科辞典 ［M］. 申非，等，译. 北京：中国书籍出版社，1990.
[5] 张志强. 现代出版学 ［M］. 苏州：苏州大学出版社，2003.
[6] 全国出版专业职业资格考试办公室. 出版专业理论与实务（初级）［M］. 武汉：崇文书局，2004.
[7] 边春光. 编辑实用百科全书 ［M］. 北京：中国书籍出版社，1994.
[8] 阎应福，郝玉柱. 市场管理概论 ［M］. 北京：中国物价出版社，2002.
[9] 毛泽东选集（第1卷）［M］. 北京：人民出版社，1966.
[10] 黄镇伟. 中国编辑出版史 ［M］. 苏州：苏州大学出版社，2003.
[11] 来新夏. 中国近代图书事业史 ［M］. 上海：上海人民出版社，2000.
[12] 肖东发. 中国图书出版印刷史论 ［M］. 北京：北京大学出版社，2001.
[13] 周宝荣. 宋代出版史研究 ［M］. 郑州：中州古籍出版社，2003.
[14] 张志强. 非法出版活动研究 ［M］. 贵阳：贵州人民出版社，1998.
[15] 叶德辉. 书林清话 ［M］. 北京：中华书局，1997.
[16] 田建平. 元代出版史 ［M］. 石家庄：河北人民出版社，2003.
[17] 李明山. 中国近代版权史 ［M］. 郑州：河南大学出版社，2003.
[18] 叶再生. 中国近代现代出版通史（第1卷）［M］. 北京：华文出版社，2002.
[19] 叶再生. 中国近代现代出版通史（第2卷）［M］. 北京：华文出版社，2002.
[20] 刘哲民. 近现代出版新闻法规汇编 ［M］. 北京：学林出版社，1992.
[21] 钟文. 工商行政管理学 ［M］. 武汉：武汉大学出版社，1998.
[22] 杨振宇. 工商行政管理学 ［M］. 北京：中国商业出版社，2000.
[23] 刘国庆. 工商行政管理学 ［M］. 大连：东北财经大学出版社，2001.
[24] 于友先. 现代出版产业发展论 ［M］. 苏州：苏州大学出版社，2003.
[25] 朱静雯. 现代书业企业管理学 ［M］. 苏州：苏州大学出版社，2003.
[26] 谢新洲. 数字出版技术 ［M］. 北京：北京大学出版社，2002.

［27］刘建一．市场主体登记管理［M］．北京：北京工业大学出版社，1998．

［28］黄先蓉．书业法律基础［M］．太原：山西经济出版社，2001．

［29］陆本瑞．外国出版概观［M］．沈阳：辽宁教育出版社，1996．

［30］吴平．图书学新论［M］．太原：山西经济出版社，1998．

［31］余敏．加入WTO与中国出版业发展［M］．北京：中国书籍出版社，2001．

［32］余敏．加强出版业宏观调控研究［M］．北京：中国书籍出版社，2003．

［33］蔡学俭．离不开这片热土［M］．武汉：湖北教育出版社，1999．

［34］袁亮．周恩来刘少奇朱德陈云与新闻出版［M］．北京：中国书籍出版社，2003．

［35］《当代中国》丛书编辑委员会．当代中国的出版事业（上）［M］．北京：当代中国出版社，1993．

［36］《当代中国》丛书编辑委员会．当代中国的出版事业（中）［M］．北京：当代中国出版社，1993．

［37］方卿，姚永春．图书营销学［M］．太原：山西经济出版社，1998．

［38］吴江江，石峰，等．中国出版业的发展与经济政策研究［M］．武汉：湖北人民出版社，1994．

［39］罗紫初．图书发行学概论（第2版）［M］．武汉：武汉大学出版社，1992．

［40］中国出版年鉴社．中国出版年鉴［M］．北京：中国出版年鉴社，2000．

［41］申长友．市场管理行为规范论［M］．北京：法律出版社，1999．

［42］全国出版专业职业资格考试办公室．出版专业理论与实务（中级）［M］．上海：上海辞书出版社，2002．

［43］谢康．中国与WTO：规则、挑战与应对［M］．广州：广州人民出版社，2001．

［44］周源．发达国家与出版管理制度［M］．北京：时事出版社，2001．

［45］魏玉山，杨贵山．西方六国出版管理研究［M］．北京：中国书籍出版社，1995．

［46］陈秀山．政府调控式比较研究［M］．北京：北京出版社，1999．

［47］李澄怡．当代政府规范管理［M］．海口：南海出版公司，1997．

［48］王建辉．新出版观的探索［M］．武汉：华中师范大学出版社，2002．

［49］吴海民．书号魔方［M］．北京：华艺出版社，1995．

［50］全国出版专业职业资格考试办公室．有关出版的法律法规选编［M］．北京：中国大百科全书出版社，2003．

［51］全国出版专业职业资格考试办公室．有关出版的法律法规选编［M］．北京：中国大百科全书出版社，2004．

［52］中国出版科学研究所．出版改革与出版发展战略研究［M］．北京：中国书籍出版社，1998．

［53］于国旦．WTO知识解读及应对措施·文化出版业［M］．北京：中国法制出版社，2002．

［54］国家新闻出版广电总局出版专业资格考试办公室．出版专业实务（初级）［M］．武汉：崇文书局，2015．

［55］黄先蓉．出版法律基础［M］．武汉：武汉大学出版社，2013．

［56］余敏．国外出版业宏观管理体系研究［M］．北京：中国书籍出版社，2004．

[57] 杨贵山，林成林，姜乐英，等．世界出版观潮 [M]．沈阳：辽宁出版集团、辽宁人民出版社，2002．

[58] 郝振省．国际出版业发展报告：2010 年版 [M]．北京：中国书籍出版社，2012．

[59] 郝振省．中外互联网及手机出版法律制度研究 [M]．北京：中国书籍出版社，2008．

[60] 莫金莲，李广民．现代德国大众文化 [M]．北京：中国经济出版社，2000．

[61] 孙洪军．日本出版产业论 [M]．北京：中国传媒大学出版社，2009．

二、连续出版物

[1] 赖茂生．从电子到数字出版 [J]．电子出版，2002 (6)．

[2] 徐枫．宋代对出版传播的控制体系与手段 [J]．中国出版，1999 (2)．

[3] 魏万雄．应尽快制定出版法 [J]．新观察，1982 (10)．

[4] 王蒙呼吁应有出版法 [N]．经济日报，1985-01-10 (1)．

[5] 武云龙．读者利益与出版法 [N]．长江日报，1986-12-04 (4)．

[6] 曹剑英，俞峰．出版业改革与法制的思索 [J]．法学，1986 (10)．

[7] 北京市人大常委会关于停止执行北京市地方性法规中若干行政许可事项有关规定的决定 [N]．北京日报，2004-05-28．

[8] 李祥洲．国外出版业宏观管理体系探析 [J]．出版科学，2004 (5)．

[9] 何志勇．出版改革向经济改革借鉴什么？ [J]．出版参考，2003 (7)．

[10] 中国出版科学研究所出版业年度分析报告课题组．2002—2003 年中国出版业状况及预测 [J]．出版发行研究，2003 (3)．

[11] 曾庆宾．论中国出版企业的产权制度创新 [J]．出版科学，2004 (3)．

[12] 林涛．出版业产权改革进入新阶段 [J]．出版参考，2004 (3)．

[13] 那拓祺．我国实施出版专业职业资格制度的意义和主要内容 [J]．出版科学，2003 (2)．

[14] 新闻出版总署法规司副司长于慈珂就取消下放审批项目的后续监督答记者问 [N]．中国图书商报，2004-06-16．

[15] 金霞．新闻出版总署：一号多用和自制条码叫停 [N]．中国图书商报，2003-11-10．

[16] 陈晓梅，赵彤宇．为精品图书保驾护航明年书号宏观调控将作改进 [N]．中华读书报，2002-11-06．

[17] 2003 年图书出版书号核发出台新举措 [N]．中国新闻出版报，2003-01-22．

[18] 柳青．书号实名申领好处多 [J]．中国编辑，2009 (5)．

[19] 李枚力．当前新闻出版业人事制度改革需要关注的问题 [J]．出版发行研究，2004 (8)．

[20] 卿家康．我国图书定价改革与当前书价 [J]．出版发行研究，1996 (4)．

[21] 廖明．一折书七宗罪——"特价书展"内幕揭秘 [N]．南方都市报，2002-12-13．

[22] 谢静．书价真的"虚高"吗 [N]．新华读书报，2003-03-28 (4)．

[23] 刘颖．"一折书"触犯众怒 [N]．中国图书商报，2002-12-13．

[24] 汪晓军，王建平．走出价格误区——转型期图书的国家定价方略浅议 [J]．出版广角，2003 (12)．

[25] 杨闯，吴赟．我国出版市场"价格战"探析［J］．编辑学刊，2014（6）.

[26] 张福海．出版物发行体制改革的重大突破——关于《出版物市场管理规定》的修订
说明［N］．中国图书商报，2003-08-01（2）.

[27] 郭虹．总发企业的正在进行时［N］．中国图书商报，2004-09-17（5）.

[28] 邵燕．当前我国出版物发行市场的现状分析［J］．中国出版，2003（7）.

[29] 华颂瑞．唐葆春非法出版案的初步剖析［J］．出版发行研究，1997（5）.

[30] 李晶晶，黄先蓉．新闻出版标准与新闻出版法规体系的协调发展研究（二）［J］．出
版科学，2012（1）.

[31] 田慎鹏．实体书店发展的三种选择［N］．中国新闻出版报，2011-11-16.

[32] 胡建辉．京东商城4折售书被指违反反不正当竞争法［N］．法制日报，2011-06-15.

[33] 许金晶．四部委协力整顿期刊市场赠品营销扰乱市场秩序［N］．第一财经日报，
2006-09-06.

[34] 田智．美国出版物内容管理的特点分析［J］．出版广角，2013（17）.

[35] 黄先蓉，李魏娟．美国数字出版法律制度的现状与趋势［J］．中国出版，2012
（17）.

[36] 叶文芳．美国出版业的发展对我国出版体制改革的借鉴［J］．科技与出版，2010
（5）.

[37] 黄先蓉，冯博．英国数字出版法律制度的现状与趋势［J］．出版科学，2013（1）.

[38] 黄先蓉，冯博．英国《数字经济法》及对我国数字版权立法的启示［J］．中州大学
学报，2013（1）.

[39] 黄先蓉，刘菌，刘玲武．法国数字出版法律制度的现状与趋势［J］．科技与出版，
2015（6）.

[40] 陈磊．日本动漫产业优势分析［J］．传媒，2008（3）.

[41] 程三国．理解现代出版业（下）——兼析"日本出版大崩坏"［J］．中国图书商报，
2002.

三、主要网站

[1] 中国图书出版网：http：//www. bkpcn. com.

[2] 中国科学院：http：//www. cas. ac. cn.

[3] 中国文化市场网：http：//www. ccm. gov. cn.

[4] 中国扫黄打非网：http：//www. shdf. gov. cn.

[5] 中国出版网：http：//www. chuban. cc.

[6] 中国新闻网：http：//www. chinanews. com.

[7] 中国版本图书馆：htip：//www. capub. cn.

[8] 中国新闻出版报：http：//www. chinaxwcb. com.

[9] 中国记者网：http：//press，gapp. gov. cn.

[10] 中国市场情报中心：http：//www. marketreportchina，com/.

[11] 中国新华书店协会：http：//www. xinhuabookstores. cn.

[12] 国家新闻出版广电总局：http：//www. gapp. gov. cn.

［13］国家版权局：http：//www. ncac. gov. cn.

［14］北京市新闻出版广电局（北京市版权局）：http：//www. bjp-pb. gov. cn.

［15］上海新闻出版上海版权：http：//cbj. sh. gov. cn.

［16］广东省新闻出版广电局：http：//xwcbgdj. gd. gov. cn.

［17］人民教育出版社：http：//www. pep. com. cn.

［18］武汉大学信息管理学院期刊中心：http：//www. cbkx. com.

［19］人民网：http：//www. people，com. cn.

［20］新华网：http：//news，xinhuanet. com.

［21］百道网：http：//www. bookdao. com.

［22］金华新闻网：http：//www. jhnews. com. cn.

［23］搜狐焦点：http：//house，focus，cn.

［24］南方网：http：//www. southcn. com.

［25］出书网：http：//www. 5book. com.

［26］必胜网：http：//www. bisenet. com.

［27］新浪财经：http：//finance，sina. com. cn.

［28］中华读书报：www. booktide. com.

第一版后记

2002 年 5 月，武汉大学组织申报"十五"规划教材，我的《出版物市场管理》教材编写大纲获得评委会通过，并被纳入武汉大学出版社"十五"规划教材出版规划，按计划应在 2004 年出版。

早在 1999 年学校院系调整、系里老师们讨论本科生教学方案时，就提出应开一门市场管理方面的课，考虑到我们专业设置偏重于"图书"的编辑出版发行，于是课名暂定为"图书市场管理"。当年 11 月，国家新闻出版署出台了《出版物市场管理暂行规定》，高校开课与国家出台市场管理方面的规定几乎同时，这似乎是一种巧合，但实质上，这表明学术界和决策部门都考虑到了同样的问题。我当时因为主讲另外两门本科生课程"书业法律基础""出版学概论"而没有接这门新课。到次年四校合并，新的武汉大学信息管理学院成立后，又一次调整本科教学方案，大家仍认为有必要开这门课，并根据新闻出版署出台的规定将课名改为"出版物市场管理"，系里老师们以为我一直在从事出版法制方面的研究，应该承担这门课的教学任务，于是勉为其难我接下了这门课，开始做开课的准备工作。

从备课到开讲只有半年时间。借出差开会、函授教学的机会，遍寻北京、昆明、南宁、武汉的书店，找不到一本可用的教材，书店里有很多市场学、管理学方面的著作，就是没有市场管理方面的图书。于是，只好白手起家，自己编写。好在有领导、同事、朋友、家人的支持。记得在开课前，酝酿讲课内容的过程中，武汉大学出版社发行部的经理李义发给了我很好的建议。我指导的硕士研究生马小莉、邵葵与我一起讨论教材大纲，在第一稿的写作中，马小莉承担编写"图书市场管理""图书市场管理体制"，邵葵负责编写"音像市场管理""电子出版物市场管理"以及港澳台地区出版物市场管理，她们都很好地完成了任务。遗憾的是第一稿最终被"推翻"，她们编写的部分未被采用，但她们编写的内容对第二稿有很好的参考价值。第一次听我讲"出版物市场管理"课程的 1999 级编辑出版学专业的本科生同样给了我极大的鼓励和支持，我曾戏说"我们正在一起共同填补我国编辑出版学专业课程建设中的一个空白"。还有我指导的硕士研究生张尔、金鑫、薛敏、康苗等，她们或为书稿搜集整理资料，或参加教学实践活动，或参与书稿部分章节的编写等，都为《出版物市场管理概论》这本书的编写、出版尽了心，出了力。在此一并表示感谢。

湖北省新闻出版局的老局长蔡学俭先生是我这部书稿的第一位读者，蔡老赶在第十一届国际出版学研讨会召开之前，阅读了全部书稿，提出了宝贵的修改意见，并欣然为本书作序，这种关心、爱护和鼓励，实在令我感动。责任编辑严红为本书的出版也付出了大量的劳动，她严谨、认真的工作态度令人折服。由于本人学识有限，书中如果存在错讹，与上述列名者无关，并欢迎大家批评指正。

经过几个寒暑，几轮自编讲义的教学，数易其稿，这才有今天这本《出版物市场管理概论》的出版面世。特别值得一提的是在我最后修改、统稿期间，正值"十一"黄金周，在我先生和女儿的全力支持下，我在电脑前连续"鏖战"了七天，直到在键盘上敲完最后一个字。我们戏称过了一个有纪念意义的"革命化"的国庆节。

黄先蓉

2004 年 11 月 15 日

第二版后记

弹指一挥间,《出版物市场管理概论》自 2005 年武汉大学出版社出版已经 10 年,这期间我国出版物市场管理发生了很多变化,从我国成为世界贸易组织成员方、出版业最高行政管理机构合并、出版行政审批事项调整、到出版物市场品种增多、经营机构变化,等等。武汉大学编辑出版学专业每年都给本科生开设"出版物市场管理"课程,每年给本科生讲授这门课时,都深感教材修订的必要性,但都因忙于教学、科研,也因出版物市场管理总处于变化中,并未成型,故一直未进行修订,只是授课时在保持理论体系不变的情况下更新出版物市场变化的资料,让学生了解整个出版物市场的发展情况。

今年抓住本科教学综合改革的契机,指导我的几名博士生、硕士生,搜集这几年出版物市场管理的资料,终于开始对这本教材进行修订。

修订是在原书稿的基础上进行的,章节上删掉了原书第九章"WTO 规则与我国出版物市场管理",将原书"第四章第四节国外出版物市场管理概述"扩展为新的"第九章国外出版物市场管理"。具体修订分工如下:我负责全书的统筹及审定,李小霞负责第 1~4 章,张窈负责第 5~6 章,程梦瑶负责第 7~8 章,刘玲武负责第 9 章。其中,修改最多的是第 7 章和第 8 章,其次是第 6 章和第 5 章,第 1~4 章改动较少,第 9 章基本为重写。为了配合 2016 年春季"出版物市场管理"课程的教学,特赶在今年年底完成修订。几位同学为本书搜集资料、修订内容,尽心竭力,在此一并表示感谢。

我们身处变革的时代,出版业正处于不断变化发展之中。在媒介融合的背景下,传统出版通过跨领域的整合和并购在寻求突破的路径,数字出版则因新技术、新产品、新业态不断涌现,盈利模式不断成熟,新的消费理念不断形成,数字出版产业开始步入良性发展阶段。出版物市场管理的总体目标是为了规范出版物出版发行活动,建立全国统一、开放、竞争、有序的出版物市场体系,保持出版经济的有序运行,发展社会主义出版产业。不管传统出版如何变化,数字出版如何发展;出版物市场管理总是为了使出版工作有效率地良性循环地完成。因此,我们会一直关注出版业变化,不断探索出版物市场管理的新理论。

黄先蓉

2015 年 12 月 28 日

第三版后记

《出版物市场管理概论》第二版修订出版后不久,我国《出版物市场管理规定》由新闻出版广电总局于 2016 年 4 月 26 日通过,并于 2016 年 6 月 1 日起施行。2017 年 1 月 22 日国家新闻出版广电总局、海关总署公布《出版物进口备案管理办法》,该办法自 2017 年 3 月 1 日起实施。之后,2018 年 3 月,中共中央印发《深化党和国家机构改革方案》,方案提出,为加强党对新闻舆论工作的集中统一领导,加强对出版活动的管理,发展和繁荣中国特色社会主义出版事业,将国家新闻出版广电总局的新闻出版管理职责划入中央宣传部,由中央宣传部统一管理新闻出版工作。中央宣传部对外加挂国家新闻出版署(国家版权局)牌子。中央宣传部统一管理新闻出版工作后,出台了一系列政策文件来加强对出版物市场的管理,如 2019 年 10 月 25 日,为加强和改进出版物重大选题备案工作,国家新闻出版署根据中央有关精神和《出版管理条例》相关规定,制定《图书、期刊、音像制品、电子出版物重大选题备案办法》,该办法自印发之日起施行。《图书、期刊、音像制品、电子出版物重大选题备案办法》(新出图〔1997〕860 号)同时废止。2020 年 5 月 28 日国家新闻出版署发布《报纸期刊质量管理规定》,2020 年 9 月 24 日国家新闻出版署、人力资源社会保障部发布《出版专业技术人员继续教育规定》,2020 年 11 月 11 日第十三届全国人民代表大会常务委员会第二十三次会议通过了《关于修改〈中华人民共和国著作权法〉的决定》,2021 年 1 月 28 日人力资源社会保障部、国家新闻出版署发布《关于深化出版专业技术人员职称制度改革的指导意见》。此外,2020 年 11 月 29 日中华人民共和国国务院发布第 732 号令《国务院关于修改和废止部分行政法规的决定》,对《出版管理条例》《音像制品管理条例》《印刷业管理条例》等都进行了修订。这些新发布的行政规章和新修订的行政法规,是我国新闻出版行政主管部门对出版物市场进行管理的直接依据,而对出版物市场管理实践进行归纳、总结的《出版物市场管理概论》的相关章节内容就必须修改。

在这样的背景下,2022 年上半年春季学期,我在给信息管理学院相关专业主讲"出版物市场管理"课程时,一方面在课堂上讲授根据相关规定更新后内容,另一方面让我指导的研究生严贝贝、林栋楠担任课程助教,跟班听课,同时结合目前我国出台的最新行政法规和规范性文件对教材内容进行更新。一个学期的不断沟通、调整,基本完成对教材的修订。2022 年暑假期间,我对教材的全部内容进行审读,但因各种琐事拖到 11 月底才最后改定,希望在开学前能出版,使选修"出版物市场管理"课程的同学有教材可用。

感谢参与编写、修订、再修订《出版物市场管理概论》的各位研究生同学。我在第一版、第二版以及这次第三版的后记中都提到了你们的名字，谢谢你们。还要感谢武汉大学出版社的詹蜜女士，你敬业、认真、高水准的工作，使我们获益良多！谢谢！

黄先蓉

2022 年 11 月 26 日